国家社科基金
后期资助项目
GUOJIA SHEKE JIJIN HOUQI ZIZHU XIANGMU

清代海难救助制度研究

研究

U0748879

周向阳——

著

中西书局

图书在版编目（CIP）数据

清代海难救助制度研究 / 周向阳著 . -- 上海：中
西书局，2024. -- ISBN 978-7-5475-2305-6

Ⅰ. U676.8-092

中国国家版本馆 CIP 数据核字第 2024CF2904 号

清代海难救助制度研究

周向阳　著

责任编辑　邓益明
装帧设计　黄　骏
责任印制　朱人杰

出版发行　上海世纪出版集团
　　　　　®中西书局（www.zxpress.com.cn）
地　　址　上海市闵行区号景路 159 弄 B 座（邮政编码：201101）
印　　刷　上海丽佳制版印刷有限公司
开　　本　700 毫米 ×1000 毫米　1/16
印　　张　20.25
字　　数　350 000
版　　次　2024 年 12 月第 1 版　2024 年 12 月第 1 次印刷
书　　号　ISBN 978-7-5475-2305-6/U·002
定　　价　98.00 元

国家社科基金后期资助项目
出版说明

后期资助项目是国家社科基金设立的一类重要项目，旨在鼓励广大社科研究者潜心治学，支持基础研究多出优秀成果。它是经过严格评审，从接近完成的科研成果中遴选立项的。为扩大后期资助项目的影响，更好地推动学术发展，促进成果转化，全国哲学社会科学工作办公室按照"统一设计、统一标识、统一版式、形成系列"的总体要求，组织出版国家社科基金后期资助项目成果。

全国哲学社会科学工作办公室

目　　录

绪　　论

一、研究动机

康熙五十九年（1720），成山卫张港海口被风飘至外国难民八人，经查，乃朝鲜国汉南广州所属阿古泾地方民，因前一年往黄海道地方搬运官粮，遇东北风刮到中国境内，船只破碎，人员无恙，也无货物。山东巡抚李树德依例差朝鲜通事一名，送至朝鲜所属易州地方，由彼转送。难民沿途口粮、食物、车辆、护送官兵照例给发。其扇一柄、破船估价银十六两五钱，李巡抚用布政司印钤封送礼部。之后，将办理情形，具折上奏。[①]

在清王朝统治的几百年间，相同的情景，不知重复出现过多少次。一旦中国沿海发生船难事故，沿海营汛、地方州县政府就依照一定的程式实施救援、抚恤难民、处理船难财物，而保证救助有条不紊进行的，则是清政府承袭自历代王朝及因时制宜构建起来的海难救助制度。只是长期以来，中国海洋主权并不高涨（即使到现今，许多国人也尚没有真正意识到海洋主权的战略性意义），学界对传统海洋文明并不十分重视，如在中国法制史界，传统海商法的专门性研究尚属寥寥，如此反过来又强化了人们关于中国古代海洋文明并不昌明的印象。另外，由于近代西方文明的扩张，西方海洋文明成为当下世界海洋文化话语体系的中心和标准，其海难救助制度遂也发展成为当今世界海难救助制度的渊源和主体，这也更使中国传统之海难救助制度与海洋文明被忽略乃至轻视。

这种对清代海难救助等传统海商法的模糊认识，使清代海洋管理制度几乎未曾获得过肯定。而在近代，国家海洋政策又是衡量国家开放与闭塞的重要标尺之一。因此，主流中国近代史研究往往将近代中国落后的原因归于清政府实行了"闭关锁国"政策及其腐败无能、投降卖国。本书将尝试由清代海难救助制度这一"海商法史"说明：中国古代有高度发达的海洋文明，而清代则是中国传统海商法和海洋文明水平最高的时期，

---

① 赵兴元等选编：《〈同文汇考〉中朝史料》（二），吉林文史出版社，2003 年，第 322—323 页。

较历代封建王朝，清王朝有更开放、更大胆的用海思想和海洋经略行为，且对海洋和以海洋为通道的对外交往的重视是一以贯之的，清政府为维护中国的国际地位和利益作出过大量的努力。这是本课题研究的动机之所在。

本课题研究的另一动机，则是想为我国海洋强国战略寻求历史文化的支撑。21 世纪是海洋的世纪，这已经成为国际共识。我国政府也已经充分认识到海洋的重要性，习近平总书记指出，"21 世纪，人类进入了大规模开发利用海洋的时期。海洋在国家经济发展格局和对外开放中的作用更加重要，在维护国家主权、安全、发展利益中的地位更加突出，在国家生态文明建设中的角色更加显著，在国际政治、经济、军事、科技竞争中的战略地位也明显上升"，并在中共十八大报告中，提出了建设海洋强国的战略。但我国海洋强国战略遭遇到了挑战。其一，国际社会一些人对我国开发海洋、利用海洋、保护海洋、管理海洋的正当之举充满质疑、曲解与误读，甚至炮制"强国威胁论""海上争霸论"等。我们在作出正面回击的同时，也亟须构建自己的海洋话语体系，以消除国际社会的这种焦虑和质疑。清代前期中国主导建立的环中国海域国家海难救助机制，曾经给东亚甚至欧美国家都留下了中华民族热爱和平、为一友好邻邦的形象。因此，对清代海难救助制度的研究，可弘扬中华海洋文明的优秀文化基因，传播中国热爱和平的积极正面形象，有助于消除国际社会的疑虑。其二，航海是一项非常危险的事业，经常会出现无法避免的灾难，即使到了现代社会，航海技术高度发达，海难事故的发生仍是无法避免。因此，在走向海洋的同时，如何构建更完备、更合理的海难救助制度，仍具有深刻的意义。然任何制度都不是凭空构建的，而是基于历史和现实的考虑，对历史上海难救助制度的考察，总结其优缺点，可以为当前世界海难救助制度建设提供历史借鉴。

二、相关概念诠释与界定

（一）"环中国海域"

本书所谓"环中国海域"，在地理上，包括围绕北中国海及南中国海的大陆、半岛和岛屿，北从朝鲜半岛，经日本列岛、琉球、中国的台湾岛与澎湖列岛，南至菲律宾群岛、印度尼西亚及马来半岛、中南半岛、中国的海南岛，加上中国大陆沿海地区，正好围成一个相连的广大海域。在文化上，居住在此一海域附近的人类的活动早已发生，无论是早期人类的迁徙，还是后来的文化交流及贸易活动等，都使得环中国海地区成为世界上重要的文化中心之一。[①]

（二）海难与海难救助

依据现代海商法，海难救助是指由外来力量对在海上或者与海相通的可航水域遇险的船舶、货物、其他财产以及与被救助财产有牵连的人命进行救助的法律行为。[②]后来又增扩到由此产生的环境救助。可见，海难救助的发生有特定的水域，也有特定的救助对象。不过，中国古代并没有"海难救助"这一专门称呼，直到清末修律引进西方海船法时，才有此术语。自然，清政府也没有对上述问题作出清晰明确的规定。本书在展开研究前，对此先行界定是很有必要的。

首先，关于海难的界定。现代意义上的海难，是指适航的船舶遭受到水上特有的不可预见的风险或意外事故，且超出了该船按照当时的客观条件所能抵御的限度。[③]不过，该定义却不能照搬到清代。因为如果照搬此定义，则清代一些海上事故就不能纳入海难范畴，如民船遭遇风汛，仅偏离航道或逾限未归，船只并没有损坏，也没有出现人员伤亡或财物损失。这显然并不属于现代海难所指的"不能预见或不能抵御的风险（意外事故）"，不属于海难范畴。但在清代，偏离航道或逾限是触犯政府船政稽察制度的行为，可能招致不利法律后果，对于船户来说，这与航海中受到实实在在的物质损害同样是不利的。因此，本书所谓的清代的"海难"，是指船只在航行或停泊时，船只、船员、乘客、船货遭遇到损害、损失等事故，以及船只在航行过程中，因不可抗力等意外因素导致触犯清政府"出入海洋之禁"的情形。而且，本书所指之海难，并不特别考虑事故发生的原因，也就是说，海难事故可能由自然因素，包括天候、海象、触礁、搁浅等引起，也可能是人为因素，如纵火、碰撞、海盗抢劫等造成。[④]

关于海难的称谓，清朝时人们习惯于以漂流船、漂着船、难船、失事船等指称遭遇事故的船只，以难民、漂流民、飘风难民、"难夷"（或"难

①　汤熙勇：《近世环中国海的海难资料集介绍》，《汉学研究通讯》第 19 卷第 1 期，2000年，第 141—148 页。吴春明：《"环中国海"海洋文化史的两个问题》，《闽商文化研究》2012 年第 1 期。

②　王千华、白越先主编：《海商法》，中山大学出版社，2003 年，第 204 页。

③　刘孜文：《论海难的定义和成立要件》，《中国水运》2007 年第 11 期。

④　参见刘序枫：《清代环中国海域的海难事件研究——以清日两国间对外国难民的救助及其遣返制度为中心（1644—1861）》，朱德兰主编：《中国海洋发展史论文集（第 8辑）》，台北"中研院"人文社会科学研究所，2002 年，第 173—238 页。

番"，专指外国难民）等来称呼难船幸存人员。本书对此并不特别区分，也没有刻意统一称呼，而是视行文需要混用。

其次，关于海难救助发生的水域。按照现代海难救助的定义，海难救助是对特定水域内遭遇危险的船舶、人员等的救助，而这一特定水域是"海通水域"。只是关于何为"海通水域"，现在海商法界仍存有争议。如上海海事法院 2018 年十大精品案例"'通海水域'和'港口作业纠纷'的理解与认定"指出，理解"通海水域"和"港口作业纠纷"，应当从海事法律体系及航运实践出发，不能片面地从地理学的角度作出字面意思的认定。"通海水域"应理解为与海相通的、海船可以航行的水域。按此理解，则某些与海相通的江河湖泊不能列为"通海水域"。① 但从笔者查阅审判文书来看，实践中多数时候仍是将江河湖泊作为"通海水域"，因此，本书采纳后一观点，将清代海难救助中的"特定水域"界定为海上及与海相通的内港江河湖泊。也就是说，本书考察的具体对象包括清代海上船难救助制度及与海相通的可航水域的船难救助制度。如此来界定清代海难救助发生的水域，主要原因如下。第一，本书的目的是对清代船难救助法律制度的整体性考察，如果将内港江河湖泊之船难救助制度排除在外，将影响人们对清代船难救助制度的完整认识。尤其，晚清内港江河湖泊船难救助的转型是中国船难救助制度近代化的重要内容。第二，将与海相通的内港江河湖泊纳入考察范围也有其合理性，因为清代（尤其是清代前期）海船（从事海外贸易的船只除外）与内港江河湖泊行驶的船只之间的差距并不如现代之大，很多时候海洋航行的船只是可以航行到内港江河湖泊等水域的。第三，从晚清各国译送给清政府的航海避碰等法律规范，清政府据此对内港江河湖泊船只航行规则和救助规则进行改进来看，当时并没有严格区分"通海水域"和内港江河湖泊水域。

再次，关于救助的对象。现代狭义的海难救助之对象一般仅指对物的救助，以及与被救助财产有牵连的人命的救助。② 也就是说，纯粹的人命救助不属于现代海难救助法意义上的救助，而属于人道主义救助的范畴。本书因是全面考察清代海难救助与管理制度，且清代船难救助首先是对人命的救助，所以研究中并没有将对人的救助排除，而是将难民、船舶、货

---

① 引自中华人民共和国上海海事法院，https://shhsfy.gov.cn/hsfyytwx/hsfyytwx/spdy1358/ jpal1435/2019/03/11/2c938099697329b701699034c7f21699.html?tm=1712741825524， 查 阅日期：2024 年 5 月 16 日。案例得益于课题评审专家的建议，在此表示感谢。

② 王千华、白越先主编：《海商法》，第 204 页。

物及其他财产都作为海难救助的对象。另外，关于救助对象中的船舶，现代海难救助一般都会明确什么样的船舶属于海难救助的对象，如根据《中华人民共和国海商法》第三条的规定可以发现，现代中国海难救助所称船舶，是指海船和其他海上移动式装置，但不包括用于军事的、政府公务的船舶和 20 总吨以下的小型船艇。也就是说，现代海难救助一般不包括对军舰、公务船、20 总吨以下的小船的救助。不过，清代航行于海上及与海相通水域的船舶类型多，船只规模小，如果照搬现代海难救助制度的规范，则很多水上救助都不能纳入考察范围，有损考察的完整性，也不符合历史真实情况。因此，本书所考察之救助对象，包括对发生事故的公务船（含兵船）、商船、小型渔船、小艇等。

最后，关于海难救助的性质。现代海难救助的实施，必须是自愿的，不能是基于既有的义务而为的行为。如船员对本船在遇险时提供的劳动、引航员对船舶的引领、国家消防职能部门进行的灭火等行政行为，都不是海商法上的施救行为。也就是说，现代狭义的海难救助主体是不具有法定救助义务的组织、船舶与个人。但本书的主要目的是还原清代水上救生制度的具体图景，即法律关于水上救生如何组织实施的规定，故所述海难救助主体包括法定救助主体和非法定救助主体。即是说，在清代，基于既有的义务而为的行为也被视为海难救助行为。

另外，关于"制度"，也需要特别说明。本书中的"制度"是指用"规范""规则"或"常识"等词表现的、人们有意无意间遵循或引以为准则者，广义上也指由其产生的"行为方式"，[①] 所以，既包括清代的法律形式，也包括行政管理和民间遵循的惯例。

要之，本书所谓"海难救助"，是借用了现代之法律术语以方便指称，而在概念、内容上与现代海商法或海洋法所谓海难救助既有共通之处，也存在很大差别。

三、学术史梳理

清代海难救助的专门考察滥觞于晚清时期。19 世纪末，清廷海关总税务司对于中国水上救生系统表现出极大的兴趣，对全国内港江河湖泊及海洋救生情形作了一个相当系统全面的调查，调查报告 1893 年由海关总税务司在上海出版，出版人为凯莉（Kelly）和沃尔什（Walsh），书名为

---

① ［日］村上卫著，王诗伦译：《海洋史上的近代中国：福建人的活动与英国、清朝的因应》，社会科学文献出版社，2016 年，《绪论》第 13 页。

《中国救生船》(*Chineselife-boats*，etc），在上海、香港、横滨、新加坡销售。该书分为两大部分：第一部分是牛庄、天津、烟台、重庆、宜昌、汉口、九江、芜湖、镇江、京口、上海、宁波、温州、福州、淡水、台南、厦门、基隆、汕头、广州、琼州、北海等地救生情况的汇报；第二部分为各海关收集的中文救生章程、条规、奏折、告示等。① 这是我们了解清代海难救助制度难得的史料汇编。

另一次对清代海难救助的调查是在清末民初。清末新政时期，清政府为修订民商事法律，由宪政编查馆和修订法律馆主持，自光绪三十三年（1907）九月开始，相继在全国展开民商事习惯调查，前后延续达二十年之久。该项调查活动的对象，包括"一切民情风俗，并所属地方绅士办事与民事商事及诉讼事之各习惯"，"各省督持权限内之各项单行法及行政规章、本省行政上之沿习及其利弊"。② 此次调查项目极为详细，多由修订法律馆拟定调查问题，颁发各省调查局及各县。海上商事之习惯属于商事行为习惯问题，也在调查之列。清末商事总问题和商事行为，由直隶调查局负责。③ 商事行为共 13 个项目，第 13 项为海上商事，问题有：(1) 除招商局以外，民间有无以轮船经营航海事业者；(2) 有无租赁商轮航海者，其租赁之方法若何；(3) 凡航海遇险获救，其救险上所生之费用，由何人担任，能否由船主及旅客与托运货物之人公同担任；(4) 商船碰撞，其赔偿之章程若何；(5) 航海船舶之保险章程若何；(6) 航海商船之凭据式如何，望照写一份；(7) 航海商船所必之账册簿据，各式若何（就最有关系者举答）；(8) 航海商船之任用船长水手，其办法若何，各分别言之；(9) 航海商船主之权限若何。其中第 3 个问题即是关于海难之救助。然清末民初民商事习惯调查的目的主要是为了政府立法与司法的现实需要，并无多少学术之探讨。

民国海商法研究中，也涉及清代之海难救助法律制度，如李浦述《海船法》讲义之编次，④ 即以清末《海船法草案》为蓝本进行阐发，其中就包括海难之救助制度。但这些论述都是将海难救助作为海商法的一个组成部分，没有把它当作一个独立的法律制度加以论述。这些论述相当简略，基

---

① 关于《中国救生船》的出版情况、主要内容等，转自蓝勇、刘静：《晚清海关〈中国救生船〉与东西洋红船情结》，《学术研究》2016 年第 4 期。

② 眭红明：《清末民初民商事习惯调查之研究》，南京师范大学博士学位论文，2004 年，第 66 页。

③ 顾荣新：《清末〈海船法草案〉述评》，《中国海商法研究》2017 年第 1 期。

④ 李浦述：《海船法》，王帅一点校：《朝阳法科讲义》第 5 卷，上海人民出版社，2013 年。

本只涉及清末修律中的海难救助制度的变化，而于清代前期之海难救助制度并未关注。

中华人民共和国成立之后，中国学界有关清代海难救助的研究可以分为两个主题，一是内河船难救生系统研究，一是海洋船难救助研究。两方面研究分别独立进行，内河船难救助系统研究成果相当丰富，而海洋船难救助研究相对薄弱许多。

（一）内河救生体系研究

内河官办救生船制。蓝勇《清代长江上游救生红船制初探》《清代长江上游救生红船制续考》《清代长江救生红船的公益性与官办体系的衰败》，较详细地考察了清朝官办救生船制度，包括设置时间、设置地点、船只修造、经费来源等的制度性规定。① 顾川洋《乾隆年间官办救生船浅述》以档案资料为中心，对乾隆朝官办救生船设置的起因、调整过程以及制度之确定进行了考察。②

各地救生体系的发展演变。杨国安考察了两湖地区救生船组织和活动，指出清代两湖地区救生活动非常活跃，并形成了半官僚化的专业水上救生组织——救生局和其他民间善会善堂相结合的多层次的水上救生网络。③ 王毓伟、胡忆红从经费筹措的角度论述了湖南水上救生事业的转型。④ 杨伟兵、杨斌考察长江安徽段的水上救生事业，指出当地形成了以官办救生事业为主、其他民间救生组织相结合的水上救生网络。⑤ 胡梦飞关注了清代江苏地区救生船局的创立发展及管理运作。⑥ 叶剑琳论述了近代广东水上救生事业。⑦

---

① 蓝勇：《清代长江救生红船的公益性与官办体系的衰败》，《学术研究》2013 年第 2 期；《清代长江上游救生红船制初探》，《中国社会经济史研究》1995 年第 4 期；《清代长江上游救生红船制续考》，《中国社会经济史研究》2005 年第 3 期。

② 顾川洋：《乾隆年间官办救生船浅述》，《历史档案》2010 年第 4 期。

③ 杨国安：《救生船局与清代两湖水上救生事业》，《武汉大学学报》（人文科学版）2006 年第 1 期。

④ 王毓伟、胡忆红：《清代地方财政与水域救生事业的转型——以岳州救生局为例》，《社科纵横》2020 年第 1 期。

⑤ 杨伟兵、杨斌：《清代皖江水上救生事业初探》，《苏州大学学报》（哲学社会科学版）2018 年第 3 期。

⑥ 胡梦飞：《清代江苏水上救生慈善机构的历史考察——以救生船局为中心》，《山东青年政治学院学报》2015 年第 1 期。

⑦ 叶剑琳：《近代广东水上救生事业研究（1859—1925）》，湖南师范大学硕士学位论文，2020 年。

内河救生船效果问题研究。蓝勇以巴县档案为中心，首次将清代内河救生体系社会效果的考察从制度层面和表象层面的认识推向细致的个案性的深入考察。[①] 杨斌、邓子纲关注了洞庭湖救生系统的社会效果。[②]

通过上面的文献梳理可以看出以下几点。第一，内河船难救助的研究取向，主要是慈善史中的救生事业研究，其研究或是关注官府出于社会公益保障事业的考虑设置的官办救生船，包括官办救生船的历史沿革，清初官办救生船的制度建设过程，官办救生船设置地点、数量、修造、经费等制度；或是关注民间慈善人士参与救生体系的事迹和活动等。第二，在研究方法上与社会史研究相结合，注重地方社会与国家的建构和互动，也在具体的历史情境中去寻找历史发展的脉络。第三，内河船难救助研究主要集中在长江流域救生体系，长江上游、中游和下游救生体系都受到高度关注。第四，研究朝着不断深入的方向发展。从最早的宏观历史脉络的考察，转移到近年对某地、某水域或某具体救生机构的历史和运作的探究，从对救生船制度层面的考察，逐渐转向救生效果、救生运作过程等具体个案的细致考察。第五，内河船难救助研究可以说自成体系，很少有学者将其视为清代海难救助的一部分，也没有从海难救助的角度去思考该救生机制的特点与缺陷。

不过，海难救助的主要构成毕竟是海上搜救。因此，本书在作学术史梳理时，自然也把重点放在清代海上救助研究的考察之上。

（二）海洋船难与救助研究

1949 年以后至 20 世纪 90 年代以前，国内并没有重视中国海洋历史研究，海难史和海洋制度史研究较薄弱，只是在海洋学研究或灾害学研究当中，附带着对于中国历史上的海难问题有所涉及，"唱主角" 的多是海洋学界或科技史学界的学者。[③]

自 20 世纪 90 年代始，海洋文明和海洋开发利用得到国际社会的重视，1996 年《联合国海洋法公约》在我国正式生效，《中国海洋 21 世纪议程》提出了海洋可持续发展战略。在此背景之下，海洋开发与海洋文明受到了广

---

① 蓝勇：《清代长江红船救生的地位和效果研究》，《中国社会经济史研究》2012 年第 3 期。

② 杨斌、邓子纲：《清代洞庭湖水上救助事业与社会成效研究 —— 以岳州救生局为中心》，《社会保障研究》2015 年第 4 期。

③ 关于此一阶段有关海洋灾害学的研究状况和成果，于运全有过较为详细的列举，本文不再赘述。见于运全：《20 世纪以来中国海洋灾害史研究评述》，《中国史研究动态》2004 年第 12 期。

泛的关注，中国海洋历史文化研究也真正开展起来，并逐渐成为一个新兴的研究领域。中国传统海洋历史与文化研究相继发展出海疆史、海防史、海事史、海洋社会经济史、海外交通史、海外贸易史、海洋渔业史、海关史、华人华侨史、海洋科技史、留学生史、中外关系史等专门史分支，海洋历史与文化的研究取得了丰硕的成果。杨国桢 1996 年在《关于中国海洋社会经济史的思考》一文中，倡导开展海洋社会经济史的研究，并提出十大研究方向，海洋灾害史和海洋政策演变史就是其中两个重要方向。中国海难史研究迅速兴起，清代海难和海洋救助由于资料众多且具有承前启后的意义而备受关注。

1. 海难史资料集的编纂

资料集，可以分为两种类型。一是部分辑录清代海难与救助资料的海洋史资料集，如：中国第一历史档案馆陆续整理出版的清代中琉关系档案，包括选编、续编、三编、四编、五编、六编、七编（1993—2009）以及《清代中朝关系档案史料汇编》（1996）和《续编》（1998）；赵兴元等选编的《〈同文汇考〉中朝史料》（2003）；台湾大学影印的《历代宝案》（1951）；王铁崖编《中外旧约章汇编》（1957）；九州出版社、厦门大学出版社出版发行的《福建沿海航务档案（嘉庆朝）》（2004）；土彦威、王亮编，李育民等点校整理的《清季外交史料》（1985）；怀效锋主编的《清末法制变革史料》下册（2010）；《台湾文献史料丛刊》第 9 辑《台湾私法商事编》（孔昭明编，1987）。上述出版物均收录了清代海难事件和海难救助制度的资料，但因不是专门性史料，并不系统全面，阙失甚多。

二是关于海难专门资料的收集整理。成果最突出的是"中研院"学者汤熙勇、刘序枫及日本学者松浦章联袂主持的环中国海海难资料的系统性收集及研究，初期成果《近世环中国海的海难资料集成：以中国、日本、朝鲜、琉球为中心》（1999）共 23 册，以中国台湾地区所搜集之海难史资料为主，兼收日本关西大学及其他图书馆内的部分海难史资料，收录中国、朝鲜、琉球及日本四方面的海难史料（刊本、未刊本及手抄本等）70 余种，按地区分为中国史料、朝鲜史料、琉球史料、日本史料四大类，成为古代海难研究的重要资料线索。[①]之后，刘序枫对清代档案中的海难史料进行整理，主编了《清代档案中的海难史料目录》（2004），由"中研院"人文社会科学研究中心、"中研院"亚太区域研究专题中心出版，这对后续

---

① 汤熙勇：《近世环中国海的海难资料集介绍》，《汉学研究通讯》第 19 卷第 1 期，2000 年，第 141—148 页。

的清代海难研究有重要作用。2022 年，武汉大学出版社出版了"清代海洋活动编年"系列，其中也有清代船难资料的收集。①

2. 中国大陆地区的海难与救助史研究

（1）著作

目前，中国大陆地区学界尚未出现过有关清代海难与海难救助制度的专著。不过，一些学者的相关著作从不同的角度利用了有关海难救助的资料，并对相关问题进行了一些考证或探究。如杨国桢《东溟水土》（2003）第二章第二节《东海台风巨浪与帆船海难》，考察了历史时期东海海域发生的船难及其对海洋社会经济的影响；其另一著作《闽在海中：追寻福建海洋发展史》（1998）第一章《经济篇》中，收录了几十件清代福建商贾在中国北洋地区的海难案例。吴春明《环中国海沉船》（2003）虽是从环中国海古代沉船遗存的角度，探索海洋先民创造的海洋社会、海洋经济、海洋文化、海洋技术等人文遗产，但沉船本身就是一项海难历史的研究。于运全《海洋天灾——中国历史时期的海洋灾害与沿海社会经济》（2005）考察了中国船只在中国海域遭遇的海难事件，讨论了海难的成因、各海域海难的总体情况及特点。孟晓旭《漂流事件与清代中日关系》（2010）将清代中日之间漂流船救助这一特殊的交往方式与中日关系结合起来进行研究，虽然其主旨仍然是通过漂流事件来探讨整个清代的中日关系，但其中对中日相互救助海难船只的政策、法律、态度与实践有相当详细的考察。

（2）论文

一是通论。徐恭生《清代海上漂风难民拯济制度的建立和演变》（2001）考察了清代对漂风难民的救助和抚恤制度及其演变过程。史伟《清代东南中国海上失事民船的救助与管理》（2010）一文考察了康熙二十三年（1684）开海后至光绪朝，清廷对中国东南海域失事的中国民船的救助与管理规定和实践过程，及晚清开放通商之后，光绪朝海上救助制度的改革，指出海上救助与管理制度是清王朝管理海洋社会经济的组成部分，它的艰难演进折射出中国海洋社会经济发展的曲折道路。李智君《无远弗届与生番地界——清代台湾外国漂流民的政府救助与外洋国土理念的转变》（2017）一文则另辟蹊径，不同于其他论文一味赞扬清朝海难救

---

① 楼正豪编《清代前期海洋活动编年》、闵泽平编《清代道光朝海洋活动编年》、鲁林华编《清代咸丰、同治朝海洋活动编年》、王颖编《清代光绪朝前期海洋活动编年》、马丽卿编《清代光绪朝后期海洋活动编年》，武汉大学出版社，2002 年。

助的大国主义与人道主义、友好姿态，该文注意到了或者说正视了清代海难救助制度与实施过程中的缺陷，特别是在台湾少数民族聚居区海难救助制度的失效，"生番"抢夺掠劫海难船只、杀害遇难外国漂流民时有发生的现实，以及由此引发的中外纠纷和清政府治理台湾政策的转变，进而反映清代东亚海域国际地缘政治的风云变化，有相当的深度和开拓意义。陆臻杰、金鑫《乾隆"难夷抚恤令"及其对浙江的影响》（2017）考察了乾隆二年（1737）救助难夷谕令颁布以后在浙江的落实情况，认为浙江抚恤漂风难民甚为优厚，刺激海外各国人士漂风而至以获取回报并私自贸易，同时浙江在海上活动频繁情形下对各国难民迎来送往，构筑起了"顺风相送"的海难救助网络。

　　二是清代对琉球漂流民的救助。李少雄《清代中国对琉球遭风船只的抚恤制度及特点》（1993）主要考察了清代前期对琉球遭风难民抚恤制度的形成、特点以及运作实践。俞玉储《再论清代中国和琉球的贸易——兼论中琉互救飘风难船的活动》（1995）考察了中琉之间长期互救飘风难船的活动，认为这种活动中的贸易往来是中琉贸易的重要形式，并细致考察了海难救助贸易形式在中琉贸易中所占比重与类型。这种由海难救助来考察国家之贸易的研究令人耳目一新。徐艺圃《乾隆年间白氏飘琉获救叙事述论》（1994）通过对山东商人白世芸、瞿张顺飘风至琉球获救的亲身经历和感受的叙述，细致地重现了清代琉球国对于漂流华民的救助措施和过程，这种白描式的叙述对于了解和还原当时环中国海域海难救助的实况大有裨益。李国荣《从历史档案看雍正朝中琉难船互救关系》（1999）以清宫档案为中心，论述了雍正一朝中琉难船互救情况，并指出，雍正一朝对琉球难船的救护和妥善安置，成为清代救助琉球难船有关制度的雏形。杨佳丽学位论文《清代中琉漂风难民问题之研究》（2000）对清代中琉之间的海难问题进行了较全面的考察，包括中琉之间的海难发生情况，中琉之间拯济难民的政策、措施的形成、内容，以及海难问题对清代中琉交往、近代东亚局势的影响和作用。孟繁业则是对清代的海难救助问题进行断代研究，其学位论文《清乾隆朝中琉漂风海难救助研究》（2008）围绕乾隆一朝中国与琉球漂风难民的相关问题进行了深入细致的考述。特木勒《康熙六十一年琉球贡使海难事件重构》（2015）结合汉文和满文档案，对康熙六十一年（1722）琉球贡船海难事件的经过进行了重构。岑玲《清代档案所见之琉球漂流船的海难救助》（2011）根据清代档案专门研究了抚恤琉球海难难民的情况。徐斌《从〈历代宝案〉看泉州与琉球的友好关系》（2003）在考察清代中琉关系中，对泉州救助抚恤琉球难民的事例也多有涉及。赖正维《清代琉球船漂风台湾考》（2003）对清代台湾地方官府和民众救助琉球难民的政策、措施与贡献作了考察，特别是对 1871 年"牡丹社"事件进行了详细的叙述。修斌、臧文文《清代山东对琉球飘风难民的救助和抚恤》（2012）对清代山东与琉球间的海难事件进行汇总整理，对清代琉球难民漂往山东的背景和原因、山东对琉球飘风难民的救助和抚恤以及护送至福建的政策措施等加以考察。张先清、谢必震《清代台湾与琉球关系考》（1998）考察了清代琉球难船漂流到台湾的情况和台湾官民的应对与处置，以及由此产生的积极和消极影响。杨彦杰《台湾历史上的琉球难民遭风案》（2001）收集了清代台湾地区的琉球难船案 64 起，详细考察了台湾地方官府对琉球难民救助和抚恤的措施及其实施，并对当地民众救助琉球难民的细节进行了叙述，认为台湾被日本侵占之前的两百余年间，琉球难民不管到台湾什么地方都得到当地民众和官府很好的帮助和抚恤，这种救助和抚恤是中琉友好关系的一个组成部分，对延续和发展中琉之间的交流作出了贡献。李超学位论文《清代琉球来华漂风难民救助制度之研究》（2018）系统全面地阐述清代对琉球贡船以及一般船的漂风难民救助制度的嬗变过程，尤其对救助资金来源的演变、贡船遭风遇救问题、遭风物品的变卖以及海难救助中的违法问题作了详细的阐述。

三是清代对朝鲜漂流民的救助。陈尚胜《礼义观与现实冲突 —— 李朝政府对清初漂流海商政策波动的研究》（1995）考察清初五十年间朝鲜李朝政府对于中国漂流海商政策的波动情形，以此来观察清代中朝两国政治关系的真实状况。同样以清初漂流到朝鲜的中国人为研究对象的还有高志超《汉人漂流民与中朝、日朝间交涉（1641—1689）》（2014），该文仔细考察了 17 世纪中后期，朝鲜根据清朝、日本以及本国君臣不同时期对时局的解读，而对漂流到朝鲜的中国人所采取的押送盛京（沈阳）、解赴对马岛、押送北京、任其开洋、依愿放归等不同处置方式，反映了东亚国家关系变迁的基本过程。刘迎胜《清乾隆年对朝鲜漂海人与跨境海难事件的政策 —— 宗藩框架下的国民救助体系》（2007）在宗藩框架下考察清政府对外籍海难人员的政策内容，并通过对人员救助和物主不明漂海财物的照管两个个案之研究指出，宗主国与藩属国之间的关系不仅仅是一种上对下的冷冰冰的政治关系，在和平年代，这种宗藩关系也惠及普通朝鲜百姓，并保护了朝方的财产。柳岳武《清代中期以前中朝宗藩关系下的司法运作之研究》（2007）在探讨清代中前期中朝宗藩关系下司法运作这一政治体制中，考察了无票清人漂流到朝鲜后的司法管辖与审判问题。周国瑞《朝鲜对清、日海难漂流民态度比较研究（1882—1894）》（2015）主要考察近代清政府、朝鲜之间新的海难救助法律制度制定后，在施行中，朝鲜对救助中国、日本海难漂流民的不同态度和原因。屈广燕《朝鲜西海域海难船情况初探（1684—1881）》（2018）从清代朝鲜西海域的中国海难船概况、朝鲜救助中国船的基本流程、朝鲜对中国船货物的处置三个方面，实证性地研究了朝鲜对中国漂流民的人命、财物救助与处置的制度和流程，从中可以窥见宗藩关系之下环中国海域海外中国漂流民获得救助的情形，这是一篇研究海外中国漂流民海难获救情形的专门性论文。李善洪《清与朝鲜间"漂民"救助问题管窥——以〈同文汇考〉中"漂民"文书为中心》（2015）以《同文汇考》中的"漂民"文书为中心，探讨了清代中国与朝鲜相互之间的漂流民救助程序和遣送方式。邹然学位论文《〈备边司誊录〉与中国漂流民：以"问情别单"为主要史料》（2015）是以历史文献《备边司誊录》中的中国漂流民事件的"问情别单"为中心，考察清代中国漂流民传递给朝鲜人民关于其他国家的时局形势和社会文化等方面的信息。

四是清代对越南漂流民的救助。孙宏年《清代中越海难互助及其影响略论》（2001）考察了 1644—1885 年中越之间的海难及相互救助情况，认为这类救助首先是人民之间的自发行为，反映和增进了两国人民之间的友好关系，又由于两国政府的介入，加深了两国的和平及好关系，并反过来强化了两国之间的宗藩关系。

五是清代对日本漂流民的救助。孟晓旭的系列论著[①]对清代中日之间的漂流民救助历史和措施等进行了较全面的考察。刘斐、刘恒武《清代浙江沿海对日本漂流民的救助与遣返》（2009）考察了清代对日本漂流民的救助和遣返并最后固定于乍浦一港遣返的定例过程，有利于了解清代救助外籍难船制度的发展历史。

六是清代对西籍船只的救助及近代海难救助的演变，学界对此关注并不多。冷东、邢思琳《清代前期广州口岸海难救助》（2018）以广州这一当时中西贸易与文化交流重要城市的海难救助体制为对象，考察了广州海防体系、粤海关、十三行、民间力量、外国船只参与广州海域的海难救助的情况，其中主要涉及的是对西方难船的救助。近代海难救助的演变现有研究成果可分为三个方面。一是近代台湾地区的海难与海难救助。如李智君

---

① 孟晓旭：《漂流事件与清代中日关系》，中国社会科学出版社，2010 年；《1644 年日本越前国人的"鞑靼漂流"与清初中日关系》，《历史教学》（高校版）2008 年第 1 期；《江户时代日本对中国人漂流事件之处理与中日关系》，《西藏大学学报》（社会科学版）2010 年第 2 期；《咨文与龙牌：日本漂流民与清代中日关系》，《暨南学报》（哲学社会科学版）2015 年第 10 期。

的《无远弗届与生番地界——清代台湾外国漂流民的政府救助与外洋国土理念的转变》(2017),是对近代台湾地区海难与海难救助的专论,考察了清代台湾对外国漂流民救助制度的历史演变,以及近代台湾外籍船难问题引发的中外交涉过程,进而揭示了清朝统治者国土理念的转变。二是以西籍船难事件及救助为考察对象。如朱思斯学位论文《船难救助与纷争——对中国水域的西籍船难事件的考察(1872—1879)》(2008)以《申报》所载的中国水域内西籍船只失事报道为中心,考察了近代以来中国沿海及与海相通的内河流域西籍失事船人的数量、类型和由此产生的中外纠纷,以及为了有效减少船难事件,并为船只碰撞事件的解决提供法律依据,清政府在立法上所作的努力。这应该说是中国大陆学界第一次对中国海难救助制度近代转型问题所作的专门论述,可惜的是缺漏较多。翁敏学位论文《晚清华洋船碰纠纷研究》(2017)也涉及中外船只碰撞引发的海难事故、争议、交涉与清政府为减少船只碰撞的立法。三是近代中国与东亚地区国家间海难与海难救助问题的考察。如周国瑞和陈尚胜合写的《清光绪年间中朝海事交涉研究(1892—1894)》(2014)、周国瑞《朝鲜对清、日海难漂流民态度比较研究(1882—1894)》(2015),两文考察了清代中朝两国海难救助方式近代转型的原因、过程,以及在新的救助体制下,两国对对方国家漂流民的不同态度,进而探究其背后的政治原因。以上这些研究成果对于了解中国海难救助制度的近代化有一定的助益,但疏漏之处较多,没有细致勾勒出晚清海难救助制度发展演变的脉络,也没有完整展示晚清海难救助制度的内容。

3. 中国港台地区的海难与救助史研究

中国港台地区的中国海难与救助史研究较之中国大陆地区更为引人注目。自20世纪90年代,"中研院"学者汤熙勇、刘序枫联合日本学者松浦章开展海难研究项目以来,台湾地区关于中国的海难史研究开展得有声有色。除形成了之前所述的资料集外,台湾学者开展的海难救助专项研究成果累累。汤熙勇《清代台湾的外籍船难与救助》(1999)考察了清代台湾海域发生的外籍船难状况,以及由于海难救助问题而衍生出的外交、军事及商务上的纠纷与冲突,在此基础上,考察清政府为了应对台湾海域发生的海难,在海难救助方面的法律制度变迁,清晰地展示了清政府处理外籍船难的态度和海难救助制度的建立过程。此后他的《清顺治至乾隆时期中国救助朝鲜海难船及漂流民的方法》(2002)细致考察了顺治至乾隆年间清廷救助朝鲜难船难民的方法与流程。刘序枫《试论清朝对日本海难难民的救助与遣返制度之形成》(2001)、《清代环中国海域的海难事件研究——

以清日两国间对外国难民的救助及其遣返制度为中心（1644—1861）》（2002），以清代中日两国之间救助对方难船难民的情况、制度与方法为研究对象，比较全面地反映了清朝与互市之国的海难救助情况。其《清代档案与环东亚海域的海难事件研究：兼论海难民遣返网络的形成》（2006）根据现存的清代官方档案，并配合环中国海域其他诸国现存之史料，考察中国救助及遣返外国难民的实态，由相关官员的奏折档案，来看清政府对外国难民的救助及遣返制度的形成，并印证清会典事例诸规定的具体执行状况，借此证明在18世纪中期以后，各地区间存在着固定的送还路线和中继的港市，而这些路线又与当时东亚传统国际秩序下的国际贸易网络息息相关。香港浸会大学博士生郭嘉辉的《清道光前期（1821—1839）广东对海难救助之研究》（2015）以清道光前期广东处理有关欧洲船只、船员遭遇海难事故的事例为探讨对象，呈现了当时的中西关系和制度下海难救助制度的若干细节及相关问题，该文是对清代地方海难救助制度与实施研究的有益探索，对于了解近代中国海难救助法律变化的背景大有裨益。

4. 国外对于清代海难与救助史的研究

国外对于清代海难与救助研究较多的是日本、韩国学界。日本学界关于东亚海域的海难与救助研究相当出色，成果不少，堪称丰硕，如松浦章、渡边美季、赤岭诚纪、田名真之、西里喜行等学者都对于东亚海域的海难问题有相当的研究。其中松浦章先生更堪称集大成者。除了主持环中国海域海难资料的系统性收集整理外，从20世纪80年代开始，他在环中国海的航海及商贸研究中，就广泛应用了环中国海域的漂风船史料，仅其著作《清代帆船与中日文化交流》（2012）中，就有《雍正年间清朝官吏的日本观》《乾隆年间前往长崎的中国商人》《中国史料中的长崎贸易》《清代"展海令"颁布以后驶抵长崎的台湾船》《漂流到上海川沙的越前"宝力丸"》《越前梅浦冈田家所藏〈赠倭国难民诗〉》《清代广州港的繁荣——以广东日本漂流民记录为中心》7篇论文应用了清代海难和救助方面的资料或以此为对象进行研究。此外，他还公开发表了一系列的论著，如《漂流到琉球的江南商船：以〈白姓官话〉为中心》（1983），该文介绍了《白姓官话》一书的由来，并通过与《历代宝案》相较，考证了其中难船漂风日期的错误；《海难难民与当地官民的语言接触——从嘉庆年间漂到朝鲜、中国的海难事例看周边文化交涉的多重性》（2008）一文，利用嘉庆六年（1801）漂流至朝鲜国的吕宋人、嘉庆十三年漂流至中国长流口的朝鲜人与当地人之间的语言接触之具体情形，来论述中国周边发生的文化交流的多样性问题；《清国帆船救济漂流至日本的越南人之史实考略》（2011）考证了嘉庆二十年，中国商船将漂流到日本的越南难民带回浙江乍浦，再设法将其遣返回国的史实。日本学界有关清代海难与救助的实证性研究居多，具有相当的深度，而且大部分以日本为中心进行论述。伊能嘉矩《台湾文化志》（1985）为台湾研究中的上乘佳作，是关于中国台湾地区的文化百科全书，其中部分章节考察了台湾历史上的海难与救助制度问题，对了解中国的海难救助制度及其近代演变具有重要价值。

韩国学界关于清代东亚海域的海难及救助的研究也较多，较著名的有金京钰《朝鲜对清朝关系和漂流到西海海域的中国人》（2014），元钟敏《漂流到朝鲜的中国人对朝鲜社会的影响》（2008）、《通过〈云谷杂著〉〈玄洲漫录〉两本书考察朝鲜官吏对中国漂流民的问询过程及其记录》（2014），金强一《前近代韩国的海难救助和漂流民救助体系》（2010）。[①] 这些论著中有不少是以中朝之间的海难及救助为主要内容，能够一窥清代的海难救助政策与制度。

5. 小结

通过上述相关文献梳理可以看出，关于清代中国海难救助问题的研究已经取得了较为丰硕的成果，且研究正朝着更全面、更深入的方向不断发展。这成为本课题研究的坚实基础，同时，也为本课题研究的展开提供了宝贵的线索。但是，以前学界关于这方面的研究也存在着一些不足之处，这为本课题研究的进行指明了方向。

第一，此前少有成果从海洋法制史的角度去探讨清代的海难救助问题，此前学界关于清代海难救助的研究大致可分为两种取向：一是慈善史、海洋灾害史角度的海难救助研究，其关注的焦点主要集中在海难发生的原因、中国内港江河湖泊与海上船难的情形、环中国海域海难的特点、民间社会的慈善举措等，而对相关难民的赈济抚恤只是慈善或社会保障举措的一个环节；二是国际关系史视野中的海难救助研究，其关注的焦点主要集中在环中国海域国家对其境内的中国漂流民以及清政府对境内外国漂流民的救助、抚恤、遣返的程序、方法、措施与实践，特别是中琉、中朝、中日、中越之间的海难救助更加引人注目。这类研究从动态的视角审视环中国海域海难救助的实施以及东亚国际局势变化与各国对漂流民的救助之间的互动，其最终目的是通过海难救助来反映外交关系、国家交往状态以及贸易情形。概言之，以前学界的清代海难救助研究，主要是把海难

---

① 关于韩国学界对环中国海域海难与海难救助研究具体情况，可参见王丹丹：《论清朝与朝鲜两国的漂流民救助与送还》，延边大学硕士学位论文，2018 年，第 2—4 页。

救助看作灾害问题、外交问题或邦交问题，而不是法律问题和海洋安全机制问题，几乎没有人从国家海商法律体系的框架和角度去审视。可以说，在清代海难救助法律制度研究上，法学界几乎是缺席的。这也导致此前学界关于清代海难救助的探究，有时把经久之法律制度与一时权宜之措施混为一谈，对于法律制度的出台背景和意图也没有深入分析，即便有分析，也主要是从历史背景去阐述，而缺少纯粹立法技术问题的探讨。由于缺乏法学的思考和分析，人们对于清代海难救助制度的法律构成是什么、内容是什么、有什么特征、它究竟与清代的国家法律体系是什么关系、处于一个什么样的地位、有什么特征、是什么性质，都缺少准确的认识。另外，对于近代海难救助法律制度的转型，除了从中国屈服于西方列强的压力去解释之外，很少从立法的现实需求、立法技术、法律体系的变迁等方面去考虑到底中国自身存不存在变更海难救助制度的动力和要求、海难救助制度的近代转型与重构在中国法制史上有什么意义等等。这些问题，都有待于法制史学者从法学的角度去解答和回应。

第二，此前学界的相关研究缺乏全面性、系统性，在内容上存在一些薄弱的地方。其一，此前学界研究成果主要以清代对环中国海域个别国家的船难救助或某一个别的船难事件处理为中心，而对中国如何救助西方国家难船研究不足。其二，学界重点关注清代前期对外籍难船难民的救助，而对于近海本国难民的救助与管理研究较少，迄今笔者仅查阅到前述史伟的论文对此进行了专门考察，但考察的区域也仅是东南海域而不是全中国的海域，且研究尚不全面。其三，对海外中国漂流民归国之后的救助与管理关注不够，当前研究一般只是考察外国如何安置遣返中国难民，但对中国难民回国之后清廷如何处理、如何安置关注很少。其四，从时间段来看，主要集中在清代前期的海难救助制度上，而忽略了对于近代以来海难救助制度变迁的研究。所以，尽管学界在清代海难救助研究方面成果很多，但实际上，清代海难救助制度研究仍显得有些零散，且许多问题没有得到完全的解决。

第三，在观点上，也存在着片面化的倾向。此前学界对于清代海难救助制度的评价，基本上都是认为该制度符合道德、人性，促进了友好国际关系的发展。当然，并不是说这种评述不符合事实，但是，此前的研究并没有关注到清代海难救助制度的特点与缺陷。这可能与此前学界的视角有关，也与所使用的资料有关。此前研究大多使用的是环中国海域各国的会典、实录、奏折档案、官书等史料，而在清代前期的朝贡体系之下，官方的文书资料是很难如实记录制度的不足或实施中存在的问题的，但这并不意味着这种制度上的缺陷和执法上的不足就不存在。近代中国海难救助制度的转型与这种制度缺陷本身存在着因果关系，这是在研究清代前期海难救助制度时应当予以重视的问题。

本书希望在借鉴前人成果的基础上，从法制史和比较法学的角度，针对上述不足之处予以探讨，考察清代海难救助的法制建设情况、制度内容、制度的发展演变，并通过把清代海难救助制度与此前中国历代王朝的相关做法、近代西方海难救助制度、中国现代海难救助制度相比较，力图对清代海难救助制度在中国法制史上的地位、性质、中国特色等方面有更准确的认识，以还原清代海难救助制度的实际形态，并通过清代海难救助制度的近代转型与重构的过程，加深对中国法制近代化、中国近代化问题的认识。

四、研究路径、框架结构和重要观点

探讨清代海难救助制度的发展，当不能脱离明清政权争夺及清朝海疆形势的发展变化，也不能脱离早期全球化背景下国际社会剧变的影响。基于此，本成果分为上、下两编。上编考察清代前期（1616—1840）的海难救助制度。此阶段，中国主权完整独立，海难救助制度完全是基于中国传统文明独立发展而来。之所以把考察时间上延到 1616 年，是因为清代前期的海难救助与管理制度有些是承继自后金；如果仅从 1644 年清入关开始考察，会割裂清代海难救助制度的完整性。下编为晚清（1840—1912）海难救助制度的近代转型。1840 年鸦片战争以后，中国被拖入世界资本主义体系，逐渐沦为半殖民地，海难救助制度也失去独立发展的空间，在西方胁迫和"西法东渐"下，清政府渐进移植西方海难救助的有关规则，最终在法律文本上实现了近代转型。

研究成果由四部分组成。

第一部分，绪论，叙述研究动机，阐释概念，梳理目前国内外研究状况与趋势。

第二部分，上编，清代前期海难救助制度，由清代前期海难救助制度的渊源（第一章）、清代前期近海中国船难救助与管理制度（第二章）、清代前期外籍船难救助制度（第三章）、清代前期内河船难救助制度（第四章）、清代前期海外中国漂流民救助与管理制度（第五章）组成，着重探讨清代前期海难救助制度的历史演变及具体内容。

第一章：清代前期海难救助制度的渊源。本章首先梳理清代以前中国历代王朝海难救助的政策、法律与措施，这些是清代前期海难救助与管理制度的历史基础；继而从思想文化语境的角度，探究清代前期海难救助制度的理论渊源，揭示中国传统文明对海洋法律制度的影响；最后考察清代前期海难救助的法律渊源。

第二章：清代前期近海中国船难救助与管理制度。本章共分为三节。第一节，近海中国船难概况。第二节，近海失事民船救助与管理制度，考察清政府关于近海失事民船救助的义务承担者、民船财物保护立法、民船失事后的稽察与管理制度。第三节，近海失事官船之抚恤与管理制度。

第三章：清代前期外籍船难救助制度。本章考述朝贡体系之下，清廷对外籍船难的救助规定，包括外籍船难救助与管理的义务承担者、救助对象与救助的危险、救助的具体措施与方式、救助处理费的来源以及清廷针对外籍船难救助的特殊罚则。

第四章：清代前期内河船难救助制度。现代海难救助乃是包括对海上以及与海相通的可航水域遇险的船舶、人员与财物的救助，故在考察近海海难救助制度后，接下来本章对清代内港江河湖泊的船难救助制度进行专门考述，重点是对内河船难救助的义务承担者——官办救生船体系的历史、管理制度、运作制度的考察。

第五章：清代前期海外中国漂流民救助与管理制度。本章着重探讨清政府对海外中国漂流民这一特殊海难群体的处理政策与制度。本章分为两节。第一节是清政权入关前后（1616—1684）海外中国漂流民管理政策与中外交涉，考察清王朝一统中国之前，与东亚国家就相互之间如何对待处理对方国家漂流民的交涉过程、机制构建及清廷对解送归国漂流民的处理。第二节是开海时期（1684—1840）海外中国漂流民救助与管理制度，包括该法律制度制订的原因、一般性规定、针对朝鲜境内中国漂流民的特殊规定、海外中国漂流民归国的安置处理规定等。

第三部分，下编，晚清海难救助制度的近代转型，分为晚清海难与中西海事争议（第六章）、晚清海难救助制度的转型与重构（第七至第八章）。

第六章：晚清海难与中西海事争议。着重考察晚清海难救助制度变迁的微观层面的原因，即与海难救助制度变革有直接关系的因素，一是晚清时期船难数量、难船国籍、船难发生的原因、船难发生的地点等方面出现的新变化，二是近代中国传统海难救助制度实践运作的困境。

第七章：晚清海难救助制度的转型与重构（一）。本章分为两节。第一节，国家海难救助责任的确定，考察近代中西国家签订的条约促使海难救助制度的转型，尤其是清政府在涉外海难救助立场或态度上自觉或不自觉的转变。第二节，预防海难事故的立法：行船防碰章程的制订，这一节主要考述晚清内港江河湖泊行船防碰的立法，以及对国际上海洋行船防碰章程的接受，揭示清政府为预防水上事故发生在制度方面所作的努力。

第八章：晚清海难救助制度的转型与重构（二）。本章分为三节。第一节，海难救护章程的制订。第二节，晚清海难救助制度的主要内容。第三节，清末修律与《海船法草案》。主要考察在西法东渐下，中国海难救助核心制度，尤其是中国沿海地区海难事故之救助处理制度逐步与国际接轨，最终在法律文本上完全近代化（西化）的过程。

第四部分，结论，总结清代海难救助制度的演变过程，揭示清代海难救助制度的特点，评估清代海难救助制度的绩效，思考该制度对现代的启示意义。

通过大量文献资料的研究可以发现：清代已经构建了比较完整的海难救助制度，海难救助基本上被纳入法制化、制度化的轨道，这是中国海商法史上的重大发展。不过，清代前期海难救助制度是基于中国传统独立发展而来，近代的变革则是对当时世界宏大而深刻变化的应激式回应，因此，该制度与同时期西方以及现代海难救助制度存在明显的差别。

总之，清代海难救助制度是中国传统文明和现实社会的产物，在长期发展中形成了保护难民生命财产安全、人命救助优位等理念和价值，客观上有利于保障航海安全、促进海洋经济发展。此外，清代海难救助制度因时制宜不断变化与调整，这些调整都是清政府针对现实情况作出理性思考的结果，表明清政府对绥靖海疆、发展海外贸易和海外交往的重视是一以贯之的，也表明清政府具有远较中国历史上其他王朝更开放、更积极的用海观念和行为，所谓清朝实行"闭关锁国"之说并不完全符合历史事实。

上 编

清代前期海难救助制度

第一章 清代前期海难救助制度的渊源

第一节 思想渊源

从理性的角度来说，任何一个国家的政策制度都不是凭空产生的，必然受其民族传统文明的影响。清代前期的海难救助制度，自然也受到了中国古代传统，尤其是统治者思想观念的影响。具体说来，对清代海难救助制度之形成与特色有直接作用的统治思想大略有以下几个方面。

一、经略海疆的思想

海难救助属于海洋管理法律制度的组成部分，统治阶级的海洋观念对其影响无疑是最为直接的，统治阶级海洋思想的发展变化，必将使海洋政策与法律制度内容呈现出丰富多元。

明清政权争夺时期，面对来自海洋的安全威胁，清朝统治者祭起海禁之策，将海疆完全弃置，海难救助自是无从谈起，即使令朝鲜解送漂民归清，也是其海禁政策之延续。

康熙二十二年（1683）八月台湾郑氏降清，清朝一统，统治者的海洋观念发生了深刻变化。同年九月，两广总督吴兴祚提出缓和海禁、招民耕种沿海土地的请求。对此，康熙帝认为"今若展界，令民耕种采捕，甚有益于沿海之民"，而且指出，在广东之外，还可以扩展到浙江、福建沿海，应即派大臣前往沿海诸省实地调查，不可稽迟。[1] 在展界复业之外，康熙帝又令"开海贸易"[2]，设海关进行管理，到康熙二十三年十月，"直隶、山东、江南、浙江、福建、广东各省，先定海禁处分之例，应尽行停止"[3]。上述诸多措施说明清朝统治者的思想已经从禁海、弃海转向经略海疆。

在传统治边思想之下，海疆经略，首以海防安全为要。为此，一方面，清廷设立外洋水师，实行海上巡哨制度，于沿海海防要地设立营

---

[1] 《清圣祖实录》卷112，康熙二十二年九月，中华书局，1985年，第156页。

[2] 《清圣祖实录》卷116，康熙二十三年七月至九月，第212页。

[3] 《清圣祖实录》卷117，康熙二十三年十月至十一月，第224页。

汛，①构建起陆海相维的海防体系；②另一方面，又对国人及外国来华的航海活动严加管控。然海洋活动不确定因素很多，海难事故时有发生，不可避免地会对清廷的海洋管理政策形成冲击。而且，在中国传统海洋观念中，浩渺流动的海洋往往是不法之徒的世界，而从事海洋活动的往往都是一些不安分守己之人。这种海洋的高流动性及人群的少服从性，在清朝统治者看来，对海防安全和国家安全是重大潜在威胁，故实行开海之策后，胸中始终横亘着对海洋相关群体无法消解的猜疑和防范。他们担心，对沿海船难不进行严密稽察，可能发生透漏出海之事。而在帆船时代，中国船只一旦于海外失事，或在中国海域失事漂到外国，如果没有外力之帮助，这些海外中国漂流民很难以自己的力量归国，而只能长期滞留异域。清政府担忧，如果任由中国漂流民滞留海外，可能会促使海外反清力量壮大，③如康熙帝曾发布谕旨："海外噶喇吧，乃红毛国泊船之所，吕宋乃西洋泊船之所，彼处藏匿贼盗甚多，内地之民希图获利，往往留在彼处，不可不预为措置。……令内地之人留在外洋者准时附洋船带回内地。"④此谕旨中，康熙帝明确把促使海外中国人归国作为绥靖海疆之一大措施。因此，清廷令朝贡国解送中国漂流民归国，并允许海外中国人自行附船回国，其中既有清政府对众多流落海外之中国人的怜悯，但也不可否认，更主要的则是出于维护海疆安全之考虑。

　　不过，清代的治边思想较前代已有大的改变，放弃了传统的"高筑

---

① "我国家于崇明、舟山、玉环、海坛、金门、澎湖、南澳、硇州岛屿深阻之处，皆特设镇将。而台湾在澎湖外，距海岸水程千里，鸡笼、凤山隶我版图，设官莅长，人物繁昌，屹然为海外巨镇，声威雄壮，杜岛夷之窥伺矣；口岸则直隶之天津，山东之登莱，江南之狼山，浙江之黄岩、温州，福建之福宁、厦门、漳州，广东之潮州、碣石、虎门、高廉、琼州，各设专阃，分布重兵，而……松江当刘河、吴淞川沙要口，宁波当杭、绍、定海、象山要口，泉州当金门、厦门要口，惠州密迩碣石、虎门，特驻军门，就近领防御，营城、汛堡、炮台、烟墩，星罗棋布，口岸之绸缪密矣。"严如煜：《洋防辑要序》，贺长龄辑：《皇朝经世文编》卷83《兵政十四·海防上》，沈云龙主编：《近代中国史料丛刊》第74辑，文海出版社，1972年，第2959页。

② 马大正主编：《清代中国边疆治理研究》，中国社会科学出版社，2022年，第502—506页。

③ 清代前期，统治者对于海外反清力量的崛起时刻警惕并采取了许多遏制措施。参见王宏斌：《清代前期海防：思想与制度》，社会科学文献出版社，2002年，第23—59页。

④ 《清世宗实录》卷58，中华书局，1985年，第892页。

墙"的边防模式，突出修德安民。[①]清人入关以后，一改传统以长城为屏障的备边措施，转为怀柔各少数民族。如康熙三十年（1691），古北口总兵官蔡元疏言"古北口一带边墙倾塌甚多，请行修筑"，康熙帝谕大学士曰："蔡元所奏，未谙事宜。帝王治天下，自有本原，不专恃险阻，秦筑长城以来，汉唐宋亦常修理，其时岂无边患？明末我太祖统大兵长驱直入，诸路瓦解，皆莫敢当。可见守国之道，惟在修德安民，民心悦则邦本得，而边境自固。所谓众志成城者是也。如古北喜峰口一带，……概多损坏，今欲修之，兴工劳役岂能无害百姓？且长城延袤数千里，养兵几何，方能分守？蔡元见未及此，其言甚属无益。"[②]康熙帝修德安民、本固邦宁的治边思想也为后来的皇帝所继承。在清朝统治者的观念中，海洋只是海疆，是边疆之组成部分，清廷治边观念的转变，自然会影响到海疆治理方面。因此，在海疆治理中，清政府一方面重视海防建设，另一方面也注意修德安民。海难救助制度的建立，与这种治边思想当不无关系。

其次，经略海疆，也意味着中央政府对海疆实行正常的行政管理。开海之后，清廷将内陆行政管理模式推行到沿海地区，包括岛屿，逐步建立起如同内陆的州县行政系统，海洋相关群体也如内陆民户一样成为国家的编户齐民。在王朝国家行政管理下，辖区如出现天灾，当地政府都有赈济之职责，自然，对沿海出现的灾难也应如此。只是沿海人群与内陆农户生活境遇不同，其面临的灾难经常是由于海洋灾害导致船难事故，故沿海地区的救灾就与内陆救灾有所差异，与海难救助交织在一起。

再次，发展海洋经济是经略海疆应有之义。清廷开海，有一个更高层次的目标，即开发海疆，获取经济利益。如康熙二十三年（1684）皇帝谕大学士等曰："向令开海贸易，谓于闽粤边海民生有益，若此二省，民用充阜，财货流通，各省俱有裨益。且出海贸易非贫民所能，富商大贾，悉迁有无，薄征其税，不致累民。可充闽粤兵饷，以免腹里省分转输协济之劳。腹里省分钱粮有余，小民又获赡养。"[③]不但皇帝有此认识，沿海各省官员也对开海获取海利充满期望，如江宁巡抚慕天颜上《请开海禁疏》，直言"生财之大，舍此开禁一法，更无良图"[④]。

福建水师提督施琅说："臣以为展禁开海，固以恤民裕课，尤需审弊

---

① 何瑜：《清代海疆政策的思想探源》，《清史研究》1998 年第 2 期。

② 《清圣祖实录》卷 152，康熙二十三年四月至五月，第 677—678 页。

③ 《清圣祖实录》卷 116，康熙二十三年七月至九月，第 212 页。

④ 慕天颜：《请开海禁疏》，贺长龄辑：《皇朝经世文编》卷 26《户政·理财》，沈云龙主编：《近代中国史料丛刊》第 74 辑，第 964—967 页。

立规，以垂永久……则民可以遂其生，国可以佐其用，祸患无自而萌，疆圉永以宁谧，诚为图治长久之至计。"[1] 福建总督姚启圣认为："沿海省听民采捕，以资生计，洋贩船只照例通行，……使六省沿海数百万生灵均沾再造，而外国各岛之货殖金帛入资富强，庶几国用充足，民乐丰饶，将再见也。"[2] 对东南沿海十分熟悉了解的蓝鼎元认为："沿海居民，造作小巧技艺，以及女红针黹，皆于洋船行销，岁收诸岛银钱货物百十万，入我中土，所关不细矣。……开南洋有利而无害，外通财货，内消奸宄，百万生灵仰事俯畜之有资，各处钞关，且可多征税课，以足民者欲国，其利甚为不小。"[3] 即既能发展社会生产，促进就业，改善民生，缓解社会矛盾，又能互通有无，增加国家关税和财政收入。[4] 而要收开海之利，自然会产生保障航海安全的想法，如康熙五十年（1711）六月，闽浙总督范时崇就提出了将水师营船与渔船"捆绑"行于外洋，以使商船安全行于内洋的"就渔以卫商"的策略，其方案是："各省沿海渔船，皆令沿海之水师以统之，……凡渔船远出外洋，酌拨营船，随之偕往。凡渔船为非，专兼各员比照营兵为盗例处分。营员畏有处分，自必跟随渔船远出外洋。是昔之游巡，徒有虚名，今则可由实济矣。营船既统渔船以出外洋，则内洋商船行驶不孤，商船行于内，渔船卫于外，此就渔以卫商之法，亦即寓兵于农之意也。"[5] 虽尚不知该方案是否推行，但也反映出当时官员们确实有为收海利而保障航海安全之意识。

二、传统治边观念

清代前期，对于如何经略海疆，既没有先例，也没有多少历史经验。在此背景下，统治者只得把传统治边经验化用于海洋国土主权的维护和治理中。正因为如此，这种传统治边的价值和理念也渗透到海难救助制度，尤其是涉外海难救助制度中。

---

[1] 施琅：《靖海纪事》，福建人民出版社，1983年，第133—134页。

[2] 厦门大学台湾研究所等：《康熙统一台湾档案史料选辑》，福建人民出版社，1983年，第294页。

[3] 蓝鼎元：《论南洋事宜书》，贺长龄辑：《皇朝经世文编》卷83《兵政十四·海防上》，沈云龙主编：《近代中国史料丛刊》第74辑，第2964—2965页。

[4] 王日根、章广：《论蓝鼎元的海洋经世思想》，《安徽史学》2015年第2期。

[5] 《闽浙总督范时崇奏陈海洋弭盗管见折》（康熙五十六年六月初八日），中国第一历史档案馆编：《康熙朝汉文朱批奏折汇编》（第3册），档案出版社，1984年，第539—567页。

　　自先秦时期起，中国古代思想家们就建构出了具有一元等级世界秩序特征的天下观。在国家关系上，"天下"观认为中国是世界的中心，中国的政治、经济和文化优越于世界其他国家，是"天朝上国"。①清代前期，"天下"观念依然是国人认识世界和处理国与国之间关系的指导思想。即使在鸦片战争之前，中国不乏实际的与外部世界的接触，新式的地理知识也已经部分传入中国，清朝的人们也仍固执地坚持中国中心论这一信仰。如乾隆年间官修的典制文献《清文献通考》中，对于世界各国的认识仍是这样的："大地东西七万二千里，南北如之。中土居大地之中，瀛海四环，其缘边滨海而居者，是谓之裔，海外诸国亦谓之裔，裔之为言，边也。三代以降，中原幅员，视主德为广狭，四裔远近亦随时转移。懿惟我国家统一函夏，四裔宾服，列圣经营，宅中驭外，百余年来，声教覃敷，梯航浮至。"②

　　天下观念强调以王道治国，以仁政平天下，③建立和维护天下体系，不能依靠"霸道"的武力征服，而要通过"王道"，④以及"厚往薄来""事大字小"的原则，以物质上的付出换取藩属国对中国宗主国地位的认可。这对于中国历代王朝的外交政策与典章制度都产生了深远的影响，⑤也成为王朝国家处理涉外海难之指导思想。如明成化五年（1469），"广东市舶司奏，九星洋有遭风番舶番知，是琉球贡船欲贸货往闽，造船回国"，朝廷命令市舶司详查的同时，又敕令地方官"禁约下人，不得因而侵损，失向化之心"。⑥而这在清代前期几位君主的思想中均有反映。康熙帝曾谕大

---

① "中国人认为天是圆的，地是平而方的，他们深信他们的国家就在地的中央。他们不喜欢我们把中国推到东方一角上的地理概念……因为他们不知道地球的大小又夜郎自大，所以中国人认为所有各国中只有中国值得称羡，就国家的伟大、政治制度和学术的名气而论，他们不仅把所有别的民族都看作是野蛮人，而且看成是没有理性的动物。"［意］利玛窦著，何东济译：《中国札记》，中华书局，2005年，第180—181页。

② 《清文献通考》卷293《四裔一》，清文渊阁《四库全书》本。

③ 何瑜：《清代海疆政策的思想探源》，《清史研究》1998年第2期。

④ 《论语·季氏》："远人不服，则修文德以来之，既来之，则安之。"《礼记·中庸》："凡为天下国家，有九经，曰：修身也，尊贤也，亲亲也，敬大臣也，体群臣也，子庶民也，来百工也，柔远人也，怀诸侯也……柔远人则四方归之，怀诸侯则天下畏之；……送往迎来，嘉善而矜不能，所以柔远人也；继绝世，举废国，治乱持危，朝聘以时，厚往而薄来，所以怀诸侯也。"

⑤ 关于天下观与天下体系的主要内容、特征与影响，可参见王小红、何新华：《天下体系——一种建构世界秩序的中国经验》，光明日报出版社，2014年。

⑥ （清）周煌：《琉球国志略》卷3，乾隆二十四年漱润堂刻本。

学士曰："持身务以诚敬为本，治天下务以宽仁为尚。"① 这种王道治国思想，在治边方针上主要表现在"怀柔"二字上。清朝的涉外船难救助制度正是在这种天下观的指引下建立起来的。

清代从皇帝到官员，对于建立海上外国难民救助制度，向邻国传达清朝与各国友善之信息，宣扬恩德，怀柔远人，以使万国来朝，都有自觉的认识。清军入关之初，中国尚未统一，日本视清政府为"夷狄"，两国之间也没有往来。顺治元年（1644），有三艘日本船漂流至珲春地方。第二年，清廷将日本难民通过朝鲜遣返，顺治帝特就遣返原因谕示朝鲜国王，要求朝鲜国王"备船只，转送还乡"，并向日本幕府及人民"移文宣示，俾该国君民共知朕意"。② 可见，清廷对于利用遣返难民的机会改善与日本的关系是抱有希望的。雍正七年（1729），皇帝令定例救助"遭风飘入内地"之外国船只，其真实意图也是"以副朕恩恤远人之至意"。③ 乾隆帝也表示了同样的想法。乾隆二年（1737），清政府明定"外国被风船只抚恤例"，其用意也主要是示"怀柔远人之至意"。④ 对此，官员们的认识与皇帝并无二致。乾隆二年，闽浙总督嵇曾筠、浙江布政使张若震因"沿海等省外国船只遭风漂泊，所在多有，均须抚恤，向未著有成例"，乃联名上奏，希望皇帝"特颁谕旨，敕下沿海督抚，嗣后外国遭风人船一体动支公银，料理遣归"。在奏折中，他们陈述了如此行为之本意："远服臣民望风向化，永怀圣主之明德于勿替。"⑤ 可以看出，清代前期外国难船难民救助制度在皇帝和官员们看来，就是要彰显中国的"字小"原则，落实怀柔远人、昭显皇帝宽仁恩德和中国威望的本意。出于"事大"的理念，朝鲜、琉球等朝贡国抚恤遣返其境内之中国漂流民，乃理所当然之事。所以清代前期涉外海难救助机制实际上具有重大的礼制内涵和政治性意义。

三、矜恤弱者的人伦精神和天理良心

儒家思想强调仁者爱人的人道原则，要求人们常怀恻隐、矜恤之心，从内心深处关心、爱护和帮助他人。这种"仁爱"思想自汉代开始的儒家

---

① 《清圣祖实录》卷 245，康熙五十年正月至三月，第 435 页。

② 《清世祖实录》卷 21，顺治二年十一月己酉，中华书局，1985 年，第 186 页。

③ 《清世宗实录》卷 85，雍正七年八月，第 132 页。

④ 《清高宗实录》卷 52，乾隆二年闰九月上，中华书局，1985 年，第 889 页。参见《钦定大清会典则例（乾隆朝）》卷 54《户部·蠲恤一》，清文渊阁《四库全书》本。

⑤ 乾隆二年九月二十六日《浙江布政使张若震奏报抚恤琉球国遭风难民折》，中国第一历史档案馆编：《清代中琉关系档案选编》，中华书局，1993 年，第 1—2 页。

思想法律化之后就一直是中国古代法律的核心价值追求，这使传统国家法律规制到社会法律意识观念都充满了浓郁的人文关怀色彩。清代前期的外国难船难民救助制度的建立、发展和完善，无疑受到了这种"济困扶危之念"① 的影响。顺治二年（1645）清廷经由朝鲜遣返日本难民时说，"今中外一统，四海为家。各国人民，皆朕赤子。务令得所，以广同仁。前有日本国民人一十三名，泛舟海中，飘泊至此。已敕所司周给衣粮。但念其父母妻子，远隔天涯，深用悯恻"，表达了对日本漂流民的深切同情。康熙三十六年（1697），朝鲜人萨厄等十八人遭风漂流到福建，康熙帝念"其生可怜"，顿起"矜恻"之念，"特加宽宥"，命加以抚恤，遣送回国。② 乾隆二年（1737），有琉球国两船遭风漂至浙江象山，浙江总督嵇曾筠、布政使张若震等因"两船或破或坏，蓬桅等项俱无，而时届冬令，衣装单薄，均堪悯恤"，乃优照顾，护送至福建遣返，并请求皇帝制定外籍难船抚恤之例。③ 乾隆帝允其所请，制定专门抚恤条例，其中"朕胞与为怀，内外并无岐视，岂可令一夫失所"④ 的思想起了重要的作用。这种人文关怀使清廷对于外籍难民，不管是来自朝贡国还是通市之国，均能一视同仁，动用政府资金，优加抚恤并遣返归国。

第二节　历史渊源

"一制度之创建，必有其开先，无突然出现之理。"⑤ 清代前期之海难救助制度，其渊源至少可追溯到唐朝。

---

① （清）阮元：（道光）《广东通志》卷1《训典一》，道光二年刻本。参见（清）胤禛《雍正上谕内阁》卷83，清文渊阁《四库全书》本。

② 汤熙勇：《清顺治至乾隆时期中国救助朝鲜海难船及漂流民的方法》，朱德兰主编：《中国海洋发展史论文集（第8辑）》，第115页。另外，康熙三十九年（1700），朝鲜国因清朝送返萨厄等人回国呈上谢恩礼物。见赵兴元等选编：《〈同文汇考〉中朝史料》（二），第329页。

③ 中国第一历史档案馆编：《清代中琉关系档案选编》，第1页。

④ 《钦定大清会典则例（乾隆朝）》卷94《礼部·主客清吏司·朝贡下·拯救》，清文渊阁《四库全书》本。（清）托津等修纂：《钦定大清会典事例（嘉庆朝）》卷400《礼部·朝贡·拯救》，沈云龙主编：《近代中国史料丛刊三编》第67辑，文海出版社，1991年，第8139页。（清）昆冈、李鸿章修纂：《钦定大清会典事例（光绪朝）》卷513《礼部·朝贡·拯救》，光绪二十五年重修本。《清高宗实录》卷52，中华书局，1985年，第889页。

⑤ 钱穆：《国史大纲》（上），商务印书馆，2015年，第418页。

唐代杂令曾规定了水上漂失物品的处理："诸公、私竹木为暴水漂失，有能接得者，并积于岸上，明立标榜。于随近官司申牒。有主识认者，江河，五分赏二分；余水，五分赏一分。限三十日，无主认者，入所得人。"① 也就是说，在灾害中漂失之竹木，如有人捞取，捞取之人（接得者）应该将其堆积于岸上，明立榜示，告官招领，如有原主识认，在江河，以所捞救之竹木或其价值的 2/5 赏给捞救者作为报酬，江河之外的其他水域，则赏给捞救者 1/5。之所以报酬不同，自是因为在不同水域捞救所面临的风险和所付出的努力有所差异，江河捞救风险大、难度高，故充赏多，其他水域风险小、难度低，则充赏少。标榜明示的时间为三十日，过此期限，则该竹木全归捞救者。唐朝政府通过否认捞取者对捞取物的天然占有权、承认他们的获得报酬权，确立了原主对遇难财物的所有权。虽然，此条杂令是关于水上漂失物处置的一般性规定，虽不特针对海难，但应也可适用于海难财物之处理。

宋代继承了唐代上述规定，纂入《宋刑统》中，又进一步制订专门性规范，对海难财物进行保护。《宋会要辑稿》载，元符二年（1099）户部言："蕃舶为风飘着沿海州界，若损败及舶主不在，官为拯救，录物货，许其亲属召保认还，及立防守盗纵诈冒断罪法。"皇帝从之。② 该法规明确了官府为外籍海难救助的主体，并承认了海难财物应归还外国难民及难民之亲属，禁止官员私占为己有。后来又立法禁止民间抢夺船难财物，政和三年（1113）十月二十一日，钱塘江阳村"海客舟船靠阁，为江潮倾覆，沉溺物货，损失人命。滨江居民渔户乘急盗取财物，梢徒互相计会，坐视不救，利于取财"，徽宗"令杭州研究根究，不得灭裂，未获人名，立赏三百贯告捉，不原赦降。仍令尚书省立法以闻"。尚书省奉诏后，于次年拟订法令，严惩乘急捞抢遇难船只财物之行为："诸州：船因风水损失，或靠阁收救未毕，而乘急盗取财物者，并依水火惊扰之际公取法。即本船梢徒互相计会，利于私取财，坐视不救（海内不可收救处非），若纵人盗者，徒二年；故纵而盗罪重者，与同罪；取财，赃重者，加公取罪一等。"③ 南宋也秉承保护海难财产之传统，绍熙四年（1193），泰州及秀州华亭县"有倭人为风所泊而至者，诏勿取其货"④。

---

① 薛梅卿点校：《宋刑统》卷 27《杂律》，法律出版社，1999 年，第 506 页。

② （清）徐松辑：《宋会要辑稿》第 86 册《职官》44 之 8，中华书局，1957 年，第 3367 页。

③ （清）徐松辑：《宋会要辑稿》第 145 册《食货》50 之 5—6，第 5659 页。

④ （元）脱脱等撰：《宋史》卷 491《外国七·日本国》，中华书局，1997 年。

宋代不仅禁止抢劫海难财物，而且对于遭遇海难之外国人，实施积极救助。如宋太祖建隆四年（963）九月，高丽与宋朝第一次通使，"高丽国王昭遣使时赞等入贡，涉海，值大风船破，从人溺死者九十余人，赞仅而获免。诏劳恤之"①。又宋真宗咸平三年（1000）十月，"高丽国民池达等八人，以海风坏船，漂至鄞县。诏付登州，给赍粮，俟便遣归其国"②。在实践中，官府还陆续颁布了一些法令，规范海难救助的方式、程序和措施，逐渐形成了关于外籍海难难民救助的固定做法。

其一，抚恤难夷，官给口食。大中祥符九年（1016）二月，宋真宗"诏明州，自今有新罗舟飘至岸者，据口给粮，倍加存抚，俟风顺遣还"③。依此诏令，漂流到明州的新罗人，官府将按照人数给予口粮。"自今"二字说明这成为定制，而不是临时措施。不过，该定例存在着缺陷，如适用范围有限，仅只针对漂流到明州的新罗人，且没有明确口粮给予的种类与标准，不方便地方官员操作。南宋宝祐四年（1256），浙江人吴潜任沿海制置大使，知庆元府，任职期间，见"倭人间有失舟者，财本陷没，续食无计，虽寄口腹于牙人之家，率为牙人多算火帐，其失舟之倭，则假贷于不失舟之倭以偿之，未免重困。又有高丽境内船只，忽遇恶风时，亦飘至台、温、福建、庆元界分，万里流落，尤为可念"，遂从沿海制置使司"每名日给白米二升，其倭人则俟同艐船只之回，载舆同归，丽人则俟此间商人入丽，优给钱米，使归其国"。但他认为由沿海制置使司"行之，终恐难继"，乃上奏请求朝廷"行下市舶司立为定例，遇有倭商不测遭风水之人，从舶务日支十七界一贯五百文，本司日支米二升养膳，候归国日住支，仍行下浙东西、福建诸州，遇有丽人飘流至各州界内，即仰各州支给钱米，发至本司，仍从舶司日支十七界一贯五百文，本司日支米二升存养，亦候归国日住支"④。朝廷批准了吴潜的建议，据《开庆四明续志》载："本司近具奏申乞将倭人之偶为风水飘流者，本司日给白米二升，市舶司日支十七界一贯五百文，候次年归国。日住支已蒙朝廷从申札下。"⑤从此，南宋抚恤日本难民有了比较明确、具体的标准。不

---

① （元）脱脱等撰：《宋史》卷487《外国三》。（宋）李焘：《续资治通鉴长编》卷4，乾德元年九月，中华书局，2004年，第104页。

② （宋）李焘：《续资治通鉴长编》卷47，第1030页。

③ （宋）李焘：《续资治通鉴长编》卷86，第1974页。

④ （宋）吴潜，（宋）董杰：《许国公奏议·五城奏疏》，中华书局，1985年，第92—93页。

⑤ （宋）梅应发等：《开庆四明续志》卷8《蠲免抽博倭金再申状》，中华书局，1990年，第6011页。

过，此令似应只适用于"倭人之流离者"。宝祐六年十一月，水军申"有丽船一只，丽人六名，飘流海岸"，吴潜"以其事上闻，且从本司日支六名米各二升，钱各一贯，及归国则又给回程钱六百贯，米一十二硕"①。不仅市舶司未提供抚恤，且沿海制置使司所提供日常物资标准与前述抚恤日本难民有较大不同。在给予外籍海难难民日常物资之外，宋朝官府还会提供住宿、衣物等。如天禧三年（1019）九月，"高丽进奉使礼宾卿崔元信至秦王水口，遭风覆舟，漂失贡物，诏遣内臣抚之。十一月，元信等入见……以元信覆溺匮乏，别赐衣服、缯彩焉"②。熙宁九年（1076），有高丽国人幸忠等二十人"因乘船遇风"，飘泊至秀州华亭县海岸，宋神宗"诏秀州：如参验实非奸细，即居以官舍，给食。候有本国使人入朝取旨"。其后，"王徽使至，因赐帛遣归"③。不过，宋朝似乎并未把赐给衣物、安排屋舍规为定制。以至于到元丰年间，"检皇祐一路编敕，亦只有给与口食指挥"，曾巩因此还曾打算向朝廷建议另著新令，"今后高丽等国人船，因风势不便，或有飘失到沿海诸州县，并令置酒食犒设，送系官屋舍安泊，逐日给与食物，仍数日一次别设酒食。阙衣服者，官为置造"。④

其二，经官遣返归国，并给渡海口粮。对于外籍漂流民，宋朝于其居留期间给予抚恤照顾，并在官府审查后，由官府安排遣返回国。官府遣返外籍漂流民成为定制始于天禧年间。据《宋史》载，天禧三年（1019），"明州、登州屡言高丽海船有风漂至境上者，诏令存问，给度海粮，遣还，仍为著例"⑤。次年，"明州言，高丽夹骨岛民阔达，以风漂舟至定海县岸"，宋真宗诏令"本州岛存问，给度海粮，遣还。自今有此类，准例给遣，讫以闻"。⑥由此形成了遣返外籍漂流民的制度，即外籍漂流民须经由官府遣返，在遣返时，地方官府可按规定自行发给度海口粮，待事情完结之后，再向朝廷奏报即可。

元朝鼓励发展航海活动，但对海上贸易严格管理，制定了市舶则例二十二条，出海货物、抽取货税、船只管理、船只出海管理等都有较严密的规范。对于船只遭风等各种情形如何处理，也有相应规定，具体内容

---

① （宋）梅应发等：《开庆四明续志》卷8《收养丽人》，第6012页。
② （元）脱脱等撰：《宋史》卷487《外国三·高丽》。
③ （宋）李焘：《续资治通鉴长编》卷277，第6781页。
④ （宋）曾巩：《元丰类稿》卷32《札子·存恤外国人请著为令》，《四部丛刊》景元本。
⑤ （元）脱脱等撰：《宋史》卷487《外国三·高丽》。
⑥ （宋）李焘：《续资治通鉴长编》卷277，第2183页。

为："番船、南船请给公验公凭回帆，或有遭风被劫事故，合经所在官司陈告，体问的实，移文市舶司，转申总司衙门，再行合属体复。如委是遭风被劫事故，方与销落元给验凭字号，若妄称遭风被劫事故，私搬物货，欺谩官司，送所属勘问是实，舶商、船主、纲首、事头、火长各决一百七下，同船梢水人等，各决七十七下，船物尽行没官。若有人首告，于没官物内一半充赏。"①依据该条，从事海上贸易的番船、南船都必须领取公验、公凭回帆，但如有遭风被劫事故，经核查属实后，可以销落原给公验公凭。而如果捏报遭风被劫等事故，从舶商到船主甚至水手等都要受到惩罚。这既考虑到了不可抗力这类特殊情况下的海船管理，又考虑到了违法行为的惩处，表现了较高的立法水平。元朝又有"官民行船遭风着浅抢虏财物"之刑名，在行船遇险搁浅时抢夺船上财物者，比同强盗罪科断。《元史·刑法志》载："诸官民行船，遭风着浅，辄有抢虏财物者，比同强盗科断，若会赦，仍不与真盗同论，征赃免罪。"②

明朝继承元朝禁止抢夺海难财物的法律制度，《大明律》规定："若因失火及行船遭风着浅，而乘时抢夺人财物及拆毁船只者"，按白昼抢夺人财物定罪，"杖一百，徒三年。计赃重者，加窃盗罪二等。伤人者，斩。为从，各减一等，并于右小臂膊上，刺'抢夺'二字"。③与元代相比，明代保护海难财物法律的具体内容有较大变化。元代对于民众乘危捞抢失事船只财物的行为比同强盗科断，刑罚很重。元代"诸强盗持杖但伤人者，虽不得财，皆死。不曾伤人，不得财，徒二年半。但得财，徒三年；至二十贯，为首者死，余人流远。不持杖伤人者，惟造意及下手者死。不曾伤人，不得财，徒一年半；十贯以下徒二年；每十贯加一等，至四十贯，为首者死，余人各徒三年"④。明代捞抢海难财物有了专门的罪名"白昼抢夺"，且刑罚较元朝为轻。捞抢失事船只财物者，许多只是沿海沿江普通居民，且捞抢财物究与强盗有别，其危害程度较强盗为轻，因此，明代禁止捞抢海难财物的立法较元代更加科学合理，这反映了古代立法技术的进步。

明朝不但禁止抢夺海难财物，也如前朝一样，积极救助外籍难船与难民。如明英宗时，琉球国通事沉志良、使者阿普斯吉载磁器等物并护船

---

① 郭成伟点校：《大元通制条格》，法律出版社，1999年，第242页。

② （明）宋濂等修：《元史》卷104《刑法三》，清文渊阁《四库全书》本。参见群众出版社编：《历代刑法志》，群众出版社，1988年，第455页。

③ 怀效锋点校：《大明律》卷18《贼盗·白昼抢夺》，法律出版社，1999年，第141页。

④ （明）宋濂等修：《元史》卷104《刑法三》。群众出版社编：《历代刑法志》，第454页。

器械往爪哇国，遭风进入福建港口停靠，却谎称是进贡船只。地方官员将其"拘收，候旨"。英宗曰："远人宜加抚绥，况遇险失所，尤当矜怜。其悉以原物还之，听自备工料修船，从还本国。"① 有时，明政府对外国漂流民还免费抚恤遣返。如弘治六年（1493），海南运卒获琉球漂流难民152人，经查，他们是琉球国王派往满剌加国的使臣，遇风舟覆，漂流到中国海域。明帝谕令送他们至福建守臣处，"给粮养赡，候本国进贡使臣去日，归之"②。

明朝救助外国难民逐渐形成一些定例。在外国难民的遣返上，弘治前多为就便遣返，之后一般由与贡道重合的固定遣发地遣返归国，如琉球漂流难民，均是遣送至福建柔远驿，附便归国。无法辨认来自何处的难民，由沿海地方官府解送京师，由礼部处置。如弘治七年（1494），"朝鲜国海南夷十一人，以捕鱼，为飓风漂其舟至福建漳州府，时无译者，莫知其所自来，福建守臣送至京，大通事译审，乃得其实，上命给之衣食，候其国进贡陪臣还日，归之"。对于朝鲜漂流民的救助，明朝也形成了较为明确的程序和方式，这些朝鲜漂流民进京之后，"给薪米外，仍各给胖袄一件、鞋一双，如夏月，给木绵布衣二件"。③ 后来又逐渐完备为："凡朝鲜国漂流夷人，至会同馆，即行该通事序班，译审明白，日给薪米养赡。兵部委官伴送，沿途应付，至辽东镇巡衙门，另差人员，转送归国。通行国王知会，如该国使臣在馆，即令带回，一体给赏应付。"④

总体而言，明代的海难救助仍以个案处理为主，地方官府遇到海难事件，特别是外籍漂流船和难民，一般都专折上奏中央，请示如何办理。只是在长期实践中，对于难民的救助，形成了一套基本稳定的救助程序和模式，大致可以总结为救援——审查——抚恤——遣返。⑤

上述中国历代王朝国家关于海难救助的制度、惯例和实践，为清朝所承继，成为清代前期海难救助制度的历史基础。

---

① （清）周煌：《琉球国志略》卷3。
② 《明孝宗实录》卷204，台北"中研院"历史语言研究所校印，1962年，第3789页。
③ （明）申时行等修：《大明会典》卷111《礼部·给赐二》，《续修四库全书》编纂委员会编：《续修四库全书》第791册，上海古籍出版社，1995年，第126页。
④ （明）申时行等修：《大明会典》卷108《礼部·朝贡四》，《续修四库全书》编纂委员会编：《续修四库全书》第791册，第110页。
⑤ 关于明朝外籍难民的遣返程序和模式，具体可参见李超：《清代琉球来华漂风难民救助制度之研究》，福建师范大学硕士学位论文，2018年，第12—22页。

第三节　法律渊源

法律渊源，或称"法源"，是指法律上的渊源，即法律的表现（存在）方式。中国古代并无"法律渊源"一词，这是一个西方语境中的概念，但该词对于"法律规范具有正确的概括力和抽象表述的能力"[①]，也为了交流的方便，本书仍使用这一概念。

清朝的法律渊源"是中国历史上最为丰富的"[②]，主要有谕旨、成文法典（包括《大清会典》及各部则例、《大清律例》）、各省省例、判例成案、惯例、双边条约等形式。对此学界已有较多讨论，此处不赘。[③]由于清政府并没有制订一部专门的海（事）商法典，关于海难救助与管理的规范分散于上述各种法律形式之中，故清代海难救助制度的法律渊源也是丰富多元的。

一、谕旨

在君权至上的封建帝制之下，谕旨是最高的法源。[④]且涉外船难的处置，不是普通的拯济事务，而是一种政治、外交事件。攸关国事，皇帝的意志尤为重要。因此，谕旨是清代前期海难救助法律制度的当然法，也是最重要的法源，对清代前期海难救助制度的构建起着关键作用。具体表现在以下几点。其一，谕旨在清代海难救助制度的形成中具有"奠基性和开创性"的地位。尤其是涉外海难救助，救助立场和原则都是通过谕旨来确定的。雍正七年（1729）皇帝谕旨："凡有外国船飘入内地者，皆着该地方询明缘由，悉心照料，动公项，给与口粮，修补舟楫，俾得安全回国。"[⑤]乾隆二年（1737）闰九月谕旨："沿海地方常有外国船遭风飘至境内，朕胞与为怀，内外并无歧视，岂可令一夫失所？嗣后如有飘泊人船，

---

① 何勤华：《清代法律渊源考》，《中国社会科学》2001 年第 2 期。

② 何勤华：《清代法律渊源考》，《中国社会科学》2001 年第 2 期。

③ 何勤华：《清代法律渊源考》，《中国社会科学》2001 年第 2 期。王巨新：《论清朝前期涉外法的渊源》，《理论学刊》2010 年第 9 期。杨一凡：《中国古代法律形式和法律体系》，载杨一凡：《重新认识中国法律史》，社会科学文献出版社，2013 年，第 19—68 页。刘广安：《〈大清会典〉三问》，《华东政法大学学报》2015 年第 6 期。

④ 刘广安：《〈大清会典〉三问》，《华东政法大学学报》2015 年第 6 期。

⑤ （清）胤禛：《雍正上谕内阁》卷 85。《钦定大清会典则例（乾隆朝）》卷 94《礼部·主客清吏司·朝贡下·拯救》。

着该督抚督率有司，动用存公银，赏给衣粮，修理舟楫，并将货物给还遣
归。"并明确将此"永著为例"。① 由这两位皇帝的谕旨，清廷确定了积极
救助外籍难船难民的态度与立场，并确定了救助的基本框架与程式，奠定
了清代前期外籍船难救助制度的基石。其二，谕旨直接推动了清代前期海
难救助具体制度的出台与发展。如雍正帝的谕旨直接引发了沿海弁兵乘危
抢劫治罪条例的出台，并由此确立沿海营汛实施海难救助的义务。②其三，
朝廷各部门及各地方政府的各种救助方案，原则上要事先征得皇帝的同
意，或在事后经过皇帝的追认，才能加以确定，成为成例或制度。

二、成文法典

会典是清代最完备的行政法律规范汇编，也是清代海难救助法律制
度的重要渊源之一。《大清会典》之礼部、户部、兵部、刑部门下，均有关
于海难救助的内容。如乾隆朝《钦定大清会典》卷五十六《礼部·主客清
吏司》规定："外国商民船有被风飘至内洋者，所在有司拯救之，疏报难
夷名数，动公帑，给衣食，治舟楫，候风遣归。"③《钦定大清会典事例》卷
二百七十《户部·蠲恤》"抚难夷"条、④《大清会典则例》卷一百一十四《兵
部·海禁》，⑤规定了沿海弁兵出入海口的甘结制度及其各领导层所应负之
行政责任。

部院则例也是清代前期海难救助法制的一个法源。所谓则例，是各级
政府部门及官员的办事准则，由于会典"具政令之大纲"，通常只作出原
则性、框架性的规定，因此，朝廷各部通常会对会典设定的法律制度进行
细化，制定具体的操作细则，编写成册，报皇帝御览批准，以钦定则例的
形式颁布，此即则例"备沿革之纲目"⑥。编纂则例是清王朝行政立法的重

① 《钦定大清会典则例（乾隆朝）》卷94《礼部·主客清吏司·朝贡下·拯救》。(清）托
津等修纂：《钦定大清会典事例（嘉庆朝）》卷400《礼部·朝贡·拯救》，第8139页。
《清高宗实录》卷52，第889页。
② （清）胤禛：《雍正上谕内阁》卷83。（清）阮元：（道光）《广东通志》卷1《训典一》。
郭成伟主编：《大清律例根原》第2册，上海辞书出版社，2012年，第956—957页。
③ （清）允裪撰：《钦定大清会典（乾隆朝）》卷56《礼部·主客清吏司》，清文渊阁《四
库全书》本。
④ （清）昆冈、李鸿章修纂：《钦定大清会典事例（光绪朝）》卷270《户部·蠲恤·抚
难夷》。
⑤ 《钦定大清会典则例（乾隆朝）》卷114《兵部·海禁》。
⑥ 《四库全书总目》卷81《史部·政书·钦定大清会典则例》，中华书局，1965年，第
698页。

要形式。关于海难救助，相关部院则例也对会典的原则性、框架性规定进行了细化和具体化，如乾隆朝《户部则例》、同治朝《户部则例》都规定了抚恤外籍难民时给予物资的种类、数量、报销标准等内容，[①] 使涉外船难救助制度更具可操作性。

《大清律例》为清代刑事方面的基本法律，海难中发生侵犯难民生命权、人身权和财产权的刑事法律关系，理所当然由其调整，《大清律例》卷二十四"刑律"之"白昼抢夺"条，就有对巡哨兵弁、滨海居民抢夺在洋遭风船只治罪的规定。[②]

三、省例、成例与成案

在朝廷法律没有规定或规定不详时，沿海各省总督或巡抚衙门会因时因地制宜，出台一些海难救助的规范，如福建省就曾在乾隆三十二年（1767）制定过《乘危抢夺之例》，后载入《福建省例》中。[③] 当然，清代前期，海难事故处理往往涉及国家发展战略和国际政治外交问题，在中央集权的政治体制下，地方立法数量并不多。

成例是在行政管理活动中，由于法无明文规定，由皇帝和高层行政机关批准或办理的旧案所形成的先例。成案是由司法官僚集团基于审判活动创设的先例，是在法无明文规定的前提下，由所有高层司法机关（主要是刑部）批准或办理的旧案，[④] 换言之，即司法官在审判实践中通过诸多法律方法的运用而创设的先例。[⑤] 成例和成案是中国古代行政机关和审判机关适用的重要法律渊源。[⑥]

在清代海难救助中，有时候并没有成文法规范可遵循，只有行政机关相沿已久的成例。如各国漂流民的遣返地点，除了朝鲜难民的遣返在《大清会典》、各部则例中有明确规定外，如琉球、日本、越南、西洋诸国等地难民的遣返地，成文法都没有规定，官员们只是遵循着此前行政管理的

---

① 故宫博物院编：《钦定户部则例（乾隆朝）》卷115《蠲恤·恤赏下·抚恤被风番船》，海南出版社，2000年，第261—263页。《钦定礼部则例二种》卷180《主客清吏司·拯恤飘风商民》，海南出版社，2000年，第338—339页。

② 田涛、郑秦点校：《大清律例》，法律出版社，1999年，第386—391页。

③ 台湾银行经济研究室编：《福建省例》，台湾银行，1964年，第881—882、889—890页。

④ 王志强：《清代成案的竞争力和其运用中的论证方式——以〈刑案汇览〉为中心》，《法学研究》2003年第6期。

⑤ 钱锦宇：《清代司法过程的制度悖论》，《光明日报》2010年9月14日第12版。

⑥ 何勤华：《清代法律渊源考》，《中国社会科学》2001年第2期。

惯习，所以在各地办理救助外籍难船的奏折和官方文书中，充斥着"事同一律""确查成例""成例可循"之类的字眼。如康熙五十九年（1720），琉球难民仲治等四人漂流至台湾府诸罗县淡水地方，这是台湾府首次接收琉球难民，无旧例可循，到底是就地遣返还是送至省城福州？一时福建省官员都不好决断，只好"确查成例"，查到康熙五十三年，琉球难民鸠间与人等飘风至广东，广东将其解送到福建，再由福建抚恤遣返的案例。福建督抚乃遵循"成例"，命台湾官府将难民送至福州。① 此后，漂流至台湾的琉球难民均被送至福州遣返。再如道光六年（1826），日本国越前人庄右卫门等九人于海上遭风，漂流至江苏川沙地方，江苏地方奏称："查得嘉庆十五年日本国夷人遭风漂至海门厅境，系护送至浙江乍浦口，交办铜商船附搭回国。今……自应循案办理。"②

在涉及海难及救助中的违法犯罪问题时，成案自然也是审判机关适用的重要法律渊源。如乾隆六十年（1795），一琉球货船在浙江温州洋面被劫，乾隆帝大为震怒，指斥地方文武于捕盗并未认真办理，以致洋面劫盗肆行无忌，并且着落失事地方官加一倍赔偿所有该国被劫货物。对于劫盗，他指示："此等行劫外国船只盗犯，拿获之日，竟当凌迟处死。"③ 不久之后，浙江温州洋面行劫琉球货船案的盗犯相继落网，官府依该谕令，将犯人绑赴市曹，凌迟处死，传首各海口示众。④ 这一谕令改变了正律、正例的规定，加重了对抢劫外籍船只（包括飘风难民船只）犯罪的刑罚，成为当时的刑事特别法。嘉庆五年（1800），有琉球国难船由福建回国，刚出外洋，遇暴风漂至罗湖外洋，被盗匪围住，劫去船民随身行李，水手3名被虏，盗匪勒令取赎。嘉庆七年二月，水师缉捕拿获盗犯92名，内有参与抢劫上述琉球船者13人，除病死、抓捕时被枪打伤落海之人外，尚有7人，官府参考乾隆年间成案，将该7人绑赴市曹，分别凌迟斩枭。⑤

---

① 《历代宝案》第2集，台湾大学1951年影印，第1841—1843页。

② 陶澍：《奏报日本夷人回国折子》，陶澍：《陶云汀先生奏疏》卷17《抚苏稿》，道光八年刻本。

③ 乾隆六十年八月初三日，《浙江巡抚吉庆奏报办理琉球货船被劫着赔严缉折》，中国第一历史档案馆编：《清代中琉关系档案选编》，第276页。

④ 乾隆六十年九月初七日，《署闽浙总督觉罗长麟等奏报拿获行劫官米及琉球货船案犯》，中国第一历史档案馆编：《清代中琉关系档案选编》，第279—282页。嘉庆元年正月二十日，《浙江巡抚罗吉庆奏报拿获行劫琉球货船之盗审明从重办理折》，中国第一历史档案馆编：《清代中琉关系档案选编》，第285页。

⑤ 嘉庆七年二月初八日，《闽浙总督玉德奏报拿获掳劫琉球难民盗匪折》，中国第一历史档案馆编：《清代中琉关系档案选编》，第341—342页。

从清代成例、成案与制定法的关系而言，在效力上，成例、成案处于辅助成文法的从属地位。以成案为例，《大清律例》明确规定："除正律、正例而外，凡属成案未经通行、著为定例，一概严禁，毋得混行牵引，致罪有出入。如督抚办理案件，果有与旧案相合、可援为例者，许于本内声明，刑部详加查核，附请著为定例。"① 由此可见，在司法过程中，成案不能如成文法一样直接作为裁判的依据。在援引次序上，司法官员在办案时，制定法具有明确的优先效力。清廷中央司法机关明确表示："本部办理刑名，均依律例而定罪，用新颁律例，则仍以最后之例为准。至律例所未备，则详查近年成案，仿照办理。"② 但在实践中，在某些情况下，成例、成案可能挑战制定法。如光绪二年（1876）七月，一琉球籍难船漂到浙江象山，地方官府拟依照《中外船只遭风遇险保护章程》之规定，将船上难民转送上海通商局，再附搭至上海的琉球商船返国，但浙江布政使认为此与往例不合，另由苏松太道将九人径行送往福州。③ 不过，总体来说，成例、成案效力低于成文法，并不能够直接适用，而是要将相关做法先申请批准。

除了国内法，清廷与外国之间签订的双边条约也成为海难救助法的一个渊源。早在关外时，清政权就通过与朝鲜订立"平壤之盟""丁丑约条"等盟誓，就相互缉还私越边境者进行约定，其中就包括了漂流民的缉还。这种盟誓可以算是古代特殊的条约形式。

清代前期海难救助法律规范较此前历代王朝相比，形式更加多样，且数量增多，这可能与清代航海业发展超过了前代及清朝统治者重视"以法治国"的思想有关。这些效力等级不同的法律规范中，谕旨的法律地位最高，确定海难救助的基本立场、态度和原则；《大清会典》及则例规定救助措施、程序等行政管理问题；海难及救助中存在的违法违禁问题则由《大清律例》进行调整；在中央制定法不及之处，由省例、成例和成案来拾遗补阙。清代前期海难救助法律制度体系已经初步形成。

要之，清初海难救助制度的出台有其深刻渊源，而这些因素又贯穿于海难救助法律规范的制定和实施的整个过程，规定着该法律制度的内容和特点。当然，传统因素只是为制度提供了宏大的背景，它们不过是在更基

---

① 田涛、郑秦点校：《大清律例》，第 596 页。

② （清）祝庆祺：《刑案汇览》卷 23，道光棠樾慎思堂刻本。

③ 汤熙勇：《清代台湾的外籍船难与救助》，载汤熙勇主编：《中国海洋发展史论文集（第 7 辑）》，台北"中研院"人文社会科学研究所，1999 年，第 573 页。

本的动因上扮演着副次的作用，真正对清代海难救助从立场、态度到内容直接起决定作用的，是清代海疆形势的不断变化这一现实。对此，以下各章将顺便谈到。

第二章　清代前期近海中国船难救助与管理制度

　　明朝为了孤立退居海岛的元朝残余势力和防止倭寇骚扰，长期实行"海禁"政策，禁止私人下海贸易。明清争夺政权期间，为对占据东南沿海的明郑集团实行经济封锁，清朝也推行严格的海禁，后来又发展到"迁界"。因此，明末清初，海上航行的船只多是属于明郑势力，清朝势力范围之内仅有零星的合法出海活动，出海船只数量少，海上船难事故自然不多，再加上战争期间，当政者根本无暇关注海上船难处理，所以几乎没有立法定制，遇有船只遭风失事，一般都是临时处理。到康熙二十三年（1684）清廷开海，中国海洋活动重现生机：近海渔采、海洋贸易活动频繁；朝廷注意海防建设，建立起陆海相维的海防体系，[①]沿海建立了营汛，设立了水师，定期巡哨；台湾实行班兵制度，大陆士兵到台湾换防之兵船、运粮船数量不少。然海洋活动充满不可预测的风险，"言险者莫不如水，海之水尤之不测者也"[②]。随着国人海上活动增多，各种海难事故也随之增加。这成为康熙开海之后，清政府需要直接面对的海域景象。中国船只失事，除船毁人亡外，或漂流在我国沿海地区，或漂流到境外。本着由内而外、由一般而特殊的原则，本章先考察近海中国船难的救助与管理机制。

　　对于清代前期近海中国船难与救助管理问题，学术界并没有足够重视，研究成果也不多。黄衡五《台湾海峡沉船事件之记录》[③]一文考察了雍正到道光年间台湾海峡遭风沉船的情况。于运全在对中国历史时期海洋灾害的研究中，对清代近海的海难情况有一些统计和叙述。[④]然而上述两种研究成果并没有涉及救助制度。从笔者所查询到的资料来看，多年来就近

---

　　① 马大正主编：《清代中国边疆治理研究》，第 502 页。

　　② 李光坡：《防海》，贺长龄辑：《皇朝经世文编》卷 83《海防上》，沈云龙主编：《近代中国史料丛刊》第 74 辑，第 2939 页。

　　③ 黄衡五：《台湾海峡沉船事件之记录》，《台南文化》第 5 卷第 2 期，1956 年。转自于运全：《海洋天灾——中国历史时期的海洋灾害与沿海社会经济》，江西高校出版社，2005 年，第 209 页。

　　④ 于运全：《海洋天灾——中国历史时期的海洋灾害与沿海社会经济》，第 209—219 页。

海中国船只救助问题进行专门研究的仅有史伟《清代东南中国海上失事民船的救助与管理》一文。^①该文梳理了清代自开海到光绪年间，对东南沿海失事中国民船救助和稽查的法律制度的演变，指出该救助与管理是清代出洋船只管理体系的延续与补充，带有消极管理的属性。这篇文章为该专题研究的深入提供了一定的启示和基础。不过，该文考察并不全面，如对于民船救助制度的考察存在许多疏漏，且只考察了失事民船的救助管理，对失事官船的处理制度没有进行探讨，这难以使人们对清代近海海难救助与管理制度形成一个整体印象。另外，该文主要停留在史料的梳理上，对制度的探讨没有充分展开，其对清代海上失事民船救助管理制度的评价也值得商榷。基于此，本章拟从海事（商）法史的视角，对清代前期近海中国船难救助与管理制度及实践运作作全面系统的考察，总结其特点，检讨其中存在的问题。

第一节　清代前期近海中国船难概况

一、民船事故

清朝开海之后，海洋社会经济蓬勃发展。海洋航行船只数量较多，仅江南沙船就达到上千艘。嘉庆、道光年间著名思想家包世臣记载，"自康熙廿四年开海禁，关东豆麦每年至上海者千余万石，而布茶各南货至山东、直隶、关东者亦由沙船载而北行"，"沙船聚于上海，约三千五六百号，其船大者，载官斛三千石，小者千五六百石，船主皆崇明、通州、海门、南汇、宝山、上海土著之富民，每造一船，须银七八千两，其多者至一主有船四五十号"。^②而清人钱泳更声称"上海、乍浦各口，有善走关东、山东海船五千余只，每船可载二三千石不等"^③。而且，从开海到 1840 年的 150 多年间，这种海洋经济活动相对保持稳定，清朝所设的沿海各关——天津关、天津海关、江海关、浙海关、闽海关、粤海关的关税收入就证明了这点。^④由于学界对清代前期海洋社会经济活动已经有非常深入、全面的

---

① 史伟：《清代东南中国海上失事民船的救助与管理》，《河南师范大学学报》（哲学社会科学版）2010 年第 2 期。

② 包世臣：《安吴四种》卷 1《海运南漕议》，沈云龙主编：《近代中国史料丛刊》第 30 辑，第 43 页。

③ （清）钱泳：《履园丛话》卷 4《水学·协济》，张伟点校，中华书局，2006 年，第 108 页。

④ 倪玉平：《清朝嘉道关税研究》，北京师范大学出版社，2010 年，第 355—409 页。

研究，此处不赘。

伴随频繁的海洋活动而来的则是民船事故的增多。据清代和民国方志、官书、族谱等的记载，中国沿海民船失事现象甚多，分布很广。[①] 以下兹举数例。

（1）乾隆十四年（1749）八月二十九日，福建将军马尔奏称：本年七月初七日，铜山遇飓风狂雨，其本港采捕渔船及外来商船约共打碎数十只，溺死 30 余人。同日，宁德有民船一只在酒屿地方被风打坏，淹死 9人。外洋失水船只甚多，或仅存底板，或漂没无踪。[②]

（2）乾隆十五年（1750）十月初三日福建巡抚劣思榘奏称：本年八月初八九等日，惠安县各澳被风撞碎商渔船 15 只，淹毙水手 12 名；同安县金门澳撞碎商渔船 36 只，淹毙水手 39 名；霞浦县撞碎商渔船 30 余只，淹毙水手 70 余名。台防同知报称撞碎商渔船 19 只，淹毙船户水手 9 名，字识 1 名。澎湖通判报称撞碎商渔船 28 只，水手亦有淹毙。[③]

（3）乾隆六年（1741），漳州人林贵款“回淡水，沉舟水中”。南安县人陈天语乾隆七年往台，失船。乾隆四十九年南安人陈熙齐自台回籍，失船没海。[④]

当时近海失事民船有三类。第一类是商船，又可以分为两个小类。一是专门从事国内贸易之船只。“贩货往来内洋及南北通商者”，民间和官方往往称为“商船”。[⑤] 如乾隆十年（1745），福建龙溪县船户徐万兴及舵水等 27

① 光绪《宝山县志》、乾隆《温州府志》、乾隆《海澄县志》、乾隆《马巷厅志》、民国《同安县志》、乾隆《潮州府志》、光绪《潮州县志》、光绪《惠州府志》、光绪《海丰续志》、光绪《吴川县志》、道光《电白县志》、同治《番禺县志》、道光《琼州府志》、康熙《台湾府志》等各地方志中《灾祥》《祥异》《风土志》《郡事》《邑事》《事略》等关于近海船难的记载。近海民船失事又常见于族谱，可参见庄为玑、王连茂编：《闽台关系族谱资料选编》，福建人民出版社，1985 年；庄为玑、郑山玉：《泉州谱牒华侨史料与研究》，中国华侨出版社，1998 年。另外，档案中也有一些近海民船失事的记载，见水力电力部水管司等：《清代辽河松花江黑龙江流域洪涝档案史料·清代浙闽台地区诸流域洪涝档案史料》，中华书局，1998 年。

② 水力电力部水管司等：《清代辽河松花江黑龙江流域洪涝档案史料·清代浙闽台地区诸流域洪涝档案史料》，第 288 页。

③ 水力电力部水管司等：《清代辽河松花江黑龙江流域洪涝档案史料·清代浙闽台地区诸流域洪涝档案史料》，第 296 页。

④ 于运全：《海洋天灾——中国历史时期的海洋灾害与沿海社会经济》，第 220 页。

⑤ 周凯：《厦门志》卷 5《船政略》，《中国方志丛书》第 80 号，成文出版社，1967 年，第 108 页。

人，十月十八日在锦州府装货，从大观岛放洋，陡遇飓风，将桅吹倒，一直在海上漂流，乾隆十一年正月初五日在台湾后山冲礁破船，失去舵水 7 人。道光十一年（1831）七月，厦门商船在浙江普陀山遭遇飓风，沉船 70 余号，计丧资本百余万。① 二是洋船，"即商船之大者"，专指从事海外贸易的中国船只。② 洋船在海外失事，一般不纳入本章近海失事民船考察范畴，只有洋船在中国近海之时遭遇事故，并漂流于沿海地区，才是本章考察之对象。如乾隆十三年，有福建同安县商人雇浙江鄞县商船，装载货物往贩海南，回棹遭风漂至东洋列辰十一番，就地贸易，从日本配回红铜、海参等货，于乾隆十五年开行回浙，在洋遇飓风，船身发漏，杠棋损坏，将舱面货物丢弃，一个星期之后，船只飘入闽省定海（注：应为福建定海湾）收泊，人船幸获保全，但船已损坏，不堪驾驶。③ 道光二十一年六月初五，晋江县石狮人邱文视"往吕宋经商，船欲回唐，至广东洋面遭风击碎，溺海无葬"④。第二类是渔船，有大小两种，单双桅之别。第三类为民间小船。⑤

　　只是清代前期，失事民船一般是因当地发生天灾，作为灾难的一部分被记载入官书、方志中，保存下来的家谱、族谱也毕竟有限，因此，有理由相信，绝大部分的民船失事是没有记录的。另外，官书、方志、族谱中关于船只失事的叙述都很简单，往往寥寥数语，或一笔带过，这大大增加了对清代前期近海民船失事状况整体评估和细节描述的困难。

二、官船事故

　　与近海失事民船缺乏记载的情况不同，清代关于官船失事的记载相当多，且失事过程都有较详细的细节描述。这应该是因为朝廷对于官船失事有较严格的责任追究制度，为了分清事故责任，官员们对官船失事过程的描述不惜笔墨。当然，也不排除其中有官员为推卸责任夸大自然因素的成分，但总体上仍使我们能对官船失事时的场景有比较清晰的了解。

① 转自杨国桢：《闽在海中：追寻福建海洋发展史》，江西高校出版社，1998 年，第 39、50 页。
② 周凯：《厦门志》卷 5《船政略》，《中国方志丛书》第 80 号，第 114 页。
③ 水力电力部水管司等：《清代辽河松花江黑龙江流域洪涝档案史料·清代浙闽台地区诸流域洪涝档案史料》，第 290 页。
④ 庄为玑、郑山玉：《泉州谱牒华侨史料与研究》，第 648 页。
⑤ 如厦门有俗称"三板"的民间小船，或揽载客货，或农家运载粪草，皆有底无盖、单桅双橹，亦有一人双手持双桨者。厦门有石艚、溪艋、估仔等船，其式不一。见周凯：《厦门志》卷 5《船政略》，《中国方志丛书》第 80 号，第 113 页。

需要说明的是，失事官船主要指清廷水师的兵船、运兵船、运粮船、运饷船、公文船等，也包括特殊情况下从事公务的民船，如因遇饷银、班兵、紧急公务等事务，兵船不敷，水师官兵封雇的商船，以及受官府雇募，配兵出洋缉匪的商船。这些民船实际上带有公务船性质，故也视为官船。

兵船，包括战船、巡哨船和运兵船，是清代前期最为常见的失事官船。为了绥靖海疆，清廷重视海防建设，不仅在沿海各地设立水师，分定船数，而且严定章程，令水师官兵定期出海巡洋。[①] 如此兵船失事几率自然大为增加。如乾隆五十四年（1789）七月，澎湖突发飓风，"击碎澎湖协营哨船一只，折桅断桩，损漏三只"[②]。道光十一年（1831）定海、黄岩、温州三镇标暨提右镇等协营巡缉各兵船，于所辖各洋面猝遇飓风，船只损坏四十一只，被击碎一只，船内所带药械口粮间有浸烂沉失，并有弁兵落水得生。[③]

兵船之外，失事官船中，还有运粮船、饷船、公文船等。如乾隆五十四年（1789）七月，因遭飓风，福建龙溪县"带送各处公文商船一只，彰化县配载兵米商船一只，俱在洋击碎，米石沉失，惟舵水及县役等，泅水得生，余俱不知生死"[④]。嘉庆十五年（1810）九月，盖州幅古顺海船一只，经驾掌徐占鳌驶至奉天，在牛庄海口装运海城县仓米二千六百石，在海洋中陡遭飓风，船上大桅吹折，船身裂缝渗水进舱，因米湿船重，恐致沉没，乃将舱内米石抛扬入海，约计五六百石，船幸保全，回盖州后，即同押运兵役赴该地方衙门禀报。[⑤]

清代前期，台湾是官船事故的常发之地。康熙平台后，积极经略台湾，然台湾孤悬海外，闽台之间往来只能通过海路。清廷在台湾实行班兵制度，[⑥] 故运送班兵、粮饷、公文的官船较其他地区为多，而海上浪高风急，"闽台之间横渡台湾海峡经澎湖至台湾的航路之险为东南海域之冠"[⑦]，

---

① 《钦定大清会典则例（乾隆朝）》卷115《兵部·职方清吏司·巡防》。

② 《清高宗实录》卷1339，乾隆五十四年九月下，第1161页。

③ 水力电力部水管司等：《清代辽河松花江黑龙江流域洪涝档案史料·清代浙闽台地区诸流域洪涝档案史料》，第395页。

④ 《清高宗实录》卷1339，乾隆五十四年九月下，第1161页。

⑤ 水力电力部水管司等：《清代辽河松花江黑龙江流域洪涝档案史料·清代浙闽台地区诸流域洪涝档案史料》，第54页。

⑥ 清廷初于台澎地区设绿营陆路总兵一员、水师副将二员、水陆官兵共十营，兵力一万有余，戍台兵丁不由本地招募，而由福建各地绿营中抽拨，三年一换，此为班兵制度。

⑦ 于运全：《海洋天灾——中国历史时期的海洋灾害与沿海社会经济》，第209页。

因此官船事故频繁。福建巡抚曾向兵部奏报："闽省战船派载换台班兵暨台回归伍并巡哨等项，在洋遭风，飘至粤省，事所常有。"[1]对此学界关注较多，如台湾银行经济研究室所编《台案汇录戊集》3册，前三卷集中收录了清代雍正至道光年间闽台洋面官船遭风的档案。[2]于运全对这类班兵船难进行了简单的统计，乾隆元年至道光十四年（1736—1834）运送班兵船只遭风的有19例，其中有些船难损失巨大，如嘉庆十三年（1808）班兵船难中，死亡人数达260人。[3]

见微知著，从上述叙述可见海洋航行的危险性，也说明近海官船失事数量较多的事实。

三、近海船难发生的原因

中国船只失事，主要原因是自然因素，尤其是风暴。[4]如前述之例：乾隆十三年（1748），有福建同安县商人雇浙江鄞县船户，"商船装载货物贩海南，回棹遭风漂至东洋列辰十一番，就地贸易"，乾隆十五年二月初十开行回浙，在洋遇"飓风大作"，漂入福建定海收泊。[5]当然，由自然因素引发的船难又可区分为近岸船难和海上船难。近岸船难一般是船只停泊在港湾或航行于港口、海口附近时发生的，往往是当地严重海洋天灾造成，如嘉庆二十二年（1817），福建福宁府霞浦、宁德二县夜起发飓风，当地田庐、仓库、监狱等设施损坏，"海口商渔船只，间有被风漂没"[6]。该类海口商渔船只失事，与房屋毁损、庄稼损害一样，属于灾害损失的一部分。地方志、官书中所记载的多是此类船难。这类船难有时一次性受损船只较多，可达几十上百只。海上船难一般是在洋面上，船只航行时猝遇事故，如前述乾隆十年福建龙溪县船户徐万兴船只失事，这种海上船难一般一次性受损害的船只不多，是个别的、偶然的事故，但因在洋面之上，所

---

① 台湾银行经济研究室编：《福建省例》，第504—505页。

② 台湾银行经济研究室编印：《台案汇录戊集》（《台湾文献丛刊》第179种），台湾银行，1963年。

③ 于运全：《海洋天灾——中国历史时期的海洋灾害与沿海社会经济》，第211—212页。

④ 在帆船时代，海难成因主要是风暴，以至清朝时对海难事故之船只称呼为漂流船、漂着船，对海难事故中的幸存者称之为漂流民、漂民等。

⑤ 水力电力部水管司等：《清代辽河松花江黑龙江流域洪涝档案史料·清代浙闽台地区诸流域洪涝档案史料》，第290页。

⑥ 水力电力部水管司等：《清代辽河松花江黑龙江流域洪涝档案史料·清代浙闽台地区诸流域洪涝档案史料》，第379页。

以情况一般更危急，更需要外力的救助。

人为因素也是船难的重要原因。只是帆船时代，因碰撞这种船舶侵权行为引发的海难事故很少发生，[①] 海盗劫掠乃是最为常见的原因。有清一代，中国沿海海匪的身影从未消失，他们常出没于中国海域，袭击商船，甚至袭击沿海巡查的水军哨船，[②] 成为清代前期人为引发的海难中最显著的因素。如康熙四十七年（1708），"商人陈木盛雇佣宁波人张光备等人欲去日本进行交易。闰三月十五日，在温州海面遭遇海贼，所有货物被掠夺，水手等14人被带走。幸存的商人乘空船漂流至温州府一带，张光备下船登陆，得以归宅"[③]。嘉庆年间，海氛愈炽，海盗劫掠造成的事故越来越多。嘉庆元年（1796），福建省船户黄振与其他40艘船一起装运台湾大米前往厦门，突遇许多海贼船，遭到袭击的黄振等只能驾船乘风北上天津港，然一同到达天津港的船只仅7艘。[④] 海匪蔡牵等为祸尤烈，他们纵横东南海域，"为浙、粤、闽三省大患"。嘉庆五年，蔡牵至台湾，入鹿耳门，"（嘉庆）九年四月，又至。乘雨登岸……戕游击武克勤，仍罄商船所有而去。是年十一月继至，十年二月去，四月再至"。[⑤]

近海船只失事的原因，势必在一定程度上影响甚至规定着清政府海难救助与管理制度的方向和内容，如果船只失事多由自然因素导致，那么船舶侵权船难中的救助规定就没有多少必要了，而不同船只失事所存在的透漏风险不同，清政府的稽察松紧程度自然也就各异。

要之，中国近海的中国船只失事现象增加，对航海人群来说是巨大灾难，出于恤民之考虑，清政府应当进行救助，而且，船只失事，带来的直接后果就是清政府不能对国人的航海活动进行有效管理控制，透漏出海的风险增加，如琉球存在利用难民身份来华进行"密贸易"的现象。[⑥] 然清政府实行开海之策，海上船只失事又多为不可抗力所致，故清政府就只能针对这类事故出台一些特殊的管理政策和措施。

---

① 李建江：《中国近代海商法》，中国政法大学出版社，2015年，第20页。

② 关于清代的海盗，可参见［日］松浦章著，谢跃译：《中国的海贼》第四、五、六章，商务印书馆，2020年。

③ 庄吉发编：《孙文成奏折》，文史出版社，1978年，第9页。转自［日］松浦章著，谢跃译：《中国的海贼》，第114页。

④ ［日］松浦章著，谢跃译：《中国的海贼》，第132页。

⑤ 陈国英等：《台湾采访册·兵燹》，《台湾文献史料丛刊》第2辑，大通书局，1984年，第47页。

⑥ 关于"密贸易"问题的讨论，参见李超：《清代琉球漂风难民物品处置考》，《清史研究》2020年第3期。

第二节　近海失事民船救助与管理制度

一、救助义务承担者

在海难救助中，首要的就是确定实施救助的责任主体。清代前期，清廷并没有全国统一的、专门性的近海船难救助主管机关，实施近海船难救助的主体是沿海汛防官兵和地方政府。

海防营汛是指设置在沿海港澳及附近岛屿的海防汛口和定期巡哨汛地洋面的水师。清代前期，朝廷重视海防建设，沿海各省都驻设水师，划分汛地洋面，令其定期巡哨，又在沿海港澳及附近岛屿设立了海防汛口。①

清朝设立汛防，其本意在绥靖海疆，初时它并无实施海上救援之法律责任。到雍正六年（1728），因东南沿海兵弁们多有乘危抢夺海上失风商船的恶劣行径，②皇帝震怒，乃颁发谕旨，严词指斥，并要求沿海兵弁对船难实施救助："各省商民及外洋番估携资置货、往来贸易者甚多，而海风飘发不常，货船或有覆溺，全赖营汛弁兵极力抢救，使被溺之人得全躯命，落水之物不致飘零，此国家设立汛防之本意，不专在于缉捕盗贼已也。"③谕旨明确指出，沿海汛营不仅要维护海上治安，且负有海上救援之责。自此，实施海上救援就成为沿海营汛官兵的法定义务。谕旨中，雍正帝还要求沿海各省督抚和中央衙门议奏专门治罪条例，"嗣后，若有此等，应作何严定从重治罪之条，使弁兵人等有所畏惧儆戒，着沿海督抚各抒己见，议奏到时，九卿会同再行定议"④。雍正九年三月，由河南巡抚田文镜

---

① 《大清会典（雍正朝）》卷139《兵部·职方司·海禁·凡巡查海洋》，沈云龙主编：《近代中国史料丛刊三编》，第8746—8762页。（清）允禄等监修：《钦定大清会典（嘉庆朝）》卷38《设营汛墩堡以控制险要令各分兵而守之》，沈云龙主编：《近代中国史料丛刊三编》，第1762—1766页。（清）昆冈：《钦定大清会典（光绪朝）》卷49。《厦门志》记载了福建沿海营汛的建置情况，参见周凯：《厦门志》卷3《兵制考》、卷4《防海略》。

② 雍正六年（1728）八月间，福建龙溪县人徐榜贸易西洋，行至广东新宁县地方，遭风损船，广海寨守备邓成同兵丁等巡哨至彼，捞获银钱私相分取，而坐视徐榜等在危困之中不行救护。又有香山县澳门番人月旺，贸易交趾，于雍正六年十二月在琼州府会同县遭风损船，该汛百总文秀即驾小船搬运货物，及至登岸，止还本人缎匹、银器数件，其余藏匿不吐。见（清）胤禛：《雍正上谕内阁》卷83；（清）阮元：（道光）《广东通志》卷1《训典一》。

③ （清）胤禛：《雍正上谕内阁》卷83。（清）阮元：（道光）《广东通志》卷1《训典一》。

④ （清）胤禛：《雍正上谕内阁》卷83。（清）阮元：（道光）《广东通志》卷1《训典一》。

等议定"沿海弁兵之禁"例，后辑入乾隆朝《钦定大清会典》，成为国家常经大法。

为促使沿海汛防官兵认真履行救助义务，"沿海弁兵之禁"条例还规定了相应的奖惩手段："海船有被风飘至近岸，或触礁阁浅者，守口弁兵急出汛船拯救，有争夺货财任人船覆溺，及救护人命因而夺财，或飘来空船干没货物，或因禁掠夺坐视不救者，各按所犯轻重治罪，其实力拯救、不贪财利者，守备、千总加级纪录，把总及汛兵记功升拔。"① 具体奖励方法为："沿海汛口弁兵极力救护遭风人船，不私取丝毫财物者，该管官据实申报督抚提镇记功，遇有水师千把总员缺拔补，其守备以上各官，救护船二次者，记录一次。倘弁兵因救护人船受伤被溺，该督抚提镇保题，照因公差委弁兵受伤被溺例，给予恤典。"② 至于营汛官兵乘危抢夺则治以重刑，纂入《大清律例》，内容详见后文。奖惩之外，清廷还加强了对水师官兵巡哨的监管："每当巡哨出口之前，同船兵丁必须出具不致抢物为匪连名甘结，由在船将弁加结后，申送该管上司存案。待巡哨回日，仍取同船兵丁甘结转送该管上司。"③

需要说明的是，海防营汛之救助义务，是针对近海所有船只，既包括失事民船、失事官船，也包括下一章所要考察之外籍难船。

海防汛口遍布沿海，水师还要定期巡哨汛地洋面，对于近海船只遭遇事故，无论是洋面还是近岸，海防营汛都可在第一时间施救，指定其为海难救助的主体有一定合理性。但不合理之处也非常明显：沿海营汛是军队，有军事和治安职责；大海浩淼无垠，海难的发生地、时间又不可预见，仅靠军队例行巡哨救援，很难做到及时、有效；政府对于军队的监管不如文官系统严密有效，很难保证营汛兵弁积极认真履行救助职责。实际上，沿海兵弁救助中渎职或乘危抢夺的事情时常发生，成为清代航运业发展的一大祸患。如台湾沿海地方，"每遇商船遭风搁浅，在地兵丁即相率上船，将货物抢夺一空，并将船只拆毁灭迹"。至道光年间，此种恶习愈发严重，福建巡抚孙尔准巡察台湾时，还将抢毁失事船只的兵丁翁正幅、

---

① （清）允祹撰：《钦定大清会典（乾隆朝）》卷65《兵部·职方清吏司·海禁》。另外，关于奖惩的具体细则规定，参见郭成伟主编：《大清律例根原》第2册，第956—957、966页；（清）昆冈、李鸿章修纂：《钦定大清会典事例（光绪朝）》卷629《兵部·绿营处分例·海禁》。

② 《钦定大清会典则例（乾隆朝）》卷114《兵部·职方清吏司·海禁·沿海弁兵之禁》。

③ 郭成伟主编：《大清律例根原》第2册，第956—957页。

姚韬、翁振正法，并专就此"勒石晓谕"，以昭炯戒。① 此种异化，应是制度设计者没有想到的。

在海防营汛之外，奉天、山东、江苏、浙江、福建、广东、广西等沿海各省的沿海地方官府，也对各自行政辖区内的失事民船承担救助义务。这种救助依船难的不同情形可分为两种类型。

第一，地方灾难中失事船只的救助。沿海地方发生大规模灾难，如潮水、暴风等，船只也因之受损。地方官依例踏勘灾情、题报灾情和开展赈济时，对失事民船一并救助。如乾隆九年（1744），署乍浦营参将上禀提督浙江总兵官陈伦炯，七月"初三四等日，暴风疾雨，沿海兵民房屋俱被水淹。土塘蹲矬数处……乍浦变价旧船一只，看守舵工一名，飘出外海击坏，舵工无迹，内地田禾无碍"②。乾隆十年，福建将军新柱向朝廷上奏，厦门税馆官员查得，本年八月，澎湖"忽然飓风大作，海波激涌……民房吹去瓦片者一千二百余间，倒塌者一百二余间，官署、营房并火药军械库以及仓廒多有坍损。击碎澎协两营战船一十三只，杉板头船四只，渔船四十三只，承领闽海关牌商船四十七只。……击碎船只内舵工水手诸人，陆续捞获报验，共淹毙一百六十余名"③。乾隆十四年十月初九日，"飓风大作，诸罗县之下破隙地方失水商船一十三只，淹毙百有余人"，署台湾知府方邦基"分别抚恤"，并上报署理福建布政使永宁，再转奏朝廷。④ 乾隆二十年，台湾知府禀告福建巡抚钟音，上年台湾风灾，"击坏船只大小六十二只，淹毙舵水一百六十六名，共赈恤银三百一十五两"⑤。一开始，地方官员只是依据行政管理的一般性职能，具体来说是依救灾职能⑥一并

---

① 《严禁兵民抢夺商船碑记》（道光四年），台湾银行经济研究室编：《台湾南部碑文集成》（下），南投：台湾省文献委员会，1994年，第455—456页。

② 水力电力部水管司等：《清代辽河松花江黑龙江流域洪涝档案史料·清代浙闽台地区诸流域洪涝档案史料》，第259—260页。

③ 水力电力部水管司等：《清代辽河松花江黑龙江流域洪涝档案史料·清代浙闽台地区诸流域洪涝档案史料》，第266页。

④ 水力电力部水管司等：《清代辽河松花江黑龙江流域洪涝档案史料·清代浙闽台地区诸流域洪涝档案史料》，第287页。

⑤ 水力电力部水管司等：《清代辽河松花江黑龙江流域洪涝档案史料·清代浙闽台地区诸流域洪涝档案史料》，第307页。

⑥ 清制，凡地方遇到川泽水溢、山洪暴发、地震、飓风等突然性灾害，以至淹没田禾，损坏庐舍，死伤人畜之时，地方官必须迅文申报，督抚一面奏闻，一面委员会同地方官踏勘灾情，确查被灾人数，在规定期限内题报，并采取紧急措施救助，违者处罚。《钦定大清会典则例（乾隆朝）》卷19《户部·考功清吏司》"报灾逾限"条；卷54《户部·蠲恤二》"救灾"条。田涛、郑秦点校：《大清律例》，第192—195页。

对失事民船进行救助，也就是说，这种船难救助义务并无明确、具体的法源。不过，到乾隆四十一年，地方官府对灾难中受损的民船进行救助就成为一种明确的法定义务，该年，清廷议准："地方猝被水灾，该管官查倒塌房屋，给与修费，淹毙人畜，分别抚恤。"福建、浙江两省条例明确把击破漂没民船纳入赈济范围。① 自此，近海灾难中受损之民船救助就成为"救灾"制度的组成部分。到乾隆五十四年，澎湖飓风造成船只人员覆溺，乾隆帝获悉后，颁发谕旨："沿海各处，陡遭风暴，民田庐舍，自不无损坏之处，着该督抚等，饬属详悉查勘。如有应行抚恤者，即奏明分别办理，毋致失所。其船户人口，有无淹毙，亦着照例查办。"② 这是以谕旨形式将整个沿海地方灾难中的失事民船救助纳入地方救灾体系之中。

第二，非地方大规模灾难中受损民船的救助。此种失事船只，或在外地遭风漂至本地，或在本省外洋地方失事漂至海岸，或是由民间或水师救助后转送而来。不过，针对此类情形下的失事民船地方官府是否应当救助，法律并无明确规定。自然，如何抚恤、如何送回原籍，那就更无规范了。在实际中，也很少查询到官府救助中国难民的事例。只是在档案资料中，笔者见到了一件有关近海失事民船的救助事例。前文提到过，乾隆十年（1745），福建龙溪县船户徐万兴等20多人在洋遇飓风破船，至十一年正月漂至台湾后山，为琉球国船只所救。继而该琉球船只也在海上失事，漂至彰化县，被当地少数民族救起，送往淡水同知处。淡水同知依例抚恤琉球漂民，并护送前往福州；难商徐万兴等人，则给照并"随即分配船只，资送回籍"。③ 徐万兴等得到救助，只是由于地方官员因救助琉球难民向朝廷邀功而得以进入档案记载，但也正因如此，奏折对救助琉球难民的细节描述浓墨重彩，而对本国难民的处理则一笔带过，我们也就无法从中了解到清代前期地方政府救助近海失事民船的更多细节。所以，福建地方政府救助徐万兴等，到底是出于义务还是道德，是临时还是定制，尚不得而知。不过，因为中国古代政府是全能型政府，地方官府对辖区内所发生的一切事情都要负责，因此，从这一角度推测，地方官府救助沿海失事民船，应主要是基于广泛意义上的政府职责要求，而不是法律规定。

至于民间救助，清政府大加激劝，如雍正九年（1731）定例："其边

① 故宫博物院编：《钦定户部则例（乾隆朝）》卷110《蠲恤·赈济·坍房修费》，第195—196页。

② 《清高宗实录》卷1339，乾隆五十四年九月下，第1161—1162页。

③ 中国第一历史档案馆编：《清代中琉关系档案选编》，第14—15、17—18页。

海居民以及采捕各船户……有能救援商船不取财物者，该督抚亦酌量给赏。"[1]不过，官府给予的奖励很少，根本不能抵销救助者在救助过程中的付出，故民众实施救助主要靠的是道德自觉。

二、难船财物之保护

近海失事民船之难民和船难财物都是政府救助之对象。如前所述，天灾之中受损之船舶、船上人员、船难财物，都在政府救助之列。福建、广东两省还对赈济标准粗略进行了规定："福建省……淹毙人口埋葬银每大口一两，每小口五钱；击破漂没民船修费大船每只三两，中船每只二两，小船每只一两。……广东省……击破漂没民船修费大船每只一两，小船每只三钱；淹毙人口埋葬银每大口二两，每小口一两；压伤人口抚恤银每口三钱……"[2]对于获救之难民，也给予必要日常生活资助，资送回籍。《福建省例》规定，沿海居民渔船人等，"遇有商船遭风，撞礁搁浅，务宜援救人口，并代打捞货物，其货务即交还本主"[3]。不过，清代法律对于近海失事民船人命救助如何展开并没有具体规定，故实践中，需要地方政府依据一般行政职能和行政管理惯例来实施。

相对而言，清代对于失事民船财物的保护制度则完备得多，尤其对于沿海居民捞抢船难财物的行为严加打击。

清代中国沿海地区普遍存在抢掠失事船只财物的现象，这甚至是一些地方相沿已久的陋习。如1644年，日本越前国商人竹内藤右卫门等三艘船漂到珲春，登陆后为当地住民掠夺，43人遭杀害，生存的15人被当作奴隶役使。[4]山东地区"沿海岛屿星罗，礁石林立，往来船只一遇大雾迷漫，每易触礁搁浅，近海居民往往乘危肆抢其船货。已沉者，海岛居民谙习水性，不顾生命泅水捞摸，情固可恕；其船只仅止搁浅，货物并未沉海，乃竟乘势上船恣意抢夺，甚至图财害命，折船灭迹，罪实难逭。而被难船户皆系异地商民，不敢涉讼，多不报案，地方官亦随不加深究，久之于习成风，直以抢滩为生业。甚有商船虽遇损坏，不敢近岸，竟至全

---

① 郭成伟主编：《大清律例根原》第2册，第966页。《钦定大清会典则例（乾隆朝）》卷114《兵部·海禁》。

② 故宫博物院编：《钦定户部则例（乾隆朝）》卷110《蠲恤·赈济·坍房修费》，第196页。

③ 台湾银行经济研究室编：《福建省例》，第889页。

④ 关于清朝遣返日本越前国漂流民的详细经过，可参见孟晓旭：《1644年日本越前国人的"鞑靼漂流"与清初中日关系》，《历史教学》2008年第2期。

船淹毙，惨不可言。此实沿海各岛屿之通弊，而荣成县境海道最险"①。到近代，这种陋习仍相沿未改。浙江定海有着称为"海熟"的旧习，从宋代开始，每当"商艘有遇风触礁而阁浅者，游民争取其货，并毁其船"②，到清乾隆时期，该地居民仍"乘海舶遭风，肆行劫掠"，令地方官员十分头痛。③福建滨海直到乾隆年间，仍多有乘危抢夺之事，"一遇商船遭风撞礁搁浅，无不视为奇货，群趋而往，或诱称代搬，趁闹攘去；或勒讲谢礼，竟图多分；或下水扛翻，或上船哄夺。甚至货尽毁船，灭其形迹。忍心害理，莫此为甚"④。康熙十一年（1672），"荷兰商船库连堡号漂到台湾海岸，全船被汉民虐杀，其货物被掠夺。后荷兰人请求郑氏赔偿损害，终不得要领而去"⑤。到近代前后台湾尤其是少数民族地区，杀害、抢掠海难人员和财物的行为仍为常见。⑥而沿海长期未被消灭的海盗，对失事船只而言也是很大的威胁。因此，《大清律例》中订有专条对侵犯难船财物行为定罪量刑。

1. 常人不法行为之罚则

明朝以前，针对侵犯船难财物的罚则只有强盗、窃盗两罪，并无抢夺罪，侵犯船难财物之行为，常以强盗之罪惩治。据《元史·刑法三》载，元朝法律规定："诸官民行船，遭风着浅，辄有抢虏财物者，比同强盗科断。"⑦但常人侵犯船难财物行为危害严重程度不同，有些是武力抢劫，有些是乘机捞拾船难财物，虽是落井下石，究与持凶器抢劫有别。若治以强盗之罪，未免畸重；而若以"窃盗"治罪，既与窃盗的隐秘性不符，且治罪未免过轻，也不合适。因此，明朝时，立法者在强盗、窃盗之间，增加了"抢夺"一罪，以定"抢夺人财物之罪"⑧，常人侵犯船难财物，分别轻重，治以强盗或抢夺之罪。清承明制，也以强盗与抢夺来处置侵犯船难财物之罪行。依据由重而轻的顺序，接下来先考述清代常人抢劫船难财物治

① 孔昭明编：《台湾私法商事编（全）》，大通书局，1987年，第304页。
② （清）史致驯、黄以周等编纂，柳和勇、詹亚园校点：《定海厅志》卷8《传一·名宦》，上海古籍出版社，2011年，第142页。
③ （清）江藩：（道光）《肇庆府志》卷19，光绪重刻道光本。
④ 台湾银行经济研究室编：《福建省例》，第881页。
⑤ ［日］伊能嘉矩：《台湾文化志》（中卷），台湾省文献委员会编译，1985年，第468页。
⑥ 李智君：《无远弗届与生番地界——清代台湾外国漂流民的政府救助与外洋国土理念的转变》，《海交史研究》2017年第2期。
⑦ 群众出版社编：《历代刑法志》，第455页。
⑧ （清）朱轼等纂修：《大清律集解附例》卷18《刑律·贼盗》"白昼抢夺"条，雍正内府刻本。

罪之规定。

清初,《大清律例》并未区分常人抢劫难船财物与一般抢劫之罪行,故抢劫船难之财物是依强盗律治罪,即"凡强盗已行而不得财者,毕杖一百,流三千里。但得事主财者,不分首从,皆斩。虽不分赃,亦坐"①。康熙五十四年(1715)四月,刑部会覆江洋大盗事理,"凡江洋行劫大盗俱照响马律枭首示众"。雍正三年(1725)奉上谕,将其增纂为条例。②响马治罪之条例具体为:"响马强盗,执有弓矢、军器,白日邀劫道路,赃证明白,俱不分人数多寡、曾否伤办,依律处决,于行劫去处枭首救人。如伤人不得财,依白昼抢夺伤人,斩。"③朝廷又明确,对江洋行劫之盗定罪量刑不得声请:"滨海沿江行劫客船者,一经得财,俱拟斩立决,不得以情有可原声请。"④江洋行劫条例的修订,将江洋行劫(行劫水上难船当然也是江洋行劫的一种)与一般抢劫区别开来,说明统治者认识到江洋行劫的危害性大于寻常抢劫,也说明清廷对船难财物之保护、对保障航运交通之安全的重视。

表 1　常人抢劫船难财物刑度表

时间	法源	行为	刑度
顺治三年	律文	凡强盗已行而不得财者	皆杖一百,流三千里
		但得(事主)财者	不分首从,皆斩。虽不分赃,亦坐
		造意不行又不分赃者	杖一百,流三千里
		伙盗不行又不分赃者	杖一百
雍正三年	条例	江洋行劫大盗	斩决枭示

抢劫一般是聚众公然进行,且持有武器的暴力犯罪,但敢于铤而走险实施抢劫的人毕竟是少数,民间常见的侵犯船难财物的行为是乘危捞取。对此,清廷治以"抢夺"之罪。清初《大清律例》规定:"若因失火,及行船遭风着浅,而乘时抢夺人财物,及拆毁船只者⋯⋯亦如抢夺科罪。"刑罚为:"不计赃,杖一百,徒三年。计赃(并赃论),重者加窃盗罪二等(罪止杖一百,流三千里)。伤人者,(首)斩(监候)。为从各减(为首)一等,并于右小臂膊上刺'抢夺'二字。"⑤随着开海之后近海船难增多,沿

① 郭成伟主编:《大清律例根原》第 2 册,第 898 页。
② 郭成伟主编:《大清律例根原》第 2 册,第 903 页。
③ 郭成伟主编:《大清律例根原》第 2 册,第 899 页。
④ (清)三泰:《大清律例》卷 24《刑律贼盗上·强盗》,清文渊阁《四库全书》本。
⑤ 田涛、郑秦点校:《大清律例》,第 386—387 页。

海居民捞抢船难财物的不法行为也日益增加，朝廷加大了打击力度。雍正九年（1731），清廷制定针对沿海居民乘危捞抢船难财物的专门条例："其边海居民以及采捕各船户，如有乘危抢夺者，均照抢夺本律治罪。"^①将海洋乘危抢夺行为与内港江河湖泊抢夺行为区别开来，意味着清廷认识到海洋乘危抢夺已经需要作为一种单独的犯罪来对待了。乾隆年间，清廷加重乘危抢夺船难财物的刑罚。乾隆二十六年（1761），安徽按察使王检奏称，原有对江洋抢夺治罪的刑罚过轻，"未足示惩"，建议加重，为朝廷采纳。^②朝廷遂修订新例，规定乘危抢夺中但经得财并未伤人者各照抢夺本律加一等治罪，即"（为首）杖一百，流二千里；为从，各杖一百，徒三年"^③。这说明统治者认识到"江洋乘危抢夺较之寻常抢夺为重"^④。嘉庆六年（1801）清廷又修订常人乘危抢夺财物拆毁船只致难民淹毙的治罪条例，^⑤弥补了此前法律存在的漏洞，关于常人乘危抢夺船难财物的罚则越发"赅备"了。^⑥这也意味着政府对船难财物保护力度的加强。

表2　常人乘危抢夺船难财物刑度表

时间	法源	罪行	刑度
顺治三年	律文	抢夺人财物，不计赃	杖一百，徒三年
		计赃（并赃论）重者	加窃盗罪二等，罪止杖一百，流三千里
		抢夺人财物，伤人者	（首）斩（监候），为从各减（为首）一等，并于右小臂膊上刺"抢夺"二字
雍正九年	条例	边海居民以及采捕各船户，如有乘危抢夺者	均照抢夺本律治罪
乾隆二十六年	条例	大江洋海遇有商船遭风着浅，乘机抢夺者，但经得财并未伤人	均照抢夺本律加一等：为首，杖一百，流二千里；为从，各杖一百，徒三年
嘉庆六年	条例	若抢取货物，拆毁船只，致商民淹毙	首，照抢夺杀人律，斩立决；为从，照抢夺伤人律，斩监候

---

① 郭成伟主编：《大清律例根原》第2册，第957页。

② 《清高宗实录》卷640，第148页。

③ "大江洋海遇有商船遭风着浅，乘机抢夺者，除有杀伤仍照定例问拟外，其但经得财并未伤人，罪应杖、徒者，将首、从人犯各本律加一等治罪。"见郭成伟主编：《大清律例根原》第2册，第966页。

④ 郭成伟主编：《大清律例根原》第2册，第966页。

⑤ "如刃伤及折伤г以上者，斩监候。伤非金刃，伤轻平复者，改发极边烟瘴充军。年在五十以上，发边远充军。"见郭成伟主编：《大清律例根原》第2册，第966页。

⑥ 郭成伟主编：《大清律例根原》第2册，第966页。

（续表）

时间	法源	罪行	刑度
嘉庆六年	条例	伤人未致毙命，如刀伤及折伤以上者	斩监候
		伤人未致毙命，非刀伤、伤轻平复者	发极边烟瘴充军，年在五十以上，发边远充军

2. 沿海营汛兵弁乘危抢夺船难财物之罚则

沿海营汛兵弁乘危抢夺船难财物一直是令统治者头痛的问题。在采取行政措施加强管理的同时，清廷又制定严法加以惩处。雍正九年（1731）三月，河南巡抚田文镜等议定沿海营汛官兵乘危抢夺失事船只治罪专条，于乾隆五年（1740）馆修入律。律例将兵弁乘危抢夺的罪行区别为七种情形，并依据其危害性规定相应刑罚：商船遭风未覆溺及着浅不致覆溺，抢取财物拆毁船只；商船遭风覆溺，人尚未死，捞抢财物以致商民淹毙；见船覆溺，抢取货物，伤人未致毙命；乘危抢夺未伤人；淹死人命在先，弁兵见有漂失无主船货，捞抢入己不报；阻挠不救以致商民淹毙；在外洋故将商人全杀灭口。此外，律例还规定了将备的处理，分知情、不知情议处治罪。[①] 沿海兵弁乘危捞取船难财物也如常人一般以抢夺定罪，但法定刑罚较常人为重，如汛防官兵乘危抢夺刑罚最高可至斩决枭示，而常人抢夺罪止斩决。这是既究其抢夺之罪，又究其渎职之罪。[②]

条例又规定，兵弁乘危抢夺船难财物，不但要承担刑事，还要承担民事赔偿责任。所抢财物，必须全数退还原主，如不足数，要将犯人家产变赔。

表3　江洋营汛官兵乘危抢夺失事船只财货刑度表[③]

犯罪或违法行为	雍正九年罚则	嘉庆六年罚则	嘉庆九年罚则
商船遭风未覆溺及着浅不致覆溺，抢取财物拆毁船只	照江洋大盗例，不分首从，斩决枭示	不分首从，斩决枭示	不分首从，斩决枭示
商船遭风覆溺，人尚未死，捞抢财物以致商民淹毙	首，斩立决；从，斩监候	首，斩立决；从，斩监候	首，斩立决；从，斩监候

---

① 田涛、郑秦点校：《大清律例》，第389—391页。

② （清）薛允升著，胡星桥、邓又天主编：《〈读例存疑〉点注》，中国人民公安大学出版社，1994年，第450—451页。

③ 资料来源：郭成伟主编：《大清律例根原》第2册，第956—971页。

（续表）

犯罪或违法行为	雍正九年罚则	嘉庆六年罚则	嘉庆九年罚则
见船覆溺，抢取货物，伤人未致毙命	不计赃，为首杖一百，流三千里；为从减一等	刃伤及折伤以上者，斩监候。伤非金刃、伤轻平复者，发伊犁当差	刃伤及折伤以上者，斩监候；伤非金刃、伤轻平复者，发极边烟瘴充军；年在五十以上，发边远充军
乘危抢夺未伤人	兵丁照抢夺本律杖一百，徒三年。计赃重者，从重定拟	为首处杖一百，流二千里；为从各杖一百，徒三年。赃逾贯者，绞监候	为首处杖一百，流二千里；为从各杖一百，徒三年。赃逾贯者，绞监候
淹死人命在先，见有漂失无主船货，捞抢入己不报	照得遗失官物，坐赃论罪	照得遗失官物，坐赃论罪	照得遗失官物，坐赃论罪
阻挠不救以致商民淹毙	为首阻救者，斩监候；为从杖一百。官弁题参革职，兵丁革除名粮	为首阻救者，斩监候；为从杖一百。官弁题参革职，兵丁革除名粮	为首阻救者，斩监候；为从杖一百。官弁题参革职，兵丁革除名粮，均折责发落
在外洋故将商人全杀灭口	无论官、兵，但系船同谋，斩决枭示	但系同谋，斩决枭示	但系同谋，斩决枭示
所抢财物之处理	照追给主，如不足数，将犯人家产变赔。无主赃物入官	照追给主，如不足数，将首犯家产变赔。无主赃物入官	照追给主，如不足数，将首犯家产变赔。无主赃物入官

　　清廷对近海船难财物的保护主要表现为禁止性条款，以刑惩为能事，深刻反映出中国古代法律观念对清代海商法的影响。①从本质上讲，这种法律制度与其说是财产保护法，不如说是海洋治安管理法。这种通过禁止别人实施侵犯行为对难民财产的保护，是一种间接保护，存在的问题也相当明显。其一，不能有效保障航行安全。这种法律制度完全站在方便统治者管控的立场去设计，几乎没有正面保障规定，如此一来，只要人们不做出法律禁止的行为，官府就不会干预。这也就意味着，如果营汛兵弁对失事船只不行抢夺之举，只是单纯地不救援，或消极施救，则法律也不能惩罚之。其二，这种法律根本不关心平等主体之间权利义务的

---

① 中国古代法观念认为法是"禁暴止奸"的镇压工具、暴力工具。见梁治平：《法辨》，中国政法大学出版社，2003年，第61—92页。

调整，自然也无力处理和保护救助中产生的复杂的民商事关系。众所周知，在帆船时代，航海是冒险的事业，当船舶在海洋遭遇海难时，获得外来救助的机会远远低于在陆上获得救助的机会，同时救助作业对救助者本身来说也有很大的风险。因此，在实践中，失事船只为了获救或减少损失，往往会对救助者许以某种酬谢，但在获救之后，可能会反悔，不愿给予报酬，双方往往会因此发生争执和纠纷。上述法律显然无法应对此种情形。既然无法可依，救助者只能自力救济，这样一来，不管是在道德上还是法律上，救助者都站在了危险的边缘，可能会被认定为"抢夺"而面临牢狱之灾。如福建沿海地区遇有海难船只，"或诱称代搬，趁闹攘去；或勒讲谢礼，竟图多分；或下水扛翻，或上船哄夺"，这其中自然并不都是沿海居民抢夺船难财物，但地方督抚却均强调依乘危抢夺例办理。① 如此一来，海难救助中民间自发产生的权利义务约定被公权力简单粗暴地破坏，民间的救助热情降低，② 而新型海洋经济秩序的产生也是没有可能的了。

三、失事民船稽察管理

在清代，近海民船失事，不管是遭遇风汛偏离航道还是船覆人亡，都会触犯海洋管理秩序。但这种违禁毕竟是不可控力或意外因素所导致的，并不是出于船户的主观故意。因此，清政府规定，失事民船只要取得漂流地地方官府出具的情实"印结"带回原籍，可免于追究。雍正六年（1728），清廷定例："出洋商船于出口之处，将执照呈守口官弁，验明挂号，填注出口月日放行，造册详报督抚。该督抚于每年四月内，造册报部。回时，于入口处，守口官弁将照与船比对相符，详报督抚销号，该督抚于每年九月内造册报部。如出洋人回而船不回，大船出而小船回，及出口人多而进口人少者，该督抚严加讯究。果系番欠未清，俟来年六七月间乘风驾回。其被风飘往别省者，船户取具彼处地方官印结，赍回呈验。遭风覆溺者，若有余存之人，及同行邻船、客商、舵水等，即讯取确供保结，再加地方官印结详报，均于入口册内声明报部，免其讯究。倘留番清欠之船，来年仍不驾回，捏报遭风飘溺等弊，并无彼处地方官印结，及余

---

① 台湾银行经济研究室编：《福建省例》，第 889—890 页。
② 在沿海一些地方，不愿卷入纠纷的乡社甚至刻石立碑，禁止本乡民众对外地遇难船只进行救助。吴乔生等编：《泉州古城历代碑文录》，中国文史出版社，2009 年，第 205 页。

存之人、邻船客商、舵水甘结者，该督抚严察治罪。原出结地方官，交部议处。"① 根据规定，民船漂往别省，船户仅需取得漂流地地方官府出具的情实"印结"带回原挂验出口之处，即可免于处罚；如果船覆人亡，则不仅需取得官府"印结"，还需取得余存之人、同行邻船之人出具的"保结"携回，才能免于讯究。这是因为，前一种情形民船可能只是发生航道偏离、超越期限等情况，而后一种情形则出现了船只和人员变动，其中存在的交通外国、透漏出海的风险更大，故手续要求更复杂。上述雍正六年例虽是对从事海外贸易的"洋船"之免责规定，但在实践中，从事沿海贸易的商船、渔船失事也是如此处理。

商渔船只之外，清代沿海尚有小艇，即民间小船。② 初始时，清政府没有将小艇纳入监控范围，民间乃有人借小艇从事违禁活动，"或夹带违禁货物，或暗通接济盗粮"。乾隆二年（1737），浙江温州总兵施世泽奏请"立法稽查"，经兵部通行沿海各总督提镇等查议，接受了施世泽所请，"嗣后沿海采捕及内河通海小艇，俱令地方官取具澳甲邻佑甘结，印烙编号，刊刻船旁，书写蓬号，给以照票。……其遭风者，验明人伙有无落水受伤，讯取实据，方准销号"，③ 后被辑入《钦定大清会典则例》。④ 小艇遭风免罚程式相对于商渔船简单，可能是因为此类小艇多在内港或近海活动，早出晚归，透漏出海的机会少；也可能是考虑到该种小艇平常所载之人有限，且常单独行动，很难有同船幸存之人或同行船只之故。

清代民船下海有期限、路线之限制，但如果船只遇风，上述规定便难以遵守。对此，政府自不能苛责，对管理规则进行了相应变通。比如，依律例，商渔船照须一年一换，但如果民船失事不能按期更换船照，允许延期三月。⑤ 再如，乾隆七年（1742）覆准："商船在于内地沿海省分贸易者，以二年为限。二年之后始归者，嗣后不许再出口；往贩外洋者以三年为限，逾限不归者，该商及舵水人等勒还原籍，永远不许出口。"⑥ 然商

---

① 《钦定大清会典则例（乾隆朝）》卷114《兵部·海禁》。

② 如厦门有俗称"三板"的民间小船，已见前述。周凯：《厦门志》卷5《船政略》，第113页。

③ 《清高宗实录》卷46，第799页。

④ 《钦定大清会典则例（乾隆朝）》卷114《兵部·海禁》。

⑤ 乾隆三十七年例："无论商、渔船照，一年一换；如有风信不顺，余限三月。如逾限不赴原籍换照，不准出洋，拿家属听比；如在他口，押令回籍，不许挂住他处。"（清）周凯：《厦门志》卷5《船政略》，第109页。

⑥ 《钦定大清会典则例（乾隆朝）》卷114《兵部·海禁》。《清文献通考》卷298《四裔考》。

船失事，可能导致收风异地，进而影响准时回航。对此，沿海一些地方政府作出变通管理。福建沿海前往南洋贸易的"洋船"，自福建港口出发后，或从南洋回航时，常因遭风收到广东南海县。福建督抚衙门制定省例，规定"福建商船收风到广，应将原领本籍船照咨送闽省查销。另由南海县核给新照，验明商照水手填注照内，令该商前往把揽①贸易，俟下年回籍将原领南海县照禀缴，原籍地方官咨回粤省查销"②。就是说，福建下南洋贸易的船只，不管是出发还是返航，如果收风到广东省，无须回到福建换领牌照，只需将在福建原籍所领之牌照上缴广东地方官府，由其咨送福建查销，并另由广东南海县发给新照，依旧前往南洋贸易，待次年回福建后，将所领南海县照上缴原籍地方官咨回广东省查销即可。如嘉庆十二年（1807）冬，同安县船户和振万船只于厦门出洋，往贸单丹，十三年夏回棹，在洋遭风，漂收广东，就彼起货赴关征税。粤关宪并南海县将和振万原领闽海关牌、同安县照咨销，另给粤海关、南海县牌照，就广置买税货，往贩把揽。回厦口之后，经过汛口查验，厦防厅移文同安县，知照准该船户呈换本籍关县牌照，仍移销粤海关南海县牌照。③ 福建省如此规定，不仅免去了"洋船"收风异地的法律责任，也省去了其于厦门、南海县往返的麻烦，给商人提供了相当的便利，也变相延长了船只海上航行的期限。

按清代法律规定，民间造船需要申请船照，船只腐朽、破败或不用时，船户须到官府申请销号。④ 民船失事毁坏沉没，自然也需销号。只是，需要说明的是，在《大清会典》、各部则例中，笔者并没有查阅到船只销号程式的规定，只在《福建省例》《福建沿海航务档案》中查到福建省失事民船销号的规范与案例，因此下文以福建省为中心，考察失事民船销号的规定与流程，其中又主要涉及详请销号的主体与证明材料的出具。

关于销号主体，《福建省例》规定："商渔船只遭风失水，例应地方

---

① 今印度尼西亚苏门答腊岛西岸之 Padong。转自刘序枫：《清政府对出洋船只的管理政策（1684—1842）》，刘序枫主编：《中国海洋发展史论文集（第9辑）》，台北"中研院"人文社会科学研究中心，2005年，第371页。

② 《福建沿海航务档案（嘉庆朝）》，陈支平主编：《台湾文献汇刊》第5辑第10册，九州出版社、厦门大学出版社，第47页。

③ 《福建沿海航务档案（嘉庆朝）》，第113—132页。

④ 关于船只销号的一般情形，参见《福建沿海航务档案（嘉庆朝）》，第52—61页。

官查讯供情，移营取结，详请销号。"①但该例并没有明确究竟是"在就近汛口"还是"往原籍报明"销号。②因而实践中，福建失事民船销号主体有两个，一是由船只原籍地官府报明销号。大致程序如下：船只在洋遭风覆溺后，船户报知失事地之地方官，地方官取得船户供词和甘结，并知会当地海防营汛官弁查勘，取得汛弁出具之印结后，向上级详报，并移送船只原籍地方官府；原籍地方官府讯查船户船只有否失事、有无拖欠客货及别项事故，取具甘结，连同原船牌照，向上级出"详"，请求对失事船只销号。如嘉庆元年（1796）正月，莆田县人张海长顶驾母舅董荣顺船只，领给莆田公字二百一十三号牌照，又领给闽海关露字九号关配，配舵水 21 名，领载课盐运省城，交卸后，当年七月间，在省城代客人吴恒祥装载木料，于九月初六日由闽安挂验出口，驶往厦门，途中突遇犯风，漂至福清县洋面，船只冲礁击碎，寸板无存。船户与舵水扶板登岸。船户张海长即投明当地澳甲施尔益，并投明万安汛官。随后，张海长携原领牌照呈报福清县船只遭风失水，恳乞详销，并请给与护照回籍。福清县又取得客商吴恒祥、澳甲施尔益之供词。查实之后，福清县取具各人甘结，一面给护回籍，并移莆田县知照，又移文长福营寸取万安汛防记结，然后将查讯信息、失水供由，同莆田县船照、关牌，具文详送督宪察核，再由宪台转饬莆田县销号。③这应是当时通行的销号方式。

二是由海防汛口详请销号，主要是厦门海防厅。嘉庆以前，厦门籍船只失事，都要到厦门，由厦门海防厅④"具详"销号。⑤不过，这种方式应当仅适用于厦门一地。嘉庆年间，福建地方上对厦防厅的"详请"销号权产生了异议，事情始于嘉庆十三年（1808）金集春案。福建同安县船户金集春的船只在番仔瓦冲礁击碎，返回原籍后，他因染病"未照例办理船照，又不缴验饬销"。一年之后，厦防厅查知此事，乃径"详报"抚院"请销饷号"，引起福建督、抚不满。福建巡抚斥责曰："金集

①　台湾银行经济研究室编：《福建省例》，第 641 页。

②　台湾银行经济研究室编：《福建省例》，第 696 页。

③　《福建沿海航务档案（嘉庆朝）》，第 206—218 页。

④　厦门海防同知，旧驻泉州府城，康熙二十五年（1686）移驻厦门，主政官员为厦防同知、厦门同知，治所为厦防厅、厦门厅，其职能为管理海口商贩洋船出入，收税、台运米粮、监放兵饷、听断地方词讼。（清）周凯：《厦门志》卷 10《职官表一》，第 206 页。

⑤　台湾银行经济研究室编：《福建省例》，第 697 页。

春船只如果遭风击碎，应由原籍讯供取结，详报销号，该厅只应稽查出入口船只，不为遽为详销。"乃令布政司饬同安县"即传该船户同行保讯明船只果否遭风击碎，有无拖欠客货及别项事故捏报情事，取结详覆察夺"。随后，又饬厦防厅："嗣后船人失水击碎，应由附近汛口报明，移知原籍，立令船户赴原籍呈报讯详，毋得即由出入口岸具详请销，致滋弊混，大干参咎。"此举得到了闽浙总督、闽海关的赞同，随即申明："船只遭风失水，例应即时驰报失事之地方官，呈请诣勘，移知原地方官查明，讯供取结，粘同牌照，详请销号。"① 这实际上是剥夺了厦防厅的呈请销号权。厦防厅对此并不满意，两年后，又再次将该问题提了出来。嘉庆十六年，厦门行商金藏和等赴巡抚衙门呈请船只事故，巡抚"批司行府查议"。厦防厅议请照旧"将失事各船，由该厅详销"。福建巡抚虽批驳此举"漫无稽考"，非"体恤难商之道"，但经过衡量核议，最终还是不得不部分同意了厦防厅的提议："凡系由厦挂验船只，如在厦门附近各洋面遭风被劫，即令该船商赴厦防厅呈报，讯明属实，一面通详，请销饷号，一面行知给照原籍，扣销船号。倘在别处洋面劫失者，令该船商即随处就近赴所在地方官呈报，查勘确实，一面将船户水手释放，一面详饬原籍地方官呈请销号，毋许羁留守候，不必一概驶至厦门，再行具报，以杜捏混之弊。"自此，由厦防厅挂验出口的船只，如在厦门附近洋面失事，由厦防厅讯明呈请销号；如果在异地劫失，由事发地官员讯明"详请"上报，移知原地方官具请销号，不再"专责厦厅具详"。此规定被辑入《福建省例》，成为福建省地方立法。② 当然，如此规定，于官民两便，署泉州知府郭正谊议曰："船只或遭风覆没，或被盗牵劫，船户水手获生放回，在于外洋荒僻岛屿登岸，相离地方窎远，人地生疏，势必竟自回籍，始行具报……着令该船户水手取具澳邻行保甘结，声明确有实据，或赴给照原籍，或赴厦防厅呈明详报，于稽察船政，体恤难商，两有裨益。"③

民船在近海失事，不管是因为遭风还是被劫，船户都要呈报失事地方官府，候其与营汛会勘后出具"情实"印结。然实践中，难免存在官员消极懈怠，迟延会勘，甚至羁押事主的现象。如乾隆四十年（1775）五月间，龙溪县船户姚泰源船只在漳浦县辖将军澳击碎，县令移营取结，但营

---

① 《福建沿海航务档案（嘉庆朝）》，第 219—222 页。
② 《福建沿海航务档案（嘉庆朝）》，第 223 页。《福建省例》，第 696—697 页。
③ 台湾银行经济研究室编：《福建省例》，第 697—698 页。

汛稽迟，至乾隆四十三年十二月"始据具结移送"①。又乾隆六十年，厦门大小行商金裕丰等以被劫船只，赴失事地方禀明，却遇"胥役多方索诈，官长畏避处分，推卸寝延，等候累月，候勘无期"，只好"赴宪辕具呈"，恳请巡抚衙门饬"就船户原报被劫洋面，随时讯明，免解指勘，以杜刁索延缓"等弊。地方官府与海防营汛任意延搁及羁押事主候勘，给本已受损的船户造成二次伤害，一些船户甚至"生业废弃"②。为避免麻烦，一些船户失事之后，宁愿隐忍也不报官。如乾隆年间，"福、泉各郡仍有等艚船借捕鱼放钓为名，结伙连艕，或在浙省洋面，或在本省草屿、三沙等处游移窥伺，肆行抢劫。事主虑恐报案，在县守候失业，隐忍不报"，以致官府"无凭追缉"，③于海洋缉盗和治安大为不利。朝廷和地方官府积极采取措施消除此弊，乾隆三十年，经两江总督高晋条奏，朝廷定例："内洋失事，仍照例文武带同事主会勘外，如外洋失事，听事主于随风飘泊进口处，带同舵水赴所在文武衙门呈报。该衙门即讯明……将事主开报赃物，报明各该管印官。该文武印官……飞开所辖州、县，会营差缉。事主即予省释，毋庸候勘。至详报督抚衙门，无论内、外洋失事，以事主报到三日内出详驰递，以便据报行查。……至守口员弁，倘有规避处分，互相推卸，或指使捏报他界者，将推诿员弁交部照例议处。"④该例规定了受理失事船只勘验的衙门、履勘程序、期限、违法处分，并明确禁止羁押事主候勘，对于地方政府回应失事船只报勘起到了规范作用。而福建督抚鉴于本省"吏治废弛，沿海营、县每遇事主报劫之案，率多任意延搁，泄泄从事，或图规避处分，彼此推诿，以致事主经时守候，胥役多方索诈"，又于乾隆三十三年、四十年、四十四年、六十年多次申明法令，以消除弊害。⑤

与清政府对失事民船救助制度的粗疏相比，其对失事民船的稽察管理制度则细密得多，这反映出清朝统治者依然对出海之国民抱有歧视之态度，海权意识不昌，仍然是把海洋视为边疆来治理。

---

① 台湾银行经济研究室编：《福建省例》，第641页。《福建沿海航务档案（嘉庆朝）》，第84页。
② 台湾银行经济研究室编：《福建省例》，第667页。
③ 台湾银行经济研究室编：《福建省例》，第619—620页。
④ 郭成伟主编：《大清律例根原》第2册，第769页。
⑤ 台湾银行经济研究室编：《福建省例》，第641、666—668页。《福建沿海航务档案（嘉庆朝）》，第84—85页。

第三节　近海失事官船抚恤与管理制度

一、巡船遭风的抚恤与处理规定

清代外海内河长江都有巡哨之船，[①] 清政府对其管理相当细致严格，如战船、巡哨船只的修造都有一定之程序，违者受罚；[②] 战船、巡船在平常如有使用不当，驾船官弁必须进行赔补。康熙五十三年（1714）覆准："官弁驾船巡哨，如船被贼焚劫者，革职提问，船仍着落赔补。"[③] 但船只遭风受损或沉没，并不是人为因素所致，如果仍要求驾船官弁赔补实不合理，对此，康熙五十三年规定，船只"若实系遭风击碎，该管上司察明出结，详报该督抚提镇保题，免其赔补，动支钱粮修造"[④]。按此规定，如果巡船遭风，须先报该管上司，由其查明后出具甘结，报于督抚提镇。督抚提镇具题保举，奏于朝廷，驾船官弁可以免于赔补。但这只是对于失事船只的处理，而对事故中的弁兵水手等如何救助、如何处置完全没有提及。到雍正十二年（1734），清廷制定了官船遭风失事之后对人员的救助、抚恤细则，官船失事处理制度得以完备。该例具体内容为："沿海外洋，凡官兵巡哨，及因公差委，如有遭风受困没水，登岸，幸获生全者，官准军功加一级，外委于补官日加级；兵丁并食名粮之舵工、水手皆照军功头等伤例给赏；其或飘没身故者，官以见在职任照阵亡例，分别荫赠，给与祭葬银；外委及兵丁并食粮之舵工、水手，亦照阵亡例，分别给与祭葬银；其奉调考验之官弁、兵丁，照军功例各减一等；凡船内舵工、水手有被淹身故者，如系雇募之人，照军功二等伤例予恤。其击碎之船，概免赔补。若系在内洋巡哨，因公差委及停泊海口岛屿等处，或修造战船遭风击碎，亦免赔补。其遭风受困幸获生全者，官准军功纪录二次，外委于得官日纪录，兵丁人等照军功二等伤例减半给赏。其飘没身故者，官照阵亡例减一等分别荫赠，减半给祭葬银，外委及兵丁人等亦照阵亡例减半给与祭葬银，至应给祭葬银，如无妻子亲属领受者，给银二两，该督抚提镇遣官致

---

① （清）昆冈、李鸿章修纂：《钦定大清会典事例（光绪朝）》卷712。

② （清）文孚纂修：《钦定六部处分则例（光绪朝）》卷38《军器》，沈云龙主编：《近代中国史料丛刊》第34辑，第759、761页。

③ 《钦定大清会典则例（乾隆朝）》卷115《兵部·职方清吏司·诘禁》。

④ 《钦定大清会典则例（乾隆朝）》卷115《兵部·职方清吏司·诘禁》。

祭。"① 从该条例可见，官船如果确属遭风失事，免赔补船只，朝廷区分外洋、内洋、受困全生与漂没身故等不同情况，对船上生还人员和覆溺死亡人员给予不同待遇和抚恤。

表4　清代官船遭风失事恤抚之规定简表

沿海外洋巡哨或因公差委	人员	受困生还	官员	准军功加一级
			外委	于补官日加级
			兵丁并食名粮之舵工、水手	照军功头等伤例给赏
			奉调考验之官弁、兵丁	照军功例各减一等
			雇募之舵工、水手	照军功二等伤例予恤
		漂没身故	官员	以现在职任照阵亡例，分别荫赠，给与祭葬银
			外委、兵丁并食粮之舵工、水手	照阵亡例，分别给与祭葬银
	船只			免赔补
内洋巡哨、因公差委、停泊海口岛屿、修造战船	人员	受困生还	官员	准军功纪录二次
			外委	于得官日纪录
			兵丁人等	照军功二等伤例减半给赏
		漂没身故	官员	照阵亡例减一等分别荫赠，减半给祭葬银
			外委及兵丁人等	照阵亡例减半给与祭葬银。祭葬银如无妻子亲属领受者，给银二两，该督抚提镇遣官致祭
	船只			免赔补

　　在《兵部处分则例》中，进一步按八旗、绿营将船只失事中的员弁抚恤进行了细化。八旗巡洋官兵，如在大洋大江遭风受困，浮水登岸，扶板遇救，幸获生全者，官准军功加一级，兵丁照头等伤，赏银五十两；若在内洋、内河及停泊海口、岛屿等处修造船只，遭风受困，幸获生全者，官准军功纪录二次，兵丁照二等伤减半，赏银二十两。② 绿营巡洋官兵如有遭风受困，幸获生全者，官准军功加一级，兵丁及舵工水手俱照军功头等伤例，给银三十两；至内洋、内河因公差委，及停泊海口岛屿等处修造船

---

① 《钦定大清会典则例（乾隆朝）》卷115《兵部·职方清吏司·诘禁》。

② （清）伯麟：《兵部处分则例》卷36《八旗·巡洋·巡船·遭风受困官兵议叙》，道光刻本。

只遭风受困，幸获生全者，官准军功纪录二次，兵丁人等照军功二等伤例减半，给银十二两五钱。① 据此规定，官船遭风失事后人员的恤赏并不一致，八旗巡洋官兵的恤赏较绿营巡洋官兵丰厚，这种差异，反映了清朝对满族人的优待。

为了防止捏报，清代还规定了官船遭风失事的严格的呈报程序及相应官员的责任。巡洋官员领兵船出洋巡哨、驾船赴厂修理，陡遇暴风击碎船只，应即速呈报主管上级（八旗上报将军、副都统，绿营上报总督巡抚提督总兵），该管上司派人确验非管驾不慎所致后，出结保题，免其赔补，动支钱粮修造。如果有捏报，将捏报之员革职提问（属私罪），滥行出结之官员革职（属私罪），失于查明具题之将军（八旗）、提督总兵（绿营）等降一级留任（属公罪），总督巡抚交吏部议处。② 为了让各级官员及时呈报，清廷对于各级官员的呈报期限都有严格规定，违者处罚。如：水师巡洋官员呈报迟延，一月以上者降一级留任（公罪），三月以上降一级调用（公罪），六月以上降二级调用（公罪），九月以上降三级调用（公罪），一年以上革职（公罪）。至将军、副都统一闻禀报，即差员覆勘，明确出具保结，题请修补，以半年为限，如于半年之外，迟延三月以上者，将军、副都统罚俸一年（公罪），六月以上降一级留任（公罪），一年以上降一级调用（公罪），二年以上降二级调用（公罪），均于题报水内声明有无逾限，如有迟延，即按其年月分别议处。③

二、看护官船遭风的处理规定

官船在停泊海口之时，要安排官弁看护。在此过程中，如果因看护者的原因导致损毁，官弁要承担赔补责任。如战船修造好之后，在移交军方之前，由地方官看守，如果地方官员不认真谨慎"致有损坏一二只者，看守之员降二级留任，三四只者降二级调用，五六只者降四级调用，七只以上者革职。俱公罪。其用兵时，官兵所坐船只即交督战章京各官看守，统兵大臣仍不时船委官巡察，如有损坏，俟凯旋之日将督战章京等照地方官

---

① （清）伯麟：《兵部处分则例》卷 37《绿营·巡洋·巡船·遭风受困官兵议叙》。
② 《钦定大清会典则例（乾隆朝）》卷 115《兵部·职方清吏司·诘禁》。参见（清）伯麟：《兵部处分则例》卷 37《八旗·营造·巡船遭风》《绿营·营造·巡船遭风》。
③ （清）伯麟：《兵部处分则例》卷 37《八旗·营造》；绿营的规定与此大致相同，见卷 37《绿营·巡洋·巡船遭风》。

之例议处"①。但是，如果船只停泊海口遭风，出现损毁，非人力所能导致，在验确之后，可以免于赔补。《兵部处分则例》规定：巡船回哨停泊海口被风，实系风力猛勇，难以收泊，并非看守不慎者，船只仍免其赔补。②

对于近海官船失事，清廷主要规定了追责问题、难船管理，对于船难发生后的水上救援丝毫没有涉及，至于对船上伤亡官兵的抚恤奖赏，依军功例实施。在性质上，这不是海难救助，应该是军事管理制度的延伸。

要之，清代前期近海失事中国船只救助制度，从价值指向和具体措施来看，基本上是内陆相关治理手段的复制，失事民船救助机制是"救灾"制度在海疆的应用，失事官船救助不过是清朝军事抚恤与管理制度在水师管理上的延伸。也正因为如此，该救助机制在制度设计上存在诸多缺陷，如法律规定不明，地方政府救助海难只是依据常规行政管理的"救灾"职责，对于非地方灾难中的民船失事，该由谁抚恤、要不要给予物资、给予何种物资、数量多少、救助资金从何而来、漂流到外省外地的中国难民如何解送回籍、要不要派人护送、受难人员的船货如何处理等等问题，清廷根本就没有明确规定。这使得救助实践难免捉襟见肘，存在诸多不畅。再就是没有建立主动搜救机制，基本上是碰见有难才会实施救援，不利于及时施救。当然，清代前期近海船难救助制度是因应开海之策实施后航海活动增多这一形势的产物，是清王朝经略海疆和务实治国态度的体现。以国家力量救助近海失事之中国船只，特别是失事民船，这在中国历史上尚属首次，无疑是我国传统海商法的重大发展，客观上也有利于为国人航海提供安全保障，有利于促进我航海业的发展，值得肯定。

---

① （清）文孚纂修：《钦定六部处分则例》（光绪）卷38《军器·看守战船》，沈云龙主编：《近代中国史料丛刊》第34辑，第761页。

② （清）伯麟：《兵部处分则例》卷37《八旗·营造》；绿营的规定与此大致相同，见卷37《绿营·巡洋·巡船遭风》。

第三章 清代前期外籍船难救助制度

外籍船难救助，事涉诸多海外国家，故其制度构建与运作，与中国国内政治局势、清王朝的海疆政策、清朝在国际上的地位密切相关。明清鼎革之时，清朝实行禁海之策，中国领海内外国船只稀少，偶有外籍难船漂到，清廷一般只是临时讨论处理，并无定制。清王朝统一之后，实施开海政策，国人可以出海采捕和从事海上贸易，外国商船亦可到中国指定港口从事贸易活动。而随着清王朝对明朝朝贡国家的招徕，海外诸国纷纷纳款来朝。朝鲜、琉球、暹罗、安南、苏禄、南掌、缅甸等国家先后与清朝建立封贡关系，东亚的"天下体系"秩序重新形成，赴清的各国官船也日渐增多。随着以中国为中心的环中国海域海上交通的重新活跃，海上失事船只越来越多。在中国漫长的海岸线上，不时会发现外国难船难民的身影。清廷在"善待外邦""怀柔远人"的理念指导下，积极对外国难民施以援手，又大力进行法制建设，将外籍船难救助纳入制度化、规范化的轨道，有力地保障了环中国海域海上交通安全，对构建环中国海域安定和谐的秩序和国际关系发挥了重要作用，在中国法制史和国际海事法律史上留下了值得称道的一页。

如此前学术史梳理中所述，学界对清代前期外籍船难救助问题已有一定程度之研究，汤熙勇、刘序枫、李超、杨彦杰、孙宏年等都曾有专文论及。[①]他们从历史学的视角，或考察中国对个别国家的船难救助方法与措施，如清廷对琉球、朝鲜、日本、越南等国难民的救助；或以某一地区对外籍船只的海难救助——如台湾地区对外籍船难的处理为中心，探讨清代前期外籍船难救助制度的特征和实践。上述相关研究成果对于了解清代前期外籍船难的救助机制有一定助益，但缺乏对清代前期外籍船难救助制

---

① 参见汤熙勇：《清顺治至乾隆时期中国救助朝鲜海难船及漂流民的方法》，朱德兰主编：《中国海洋发展史论文集（第8辑）》，第105—172页；刘序枫：《清代环中国海域的海难事件研究——以清日两国间对外国难民的救助及遣返制度为中心（1644—1861）》，朱德兰主编：《中国海洋发展史论文集（第8辑）》，第173—239页；李超：《清代琉球来华漂风难民救助制度之研究》，福建师范大学硕士学位论文，2018年；杨彦杰：《台湾历史上的琉球难民遭风案》，《福建论坛》2001年第3期；孙宏年：《清代中越海难互助及其影响略论（1644—1885）》，《南洋问题研究》2001年第2期。

度的整体考察，而且由于缺乏法学的分析，对于清代外籍船难救助制度的理念、成就、特色与历史地位的论述，尚待补充之处甚多。本章拟从法制史的视角，从法律措施出台的原因和指导思想、法律制度的具体构成、法律制度的特点等方面进行深入分析，以期对清代前期外籍船难救助制度作出系统的研究并将之深化。

第一节　清代前期外籍船难概述

一般而言，国家某一治理措施之出台，都是对现实需要的回应。清廷制订外籍船难救助制度，现实依据是开海之后外籍船难多发的状况。

据汤熙勇的研究，清代从康熙朝到道光朝（1683—1850），台湾地区有史料记载的外籍船难有 65 起。[①] 综合王天泉、汤熙勇、王丹丹等人关于中朝两国互相救助漂流船的统计结果，1644—1840 年，清政府遣返朝鲜漂流民的事件有 93 起。[②] 李超统计了清代中国境内的琉球漂流船事件，1664—1840 年有 266 件，而 1664—1898 年则有 394 件。[③] 据孙宏年统计，1644　1885 年，中越之间互相救助漂风难民事件共 62 起，其中中国救助越南飘风船事件有 27 起。[④] 刘序枫统计了清代中国遣返日本漂流民事件，从顺治六年（1649）至咸丰四年（1854）有 60 起。[⑤] 据吕俊昌统计，1739—1849 年，中国救助遣返吕宋漂流船事件有 12 起。[⑥] 此外，尚有一些西洋国家船只失事被清政府救助的记录，如乾隆四十年（1775），英吉利国人四名遭风飘至广东，照

---

① 汤熙勇：《清代台湾的外籍船难与救助》，汤熙勇主编：《中国海洋发展史论文集（第7辑）》，第551页。

② 汤熙勇：《清顺治至乾隆时期中国救助朝鲜海难船及漂流民的方法》，朱德兰主编：《中国海洋发展史论文集（第8辑）》，第105—172页。王丹丹：《论清朝与朝鲜两国的漂流民救助与送还》"附录"，延边大学硕士学位论文，2018年，第44—57页。

③ 李超：《清代琉球来华漂风难民救助制度之研究》，福建师范大学硕士学位论文，2018年，第89—124页。

④ 孙宏年：《清代中越海难互助及其影响略论》，《南洋问题研究》2001年第2期。

⑤ 刘序枫：《清代环中国海域的海难事件研究——以清日两国间对外国难民的救助及遣返制度为中心（1644—1861）》，朱德兰主编：《中国海洋发展史论文集（第8辑）》，第210—214页。

⑥ 吕俊昌：《清代厦防同知研究（1686—1911）》，厦门大学硕士学位论文，2012年，第49页表4。

例抚恤，遣令回国。① 道光十三年（1833）、十五年广东省又两次救助失事英国船只。② 虽然，统计存在不可避免的缺漏，再加上有些失事外籍船只可能根本没有留下记录，上述统计数据并不能全面、准确反映清代前期中国境内外籍船难的全貌，但也不难得出外籍船难多发的结论。

清代前期需要中国救助的外籍难船，主要有以下几种类型。

一是朝贡国之官船，主要指贡船、护贡船、接贡船等。清代前期入贡最频繁的是朝鲜、琉球两国，但朝鲜入贡经由陆路，几乎不存在海上遭风问题。琉球国入贡只能通过海路，所以当时中国近海的朝贡船主要是琉球国船只，如康熙四十一年（1702），琉球贡使回国，飓风坏船，入贡员役柯那什、库多马二人以拯救免。③ 雍正元年（1723），琉球国进贡来使等所坐头号船内人员，俱冲礁覆没。④ 嘉庆八年（1803），闽浙总督奏称："琉球国二号贡船在洋遭风，飘至台湾地方，冲礁击碎，救援人口上岸。"⑤ 嘉庆十二年，有琉球接贡船遭风漂至福建海坛观音湾洋面，后又在洋遭风漂到钟门洋面，撞礁击碎，船上捞救得生夷人三十名，淹毙六十三名。⑥ 此外，也还有越南、南洋国贡船和西洋贡船，但数量不多，频次不高。⑦

二是朝贡国之民船，有以中国为目的地的贸易船，也有些只是在其本国海域航行，遭风漂到中国境内。如康熙四十九年（1710），朝鲜国广州人七名，往本国海州贸易，被风漂至江南泰州救存。⑧ 乾隆二十三年（1758）正月漂到台湾淡水获救的朝鲜难船难民，原本只是在朝鲜近海从事商货贸易，由朝鲜珍岛驶向朝鲜海南县途中遇风漂至台湾淡水，被当地

---

① （清）昆冈、李鸿章修纂：《钦定大清会典事例（光绪朝）》卷513《礼部·朝贡·拯救》。

② 转自郭嘉辉：《清道光前期（1821—1839）广东对海难救助之研究》，李庆新主编：《海洋史研究（第8辑）》，社会科学文献出版社，2015年，第149—171页。

③ （清）托津等纂：《钦定大清会典事例（嘉庆朝）》卷400，沈云龙主编：《近代中国史料丛刊三编》第67辑，第8136页。

④ （清）允禄等监修：《钦定大清会典（雍正朝）》卷104《礼部·主客清吏司·朝贡一》，沈云龙主编：《近代中国史料丛刊三编》第78辑，第6988页。

⑤ （清）托津等纂：《钦定大清会典事例（嘉庆朝）》卷400，沈云龙主编：《近代中国史料丛刊三编》第67辑，第8147—8148页。

⑥ 《历代宝案》第2集，第4935—4936页。

⑦ 关于清朝前期朝贡国的贡期、贡道规定，可参见《钦定大清会典则例（乾隆朝）》卷93《礼部·朝贡上》。

⑧ （清）昆冈、李鸿章修纂：《钦定大清会典事例（光绪朝）》卷513《礼部·朝贡·拯救》。

社丁救起。① 乾隆二年，"琉球中山国夷民顺天西表、首里大屋子等三十六人，又新垣等十人，各驾夷船，装载米棉等物，赴彼国王交纳……在洋遇风，俱飘至浙江定海象山地方"②。乾隆四十一年，"安南国人八十名，遭风飘至广东，照例抚恤，遣令回国"③。

三是朝贡国之外的其他国家的船只。有东亚海域内的日本国船只。如康熙三十二年（1693），有日本国船被风漂至广东阳江县。④ 乾隆十八年（1753），"日本番人殿培等十三名飘至浙江定海地方，皆奉旨抚恤如例，遣令归国"⑤。有东南亚一些国家的船只。如乾隆五十九年，"吕宋国人四十名，装载货船遭风飘至闽省，准其将货物输税发卖，事竣遣令回国"⑥。道光三年（1823），吕宋国难民十七名，驾船出洋买卖，遭风漂泊台湾府。⑦ 另外，也有一些西方国家的船只。如乾隆七年十一月，英吉利巡船遭风漂至澳门海面，遣人至省城求济，广东总督策楞令地方官优给赍粮，修整船只，令俟风便归国。⑧ 乾隆四十年，"英吉利国人四名，遭风飘至广东，该抚照例抚恤，遣令回国"⑨。

清代前期的外籍船难还存在一种特殊类型，即经由他国而来中国的非中国漂流民。这又可区分为两种情形。其一，由他国政府转送中国政府的非中国漂流民，其中以朝贡国转送而来的现象较多见。如乾隆四十五年（1780），"琉球国贡船附载朝鲜飘人该国男妇十二名口到闽"⑩。乾隆六十

① 台北"中研院"历史语言研究所编：《明清史料庚编》（上册），中华书局，1987年，第910—916页。

② 乾隆四年八月二十一日，《闽浙总督郝玉麟等奏报设法遣归浙江送来琉球遭风难民折》，中国第一历史档案馆编：《清代中琉关系档案选编》，第5页。

③ （清）托津等修纂：《钦定大清会典事例（嘉庆朝）》卷400《礼部·朝贡·拯救》，沈云龙主编：《近代中国史料丛刊三编》第67辑，第8144页。

④ （清）穆彰阿：（嘉庆）《大清一统志》卷555，《四部丛刊续编》景旧钞本。（清）黄遵宪：《日本国志》卷6《邻交志上三》，光绪刻本。

⑤ （清）穆彰阿：（嘉庆）《大清一统志》卷555。

⑥ （清）托津等修纂：《钦定大清会典事例（嘉庆朝）》卷400《礼部·朝贡·拯救》，沈云龙主编：《近代中国史料丛刊三编》第67辑，第8145页。

⑦ 中山市档案局（馆）、中国第一历史档案馆编：《香山明清档案辑录》，上海古籍出版社，2006年，第491页。

⑧ 《清文献通考》卷298《四裔考六》。

⑨ （清）托津等修纂：《钦定大清会典事例（嘉庆朝）》卷400《礼部·朝贡·拯救》，沈云龙主编：《近代中国史料丛刊三编》第67辑，第8144页。

⑩ （清）托津等修纂：《钦定大清会典事例（嘉庆朝）》卷400《礼部·朝贡·拯救》，沈云龙主编：《近代中国史料丛刊三编》第67辑，第8144—8145页。

年，"琉球国人十一名，遭风飘至朝鲜，该国王拯救资赡，送交凤凰城"①。
嘉庆二十五年（1820），琉球国五人遇飓风漂到朝鲜济州地方，朝鲜国将
五人从陆路解送至清，交盛京礼部转递回国。② 各朝贡国不直接遣返而是
经由清朝遣返非中国漂流民的原因，应主要是为避免清廷怀疑，因为在封
贡体制之下，"藩邦事体，固不当与他国私之"，涉与他国之事，自当"事
无巨细悉经奏知，不敢擅便"，③通过清朝转送非中国漂流民，既是向清朝
证明与他国"无私交之礼"，又迎合了大清皇帝"柔远之德意"，④是向大清
表明效忠的一种方式。当然，朝贡国将非中国漂流民转交清朝遣返也可能
存有功利之目的，即减少相关遣返费用的支出。因为依照中国主导建立的
环中国海域海难救助机制，各国对于救助遣返他国漂流民一般都是免费
的，且还需要给予漂流民一定的生活费和遣返费用，这是一笔相当可观的
支出。但如果转送至清朝，相关费用自然就由清政府支出了。

　　其二，外国难民自己附搭船只来到中国。如乾隆十七年（1752），日
本陆粤南部藩领北郡田名部之渔船，被风漂流，从台湾近海流向南方，
抵吕宋马尼拉，滞留五年，后附船至福建，被清政府送返长崎。⑤ 乾隆
三十二年，"日本国人十八名遭风飘至吕宋国宿雾地方，因该处向无日本
往来船只，适有海澄县船户在彼贸易，顺带回闽"⑥。乾隆五十九年，日本
国难民源三良等遭风漂至安南，船货沉失无存，止逃生九人，次年搭"澳
门夷船"到澳，求搭便船回国。⑦

　　综上所述，清代前期，中国近海外籍船难增多，这些难船绝大多数属
于"环中国海域"内国家，尤以来自朝鲜、琉球等朝贡国的数量最多，仅
有少数来自西方国家。近海船难的这些特点将不可避免地影响和体现于清
朝的外籍船难救助制度中。

---

① （清）托津等修纂：《钦定大清会典事例（嘉庆朝）》卷400《礼部·朝贡·拯救》，沈
　　云龙主编：《近代中国史料丛刊三编》第67辑，第8145—8146页。

② 赵兴元等选编：《〈同文汇考〉中朝史料》（四），第402—403页。

③ 赵兴元等选编：《〈同文汇考〉中朝史料》（四），第416页。

④ 赵兴元等选编：《〈同文汇考〉中朝史料》（四），第417页。

⑤ ［日］伊能嘉矩：《台湾文化志》（中卷），第475页。

⑥ （清）托津等修纂：《钦定大清会典事例（嘉庆朝）》卷400《礼部·朝贡·拯救》，沈
　　云龙主编：《近代中国史料丛刊三编》第67辑，第8143页。

⑦ 中山市档案局（馆）、中国第一历史档案馆编：《香山明清档案辑录》，第454—
　　455页。

第二节　外籍船难救助义务承担者与救助对象

古代国家虽然没有形成现代的领海、领土观念，但基本国家主权观念已经产生，国家主权不得侵犯的意识已经具备。清朝在法律上禁止外国人私自进入中国之领土。[①] 对由海路私自进入中国的外籍船只和人员，可能实施扣留。如康熙禁止南洋贸易期间，有暹罗国船只来到中国沿海地区，被清政府扣留。直至康熙六十一年（1722），在暹罗国的恳请之下，清廷才同意将两只红皮船及人员交贡使带回。[②] 外籍船只遭风漂流到中国境内，虽属无奈，但从法理上仍可认定为非法入境，依法可以惩治。如，乾隆癸亥（八年，1743）六月，有两艘英国军舰遭风漂到澳门海面，船损粮尽，"乞怜而拯之"，清政府即派官员查核，初见之时，即"诘其擅越关津干国宪"。[③] 因此，外籍船难救助的基础，首先是从法理上解决外籍难船非法越境的罪与非罪问题。

康熙、雍正两朝时，遇有外籍船难事件，一般都是地方官府就该事件上奏朝廷，由皇帝以谕旨的方式特别宽宥难民擅入之罪，下令对其救助。但随着外籍船难的增多，这种由地方向中央请示、等候中央指示施行的个案性质的临时救助模式，于地方政府和救助而言都非常不便。到乾隆二年（1737），有琉球国船只遭风漂到浙江定海象山地方，浙江地方进行救助之

---

① "近边各国，不得越境渔采，及私开田庐，隐藏逋逃，内地民人，不得私度沿边关塞，交通外境，及以海上贸易渔采为名，贩卖违禁货物。"（清）托津等修纂：《钦定大清会典（嘉庆朝）》卷31，沈云龙主编：《近代中国史料丛刊三编》第64辑，第1383页。《大清律例》兵律门下有"私越冒度关津"和"私出外境"治罪之条，虽然主要是针对本国之人，但从实践来看，实际上也适用于外国人私越清朝边境的行为。如乾隆五年（1740）闰五月，朝鲜人金时宗等私越疆界，潜居中国境内，与民人王高士等彼此往来，结幕住宿，触犯禁限，被官府照"越度缘边关塞因而交通外境者律"拟绞监候，后被乾隆帝减免。乾隆六年朝鲜民西嫩达伊年等二十五人及郑世弼、宣明等越境到中国境内乞食，先后被获，乾隆帝出于保全外藩民人之意，免其治罪。见《清文献通考》卷294《四裔考二》；《钦定大清会典则例（乾隆朝）》卷94《礼部·主客清吏司·朝贡下》"禁令"；（清）托津等修纂：《钦定大清会典事例（嘉庆朝）》卷399，沈云龙主编：《近代中国史料丛刊三编》第67辑，第8070页。外国人没有获得批准，从海路私自进入清朝，也被视为非法越境。

② （清）托津等修纂：《钦定大清会典事例（嘉庆朝）》卷399，沈云龙主编：《近代中国史料丛刊三编》第67辑，第8063页。

③ 印光任、张汝霖纂：《澳门记略》卷上《形势篇》，《续修四库全书》编纂委员会：《续修四库全书》第676册，第669页。

后，闽浙总督嵇曾筠、浙江布政使张若震等因"未有成例"，联合奏请朝廷定例，奏称："沿海等省外国船只遭风漂泊，所在多有，均须抚恤，向未著有成例，可否仰邀圣慈，特颁谕旨，敕下沿海督抚，嗣后外国遭风人船一体动支公银，料理遣归，俾无失所，则远服臣民望风向化，永怀圣主之明德于勿替矣。"① 该年闰九月，乾隆帝颁发谕令："朕思沿海地方常有外国船只遭风飘至境内者，朕胞与为怀，内外并无岐视。外邦民人既到中华，岂可令一夫之失所？嗣后如有似此被风飘泊之人船，着该督抚督率有司，加意抚恤，动用存公银两，赏给衣粮，修理舟楫，并将货物查还，遣归本国，以示朕怀柔远人之至意。将此永著为例。"② 随后，清廷修订外国被风船只抚恤例，载入《大清会典》中。③ 此举结束了救助外籍船难以"成例"作为法源的历史，而且标志着清廷在法律上正式宽宥外籍难船擅自入境之罪，明确了对外国难民实施救助的立场和态度。不过，这是一种道德立场而不是如现代法律所说的国家义务，因为在"天下"体系下，中国是天下共主，清朝救助外籍难船，是宗主国对藩属国施予的一种恩赐，故这种救助于中国而言只是一种道义责任，而非法律义务。

那么外籍船难由谁来救援？获救之难民由哪个机关进行照顾和遣返呢？下文将对此进行考察。

一、救助义务承担者

根据清朝法律规定，外籍船难救助的直接责任主体是海防营汛和地方政府。如第二章所述，海防营汛是中国领海内实施海上救助的义务承担者，对中国领海内所有难船，不管是中国难船还是外籍难船，都有救援义务和责任。只是救助外籍难船与中国近海民船不同的是，海防营汛还要派遣船只护送难民，经由水路转送到朝廷指定遣返地点，遣返时要派船将其由内洋护送至外洋，这既是为了保护，也是为了监视难民，确保其离开中国领海，避免透漏之弊。如嘉庆十二年（1807），有琉球接贡船遭风漂至福建海坛县观音澳口，因琉球船例应由五虎门入口进省，当地官府随即督同兵役将难船暂行牵进澳内，代修船篷，并要求其等待兵船迎护赴省。但

---

① 乾隆二年九月二十六日《浙江布政使张若震奏报抚恤琉球国遭风难民折》，中国第一历史档案馆编：《清代中琉关系档案选编》，第1—2页。
② 《清高宗实录》卷52，第889页。
③ 《钦定大清会典则例（乾隆朝）》卷94《礼部·主客清吏司·朝贡下·拯救》。参见（清）托津等修纂：《钦定大清会典事例（嘉庆朝）》卷400《礼部·朝贡·拯救》，沈云龙主编：《近代中国史料丛刊三编》第67辑，第8139页。

该船不听当地官府劝阻，不待迎护兵船赶到，便自行开出澳口放洋，不幸在洋遭风，漂至钟门洋面，撞礁击碎，30 人获救，淹毙 63 人。朝廷将接护延迟之水师副将和拦阻不力之署同知、代理游击分别革职。①

地方政府是外籍船难救助的另一义务主体。不过，地方政府救助外籍难船与救助近海民船也有差别。首先，地方政府救助近海民船的责任一开始不是来自法律的明示，而是基于清代地方政府行政管理的全职性，即对辖区内的所有事务均负有管理责任，后来则是基于法律规定的"救灾"责任，但救助外籍船难的义务，却是来自法律的明确规定。雍正七年（1729），有吕宋船只漂到福建，福建巡抚将其转送广东。雍正帝令广东督抚加意抚恤，候风遣返，并颁下谕旨："嗣后凡有外国船只遭风飘入内地者，俱着该地方官查明缘由，悉心照料……"②该规定乾隆年间被辑入《钦定大清会典》。③然谕旨和《大清会典》的规定过于简陋，各部则例对此进行了细化。《钦定礼部则例》卷一八六《主客清吏司》规定："朝鲜国商民船遭风飘至内洋，所在督抚饬有司给与衣粮，动用存公银两造册，咨户部覆销。……琉球、越南等国商民遭风飘至各省，各该地方官动用存公银两，赏给衣粮，修理舟楫……候风遣归本国。由该督抚年终汇题。"④《钦定户部则例》（乾隆朝）卷一一五《蠲恤·恤赏下·抚恤被风番船》也规定："沿海省分遇有被风飘到番船，该地方官加意抚恤，动支存公银两，赏给衣粮，修理舟楫，查明原载货物，照旧装载报明该上司，咨送归国。"⑤这样，朝廷以国家常经大法明确了沿海地方政府救助外籍难船的责任。其次，近海民船救助中，负有救助义务的只是沿海地方政府，但在对外籍船难难民的救助中，非沿海地方官府有时也会承担抚恤照顾的责任。这主要是当有获救之外籍难民经过内陆州县时，当地官府有"接递护送行走"之责。如道光三年（1823），朝鲜国遭风难民金光宝等九人，由福建护送前往北京，沿途所经州县都"接递护送行走"，但到"山东兰山县以后，并未派员照料"，相关官员因而招致道光帝"疏玩之至"的斥责。⑥

在清朝统治者看来，外籍船难难民之救助攸关国事，涉及朝廷脸面

① 《历代宝案》第 2 集，第 4934—4942 页。
② 《清世宗实录》卷 85，第 132 页。
③ （清）允裪撰：《钦定大清会典（乾隆朝）》卷 56《礼部·主客清吏司·朝贡》"拯救"条。
④ 故宫博物院编：《钦定礼部则例二种》第 5 册，第 328 页。
⑤ 故宫博物院编：《钦定户部则例（乾隆朝）》第 3 册，第 261 页。
⑥ （清）昆冈、李鸿章修纂：《钦定大清会典事例（光绪朝）》卷 513《礼部·拯救》"道光三年"条。

和"天下"体系之维系，因此，对外籍船难之救助相当重视。这种态度体现在外籍船难救助主体之上。除了规定海防营汛和地方官府直接负责外籍船难救助外，按清朝之制度，礼部、户部、兵部、工部等中央部门，在各自职权范围内，也或多或少地参与到外籍难民的救助中。户部要负责审查核销地方政府在救助外籍难民时的公务经费支出，工部则核销外籍难船修葺中支出的费用，①礼部、兵部还要直接参与难民救助遣返的工作。按清朝规定，朝鲜难民如果漂到盛京以外的中国其他省份，各省须将其护送到北京，交给礼部。礼部接收之后，负责安排他们在北京的食宿，进行复查并遣返，遣返之事需由礼、兵两部共同负责。《礼部则例》规定，朝鲜"难夷到京，安插会同馆，由（礼）部奏请，令通事送至朝鲜国界。若遇朝鲜使臣在京，附便带回本国。朝鲜难民交贡使带回，不行车辆，奏派通官送至该国。咨兵部行车辆，并给发出关路票，清字告示，回京时咨兵部查销"②。然不管是地方各级官府还是中央各部，在外籍船难救助事宜中，都只有执行之权，最终决定权都在皇帝手里。所有外籍船难救助兴革之事宜、救助措施与方式，都必须以皇帝的谕旨作为最高法源；所有外籍船难救助事件，都必须向皇帝汇报。在乾隆朝以前，每当遇到外籍船难，地方官员都必须就处理安置的细节向皇帝专折汇报请示，得到批示后再具体施行；到乾隆朝以后，地方可以依定例事先动用存公银两进行抚恤救助，但在外籍船难处理完毕后，须向皇帝奏报，或于年底时汇总向皇帝奏报。《〈同文汇考〉中朝史料》等资料中，关于外籍船难救助的公文往返都反映了这一点。

综上，清代前期外籍船难救助制度是由皇帝亲自裁决大政方针并总体监控，由中央各部、各级地方政府、各省海防营汛依行政管理职权、行政区划，分工负责、互相协调的高度集权的体制。这既表现了清廷对外籍船难救助问题的高度重视，也造成了效率低下、救助周期过长等问题。

二、救助对象与救助的危险

依据清朝法律制度，外籍船难救助的对象包括难民及其财物。《大清会典》规定："嗣后如有似此被风飘泊之人船，着该督抚督率有司加意抚恤，动用存公银赏给衣粮，修理舟楫，并将货物给还，遣归本国。"③从"飘

---

① 故宫博物院编：《钦定户部则例（乾隆朝）》第 3 册，第 261—263 页。
② 故宫博物院编：《钦定礼部则例二种》第 5 册，第 328 页。
③ 《清高宗实录》卷 52，第 889 页。

泊人船""人口""货物"等字眼可以看出，清代外籍船难救助的对象包括人命、船舶、随船货物等，这与现代广义上的海难救助基本一致。

只是，清代前期，依据与中国的关系，外国可分为朝贡之国与通市之国，发生事故的船只既有来自朝贡之国的，也有些来自通市之国。这些难船是否全是救助的对象呢？

雍正七年（1729）朝廷定例："嗣后凡有外国船飘入内地者，皆着该地方询明缘由，悉心照料，动公项给与口粮，修补舟楫，俾得安全回国。"① "凡有外国船飘入"都须实施救助，也就意味着，不管是朝贡之国的难船还是通市之国的难船，都是清朝外籍船难救助的对象。到乾隆二年（1737），朝廷再次以上谕的方式强调了这一立场："沿海地方，常有外国船遭风飘至境内，朕胞与为怀，内外并无岐视，岂可令一夫失所？嗣后如有飘泊人船，着该督抚督率有司动用存公银，赏给衣粮，修理舟楫，并将货物给还，遣归。将此永著为例，钦此。"②

清政府的外籍船难救助实践也证明了这一点。《大清会典事例》卷五一三"拯救"条下，③ 记载有从康熙二年（1663）至道光二十五年（1845）的救助漂风难民事件 50 起，其中外国救助海外中国漂流民 14 起，清朝救助中国境内的外国难船 31 起（琉球 12 起、朝鲜 5 起、吕宋 3 起、越南 4 起、暹罗 2 起、日本 2 起、英国 1 起、鲜丹 1 起、其他 1 起），非中国难民由他国转送到中国或由中国商船由他国带回国的事件 5 起。从上述事例中，可以发现清政府对日本这样的通市之国的难民，也是一视同仁依例抚恤照顾遣返，并无例外。《大清会典事例》是清朝各省官员处理相关案例的依据和参考，说明政府救助通市之国的难民并非特例。所以，一般外籍难船都是清代海难救助的法定对象。

清代前期海难救助的对象中还有一类比较特殊：发生战争的两个国家如果有船只遭风漂到中国境内，对于船上的战俘，清政府先实行解救，并依例实施同等救助。如乾隆八年（1743）六月，"逆朔飓作，越三日，有巨舶二飘至狮子洋，舶各数百人"，乞求救济。东莞县令印光任奉命往勘，乃英国"戈船"，频年与吕宋构衅外洋，吕宋兵败，英船"将归献俘"，船底拘匿有吕宋国多人。当地官员多次与英船交涉，要求其"尽释缚者"才予以救助。最终英舰只好"解吕俘缚"，移泊澳门海港内，清政府"为之给廪饩，葺帆

---

① 《钦定大清会典则例（乾隆朝）》卷94《礼部·朝贡下·拯救》。

② 《钦定大清会典则例（乾隆朝）》卷94《礼部·朝贡下·拯救》。

③ （清）昆冈、李鸿章修纂：《钦定大清会典事例（光绪朝）》卷513《礼部·拯救》。

橹，严周防，至九月风便乃去"。[1] 该史料之记载，乃是英国与西班牙争夺吕宋，西班牙战败，英船归国途中，遭风漂到我国境内之事。只是记载过于简略，不知道这些战俘最后是乘英船离去，还是清政府通过别途遣返。清政府对吕宋战俘的解救，既体现了人道主义精神，又维护了中国主权。

当然，并不是所有时候、所有外国的难船都是清政府海难救助的对象。如中英鸦片战争期间，一艘英国运兵船"呐咚吥哒"号于道光二十一年（1841）九月在基隆海域撞礁失事，第二年三月，又有一艘英商洋行的鸦片船"阿呐"号在淡水西南方失事，两船共有 187 人被中国官府逮捕。台湾总兵达洪阿与台湾道台姚莹在奏准朝廷后，将其中 139 人处决，[2] 另有一些人病死，最终仅有 25 人活着离开台湾。[3] 可见，敌对国家的船只，不管是兵船还是商船，都不是清政府救助的对象。遇有这类难船，清政府不仅不会施以援手，反而将船上之人视为敌人，逮捕关押，甚至处死。在这一点上，清政府的惯例和实践与近代西方有关战俘及海难救助的制度大相径庭，最终引发了中英交涉。

危险的存在是救助行为得以产生的前提。那么外国船只面临什么样的危险才能引发救助，或者救助方在什么样的情况下可以主动实施救助？对此，清朝法律一般的表述为"外国船飘入内地者"[4] "沿海地方嗣后如有似

---

[1] 印光任、张汝霖纂：《澳门记略》卷上，《续修四库全书》编纂委员会：《续修四库全书》第 676 册，第 669—670、681 页。

[2] 关于该两船的性质和一些细节中英双方存在很大歧异。如杀死外国难民的数量，清朝公布的逮捕的外国难民远少于英国的数据，而得生的数量多于英国的数据。英国公使在事后曾四处张贴告示，告示所述被抓获之人"纳布达"号 237 名，"安"号 46 名，共 283 名，最终除有一人愿在台湾居住外，仅有 10 人得生解厦。但英人的告示可能因为其立场存在夸大之嫌，所以本书采信的是汤熙勇统计的中方数据。见中国第一历史档案馆、海峡两岸出版交流中心编：《明清宫藏台湾档案汇编》第 167 册，道光二十二年十月二十五日，"清单"，九州出版社，2009 年，第 132—137 页。

[3] 转自［日］伊能嘉矩：《台湾文化志》（中卷），第 469—470 页。关于该事件的具体细节，可见（清）王先谦：《东华续录（道光朝）》四十六、四十七年，光绪十年长沙王氏刻本；（清）王之春：《防海纪略》卷下，光绪六年上洋文艺斋刻本；（清）夏燮：《中西纪事》卷 11，同治刻本；福建师范大学历史系、福建地方史研究室编：《鸦片战争在闽、台史料选编》，福建人民出版社，1982 年，第 261—263 页；中国第一历史档案馆：《鸦片战争档案史料》（六），天津古籍出版社，1992 年，第 541 页。

[4] 《钦定大清会典则例（乾隆朝）》卷 94《礼部·主客清吏司·朝贡下·拯救》。（清）托津等修纂：《钦定大清会典事例（嘉庆朝）》卷 400，沈云龙主编：《近代中国史料丛刊三编》第 67 辑，第 8139 页。（清）昆冈、李鸿章修纂：《钦定大清会典事例（光绪朝）》卷 513《礼部·朝贡·拯救》。

此被风飘泊之人船"①"外国商民船遭风飘至内洋"②。"飘入""飘泊"说明，清政府认为的危险应是船只已经失控，这也就意味着，只有当存在真实危险而不是想象中的危险时，才会引发外界救助。不过，"被风飘泊"这种表述过于模糊粗疏，难免会产生在不需要救助的情况下实施救助之事，进而产生争议，甚至还会出现以救助为名行抢掠之实的现象。

另外，现代海难救助是对海上或者与海相通的可航水域存在危险的船只进行救援，但清代前期不允许外国船只航行于内港江河湖泊，这些区域自不存在外籍船难救助的问题。

第三节　救助的具体措施与方式

外籍船难救助是清朝"保息"之政的一个重要内容，《钦定大清会典（乾隆朝）》卷十九载，"保息"之政有十，"十曰抚难夷。外洋夷民航海贸易，猝遇飘风，舟楫失利，幸及内洋海岸者，命督抚饬所属官，加意抚绥，赏给糗粮，修完舟楫。禁滨海之人利其资财，所携货物，商为持平市易，遣归本国，以广"柔远之恩"③，将外籍船难难民与鳏寡孤独、残疾无告、弃养婴儿、节孝妇女等社会特殊群体一同进行救助和抚恤，主要措施包括给予日常生活物资、归还并保护难船财物、遣返等。清朝是一个等级森严的社会，在外籍船难难民救助上，官、民待遇也自有区别。一般来说，外国官员及随从员役的待遇较普通外国难民要高。

一、外籍遭风贡船的恤赏规定

这主要是指贡使及其他贡使团成员、跟伴、水梢等。外国贡船遭风失事，依贡使在华遇难例给予抚恤，恤赏标准为："正副使每员日给廪银二钱，夷官每员日给蔬薪银五分一厘，口粮米三升，跟伴水梢每名日给盐菜银一分，口粮米一升。回国之日，另给行粮一个月。"此外，可能还有皇帝加赏财物。④

贡船失事，多由于"修船不坚所至"。康熙四十一年（1702）定例："嗣后贡使回国时，该督抚验视船只，务令坚固，以副矜恤远人之至

---

① 《清文献通考》卷33《市籴考二·市舶互市》。
② （清）托津等修纂：《钦定大清会典（嘉庆朝）》卷31《礼部·主客清吏司》，沈云龙主编：《近代中国史料丛刊三编》第64辑，第1383—1384页。
③ （清）允裪撰：《钦定大清会典（乾隆朝）》卷19《户部·蠲恤·抚难夷》。
④ 《历代宝案》第2集，第4938页。

意。"① 既然督抚对贡船要"验视",并保证坚固,那么如果贡船失事损坏,自然应当由各省官府出资修葺了。

修葺贡船的方式有官府觅工匠帮助修复和官给银由使团自行购料修复两种,只是到底采取何种方式,起初并没有强制性规定。直到乾隆十三年(1748),琉球国一只贡船遭风打破获救,十四年,琉球贡使坚持将贡船修好驾回,并称"水梢内有谙练修做之人,情愿购备物料自行修整,方便出洋驾驶"。据琉球贡使估计,修船约需工料银一千余两。闽浙总督考虑到"夷船修理做法与内地船只不同",乃将此事奏报中央,提出"当俯顺夷情,准其自行修理",同时又提出,"外番贸易商船被飘来至内地,其难番人等尚有给与口粮、修理船只、遣令回国之恩旨",那么对琉球贡使"进贡回国,遭风损坏船只,似宜加意抚恤",夷船修理工料银两"可否仰请皇上特颁谕旨,于司库存公银两内酌量赏给"。这得到了乾隆帝批准。② 由此可见,此前应是以官方代为修理为主,不过自此之后,采用何种修葺方式则听贡使自身的意愿。

乾隆十四年(1749)对此事的处理还形成了一个成例,即琉球贡使自行备料修理贡船,清政府赏银千两作为修船之费用。至于贡船等受损沉没或不能修复,起初,贡使及员役是由后续来到之贡船带回,如康熙四十一年(1702)琉球贡使回国,飓风坏船,柯那什、库多马两人被救起后安置于馆驿,次年,"琉球国入贡员役有先回者"将两人"附回"。③

到后来,清政府对琉球贡船的救助制度有了进一步发展,琉球国贡船沉没或船只破坏不能修葺时,也给银一千两,听其造船或雇觅商船归国。此例似始于乾隆五十三年(1788),"琉球国王遣都通事驾船来闽,迎接敕书赏赐物件……在洋遭风,货物银两俱被飘没"。福建巡抚将之安置于馆驿,给予衣粮,又依从谕令,"赏银千两,令夷使自行购料,造船回国"。④ 此后都如此办理。如乾隆五十九年,琉球贡船失水,清朝"赏给银一千两,给该夷官自行雇觅商船……开驾回国"。嘉庆八年(1803),琉球二号贡船遭风漂台,"夷使"等人被救起护送到福建,福建地方照例在于存公银内动支银一千两赏给"夷使","俾得雇船回国"。⑤ 嘉庆十二年,琉球接贡

① (清)允禄等监修:《钦定大清会典(雍正朝)》卷104,沈云龙主编:《近代中国史料丛刊三编》第78辑,第6985页。

② 中国第一历史档案馆编:《清代中琉关系档案选编》,第24—28页。

③ (清)昆冈、李鸿章修纂:《钦定大清会典事例(光绪朝)》卷513《礼部·拯救》。

④ (清)昆冈、李鸿章修纂:《钦定大清会典事例(光绪朝)》卷513《礼部·拯救》。

⑤ 中国第一历史档案馆编:《清代中琉关系档案选编》,第343—344页。

船在洋遭风,清廷予以抚恤救助,"并例赏银一千两,以作雇船资用"①。道光二年(1822),"琉球国例贡二号船,在闽头外洋遭风击碎,淹毙夷使人等十名,情殊可悯。除该抚照例优恤外,着加恩赏银一千两,给夷官雇觅商船回国"②。

至于贡船所载贡物沉失,清廷也免其补进。如雍正元年(1723),琉球国进贡来使等所坐头号船内人员俱冲礁覆没,清廷谕"所失表文方物,免其补进"③,后来也一直如此处理。如道光二年(1822)有琉球贡船遭风,"其沈失贡物,毋庸另备呈进"④。凡外国贡船所带货物,不管进口还是出口,俱停收税,⑤那么贡船失事后进出口时所带货物,自然也免于收税了。

二、外籍遭风民船的救助制度

1. 抚恤

乾隆二年(1737)闰九月,皇帝颁发谕旨明定对外籍船难救助的立场后,沿海省份遇救幸存之外籍难民,都由官府安排入住馆舍,一般是被安置在各国贡使团到中国进贡时落脚的官方馆舍中,如居留福建等待遣返的琉球难民一般安置在柔远驿。在无馆舍或馆舍房屋不足的情况下,由官府出资租赁房屋安置。

外籍难民遇救之后,直到遣返,要在中国居留很长一段时间。他们首先要解决的就是吃饭问题。所以,官府为其提供日常生活物资。但在较长时期内,朝廷都没有制定专门章程,故抚恤只能依靠成例,朝廷和地方俱感不便。如浙江省各属,"历年抚恤难番,因章程未经厘定,每于奏销时,既照此案造报,又援彼案请销,实属牵混不清。甚至从前准销案内所无之款逐渐增添,无所底正"。因此,乾隆二十一年(1756),户部令浙江巡抚"详悉确查,酌定条款,定价、按名、定额,分晰报部,以昭划一"。之后,浙江酌定条款,逐一分晰,造具清册呈送户部,户部就各款分别

① (清)托津等修纂:《钦定大清会典事例(嘉庆朝)》卷400,沈云龙主编:《近代中国史料丛刊三编》第67辑,第8149页。
② (清)昆冈、李鸿章修纂:《钦定大清会典事例(光绪朝)》卷513《礼部·朝贡·拯救》。
③ (清)允禄等监修:《钦定大清会典(雍正朝)》卷104,沈云龙主编:《近代中国史料丛刊三编》第78辑,第6988页。
④ (清)昆冈、李鸿章修纂:《钦定大清会典事例(光绪朝)》卷513《礼部·朝贡·拯救》。
⑤ (清)伊桑阿等纂修:《大清会典(康熙朝)》卷73,沈云龙主编:《近代中国史料丛刊三编》第72辑,第3764、3765页。

定议，成为则例。其他沿海五省也纷纷制定相应章程，纂入《钦定户部则例》"蠲恤"门。清朝"抚恤被风番船"遂有了固定之章程，具体内容见下表。

表5 清代前期沿海六省抚恤外籍难民情况简表

省份	章程	时期	抚恤内容
奉天省	抚恤番船难民	停泊之日	每名日给口粮银伍分。缺衣履者，每名制给皮衣一件、棉袄一件、棉裤一条、袜一双、鞋一双
		回国之日	每名日给口粮银伍分
山东省	抚恤朝鲜国难民	停泊之日	每名日给口粮银伍分。缺衣履者，每名制给皮帽一顶、皮衣一件、皮袜一双、鞋一双、棉被一床。派拨官役伴送，各给盘费自五十两至一百两为率
		回国之日	每民给盘费银伍两
江南省	抚恤番船难民	停泊之日	每名日给口粮米一升、盐菜银六厘。缺衣履者，每名制给毡帽一顶、棉袄一件、棉褂一件、棉裤一条、袜一双、鞋一双、棉被一床、席一条
		回国之日	每名日给米八合三勺
浙江省	抚恤番舶难民	停泊之日	初到之日，安插馆舍，无馆舍者，租给房屋。随犒酒食一次，安插后每月折犒二次，中遇令节，加犒酒食。每起通事夫役，共给屋二间，每间每月报销租价银二钱
			住馆之日，番民每名日给口粮米一升、盐菜银三分。春秋日制给棉布衫一件、棉布裤一条。夏日制给苎布衫一件、苎布裤一条。冬日给与毡帽一顶，或给裹头布，制给棉袄一件、棉裤一条，严冬加给棉氅衣一件、棉鞋一双。无铺陈者，夏月给与单被一床、草席一条、棕荐一条、蚊帐一顶、枕头一个、手巾浴巾各一条、蒲扇一柄。冬月将棕荐改给草荐二条，添给棉布被一床、棉布褥一床，蚊帐蒲扇无庸给与，余物给同夏日。随带货物多者，赁房堆苎，出入搬运各给夫价。患病者，官给医药。病故者，官给棺木，埋葬银六两

① （清）杨西明编：《灾赈全书》卷3《抚恤难夷事宜》，沈云龙主编：《近代中国史料丛刊三编》第54辑，第537册，第44—52页。

② 故宫博物院编：《钦定户部则例（乾隆朝）》卷115《蠲恤·恤赏下·抚恤被风番船》，第3册，第261—263页。参见（清）惠祥等纂：《钦定户部则例（同治朝）》卷90《蠲恤八·抚恤番夷事例》，清同治十三年刻本。

（续表）

省份	章程	时期	抚恤内容
			通事（每起一名）每名日给饭食银七分，水火夫（每起两名）每名日给饭银五分，护番壮役（每番民十名派护役二名，番民十名以外，每多五名加派护役一名）每名日给饭银三分
		回国之日	官为修补原船（修补工料造报工部核销）。每名核给归途肆十日行粮，日该米一升、银三分、神福银二钱，加赏银二两、肉五斤、鹅半斤、鸡半斤、酒三斤、米粽五十个。如无原船须另附洋船归国者，官给船价银12两。差派员役护送前诣水口安顿，候船起行。自馆地至水口，每番民八名，官给小船一只，护送官役一例雇给，其护送候船期内，委官每员日给饭食银一钱，脚力银一钱，随役每名日给饭食银三分，以回任归班日止。番民回程前赴水口在途患病者，交经过地方官留养，痊日，另为拨护同行。凡支给番民路费、盐菜、恩赏、月赏四项银两，俱照实支销，余项俱以纹银九三色折给
福建省	抚恤番舶难民	停泊之日	每名日给口粮米一升、盐菜银六厘
		回国之日	由本省径回者，每名核给行粮一月，布肆匹，棉花肆斤，茶叶、生烟、灰面各一斤，每肆十名给猪二口、羊二牵、酒二埕，不及肆十名者，给猪一口、羊一牵、酒一埕。人数少者，每名给猪肉、羊肉、酒各肆斤。朝鲜国难民赴京回国者，委员伴送，加给番民衣被银肆两，路经本省所属地方，每名日给米八合三勺，伴送官给夫肆名，跟役二名各给夫二名，番民每名给夫一名，中途患病，加给夫一名，每夫一名给夫价银三钱八分
广东省	抚恤番舶难民	停泊之日	每名日给口粮米一升、盐菜银一分
		回国之日	核给一个月行粮，无衣裤者，按名给与一套

从上表可见，官府抚恤外籍难民的物资，主要包括以下几类。

第一，粮食。官府或直接给予粮米，或给予口粮银。奉天、山东两省每名日给口粮银伍分，江南、福建两省每名日给口粮米一升、盐菜银六厘，浙江省每名日给口粮米一升、盐菜银三分，广东省则每名日给口粮米一升、盐菜银一分。

第二，衣物等。船只失事后，许多难民行李衣物全部漂失。清政府免费提供衣物。奉天省规定，外籍难民缺衣履者每名制给皮衣一件、棉袄一件、棉裤一条、袜一双、鞋一双；山东省给缺衣履的外籍难民每名制给皮帽一顶、皮衣一件、皮袜一双、鞋一双；江南省对于缺衣履者每名制给毡帽一顶、棉袄一件、棉褂一件、棉裤一条、袜一双、鞋一双。从《户部则例》来看，除广东省外，其余沿海五省都有此规定。

第三，铺陈。对于缺少铺陈的外籍难民，山东、江南、浙江三省还规定为其提供被褥等。山东省规定提供棉被一床，江南省则规定给予棉被一床、席一条。

为了防止各地官吏在抚恤中上下其手，并保证给予外籍难民物资的品质，对于物资一般都明确了报销标准，如奉天省给予难民的皮衣每件报销工料银一两六钱，棉袄每件报销工料银一两二钱。

在必要的日常生活物资之外，有些省份会有一些特别的抚恤手段和措施。如浙江省就规定外籍难民获救入馆之日，随犒酒食一次，安插后每月折犒二次，中遇令节，加犒酒食。

第四，外籍难民在居留中国期间如果生病，由官府延医治疗，殁者，官给棺木，予以安葬。

第五，伴送。外籍漂流民在中国人生地不熟，为了保证他们的安全，或者防范他们逃走或进行违法活动，因此，他们居留中国期间（住馆或往遣返地途中），官府都要派员陪护，并派夫役进行照顾，夫役的工钱、饭钱，也由官府负责。[①]如山东省在外籍难民居留期间，派拨官役伴送，各给盘费五十两至一百两为率；浙江省在外籍难民居留期间派给通事，每起事故一名，每名日给饭食银七分，水火夫每起两名，每名日给饭银五分，护番壮役，每难民十名派护役二名，难民十名以外，每多五名加派护役一名，每名日给饭银三分。

第六，遣返资助。清政府不仅在难民居留之日给予物资，而且在遣返归国时，也会给予一定资助。如江南省在难民回国之日，每名日给米八合三勺；广东省则在难民回国之日，核给一个月行粮，无衣裤者按名给与一套；浙江、福建两省最为周到，所提供的物资不仅规定了适度的数量，甚至还注意到了多样性搭配。

从《户部则例》的规定来看，全国抚恤外籍难民的规定并不统一，而

---

① 如山东省伴送官役按所护番民多少派拨，各给盘费自五十两至一百两为率；通事（每起一名）每名日给饭食银七分，水火夫（每起两名），每名日给饭银五分，护番壮役（每番民十名派护役二名，番民十名以外，每多五名加派护役一名），每名日给饭银三分。见故宫博物院编：《钦定户部则例（乾隆朝）》卷115，第261—263页。参见（清）惠祥等纂：《钦定户部则例（同治朝）》卷90《蠲恤八·抚恤番夷事例》。

是依据各省的气候条件、财政情况、当地生活水平等因素，区别对待。如北方奉天省、山东省提供给难民的衣履与南方浙江省、江南省提供的就大不相同，这显然与气候有关。各省抚恤难民章程规范程度也不一样，广东省的规定最为粗疏，福建省、奉天省、山东省、江南省的规定要细致一些，最为详细的是浙江省。这可能与救助对象的身份有关，因为广东省救助的难民主要是来自西洋诸国，它们不是朝贡国，仅是通市之国，而且它们与日本这样的通市之国不同，在清代前期时就不断地给中国海洋管理秩序造成麻烦，而其他省份救助的外籍难船多是朝贡国的船只。

　　总体看来，根据清朝的物价，官府给予外籍漂流民的生活费用不高。但毫无疑问的是，这能够保证他们在中国居留期间的生活水准，而且这种水准应还要略高于当时中国普通平民的生活水平。从中国当时的收入水平来看，乾隆、嘉庆时期，短工工价每天不过 10 文钱左右，最低每月才 130 文钱，平均每天不过几文，连一升米也买不到。而长工工价也不高，如乾隆二十一年（1756），河南唐河县的吕魁元给当地郑天禄家做长工，工钱为一年 2 500 文，这个工价是吕魁元全家劳动的报酬。[1]道光年间，民众的收入水平也基本维持这一水准，如新疆段照章在王才开设的茶酒铺帮伙，工资每月 1 800 文；[2]直隶人刘汶受雇于冯继成家工作，每年工价也才大钱 9 000 文，[3]一年下来，不算闰月，平均每天收入才 25 文。

　　2. 难民财物的处置

　　清朝法律承认并保护遇难者对海难中财产的所有权、处分权。乾隆二年（1737）谕旨明确地方政府在救援外籍难民时，也要捞救其船货，交还难民："嗣后如有似此被风飘泊之人船，着该督抚督率……将货物给还……将此永著为例。"[4]至于交还的方式，考虑到难民自身携带多有不便，一般由官府"照旧装载"随行，[5]到达住宿地后再交还给难民，并为其

①　范文澜、蔡美彪主编：《中国通史》第 10 册，人民出版社，1994 年，第 304—305 页。

②　道光八年六月二十四日，英惠《奏为审明迪化州客民王才殴死雇工段照章一案按律定拟事》，台北故宫博物院"清代宫中档奏折及军机处档折件全文影像资料库"，http://npmhost.npm.gov.tw/tts/npmmeta/GC/indexcg.html，文献编号：060673。

③　道光十三年三月二十三日，直隶总督琦善《奏报审拟邯郸县客民挟嫌谋杀冯韩氏等一家三命之刘汶一案情形》，台北故宫博物院"清代宫中档奏折及军机处档折件全文影像资料库"，文献编号：063010。

④　（清）昆冈、李鸿章修纂：《钦定大清会典事例（光绪朝）》卷 513《礼部·拯救》。

⑤　故宫博物院编：《钦定户部则例（乾隆朝）》卷 115，第 261 页。

提供安放场所。如浙江省"抚恤番舶难民"章程规定："番民随带货物多者，赁屋堆贮，租价照住房例报销，出入搬运各给夫价，照采买水脚例报销。"①

难民的财产主要指失事船只、船舱内所载的货物，以及人员随身所携带的财物等，种类较多。如琉球国难民船难财物主要有船只、铁物、蕉苎、棉花、木器、畜类、盐、粟米、小麦、豆类、黑糖、烟草、药物等。②清政府允许外籍难民在中国发卖船货，也允许他们携带回国，听凭难民之意。但其中按中国法律属于违禁货物或禁止携带出洋的物品，如铁物，清政府则强行要求难民在中国变卖，不准携带回国，哪怕该铁物等并非购自中国。如乾隆三年（1738），琉球国八重山人毛元等人于那霸装载盐、铁下海，遭风漂到中国境内，官府按例抚恤，安排居住。关于船难货物的处理，福州地方官府担心所有盐斤如果"听其在馆发变"将"启私盐之端"，乃命将盐留于柔远驿馆内，作为难民和琉球官伴的日食之需，余剩的则分散给返棹各船食用。至于随船所带铁锅、铁斤，虽福州官府经查验确认俱产自琉球那霸地方，毛元等"载回八重山以为农具"，但仍认为"均皆犯禁货物，该国既有出产，似未便准其带回，以杜接济透洋情弊"。③乾隆三十五年，一只琉球国船遭风漂至浙江太平县，黄岩镇标把总朱福护送至闽。经查，该船存有钢铁一百三十斤，铁锅五百零四斤，乃是难民俞崇道等奉差由那霸府装载铜铁锅等货到八重山发卖后的剩余品。福建地方政府令将所存钢铁、铁锅等物，即就闽省售卖，毋许携带出口，致违例禁。④乾隆三十七年，福建救起一琉球失事船只，朝廷令将该船"所带违禁铁锅、铁条就闽销售，毋许仍携出口"⑤。可见，清廷对外籍难民的各种救助与抚恤是以国家安全为前提的。

不过，在不威胁国家安全的前提下，清廷对外籍难民发卖船货给予非常优厚的待遇。

第一，在变卖的地点、方式、价格、税收等方面，清廷并不要求外籍难民遵守清廷对朝贡贸易的种种限制性规定。清代前期，只允许外国通过朝贡的方式与中国进行贸易，"外国船非正贡之故，无故私来贸易者，该

---

① 故宫博物院编：《钦定户部则例（乾隆朝）》卷 115，第 262 页。

② 李超：《清代琉球漂风难民物品处置考》，《清史研究》2020 年第 3 期，第 139 页。

③ 《历代宝案》第 2 集，第 2298—2299 页。

④ 中国第一历史档案馆编：《清代中琉关系档案选编》，第 131 页。

⑤ 中国第一历史档案馆编：《清代中琉关系档案选编》，第 144 页。

督抚即行阻逐",如果"正贡船未到,护贡、探贡等船不许交易"①。且清廷对贡道、贡团规模、货物出卖地点、出售时间、发卖方式等各方面都有严格规定。在贸易地点上,"凡外国贡使来京,颁赏后,在会同馆开市,或三日,或五日,惟朝鲜、琉球不拘期限。由部移文户部,先拨库使收买,咨覆到部,方出示,差官监视,令公平交易"②。即外国朝贡贸易只能在京会同馆内进行。康熙年间有所放宽,可以于贡道(如琉球国在福建,暹罗由广东,等等)贸易,康熙三年(1664)定:"凡外国进贡顺带货物,贡使愿自出夫力带来京城贸易者,听。如欲在彼处(注:即贡道)贸易,该督抚委官监视,毋致滋扰。"③贸易方式上,"各行户人等将货物入馆交易,染作、布绢等项立限交还,如有赊买及故意迟延欺诈,致外国人久候,并私相交易者,会同馆内外四邻、军民人等,有代外国人收买违禁货物及将一应兵器铜铁违禁等物卖与外国人图利者,各问罪"④。又,顺治元年(1644)早有规定:"贡使归国……由驿递伴送,沿途防护促行,不得停留骚扰及交易。"⑤即外国贡使与中国人贸易必须在馆驿内,不允许私自与中国人贸易。

相比之下,外籍漂流民发卖船难货物则自由得多。在变卖货物地点上,清廷并没有严格限制,漂流民可以在漂着地"就地发卖"、在被护送前往遣返地途中变卖及安置于馆驿时"在馆变卖"。如雍正七年(1729)正月,台湾彰化县三林港附近发现有朝鲜船只搁浅,因船只入沙无法移动,其后,经彰化县事淡水同知刘浴"折估变价",售得银十五两,随即交给朝鲜漂流民。⑥乾隆二十五年(1760)正月,难民麻支宫良等人漂流至广东香山县澳门洋面,由于"原船损坏,难以修葺,情愿就地变卖"⑦。咸丰四年(1854),安次富筑登之亲云上(注:难民名字)等难民漂流至浙江镇海县招宝山下,在当地官方抚恤后准备赴闽返国,但由于船在行驶途中阻滞,难民请求变卖原船,最后在温州府得船价番银五十元。⑧这是在途

① 《钦定大清会典则例(乾隆朝)》卷94《礼部·朝贡下·市易》。

② 《钦定大清会典则例(乾隆朝)》卷94《礼部·朝贡下·市易》。

③ 《钦定大清会典则例(乾隆朝)》卷94《礼部·朝贡下·市易》。

④ 《钦定大清会典则例(乾隆朝)》卷94《礼部·朝贡下·禁令》。

⑤ 《钦定大清会典则例(乾隆朝)》卷94《礼部·朝贡下·迎送》。

⑥ 台北故宫博物院编辑委员会编辑:《宫中档雍正朝奏折》第15册,台北故宫博物院,1982年,第367页。

⑦ 杨少波等:《明清时期澳门问题档案文献汇编》第1册,人民出版社,1999年,第350页。

⑧ 李超:《清代琉球漂风难民物品处置考》,《清史研究》2020年第3期。

变卖。乾隆二年，琉球国难民首里大屋子等在洋遇风，漂至中国境内。次年，福建地方安排他们附搭其他船只回国，但该难民"所坐原船，舱身窄浅，难涉大洋"，遗留在馆，福建地方让琉球官员"自行拆变，给予本船难夷，以为还乡盘费之需"①，属"在馆变卖"。

外籍难民变卖船货，可以自己交涉，如麻支宫良等人变卖的坏船是"经香山县饬令埠保，公同变售"②，也可以不参与交涉，由官府代为售卖。但无论在何处以何种方式发卖，一般都要在官府的监督之下进行交易。③这主要是为了保障外籍难民的利益，使其免受价格歧视和刁难。如果一时之间货物难以出手，或难与牙商谈定价格，则由各地方官府给价购买或先行出资垫支给难民，也可暂存于入住馆舍，由该国居住馆内官员代为售卖，或由地方政府代为售卖，款项或转交遣返地之官府衙门，再由其转交难民。如前述乾隆三十七年（1772）福建抚恤琉球难民事件中，难民将所携铁锅铁条在福州售卖，但因没有与牙商谈拢价钱，难民将铁器暂存馆舍，待日后存留通事④出售后由贡使带回价银。⑤朝鲜国难民留华货物由地方官府售卖，之后将钱款送到北京，由礼部送交朝鲜官方，再由其转交船主。如乾隆三十二年，朝鲜国人郑太文等九人漂入清朝境内，盛京礼部会同盛京将军、府尹衙门审拟完结，随办衣粮驿车，送归朝鲜。该难民遗留之坏船木片、桅杆、锅碗等物，由漂流地官府秉公变卖，得价银八两整，之后呈送北京，由礼部转交使臣带回。⑥

第二，在价格上"宽为给价"。乾隆《大清会典则例》卷十九"抚难夷"条明确规定："外洋夷民航海贸易，猝遇飘风，舟楫失利，幸及内洋海岸者……禁海滨之人利其资财，所携货物，商为持平市易。"⑦这就是说，外籍难民发卖船难货物，滨海民人应该与之进行公平贸易，严禁乘人之危，故意刁难和给予低价。

---

① 乾隆四年八月二十一日，《闽浙总督郝玉麟等奏报设法遣归浙江送来琉球遭风难民折》，中国第一历史档案馆编：《清代中琉关系档案选编》，第5—6页。

② 杨少波等：《明清时期澳门问题文献档案汇编》第1册，第350页。

③ 李超对琉球国难民变卖物品的形式进行了部分统计，发现基本都是在清朝官府主持或监控下进行的。李超：《清代琉球漂风难民物品处置考》，《清史研究》2020年第3期。

④ "存留通事"指在华担任翻译的琉球官方人员，一般居住在琉球馆内。李超：《清代琉球漂风难民物品处置考》，《清史研究》2020年第3期。

⑤ 中国第一历史档案馆编：《清代中琉关系档案选编》，第144页。

⑥ 赵兴元等选编：《〈同文汇考〉中朝史料》（二），第367—368页。

⑦ （清）允裪撰：《钦定大清会典（乾隆朝）》卷19《户部·蠲恤·抚难夷》。

那如何保证"持平市易"呢？如前所述，外籍难民出售货物一般都由地方官府监控，货物价格事先由官府勘估。而为了防止在估价中少为估卖，随意报价，地方官员必须将外籍难民出卖残船及遇难船货价格等情况层层呈报，直至上奏皇帝。这既是为了保护外籍难民的利益，亦加强了对处理海难事务人员之监督。然而，在实际中，官员少为估卖、随意给价之事仍时有发生。如乾隆五十八年（1793），有琉球难民漂至江苏省崇明获救，被送至省城，琉球难民表示情愿变卖船只及粟麦等项货物，官府遂对其遇难船货勘估，计船板变价银三百余两，湿米每石一两。江苏巡抚奇丰额将此事处理详情上奏乾隆帝。乾隆帝认为给价过轻，怀疑存在随意给价甚至官吏"从中染指"之事，遂令江苏巡抚逐一查明，迅速覆奏。[①]接旨后，奇丰额经过调查，对琉球难民物品的估价进行了调整，潮湿粟米仍照前价，每石一两，船料在上次估价的基础上增估一百两。但乾隆帝对此价格的公平性仍充满怀疑："各省奏报粮价，原不能尽归核实。即如每米一石估银一两，似此价值，京城固无从籴买，即江浙等省出米之乡，市价亦不能如此平减。至海船船身高大，即系拆板，又岂止值银三四百两？"经由此次琉球难民船货估价事件，乾隆帝认为这并非个案："则从前地方官任意少估，短给价值，其弊更不可问。"有鉴于此，乾隆帝谕令沿海地方："外夷船只遭风，漂至内地，自当格外矜恤，于照值变价外，再与便宜，方为怀柔远人之道，岂可转有短少？若地方官漫无查察，复任吏胥人等从中克扣侵渔，日引月长，尤属不成事体。着传谕沿海各省分督抚，嗣后遇有此等遭风难夷船只，应行估变对象，务饬属宽为给价，不可复有短估克减等弊，以副朕施恩远夷、体恤周详至意。"[②]由此谕令，可见朝廷要求各地方官府对外籍难民货物估价要"宽为给价"。

那么这"宽为给价"中的"宽"到底是个什么概念？是要依时价、市价"等价交换"还是要高于市价呢？李超在对清朝处置琉球难民物品的情况进行详细考察后指出，外籍难民在清朝发卖船难物品，其价格"已经超脱了等价交换和自愿交易的原则，更像是基于交易形式的变相抚恤"[③]。可见外籍难民发卖物品的价格是大大超出物品的市价的。如果再考虑到外籍难民所出售的货物一般质量都比较差，有些甚至已经基本丧失了使用价值，如残破的船只，经风浪打湿发霉的糖、米、粟、棉花等物，这种感觉就会

---

① 《清高宗实录》卷1430，第130页；卷1432，第151页。

② 《清高宗实录》卷1432，第151页。

③ 李超：《清代琉球漂风难民物品处置考》，《清史研究》2020年第3期。

更加强烈了。

第三，外籍难民发卖船难货物实行免税。按照清朝海关税收律法的规定，除了朝贡之船所携带货物在清朝交易免于征税外，其余船只所携货物都要征税。但考虑到外籍难民已经遭遇不幸，所以惯例是一律免征，即外籍难民在清朝发卖货物和归国时所带货物俱免征税。如乾隆二十五年（1760），有琉球船遭风漂至浙江定海，浙江地方政府将其护送到福建。难民随船所载货物计核税银二两七钱三分七厘四毫，浙江省官员请"援例免征"，署福州将军明福也"检查旧案，外番船只遭风来闽，历届俱免征输货物，听其载回"。① 乾隆二十二年，有琉球船一只湾泊闽安镇亭头地方，系浙江平湖县照给船户郭宗义护送琉球遭风难民大湾等十五名来闽，随于二十五日进口，船内带有食盐烟叶等货，核计税银八钱一分三毫，援例免征。查系琉球国人，遭风漂至浙江平湖县，乍浦地方官抚恤护送到闽。船内所载食盐烟叶等物，将来船只修竣求准带回。乾隆二十六年七月，两琉球船遭风漂至江南宝山县，地方官抚恤，原船损坏，将二船就地变价银八两一钱五分四厘，交收委员伴送来闽，系由陆路抵省，带杂药、蕉布等物，核计税银二钱四分，仍欲带回，查琉球遭风难民来闽，所带货物历届俱免征输，货物听其载回，自然援例免征，听其载回。② 乾隆二十七年，清朝遣送琉球难民回国，其原带货物行李并变卖船价恤赏银两续置货物搬运入舟，按则核计应税银二十四两九钱五分五毫，查琉球遭风来闽难民回国所带货物历届俱免征输，今一例免其征输。③

3. 遣返

清政府遣返不同国家的海难难民都有固定的遣发地点和路线，这种地点和路线是与贡道和商道重合的。按照《大清会典》规定，④琉球难民由福建遣返，在福州柔远驿馆中附贡船或商船归国；朝鲜难民由北京会同馆或辽宁省凤凰城遣返；越南难民在广西省钦州镇南关交接回国；暹罗国难民由广东经广州遣归；吕宋和苏禄难民送至福建省厦门遣归；日本难民遣返一开始由朝鲜协助遣返，⑤其后归浙江省负责，初集中至宁波，由官方委

① 中国第一历史档案馆编：《清代中琉关系档案选编》，第 80 页。
② 乾隆二十七年三月十九日，《福州将军社图肯奏琉球国遭风难民抵闽照例抚恤折》，中国第一历史档案馆编：《清代中琉关系档案选编》，第 91—92 页。
③ 乾隆二十七年闰五月二十七日，《福州将军社图肯奏琉球国遭风难船到闽遵例免税折》，中国第一历史档案馆编：《清代中琉关系档案选编》，第 96 页。
④ （清）昆冈、李鸿章修纂：《钦定大清会典事例（光绪朝）》卷 513《礼部·拯救》。
⑤ 《清文献通考》卷 295《四裔考三》。

托从事中日贸易之华商代为照料,^① 其后再搭乘赴日本之中国贸易船返回日本,随着汇集于乍浦的商人集团独占对日贸易,到乾隆二十年(1755)以后,日本难民的遣发口岸遂固定于浙江乍浦港;^② 荷兰、西洋诸国之难民,则送至广东,经广州或澳门遣返。贡道、商道对口的地方官府,因长期接待处理进贡和贸易事宜,官员较为熟悉外国的情形,且地方上配有相关的通事和接待馆舍,又是外国贡船、商船进出中国之港口,故清朝将遣返地与贡道重叠实为有效的管理方法。

各国难船,不管官船还是民船,漂着地如果在朝廷规定的遣发地之外,则漂着地的地方政府必须将之护送至遣发地。如康熙五十三年(1714),琉球人鸠间与人等男妇四十二名口漂至广东后,解送到闽,由福建省安排抚恤遣返。^③

外籍难民的遣返途径分为海路和陆路。如琉球、日本、南洋等只有海路与中国往来,自然走海路遣返。然海路不安全,故朝鲜、越南等国难民一般从陆路遣返。

从海路遣返难民时,如果其船只损伤但尚可修复,一般由地方官府出资修理,修理方式也各不相同。如浙江省章程规定,难民回国之日,官为修补原船,修补工料造报工部核销。这应是由官府觅工匠代为修复。^④ 福建省则采取官给银由难民自行购料修复的方式。如乾隆二年(1737)漂到浙江象山的琉球难船"应需工料银二百三十二两三钱四分,在存公银内拨给"^⑤。乾隆二十五年,琉球难民山阳表等驾船遭风漂到中国,其船底溢漏,必须修葺方堪驾驶,福建省于乾隆二十六年存公银两内拨给银五十两,听其自行购料修理完固。乾隆二十六年,琉球国难民黑屿首里太屋子等四十二人遭风到闽,福建于存公银内动支银一百一十两,听其自行修葺完固。^⑥ 因为要迁就风信,有时难民所乘原船来不及修理,清政府会先将难民遣返,然后再安排人代为驾驶船只发回。如乾隆三十七年,琉球国难

---

① 汤熙勇:《清顺治至乾隆时期中国救助朝鲜海难船及漂流民的方法》,朱德兰主编:《中国海洋发展史论文集(第8辑)》,第145页。

② 刘序枫:《清代环中国海域的海难事件研究——以清日两国间对外国难民的救助及遣返制度为中心(1644—1861)》,朱德兰主编:《中国海洋发展史论文集(第8辑)》,第188页。

③ 《历代宝案》第2集,第1841—1842页。

④ 故宫博物院编:《钦定户部则例(乾隆朝)》第3册,第262页。

⑤ 中国第一历史档案馆编:《清代中琉关系档案选编》,第5页。

⑥ 中国第一历史档案馆编:《清代中琉关系档案选编》,第82页。

民智汝沃及流犯等二十二人在洋遭风，漂至福建亭头怡山院地方。官府将之安置于馆驿，照例每名加赏布棉酒肉烟面等项，以安置之日为始，每名日给米一升、盐菜银六厘，回国时各给行粮一月，以示优恤，俱于存公银内动给请销，至该难民等所坐原船，应令自行修葺完固，派拨接贡船内水梢代为驾驶遣发回国。①对于原船沉没或损伤无法修复者，难民或交由进贡使团带回，或由清朝政府安排附商船送返。如日本国难民交由专门前往该国贸易的中国商船带到长崎港，②欧美难民则交由到中国贸易的西洋商船带返。浙江省还规定，对无原船、须另附洋船归国之难民，每名官给船价银12两。③

　　出于海上安全考虑，朝鲜难民以从陆路遣返为原则，由海路遣返并不受到清朝支持。按照朝鲜船漂到中国的地区不同，遣返地点和方式也存在差别。漂到盛京沿海地区的难民，由盛京礼部会同兵部直接处理，差员陪送，由陆路至凤凰城进行遣返，一面奏报朝廷。如果漂到中国其他沿海地区，一般程序是由难船漂着地官府造册咨户部，同时派专人伴送难民进京。如无咨文奏请，不派专人伴送来京则要受到处分。如道光三年（1823），浙闽总督赵慎畛送朝鲜难民金光宝等至京，并无委员护送，又无咨文奏请，将该督交部议处。④难民到京后，交由礼部复查，安排在朝鲜使臣所居住的会同馆。如恰好遇到有朝鲜贡使在京，则交其带回，如果没有贡使，则由礼部派六品官一员伴送，兵部派行车辆、择派兵丁护卫，送至凤凰城，再由凤凰城守转交朝鲜义州官员处理，并行文知照朝鲜国王。⑤朝鲜难民回国时的抚恤，"难夷及护送官每人均日支粟米一仓斗，札行通州中仓监督给发口粮七日，至山海关令管关厅给发口粮八日……其迎送官役等沿途口粮马草，由经过州县每员名日给米八合三勺（官支粳米，

---

① 《清高宗实录》卷907，乾隆三十七年四月下，第148—149页。

② 江户时代日本实行闭关锁国政策，不准日本人进行海外贸易，只开放长崎一个港口与中国、荷兰进行贸易。

③ 故宫博物院编：《钦定户部则例（乾隆朝）》第3册，第262页。参见（清）杨西明编：《灾赈全书》卷3《抚恤难夷事宜》，沈云龙主编：《近代中国史料丛刊三编》第54辑，第50页。

④ 故宫博物院编：《钦定礼部则例二种》第5册，第328页。

⑤ （清）惠祥等纂：《钦定户部则例（同治朝）》卷90《蠲恤八·抚恤番夷事例》。参见（清）托津等修纂：《钦定大清会典（嘉庆朝）》卷31《礼部·主客清吏司》，沈云龙主编：《近代中国史料丛刊三编》第64辑，第1383—1384页。

余支粟米），每马一匹日支七斤重空草①一束”②。相比较而言，清廷对朝鲜国难民更加照顾，其遣返事宜的规定更为细致，这应与朝鲜与清王朝特殊的地域关系和国家关系有关。

第四节　外籍船难救助中的其他相关制度

一、关于救助处理费用的规定

救助报酬是西方海难救助制度的重要内容。早在公元前900年的《罗德海法》中就已规定“海难救助者，得享有救助物五分之一之权利”；1681年法国《海事条例》中，又进一步明确规定了救助人请求救助报酬的权利。③但中国传统文化主张施恩不望报，因此，清代不管是官府还是民间实施的救助行为，都是免费的，施救者不被允许向被救助者索取任何报酬和费用，且实践中，对于政府和民间救助外籍难船所付出的费用，清廷也并没有向被救难民及其所在国家索要。即使有些国家因清朝政府救助其国漂流民而向清廷进献“方物陈谢”，清廷也主动蠲免。如康熙三十九年（1700）正月，由于朝鲜人萨瓦等漂入琉球，琉球将其附送到中国，康熙帝命遣送回国，之后，朝鲜依旧例遣使表谢，并附贡方物，康熙帝下旨“朝鲜人民被风飘流，朕一体轸恤，令回本国。这谢恩礼物不必收受。嗣后因此等事奏谢，着停其进贡礼物”，只令“咨谢礼部”。雍正六年（1728），朝廷又再次规定只进谢表。④清廷拒绝贡谢的做法大大减轻了朝鲜国的财政负担，赢得了朝鲜国的感谢。

至于民间自发的救助行为，朝廷也鼓励救助者“不取财物”⑤。《福建省例》规定：“如本主情愿送给酬劳银钱者，方准收受，不得捏留索谢，亦

---

① 空草指不拌料的牲口食草。束：清制，凡额定供应之草，有稻草、谷草、羊草之分，每草七斤为一束，稻草定价银二分八厘，谷草九厘八毫，羊草每束六厘五毫一丝，每年各处需用之草束，定例折银支给。李鹏年、刘子扬、陈锵仪编著：《清代六部成语词典》，天津人民出版社，1994年，第134页。

② （清）惠祥等纂：《钦定户部则例（同治朝）》卷90《蠲恤八·抚恤番夷事例》。

③ 吕欣：《海难救助法律制度研究》，哈尔滨工程大学硕士学位论文，2010年，第7页。

④ 赵兴元等选编：《〈同文汇考〉中朝史料》（二），第329页。参见汤熙勇：《清顺治至乾隆时期中国救助朝鲜海难船及漂流民的方法》，朱德兰主编：《中国海洋发展史论文集（第8辑）》，第154—155页。

⑤ 郭成伟主编：《大清律例根原》，第2册，第956—957页。参见（清）三泰：《大清律例》卷24；《钦定大清会典则例（乾隆朝）》卷114《兵部·职方清吏司·海禁》。

不得闹诱搬匿。"①也就是说，救助报酬必须出于被救助方的自愿，否则视为勒索。既然连救助报酬权都不是一种法定权利，那么救助人自然更没有救助标的留置权了。

一般而言，官府救助外籍难船难民的所有费用由政府公款承担。只是清代财政收支虽然实行"统收统支"，不分中央与地方，但在户部统筹财政之下，全国钱粮也仍有"存留"与"起运"之别。前者是各省预留本省支出之钱粮，后者是解送中央或解运邻省异地之钱粮。那么外籍船难救助费用是从"存留"还是"起运"的钱粮中支出呢？另外，清代钱粮名目繁多，有军费、行政经费、官俸及养廉、驿站经费、廪膳膏火及科场经费、工程费等等，那么外籍船难救助经费具体又在哪一项目之下报销支出呢？

对此，顺治、康熙时期，朝廷并没有明确规定，遇有外籍船难救助事件，或由地方官府用公款垫用支给，或由负责之地方官员捐俸支应。而公款垫用支给后，分类在不同名目下核销，盐菜银由"地丁支给"，救助口粮由"粮驿"项支给，加赏的物件在"俸工项"下支出。如康熙六十年（1721）有琉球难民四人漂到台湾府诸罗县，台湾地方将其解送过海，福建省按成例安置于柔远驿，每人日给米一升、盐菜银六厘，另外每名口另赏葛布、棉布各一匹，"米移粮驿，给与银在地丁支给"，加赏"所动银两于俸工项下文销"。②

至于救助费用是由地方"存留"的还是"起运"到中央的财政中支出，也并不明确。只是，按清制，"州县钱粮，先尽起运全完，方准支给存留款项"③，且中央往往还以各种名目裁扣地方存留起运中央。所以，地方政府救助难民动用的地丁钱粮不大可能是从要起解到中央的份额中扣除，只可能是从存留的地丁项下支付。《大清会典》卷二十四《户部·赋役一》明确了存留支给的范畴："庆贺表笺并赍进盘缠银、拜贺习仪等银、祭祀迎春历日等银、修理文庙城垣监仓银、官员经费俸薪心红纸张各役工食银、驿站祗应银、乡饮酒礼银……"④粮驿、俸工都是"存留"钱粮。因此，可以确定地说，顺治、康熙时期地方上救助外籍难船难民的费用实际上是从地方留支来支给的。这就给地方留下了一个难题。清初沿用明制，实行起

---

① 台湾银行经济研究室编：《福建省例》，第 889 页。

② 《历代宝案》第 2 集，第 1840—1843 页。

③ （清）伊桑阿等纂修：《大清会典（康熙朝）》卷 24《户部·赋役一·起运》，沈云龙主编：《近代中国史料丛刊三编》第 72 辑，第 1100 页。

④ （清）伊桑阿等纂修：《大清会典（康熙朝）》卷 24《户部·赋役一·起运》，沈云龙主编：《近代中国史料丛刊三编》第 72 辑，第 1088 页。

运、存留各半，随着军费紧急和中央财政匮乏，实践中，中央又大肆削减地方财政。曾小萍曾通过分析各省的"赋役全书"，发现所有地丁钱粮平均有21%留给各省以供地方使用，且实际中比例还可能更低，故地方财政十分困难。① 在此情况下，救助外籍难民有时就不得不动用"俸工银"。俸工银本是支付官员的俸银和书吏的工食银，如此无异于强迫官员捐俸。而康熙时期官员俸禄本来就不丰厚，而救助外籍难民还要官吏们捐献俸禄，效果就可想而知了。

到雍正年间，这种情况得到了改变。雍正七年（1729），皇帝颁发上谕："嗣后凡有外国船只遭风飘入内地者，俱着该地方官查明缘由，悉心照料，动支公项，给与口粮，修补船只，俾得安全回其本国。"② 所谓"公项"，即用于各省地方公事之经费。该谕旨正式确立了外籍难民救助费用统一由地方存留支出的制度。该制度的出台，当与雍正朝财政改革有关。康熙时捐俸工银作公用的做法招致官吏们的不满，雍正帝继位之后，实行公费改革，废止了捐献俸工银作为地方公费的做法，在全国推行耗羡归公。所谓"耗羡"，按清制，各地官府征收田赋时，为补偿所征正赋银两在储运及熔零为整过程中的损耗，往往会加征耗羡，或称"火耗银"，或称"加耗银"。③ 顺治、康熙年间，耗羡加征得到朝廷半公开承认，但由于当时并不受中央监管，加征之数额也不统一，各地加派之风愈盛，贪污中饱现象随处可见，造成吏治腐败，民众负担愈重。"耗羡归公"之议始于雍正元年五月，湖广总督杨宗仁提出耗羡归公，山西巡抚诺岷也决定将全省火耗率限制在二成，将所加征之银用作各官养廉、通省公费及弥补无着落之亏空。他们的所议所行，得到了雍正帝的支持。④ 次年，朝廷作出耗羡归公之决定，命令全国执行。朝廷承认各地耗羡加征为合法，耗羡须全部提解各省布政司库（藩库），不得留存州县，归公之火耗用于弥补国库亏空、各官养廉、通省办公费之开支等。到雍正七年，多数省份已实施耗羡归公。⑤ "耗羡归公"增加了地方可支配之经费，地方负责之官员除非以个

① 曾小萍：《州县官的银两：18世纪中国的合理化财政改革》，中国人民大学出版社，2005年。
② （清）胤禛：《雍正上谕内阁》卷85。参见《钦定大清会典则例（乾隆朝）》卷94《礼部·主客清吏司·朝贡下·拯救》。
③ 李鹏年、刘子扬、陈锵仪编著：《清代六部成语词典》，第98—99页。
④ 中华文史网，http://www.historychina.net/qsbk/fy/390554.shtml，查询日期：2021年4月6日。
⑤ 薛瑞录：《清代养廉银制度简论》，中国社会科学院历史研究所清史研究室：《清史论丛（第5辑）》，中华书局，1984年。

人名义捐献，再也不用以强制捐俸的方式救助外籍难民了，这对于外籍船难救助无疑是有利的。

然雍正年间此项规定并未载入会典，[①] 在法源上属于成例，各省虽可援引，但必须先要题报礼部以及内阁奏请。另外，雍正七年（1729）谕旨虽然明确了救助经费由"地方公项"支出，但地方公项来源有按制度留用之正赋（也称正项，即存留之地丁银）、封贮于藩库的银两、耗羡归公之银两三部分，地方救助外籍难民的经费具体在哪个项目之下开支，朝廷仍然没有明确，故对于外籍难民救助实践而言仍有不便。

乾隆二年（1737）夏秋间，有小琉球国、中山国装载粟米、棉花船二只，遭风漂至浙江定海、象山地方，闽浙总督嵇曾筠、浙江布政使张若震等在进行救助之后，具折奏闻，在奏折中述及："沿海等省外国船只遭风漂泊，所在多有，均须抚恤，向未著有成例，可否仰邀圣慈，特颁谕旨，敕下沿海督抚，嗣后外国遭风人船一体动支公银，料理遣归，俾无失所，则远服臣民望风向化，永怀圣主之明德于勿替矣。"[②] 该年闰九月，乾隆皇帝颁布诏令："嗣后如有似此被风飘泊之人船，着该督抚督率有司，加意抚恤，动用存公银两，赏给衣粮，修理舟楫，并将货物查还，遣归本国，以示朕怀柔远人之至意。将此永著为例。"[③] 自此，外籍船难救助费用固定由地方"存公银两"支给，并写入会典之中。[④] 实践中，该类费用一般都是在归公之耗羡银下支给。如乾隆四十八年七月，福建地方救助琉球漂风难夷大成等人后，"将抚恤过银米造册清销到司。查册开抚恤盐菜等价折实银三百二十两四钱五分五厘，又修船工料折实银二百七十五两五钱一分七厘，共实银五百九十五两九钱七分二厘，口粮米三十三石八斗三升，核与定例相符，所用银两应照例在于司库乾隆四十八年分耗羡款内动支，给发该县领回还款"[⑤]。此举不仅使救助外国船难的经费来源更加具体明确，且费用核销更加简单。朝廷对耗羡银的管理相对宽松，如何动用"存公银两"，各省都制定有"耗羡章程"，遇有外籍难船难民事件，各地督抚只需

① 《雍正会典》续纂于雍正二年（1724），告成于十年，起于康熙二十六年（1687），迄于雍正五年。

② 乾隆二年九月二十六日，《浙江布政使张若震奏报抚恤琉球国遭风难民折》，中国第一历史档案馆编：《清代中琉关系档案选编》，第 1—2 页。

③ 《清高宗实录》卷 52，第 889 页。

④ 《清高宗实录》卷 52，第 889 页。参见《钦定大清会典则例（乾隆朝）》卷 94《礼部·主客清吏司·朝贡下·拯救》。

⑤ 中国第一历史档案馆编：《清代中琉关系档案续编》，中华书局，1994 年，第 846 页。

依照该省章程即可动支钱粮。如乾隆十三年，琉球国贡船回国遇飓风坏船，漂流至福建省连江县属地方，尚在外海，潮流湍急，且货物已经丢弃，人员不无乏食，地方官府接获奏报后，即动支存公银两，迅速携带米石前往查勘救护。[①] 船难救助事竣之后，地方官府（即布政使司）只需将所支出费用造册汇总，向户部申报核销即可。这在地方官员救助外籍船难之奏章中常有如"事竣将实用数目造册报销""分晰动用银数，另册咨部报销""动支存公银两抚恤，咨遣回国，奏明咨部核销""事竣汇册咨销"等字句可以等到印证。[②] 与康熙、雍正时期繁琐的报销手续相比，这样无疑简便多了。到嘉庆五年（1800），朝廷对耗羡加强了管理，"各省耗羡，遇有随时动用，如数在三百两上下，准其咨部核明动用；数逾五百两以上，即令奏明请旨"[③]。但一般来说，单一的一起外籍难船难民救助抚恤事件，所用银两一般不会超出五百两之数，所以这一变化对外籍船难救助的实际影响并不大。

二、外籍船难处理中不法行为的特别罚则

清代法律对于外籍船难处理中的不法行为，主要有不履行救助义务的罚则和侵犯外籍难民生命财产行为的罚则两个方面。依清制，民众并无实施海难救助之义务，海难救助由有关政府机关（包括军队）实施，所以对不履行救助义务之处罚，从现代法的性质上来讲，是对政府机关不履行职责的处分，属于行政处分。这种处分规定有以下几个方面。

其一，政府机关不按规定遣返外籍难民之处分。清朝边禁森严，所有外籍海难难民，不管是被中国救助者，还是外国转送来中国者，不许私自回国，均必须经由清政府遣返。这不仅是对外籍难民之约束，也是对各地方官府之要求，不得擅自遣返外籍难民，必须经法定程序才能将之遣返。如此规定，有中央防范地方私自勾通海外之意图。如果难民未经由清朝政府之遣返程序处理而私自返回，帮助其回国之人会因"私载漂民"而受到惩处。[④] 如康熙二十八年（1689），有一批中国商人陈干等私自将漂流至越

---

① 中国第一历史档案馆编：《清代中琉关系档案选编》，第 22 页。

② 中国第一历史档案馆编：《清代中琉关系档案选编》，第 82、86、98 页。

③ （清）托津等修纂：《钦定大清会典事例（嘉庆朝）》卷 143《户部十六·田赋·耗羡动支》，沈云龙主编：《近代中国史料丛刊三编》第 67 辑，第 6460 页。参见（清）昆冈、李鸿章修纂：《钦定大清会典事例（光绪朝）》卷 170《户部十九·田赋·耗羡动支》。

④ 汤熙勇：《清顺治至乾隆时期中国救助朝鲜海难船及漂流民的方法》，朱德兰主编：《中国海洋发展史论文集（第 8 辑）》，第 145 页。

南的二十一名朝鲜人径直由海路送返朝鲜，由于此事未经清朝之遣返程序处理，朝鲜政府对此深感棘手，将情况咨报清朝，并只能按清朝之解送中国漂人例，将这批中国商人视为漂流民，押送至北京。① 如果是官员未遵循外籍难民遣返之程序，则要受到行政处分。如道光十三年（1833），"琉球国永张等姓夷船一只，于七月初间遭风飘至山东日照县境洋面，船未损坏，旋即乘风驶行。该县知县音德巡查抚恤……惟未能设法拦阻，听候奏明办理，与历办章程不符，音德着交部议处"②。

其二，不按例派员伴送外籍难民之处分。清廷规定不同国家之漂流民应由相应的固定地方遣返，因此，沿海各地方遇辖境内有不该由本地遣返的外籍漂流民，必须送到规定的遣返地，交由遣返地官府安置，在解送过程中，必须派人全程护送，沿途所经州县也必须照料，违者要受处分。如道光三年（1823），朝鲜难民金光宝等九人遭风漂流到福建，皇帝谕令"将该难夷委员护送进京"。不久之后，该九人进京，由礼部接收。但礼部发现"该难夷到京名数与原奏人数不符，且无委员护送，又无咨文，仅系沿途经过州县接递护送行走，至山东兰山县以后，并未派员照料"，对此"疏玩之至"的行为，道光帝谕令"赵慎畛、琦善俱着交部议处。其因何不照向例派员伴送给咨到部之处，着赵慎畛明白回奏"。③

至于对在中国领海内侵犯难民生命财产安全行为的罚则，第二章已有过详细论述，自然也适用于外籍船难，在此不赘。不过，在一般性禁例之外，清廷还特别制订条例，对在海洋上抢劫外籍船只（包括难船）的恶行加重打击。乾隆六十年（1795），琉球派贡使入贡，随行一货船在浙江温州洋面被劫，乾隆帝震怒，指斥相关官员"于捕盗并未认真办理，以致洋面劫盗肆行无忌，所有该国被劫货物，即着落失事地方官加一倍赔偿"，对于胆敢行劫之人，乾隆帝命令加重处刑："此等行劫外国船只盗犯，拿获之日，竟当凌迟处死。"④ 不久之后，行劫该货船的盗犯相继落网，俱被绑赴市曹，凌迟处死，并传首各海口示众。⑤ 根据清朝成案制度，该案例对此后类似案件的审判都有效力。如嘉庆五年（1800），有琉球国难船由福建回国，出海不久便遇暴风漂至罗湖外洋，被盗匪围住，劫去随身行李，掳去水手三名，勒令取赎。嘉庆七年二月，水师缉获盗犯九十二名，

① 赵兴元等选编：《〈同文汇考〉中朝史料》（二），第411—415页。
② （清）昆冈、李鸿章修纂：《钦定大清会典事例（光绪朝）》卷513《礼部·拯救》。
③ （清）昆冈、李鸿章修纂：《钦定大清会典事例（光绪朝）》卷513《礼部·拯救》。
④ 中国第一历史档案馆编：《清代中琉关系档案选编》，第276页。
⑤ 中国第一历史档案馆编：《清代中琉关系档案选编》，第279—282、285页。

内有参与抢劫琉球船人犯十三名，除病死、抓捕时被枪打伤落海之人外，尚有七犯，官府将七犯绑赴市曹，分别凌迟斩枭。[①]通过成案的形式，清代前期抢劫外籍船只的法定最高刑由原来的斩首枭示加重至凌迟处死了。

清廷之所以加重对抢劫外籍船只（包括难船）的刑罚，自是因为这种罪行严重损害了大清"天朝上国"的形象，有损皇帝"怀柔远人"之意，并不是真正出于对外籍难民的特别关爱。但不可否认，重刑的确可以在一定程度上起到警示之作用，故客观上有利于外籍难民权益之保护。

清代前期，在外籍船难救助问题上，清政府已经构建起相对完备的制度体系。与同时期近海本国失事船只救助制度的简陋粗疏相比，外籍船难救助制度自是周密细致，更具可操作性。就救助手段而言，本国难民的待遇明显不如外国难民，清政府对外籍难民的抚恤之周到程度，可以说是无微不至。与现代以西方为中心的国际海难救助制度相比，清代外籍船难救助制度无论是理念还是具体制度都颇具东方特色。比如在制度理念上，基于"天下国家"的理念而不是人道主义和海洋贸易保护理念；在具体制度上，清朝以政府为救助义务主体，实施免费救助，也与现代国际海难救助相关之制度不同。

在实践效果上，清代前期外籍船难救助制度的确发挥了保障航海安全的功用，[②]朝贡国对清朝救助其国民的行为感激不已，[③]就是西方人也对此制度评价很高，如《中国丛报》称"在这件事上，中国官员的操守令人尊敬。他们对于难民的照料，展现出相当的仁爱"，《东西洋考每月统记传》称《大清救难民例》"真可谓美也"。[④]

清王朝依据外籍船难救助制度开展对外国漂流民的救助抚恤，与西方早期殖民者的贪婪掠夺形成了鲜明对比，写下了清王朝构建东亚海域安定、和谐的秩序和国际关系的美好篇章，也表现出了中华民族爱好和平、崇尚和谐、以诚待人的精神，是中国贡献给世界的优秀海洋文明。

---

① 中国第一历史档案馆编：《清代中琉关系档案选编》，第 341—342 页。

② 据统计，仅乾隆年间，中国救助琉球漂流民事件就有 82 起。孟繁业：《清乾隆朝中琉漂风海难救助研究》，暨南大学硕士学位论文，2008 年，第 73 页。

③ 关于朝贡国对于清朝救助其难民的感谢之辞，史料记载可谓不绝如缕。见赵兴元等选编：《〈同文汇考〉中朝史料》。参见《历代宝案》，以及中国第一历史档案馆编：《清代中琉关系档案选编》。

④ 《中国丛报》(Chinese Repository)，Vol. Ⅵ，No.4（Aug，1837），广西人民出版社，2008 年影印，第 207 页。参见郭嘉辉：《清道光前期（1821—1839）广东对海难救助之研究——以欧洲船只、船员为例》，李庆新主编：《海洋史研究（第 8 辑）》，第 170 页。

第四章　清代前期内河船难救助制度

清代前期近海船难救助制度，我们已在前面依失事船只的中外之别加以考察，接下来将对与海相通之可航水域，包括与海相通之内河、湖泊等水域（以下简称内河）的船难救助制度进行考察。

中国是一个水运大国，国内水系纵横，且大多数具备航运所需的水位，所以自古内河航运较发达，尤其明清时期，国内商品经济发展，内河水运更是繁忙。[①] 然中国内河滩多水险，水害频仍，水面航行之船只，时有覆溺，令人失财丧命。因此，清代前期，官府便在内河各处水险之地，设立救生船实施救助；为了预防船难，官府又在某些船只容易出事之地，建设堤坝、石台等工程，以便船只遇险时停泊或自救；官府还奖励民间水上救生善举，使民间水上救生成为官办救生船之外的重要补充。通过上述诸措施，清代内河形成了相当完整的船难救助机制。

如前文的学术史梳理所述，清代前期内河官办救生船研究颇受学界关注，并取得了不菲的成果，但主要是从慈善史或社会保障史的角度展开研究，并没有体现该救生制度与沿海海难救助的异同，因而也无法确定其在中国传统海难救助制度史上的地位与意义，进而影响到对中国传统海难救助制度的完整认识。本章的研究主要针对上述不足展开。

在海难救助制度中，首要的是明确救助义务承担者。如前所述，清代前期直接对海洋船难实施救助的法定主体是沿海地方政府和沿海水师，[②]清政府并没有设置专门的救生机构。然而对于内河船难救助，政府设置了专门的救生机制——救生船。内河水域船只失事，主要由救生船直接实施救助赈济，这是清代前期内河船难救助制度与海上船难救助制度最大的不同。以下首先对官办救生船的历史发展进行梳理。

---

① 关于清代内河水运之发展状况，可参见［日］松浦章：《清代内河水运史研究》，黄科译，江苏人民出版社，2021 年。

② （清）允裪撰：《钦定大清会典（乾隆朝）》卷 65《兵部·职方清吏司·海禁》。另外，关于奖惩的具体细则规定，参见郭成伟主编：《大清律例根原》第 2 册，第 956—957、966 页。或见（清）昆冈、李鸿章修纂：《钦定大清会典事例（光绪朝）》卷 629《兵部·绿营处分例·海禁》。

第一节　清代前期官办救生船制度的历史演变

中国内河官办救生船肇始于明代，然数量不多。清代大规模设置内河官办救生船，这一点已经成为学界的共识。然有研究认为，乾隆以前的内河救生活动仍以民间力量为主，孤立分散于局部地区，[①] 到乾隆四年（1739）官办性质的救生船事业才正式登上历史舞台。[②] 此说似与文献记载不符。从史料来看，康熙、雍正时期，内河官办救生船体系应已初步建成，到乾隆初则完全定型，并日益完备。以下详述之。

一、康熙、雍正时期内河官办救生船体系初步形成

第一，从史料记载来看，康熙、雍正时期，长江全流域都已设置有官办救生船。长江上游地区，如康熙二十五年（1686）许嗣兴知夔州府事，"念夔巫间夏秋江涨水险，设救生船以拯溺"[③]。雍正十二年（1734），工部议覆内阁学士凌如焕奏言："臣前奉差湖北学政，查楚属接壤长江，地名三峡，自湖北夷陵州起，至四川夔州府，横亘数百里，峰峦插天，两岸对峙，中间水道一线，滩高巨石，罗布江心。商民往来，如遇风涛之险，每赖江边小舟抢救，方得保全。以此知救生船只，所宜广设。访闻峡中木植颇贱，造一小船约计银二三十两。现在归州城外设有救生船三只，但地广难周。即如归州而上，有泄滩、巴峡、瞿塘峡、滟滪堆等处，归州而下，有新滩、獭洞、腔舲峡、黄牛峡等处，悉系著名奇险，每年为商旅之患。皇上轸念民生，实心实政，巨细毕举。请敕谕四川、湖广两省督抚，转饬地方官，将三峡中水道，遍加详勘，设立小船，守候救生，保全民命，亦推广皇仁之一端也。应如所请，行令湖广总督、四川巡抚饬查三峡等处，应设船只数目确估具题。"[④] 之后，雍正帝命湖广、四川督抚设立三峡等处救生船只。[⑤]

长江中下游地区，如康熙十五年（1676），湖北归州地方官府即已在长江险处设置救生船只。同治《归州志》卷八："救生船。康熙丙辰年，分

①　杨国安：《救生船局与清代两湖水上救生事业》，《武汉大学学报》（人文科学版）2006年第1期。

②　顾川洋：《乾隆年间官办救生船浅述》，《历史档案》2010年第4期。

③　（清）黄廷桂：（雍正）《四川通志》卷七下《皇清名宦》，清文渊阁《四库全书》本。

④　《清世宗实录》卷144，雍正十二年六月，第801—802页。

⑤　（清）王先谦：《东华录》雍正二十四年，光绪十年长沙王氏刻本。参见中国第一历史档案馆：《乾隆朝整饬江河救生船档案》，《历史档案》2013年第1期。

巡道李会生、知州邱天英设立叱滩、石门、上八斗、下八斗船只，每处觅水手六名，每遇覆溺，全活甚多。后又添红曳滩、新滩、黄平滩、咬岭滩四处，水手工价照给。"① 又光绪《重修安徽通志》载："陈略字石友，舒城人，康熙己未（十八年，1679）武进士，授薪卫守备……设牛礶矶救生船。"② 湖南救生船的设置主要在洞庭湖，朱纲于湖北按察使任上，曾调湖南清查欺隐之弊时，"往来洞庭湖目击覆舟之惨，造救生船十余，分直琴棋望、铜盆湖、九马嘴、布袋口诸险地"③。朱纲于雍正元年（1723）迁湖北按察使，五年晋云南巡抚，④ 故洞庭湖设救生船只应在此时间段内。雍正九年正月，为保障洞庭湖区过往船只的安全，因地方官之呈请，朝廷"以洞庭风波之险，发银二十万两，建舵杆洲石台，以便船只避风停泊。迄十二年，以次添设洞庭湖救生船"⑤。在舵杆洲修建石台，作舟船避风停泊之用，此乃救生之举措。到雍正十二年，湖南所设置救生船有 32 只。⑥ 江西地方，康熙年间，临潼人周灿为南康守时，因"地临湖多水患，设救生船以拯溺"⑦。"康熙年间，南康府属星子县南岸、渚溪司、洋澜汛、谢师塘、火焰山、青山司、长岭汛、蔡溪河八处，各设船一只。都昌县左蠡地方，为鄱湖最险之区，设船二只。又，九江府属德化县于九江关、岳师门、大姑塘三处各设船一只，湖口县于屏峰矶、文昌洑二处各设船一只，彭泽县于小孤洑、马当矶二处各设船一只。以上南、九二府共原设救生船一十七只。"⑧ 江苏救生船的设置，"京口渡江，民间向有捐造救生船只。康熙二十六年题准，仿其成式，动项官造护生船十只，每岁共给岁修银九十三两三钱七分，其船分泊两岸，漕船遇风，南北两口船只并出救护，每船募设善水头舵十名，每名月给工食银一两，只给冬春三个月，漕船过完，听其渡载商民，自行觅食，或过往客商偶遭风患，一体协救，毋许居

① （清）余思训修，陈凤鸣纂：《归州志》卷 8《政典志·救生船》，《中国方志丛书·华中地方第三三四号》，成文出版社，1975 年，第 333 页。

② （清）何绍基：（光绪）《重修安徽通志》卷 195《宦绩十八》，光绪四年刻本。

③ （清）李文藻：（乾隆）《历城县志》卷 38《列传四》，乾隆三十六年刻本。参见（清）成瓘：（道光）《济南府志》卷 53《人物九》，道光二十年刻本。

④ （清）李文藻：（乾隆）《历城县志》卷 38《列传四》。

⑤ （清）曾国荃：（光绪）《湖南通志》卷 43《建置志三·公署·普济育婴等公所·湘阴县》，光绪十一年刻本。

⑥ 中国第一历史档案馆：《乾隆朝整饬江河救生船档案》，《历史档案》2013 年第 1 期。

⑦ （清）穆彰阿：（嘉庆）《大清一统志》卷 317《南康府二》。

⑧ 乾隆十四年十一月二十一日，《江西巡抚阿思哈为核查裁汰江西无益救生船事奏折》，中国第一历史档案馆：《乾隆朝整饬江河救生船档案》，《历史档案》2013 年第 1 期。

奇坐视，借端勒措，违者地方官拿究，所需工食修葺各项银两，准于六升米折项下支销"①。此官办救生船之目的首在护漕，兼救助遇险商民和渡运商旅，并不是专业救生船。②又康熙四十六年康熙帝南巡，"驻跸茱萸河，以救生船少，特谕巡抚于准议行添设，乃选京口渔舟六十余只，日用其六，更番应调，活一人者予一金，死者俾三之一"③。乾隆二年（1737），那苏图授两江总督，抵任后，即留心访察，发现"镇江、瓜州、江宁、和州等处，向来各官及商人等有捐设救生船只，雇募水手，于盐匣杂费等项内拨定岁修、工食银两，在沿江游巡照看，凡遇风险即上前保护，未覆者设法挽救，已覆者捞获人口，有裨民生，行有成效"④。

第二，康熙、雍正时期，钱塘江沿岸设置了官办救生船，已经初步建立运作制度。钱塘江救生船设置始于何时，尚不明确，据民国《杭州府志》载："国朝康熙八年，总督刘兆麒因渡夫勒害，重申碑禁，知府稽宗孟，复捐廉创靖浪亭……内示禁约六则。"⑤这说明，康熙八年（1669）前，钱塘江已设置有救生船。到康熙四十二年，张泰交就任浙江巡抚，核查发现钱塘江"南北两岸设有救生船七只，分防停泊"⑥。据民国《杭州府志》载，雍正间，"督宪李捐造船二只，驿道王捐造船只，分泊沿江险要王家堰、上沙渡、潭头、六和塔、转塘头五处"⑦。又据乾隆四年（1739）浙江巡抚卢焯调查，"浙江省……向有银杏、西兴两埠设救生船二只，系民捐造渡船，水手轮驾，不领工食。雍正七年，添设王家堰、上沙渡、六和塔、转塘头、潭头等处船五只。雍正十二年，添设金衢埠、徽严埠船二只。雍正十三年，添设螺蛳埠、梵村、浮山、东江嘴、闻家堰等处船五只……共计船一十四只，除民捐二只外，官捐船一十二只。共水手九十二名，每年工食银五百五十二两，修船银七十二两"⑧。张泰交的记载与卢焯

①　（清）福趾：《户部漕运全书》卷14《兑运事例》，清光绪刻本。

②　江河湖泊上的救生事务分为应急和专业两类。见吴琦、鲜健鹰：《一项社会公益事业的考察：清代湖北的救生红船》，《中南民族大学学报》（人文社会科学版）2007年第4期。

③　（清）许鸣盘：《方舆考证》卷46《江苏三·镇江府·关镇》，济宁潘氏华鉴阁本。参见（清）赵宏恩：(乾隆)《江南通志》卷26《舆地志》，清文渊阁《四库全书》本。

④　乾隆三年二月初十日，《两江总督那苏图为沿江州县请设救生船只以济民生事奏折》，中国第一历史档案馆：《乾隆朝整饬江河救生船档案》，《历史档案》2013年第1期。

⑤　（民国）李榕撰：(民国)《杭州府志》卷73《恤政四·义渡》，民国十一年本。

⑥　（清）张泰交：《查钱塘江救生船》，《受祜堂集》卷8《抚浙中》，康熙高熊征刻本。

⑦　（民国）李榕撰：(民国)《杭州府志》卷73《恤政四·钱江救生船》。

⑧　乾隆四年五月十五日，《浙江巡抚卢焯为遵旨查明浙省现设救生船只经费有出事奏折》，中国第一历史档案馆：《乾隆朝整饬江河救生船档案》，《历史档案》2013年第1期。

的叙述在救生船数量和时间上颇有矛盾之处，但可以确定的是，到雍正十三年（1735），钱塘江救生船总数达到了十四只。

虽然，康熙、雍正时期各地救生船只既有官办，也有民间捐赠或官员个人捐赠，钱塘江之救生船主要为商人或官员个人捐赠，但这些捐赠之救生船的主管及日常运行全是地方官府负责，"钱塘江所设之救生船，南岸王家堰等船，委西与驿丞专管，北岸六和塔等船，委江口驿丞专管"①。雍正间李卫等官员捐造救生船时，又"捐俸于萧山，由安许苎桃源等乡置买救生田八百七十五亩零，池一亩零，设立普生庄，户岁收租米五百七十九石，为救生经费"，普生庄的日常管理也是由官府负责，租米"每年专责萧山县印官征收，所收米石暂贮县仓，即令该印官变价解道"。②江苏由商人或官员个人捐设的救生船，其日常管理运作也是由官府负责，经费也是来自政府财政，"雇募水手，于盐匣杂费等项内拨定岁修、工食银两"③。可见，这类捐设之救生船，在设置之后，具体管理运作就与个人无关了，故实质上还是官办。

第三，康熙、雍正时期，官府对于救生船制订了运作规范。如前述民国《杭州府志》载："国朝康熙八年总督刘兆麒因渡夫勒害，重申碑禁，知府嵇宗孟，复捐廉创靖浪亭……内示禁约六则……一、移驻救生船停泊亭下，无事听其渡客，不许过三十人，每人给钱五文，违者按以法。遇风浪雨雪，一闻亭钟连叩，亟遍谕各船止渡，仍将救生船方驾江中，以防不测。救一人溺者，赏银三两，遇奸究执以鸣官。每月注册，能拯溺者给赏，有差玩愒者惩无赦。"④这些章程之订立，一方面说明救生船被置于官府的监控之下，另一方面也使救生船的救助行为有规可循。

综上，康熙、雍正年间，长江、钱塘江全流域都已经设置了官办救生船，并有一些地方性的救生船管理章程，而长江、钱塘江是清代国内主要水运航道，因此，完全可以认为，康熙、雍正时期，内河官办船难救助系统已经初步形成了。

二、乾隆十五年官办救生船制度的定型

康熙、雍正时期官办救生船体系初步形成，但救生船多是各地方官府

---

① （民国）李格撰：（民国）《杭州府志》卷73《恤政四·钱江救生船》。

② （民国）李格撰：（民国）《杭州府志》卷73《恤政四·钱江救生船》。

③ 乾隆三年二月初十日，《两江总督那苏图为沿江州县请设救生船只以济民生事奏折》，中国第一历史档案馆：《乾隆朝整饬江河救生船档案》，《历史档案》2013 年第 1 期。

④ （民国）李格撰：（民国）《杭州府志》卷73《恤政四·义渡》。

因时因需而设，没有中央统筹规划，缺乏论证，在设置数量和分布上存在诸多不合理之处，再加上没有统一管理制度，救生船在实践运作中弊端丛生。到乾隆初年，以下几个方面的问题日益突出。

第一，设置不合理。首先，设置数量过少，因"经费不足，为数无多"①。其次，分布不合理，有些需要设置的地方没有设置或设置过少，有些地方救生船并无设置之必要。如两江总督那苏图奏称："太平府属之当涂、芜湖、繁昌三县，池州府属之铜陵、贵池、东流三县，并安庆府城，绵长六七百里，俱临大江，并无救生船只，行舟来往，一遭覆溺，难以救援，屡伤人命。"②江西巡抚岳濬也奏称，江西境内多处应设而未设，有些地方原设置的救生船数目过少，"长江则矶险溜多，鄱湖则水面辽阔，危险之地，在在均应预备。今查每处不过设船一只，或两处共船一只，甚属不敷"。如德化县界内"有九江一关为商民船只来往要津，岳师门外为江广通衢渡口，虽原各设有救生船一只，而地当冲要，不敷备用……又，大姑塘地处鄱湖之冲，每当风狂浪涌，最为危险，原设救生船一只不敷应用，应请再添一只，以为协助"。③湖南救生船"冗设"现象严重，洞庭湖舵杆洲"其近洲救生船只半属无用"④。再次，救生船只太小不利救援。因为经费紧张，许多地方救生船只过小，不堪使用。江西巡抚岳濬奏称："彭泽、湖口、德化、星子、都昌等县共设船二十二只，但从前置造，工料甚微，以致钉稀板薄，不堪应用。设遇风狂浪大，一叶扁舟，水手不遑自顾，又何能冲风破浪，奔赴救援？是以各船虽议有救全人数及迟延淹毙分别赏罚之例，而仍属无益，淹毙频闻。"⑤湖南洞庭湖救生船，船小力弱，多买小渔船充数，均系长约二丈，阔约四尺，窄小不堪，止容水手二名，每遇舟危，力难抢救。⑥

---

① 乾隆三年六月二十五日，《江西学政于辰为江南等地涉险江湖请敕议定救生船只数目事奏折》，中国第一历史档案馆：《乾隆朝整饬江河救生船档案》，《历史档案》2013年第1期。

② 乾隆三年二月初十日，《两江总督那苏图为沿江州县请设救生船只以济民生事奏折》，中国第一历史档案馆：《乾隆朝整饬江河救生船档案》，《历史档案》2013年第1期。

③ 乾隆三年八月初三日，《江西巡抚岳濬为江西省江湖危险之处添改救生船事奏折》，中国第一历史档案馆：《乾隆朝整饬江河救生船档案》，《历史档案》2013年第1期。

④ 乾隆九年二月二十八日，《湖南巡抚蒋溥为陈明楚省酌办救生船事奏折》，中国第一历史档案馆：《乾隆朝整饬江河救生船档案》，《历史档案》2013年第1期。

⑤ 乾隆三年八月初三日，《江西巡抚岳濬为江西省江湖危险之处添改救生船事奏折》，中国第一历史档案馆：《乾隆朝整饬江河救生船档案》，《历史档案》2013年第1期。

⑥ 乾隆九年二月二十八日，《湖南巡抚蒋溥为陈明楚省酌办救生船事奏折》，中国第一历史档案馆：《乾隆朝整饬江河救生船档案》，《历史档案》2013年第1期。

第二，缺乏监管，救助效果不彰。"稽查未严，则为善不力。"① 由于缺乏管理制度，且现实中官府对救生船缺乏有效的监管约束，因此，许多救生船设置之后救生功效并不明显，有些地方甚至自设立之后从未救助过一人一船。此弊以钱塘江救生船尤为典型，钱塘江救生船自设立之后，"为善不力"的现象一直为人所诟病：康熙年间，浙江巡抚张泰交就曾奏称，"钱塘江南北两岸设有救生船七只，分防停泊，一遇风潮不测，互相救援，以免覆溺之虞。今闻日久废弛，江面并无此船"②；雍正年间，钱塘江救生船水手"惟利是视，遇风潮时并不上前救护，坐视覆溺，先捞货物，后及人尸，设船二十余年，从未闻救一生人"③；乾隆四年（1739），浙江巡抚卢焯"抵浙之初，见江岸无船，覆溺屡报，檄行司道清查，旧船损坏不堪，驾驶水手虚冒，有名无实"④。

鉴于上述缺陷，再加上经过顺治、康熙、雍正三朝的治理，中国社会稳定，经济繁荣，朝廷也有更多的精力来关注水上救生这项社会公益性活动。因此，乾隆初年，朝廷批准于全国各地设立更多的救生船。乾隆元年（1736）十一月皇帝下旨，自眉州彭山县江口至夔州府巫山县二千余里，"照夔州府以下事例，设立救生船只，以防商民意外之虞"⑤。乾隆二年闰九月，皇帝又批准署湖广总督史贻直等条奏，于洞庭湖舵杆洲等处，添设救生船十二只。⑥ 同年，又覆准福建南平等县更造救生船。⑦ 两江总督那苏图也奏准于安徽"设立大、中救生船二十只，分拨沿江各县，以资救济"⑧。

从乾隆三年（1738）开始，中央开始统筹规划官办江南各省水上救生

---

① 乾隆三年六月二十五日，《江西学政于辰为江南等地涉险江湖请敕议定救生船只数目事奏折》，中国第一历史档案馆：《乾隆朝整饬江河救生船档案》，《历史档案》2013 年第 1 期。

② （清）张泰交：《受祜堂集》卷 8《抚浙中》。

③ （民国）李楁撰：（民国）《杭州府志》卷 73《恤政四·钱江救生船》。

④ 乾隆四年五月十五日，《浙江巡抚卢焯为遵旨查明浙省现设救生船只经费有出事奏折》，中国第一历史档案馆：《乾隆朝整饬江河救生船档案》，《历史档案》2013 年第 1 期。

⑤ 《清高宗实录》卷 30，乾隆元年十一月上，第 617 页。参见中国第一历史档案馆：《乾隆朝整饬江河救生船档案》，《历史档案》2013 年第 1 期。

⑥ 《清高宗实录》卷 53，乾隆二年闰九月下，第 896 页。

⑦ 《钦定大清会典则例（乾隆朝）》卷 135《工部·都水清吏司·船政》。

⑧ 乾隆十四年十一月二十八日，《安徽巡抚卫哲治为查明安徽各处所设救生船情形分别存留裁汰事奏折》，中国第一历史档案馆：《乾隆朝整饬江河救生船档案》，《历史档案》2013 年第 1 期。

事业，并陆续出台了官办救生船的一些政策。

乾隆三年（1738）二月，两江总督那苏图请于辖境之内"添设救生船只，以济民生"，并札商江西巡抚，"确查沿江一带应设救生船只处所，另请动项设立"，与此同时，还"恳皇上敕下湖广督抚臣，将沿江沿湖如有应设救生船只地方，亦一体设立"。① 这是那苏图请于长江中下游各处设置救生船。同年六月，江西学政于辰亦奏请于江南等地涉险江湖设立救生船只，其曰："窃惟江湖涉险之地，宜多设救生红船，以广皇仁也。臣隶籍江南，居邻泽国，暨官江右，地半湖山，睹风涛之浩然，愿慈航之普济。即如江南之瓜州、京口，波连江海，山崎金焦，南北征行，岁时涉险。至江西一十三府，千源万派，皆汇鄱阳一湖，然后注于大江。每当大雨时行，江湖撑涨，稽天浸地，浩渺无涯。其间大姑、彭泽等处矶多，而水驶最为险恶，易致触舟。此皆臣所亲历者。其他如洞庭、三峡、汉口、河津，号为险区，直省多有。向亦间有设立救生船只，但恐经费不足，则为数无多；稽查未严，则为善不力。倘蒙我皇上特颁谕旨，酌发帑金，敕下各省督抚详查险厄之处，议定船只数目，估计修造工料，奏请遵行，永施利济，并交与地方有司实力查察，如此，则仕宦商民安澜永庆，均叨沐皇上仁慈于无既矣。"② 同年八月，江西巡抚岳濬也向朝廷奏请于江西省江湖危险之处添改救生船。

接到江苏、安徽、江西诸省的筹办救生船奏请后，乾隆三年（1738），皇帝谕令湖南、湖北照江南之例办理救生船事宜。"湖广地方三湘七泽水势汪洋，自有应设救生船之处，着该督委官确勘，照江南一例办理，钦此。"③ 综合各省具体情况，到乾隆四年四月，皇帝颁发谕旨，令南方各省大规模筹设救生船，并对救生船之经费与运行管理作了原则性的批示。"乙酉，命各省设立救生船。谕：南方号称水乡，长江大湖，洪涛巨浸，每遇风浪聚发，人力难施，向有设立救生船之处，每年颇多救济，但恐经费不足则为数无多，而稽查未周则为善不力，着各省督抚确查所属地方，有险厄之处应设救生船只者，酌动存公银两，估计修造，每年给与水手工食若干，并交与地方官载入交盘册内，永远遵行，毋许始勤终怠。"④ 接旨后，江苏、江西等省纷纷核查本省救生船具体情形，

---

① 中国第一历史档案馆：《乾隆朝整饬江河救生船档案》，《历史档案》2013 年第 1 期。
② 中国第一历史档案馆：《乾隆朝整饬江河救生船档案》，《历史档案》2013 年第 1 期。
③ 《钦定大清会典则例（乾隆朝）》卷 135《工部·都水清吏司·船政》。
④ 《清高宗实录》卷 90，乾隆四年四月，第 391 页。

并动项修造。① 江苏一省，自"乾隆五年起至十三年陆续咨部设添，共五十六只。每年水手工食银共数千余两，岁修拆造之费另给"②，全省官办救生船数达 62 只。浙江巡抚卢焯经过盘查后奏称"船数已多，足供救护，经费有出，毋庸再动备公"③，但实际中，此后仍有陆续添设，到乾隆十四年前，钱塘江两岸救生船数达 23 只。④ 湖南因存"冗设之处"，故不仅没有增设，反而裁汰不必要设置的救生小船 10 只，只留 22 只，并将救生小船尽行换成合式大船。⑤

黄河流域救生船设置始于乾隆初。乾隆四年（1739）五月，巡视南漕御史钟衡奏称："黄河水势奔腾，漕船经过，难免不虞，请设救生船二只，照例给与工食。"⑥ 下部议行。乾隆四年至五年，山西河津县禹门渡、陕西韩城紫阳二县、甘肃西宁府等处救生船也动项更造或修造。⑦

然而，乾隆初年救生船体系的建立主要是基于皇帝的热情和官方财政的大力支持，各地官府大规模设立救生船，但这种仓促和迎合上意的举措不可避免地存在一些弊端，并随着时间的发展而显现出来。如一些地方根本没有设置救生船之必要，设置之后也毫无功效。以江苏为例，自乾隆五年（1740）起至十三年，陆续添设救生船只达 56 只，每年水手工食银共数千余两，岁修拆造之费另给。但署江苏巡抚雅尔哈善莅任八月后却发现，在此期间，"查据各属报案，惟江宁县属之三山、西江两处有报明抢救犒赏之事，余无所闻。是此项船只惟于江河险要处所实益民生，余皆虚设也。夫事之有益者，百万金钱不可轻议裁汰，而行之无效者，丝毫国帑要当随时酌筹"。江西至乾隆十四年已设有救生船 35 只，但彭泽县之仁石矶等十三处于乾隆年间续添的 14 只救生船，或地居险厄本有船只足资救

---

① 中国第一历史档案馆：《乾隆朝整饬江河救生船档案》，《历史档案》2013 年第 1 期。

② 乾隆十四年五月十五日，《署理江苏巡抚雅尔哈善为请裁汰江省无益救生船只以节糜费事奏折》，中国第一历史档案馆：《乾隆朝整饬江河救生船档案》，《历史档案》2013 年第 1 期。

③ 乾隆四年五月十五日，《浙江巡抚卢焯为遵旨查明浙省现设救生船只经费有出事奏折》，中国第一历史档案馆：《乾隆朝整饬江河救生船档案》，《历史档案》2013 年第 1 期。

④ 乾隆十四年十二月十二日，《闽浙总督喀尔吉善等为查明浙省原设救生船情形并无虚设请存留事奏折》，中国第一历史档案馆：《乾隆朝整饬江河救生船档案》，《历史档案》2013 年第 1 期。

⑤ 乾隆九年二月二十八日，《湖南巡抚蒋溥为陈明楚省酌办救生船事奏折》，中国第一历史档案馆：《乾隆朝整饬江河救生船档案》，《历史档案》2013 年第 1 期。

⑥ 《清高宗实录》卷 92，乾隆四年五月上，第 414 页。

⑦ 《钦定大清会典则例（乾隆朝）》卷 135《工部·都水清吏司·船政》。

援，或水势稍平不甚险溜，数年来并无救援实例。①安徽"芜湖之大关口、大江口，繁昌之赵家埠，贵池之黄溢，桐城之老洲头，东流之雁汉、香口"所设之 7 只救生船，"各该处水势平缓，不甚险要"，并无必要，而且，安徽原设救生船只还存在"船身有过于宽大迟笨难驶"应行改造者。②而湖北一省，到乾隆十五年时，官办救生船已达 104 只。③

因此，乾隆十四年（1749）五月，雅尔哈善奏请朝廷裁汰江苏省无益之救生船只以节糜费。④经工部议奏，批准"将丹阳县匡家桥等处救生船三十四只均裁，其上元县吧斗山等处，应留二十八只，仍饬经管之员，督率稽查"⑤。同时，工部又提出，既然江苏省救生船虚设无用者达 34 只之多，"其余各省事同一例，或多虚设之处亦未可定。应令各该督抚逐一查明，如果实系险要年所有益民生之船，照旧存留，以资救援。倘系虚设无用之船，亦即一体裁汰"⑥。乾隆帝随后颁发谕旨令各省照办，各省对辖境内之救生船的设置和运行进行了详查，将水势相对平缓及没有成效之处的救生船数目报请裁汰，其中，江西裁去 14 只，安徽裁汰 7 只，四川裁去 24 只，湖北裁减 37 只。陕西、浙江、湖南三省在核查后，发现救生船数量和地点设置合理，因此没有变动。

乾隆十五年（1750），清廷覆准了全国各省官设救生船数量并规定各省救生船巡守的地点。自此之后，各省官设救生船基本维持在这一规模。

综合观之，到乾隆十五年（1750），中国最主要的内河水域，包括长江流域、钱塘江流域、黄河流域等都设置了官办救生船，这些救生船广泛分布于四川、江苏、江西、浙江、湖南、湖北、安徽、福建、甘肃、陕西、山西等 11 省，且在救生船经费来源、各省救生船之船式、救生船之

① 乾隆十四年十一月二十一日，《江西巡抚阿思哈为核查裁汰江西无益救生船事奏折》，中国第一历史档案馆：《乾隆朝整饬江河救生船档案》，《历史档案》2013 年第 1 期。

② 乾隆十四年十一月二十八日，《安徽巡抚卫哲治为查明安徽各处所设救生船情形分别存留裁汰事奏折》，中国第一历史档案馆：《乾隆朝整饬江河救生船档案》，《历史档案》2013 年第 1 期。

③ 《清高宗实录》卷 356，乾隆十五年（即庚午年）正月上，第 913 页。

④ 乾隆十四年五月十五日，《署理江苏巡抚雅尔哈善为请裁汰江省无益救生船只以节糜费事奏折》，中国第一历史档案馆：《乾隆朝整饬江河救生船档案》，《历史档案》2013 年第 1 期。

⑤ 《清高宗实录》卷 342，乾隆十四年六月上，第 742 页。

⑥ 乾隆十四年六月十四日，《兼理工部事务革职留任文渊阁大学士史贻直为裁汰无益救生船只以节浮费事奏折》，中国第一历史档案馆：《乾隆朝整饬江河救生船档案》，《历史档案》2013 年第 1 期。

修造更替年限及费用标准、各省救生船只总数及巡守地点等方面，朝廷都有明确规定，[①] 清代内河官办救生船制度走向定型。自此以后直到鸦片战争前，清代官办救生船再也没有大规模的变动，只是因时因势进行了一些微调。[②]

第二节　清代前期官办救生船管理制度

俗话说，"工欲善其事，必先利其器"。要想内河船难救助取得良好效果，不但要对内河救助的主体——官办救生船体系加强建设，也必须对其加强管理和监督。为此，清廷制订了官办救生船管理制度，对各省官办救生船的设置、式样、修造、资金来源等方面严加规范。

一、官办救生船设置数量与分布地点的规定

经过乾隆十四年（1749）的全面调整，乾隆十五年，清廷覆准各省救生船数。如此，全国各省内河救生船数量被限定，且救生船巡守的地点也基本固定，以下对具体规定进行梳理。

四川省，额设救生船66只。青神县哑婆滩船1只，乐山县大佛崖滩船2只，犍为县道士观、罩鸡濠、义鱼子、龙泉三湾、老鸦漩五滩共设船3只，宜宾县蓼叶、班鸠、石磋滩、铁匠、石鸭、龙漩子、马耳、雷劈石八处共设船4只，南溪县鹭鸶碛、九龙滩、铜鼓子三处共设船2只，江安县香炉、闹坑子二滩船各1只，纳溪县头继梁、二继梁、三继梁船各1只，泸州观音背、螃蟹碛、两条牛、金盘碛四滩共设船3只，合江县淘竹、石鼻子、钤口、连石子四滩共设船2只，江津县黄石龙滩、大鸡脑、威虎子、石牛栏、观音背、蜂窝子六处共设船3只，巴县钻皂子、青岩子、猪肠子、牛头溪、龟石、观音梁、锯梁、饿鬼堆、黑石堆、鲊人坑、马岭十一滩共设船5只，长寿县养蚕堆、台盘子、龙舌、张公不语四滩共设船2只，涪州黄鱼岭、马盼堆、麻堆、龙王沱、群猪、斗岩、白牟七滩共设船5只，酆都县观音、巉碑二滩船各1只，忠州銮珠背、凤凰子、鱼洞子、拆尾四滩共设船3只，万县鱼子湖、窄小、子席、佛面四滩船各1只，云阳县马岭子、塔江子、宝塔沱、东洋子、庙矶子、

---

①《钦定大清会典则例（乾隆朝）》卷135《工部·都水清吏司·船政》。

②（清）托津等修纂：《钦定大清会典事例（嘉庆朝）》卷708《工部·船政·救生船》，沈云龙主编：《近代中国史料丛刊三编》第69辑，第6655页。

磁庄子六滩船各 1 只，奉节县瞿塘、滟滪二滩设船 1 只，青岩、小黑石、二沱滩、男女孔、石版峡五处船各 1 只，巫山县大黑石、虎须子、库套子、大小磨、三揽子、下马滩、老鼠剒、香炉滩八处共设船 4 只，系枋子、龙宝、跳石、黄金藏、黄老背五滩共设船 3 只，屏山县新开滩船 1 只。

湖北省，额设救生船 67 只。江夏县船 17 只，汉阳县船 10 只，武昌县船 1 只，兴国州船 2 只，大冶县船 2 只，黄冈县船 1 只，黄梅县、蕲州船各 2 只，蕲水县船 1 只，江陵县船 4 只，监利县、松滋县船各 2 只，襄阳县船 3 只，均州船 2 只，东湖县船 7 只，巴东县船 2 只，归州船 7 只。

湖南省，额设救生船 22 只。岳州府布袋口、君山后湖、扁山、九马觜、万石湖、龙回觜、铜盆湖、舵杆洲八处船各 1 只，巴陵县岳阳门、南津港、鹿角、浏公矶、城陵矶、荆河口、白螺矶、杨林矶八处船各 1 只，华容县傅家矶、黄古滩船各 1 只，湘阴县百鱼矶、琴棋望、白花洲、磊石四处船各 1 只。

安徽省，额设救生船 17 只。怀宁县新马头、大江口前江沟二处船各 1 只，大新桥船 1 只，小南门船 2 只，大南门船 1 只，贵池县马踏石、新河坝船各 1 只，铜陵县长山矶、洋山矶船各 1 只，繁昌县三山夹、荻港镇、赵家埠船各 1 只，东流县吉阳、黄石矶船各 1 只，当涂县采石、大信二镇船各 1 只。不过，《大清会典则例》记载与档案记载有不符之处，会典记载繁昌县赵家埠设救生船 1 只，而没有桐城三江口救生船，但乾隆十四年（1749），安徽巡抚卫哲治在奏折中明确指出，包括桐城之三江口在内等处所设之救生船"俱系险要处所，历有救生实事，应行存留"，而繁昌赵家埠等处所设之救生船 7 只，"各该处水势平缓，不甚险要，应行裁汰"，得到朝廷的批准。[①] 顾川洋认为，档案记载当更为准确。[②]

江西省，额设救生船 21 只。湖口县屏峰矶、文昌洑、麒麟河船各 1 只，彭泽县金刚料、小孤洑、马当镇船各 1 只，德化县九江关、岳师门、回峰矶、大姑塘船各 1 只，星子县渚溪汛、蓼花池、南岸汛、谢石汛、火焰山、蔡溪河、青山汛、洋澜汛、长岭汛九处船各 1 只，左蠡汛船 2 只。

江苏省，额设救生船 28 只。丹徒县镇江口渔船 6 只，大港、图山船

---

① 乾隆十四年十一月二十八日，《安徽巡抚卫哲治为查明安徽各处所设救生船情形分别存留裁汰事奏折》，中国第一历史档案馆：《乾隆朝整饬江河救生船档案》，《历史档案》2013 年第 1 期。

② 顾川洋：《乾隆年间官办救生船浅述》，《历史档案》2010 年第 4 期。

各 1 只,京口驿红船 1 只,江都县瓜洲渡江马头、查子港、新港口三处红船各 1 只,深港红船 2 只,三江营红船 2 只,仪征县沙漫洲、旧江口红船各 1 只,江宁府三山、西江船各 1 只,上元县爬斗山船 1 只,江阴县黄田港船 1 只,靖江县澜港口船 1 只,宝山县黄浦江口船 2 只,山阳县老坝口船 1 只,清河县县前、风神庙船各 1 只。

浙江省,额设救生船 23 只,俱分泊钱塘江自江口至于海门二百余里南北两岸,其中,银杏埠、西兴埠、王家堰、上沙渡、六和塔、转塘头、潭头、金衢埠、徽严埠、螺蛳埠、梵村、浮山、东江嘴、闻家堰等处各 1 只,① 其他 9 只具体地点不详。

福建省,额设救生船 15 只。瓯宁县七里、青铜、万石三滩船各 1 只,建安县盆滩、梨滩船各 1 只,南平县黯淡、八仙桌、鲤鱼城、门衕、金盆、燕子岩六滩船各 1 只,大湘、茶洋二滩共设船 1 只,箭孔、秤钩二滩共设船 1 只,顺昌县雄鸡、鸡羽尾二滩船各 1 只。

山西省,额设救生船 1 只,泊于河津县禹门渡。

陕西省,额设救生船 7 只。同州府属韩城县黄河龙门渡船 1 只,兴安州属紫阳县汉江铁牟、宦姑、大力、中宫、汝河、楼子六滩船各 1 只。

甘肃省,西宁府属归德所黄河渡口船 1 只。

全国 11 省,官设救生船共 268 只,主要集中于长江流域,尤以四川、湖北两省数量最多,反映了长江航道的繁荣与险阻。

乾隆十五年(1750)后,清廷根据实践情况,对部分省份救生船进行了调整。据嘉庆《大清会典》载:"乾隆三十年覆准,湖北松滋县涴市救生船二,改拨史家湾地方以资救援。乾隆四十五年奏准,江苏长江天险,京口、瓜洲及北固、金焦一带,风涛间作,尤为紧要,请照添雇渔船例,再拨渔船四,② 所需工食银两,即在普生庄息银内动支,傥经费缺乏,以及船只不敷,于丹徒丹阳等县一带报升沙滩银两内随时拨充,按年造册报销。乾隆五十年覆准,浙江钱塘县银杏埠、萧山县西兴埠各添设救生船一。每船成造工料银七十二两九钱五分,每船每岁额给修舱银六两,额定每船水手八名,每名工食银六两,小修银十六两,大修银二

---

① 乾隆四年五月十五日,《浙江巡抚卢焯为遵旨查明浙省现设救生船只经费有出事奏折》,中国第一历史档案馆:《乾隆朝整饬江河救生船档案》,《历史档案》2013 年第 1 期。

② 《清史稿》中所记载数量与此不同:"吴坛擢江苏巡抚,疏言:'江河险处,设救生船五十六,今裁存二十八,请增募四十,分泊京口、瓜州、金山诸处。'并从之。"(民国)赵尔巽等撰:《清史稿》(缩印本),卷 321,中华书局,1998 年,第 2771 页。

十两。"①

不过，乾隆十五年（1750）覆准的只是各省常规性救生船的数量及地点，并未明确涉及特殊救生船只，如长江、黄河上的护漕船。那么乾隆十五年后这些护漕救生船有没有被裁汰呢？《漕运则例纂》卷十三记载："京口渡江民间向有捐造救生船只……查此项船只，每年重运渡江时，向系瓜洲营兵管押，既不实心护漕，又多苦累船户。乾隆三十一年，议令船只仍归丹徒、江都两县管理，稽查约束，至重运渡江时不必令营弁坐押保护，归于京口、瓜洲两岸催漕委员调派督护，其应支岁修工食银两，照旧具领，赴道请支。"② 说明京口救生船并未裁撤，只是独立于地方官办救生船系统之外。后来，清廷还增设了护铜救生人员，据嘉庆《钦定大清会典事例》记载，乾隆五十六年奏准："各处险滩，仿照救生船之例，酌募滩师四五名，按所在州捐给工食，令其在滩专护铜铅船只，如有失防沉溺，将该滩师革退，枷示河干。"③

二、救生船式样、修造与配置的规定

清廷对各省救生船式样进行规制，但并不要求统一，只是各省各地应依据本处具体水情，因地制宜采用适宜之船只，报知朝廷，朝廷据此规定其修造工料银。故实际上，全国各地官办救生船有多种式样。如重庆巴县一带的救生红船系用五板小船充当，合州嘉陵江一带用平底快船充当，青神县以大五板船作救生船，④ 江苏还雇募渔船充当救生船。江河与大湖救生船式样亦有分别，"湖水湍激，船以浅利捷为宜；江水浪活，船以宽大深稳为利"，江西鄱阳湖中之船"身长四丈，腰宽一丈，舱深三尺五寸，板厚一寸五分，而在江之船……身长六丈二尺六寸，腰宽一丈二尺六寸，舱深五尺六寸，板厚一寸五分"。⑤

既然各省救生船式样不同，清廷规定的成造与维修之工料银自也不同，小修自二两二钱至二十七两，大修自四两三钱至四十五两，更造自七

---

① （清）托津等修纂：《钦定大清会典事例（嘉庆朝）》卷708《工部·船政·救生船》，沈云龙主编：《近代中国史料丛刊三编》第69辑，第6655页。

② （清）杨锡绂：《漕运则例纂》卷13《粮运限期》，乾隆刻本。

③ （清）托津等修纂：《钦定大清会典事例（嘉庆朝）》卷174《户部四十七·钱法·办铜铅考成》，沈云龙主编：《近代中国史料丛刊三编》第66辑，第8021—8022页。

④ 蓝勇：《清代长江上游救生红船制初探》，《中国社会经济史研究》1995年第4期。

⑤ 乾隆三年八月初三日，《江西巡抚岳濬为江西省江湖危险之处添改救生船事奏折》，中国第一历史档案馆：《乾隆朝整饬江河救生船档案》，《历史档案》2013年第1期。

两七钱至七十九两，各有差。如四川省奉节等县救生船每船成造工料银
十有八两一钱，山西河津县禹门渡救生船给成造工料银二十三两三钱有
奇。① 这既是防范贪腐之制度，也是对救生船修造标准的规定。

表6　乾隆《钦定大清会典则例》对各省救生船式样、修造工料银的规定简表②

地点	批准时间	船式	小修	大修	更造
四川奉节等县	雍正十三年	不详	二两七钱	五两五钱	十八两一钱
江西南康府星子县	乾隆元年				
四川屏山县	乾隆二年		二两二钱	四两三钱	十二两三钱
福建南平等县	乾隆二年				十六两八钱
山西河津县禹门渡	乾隆四年				二十三两三钱
陕西韩城、紫阳二县	乾隆五年		四两六钱	八两九钱	十六两四钱
甘肃西宁府归德所	乾隆五年				二十二两二钱
安徽	乾隆八年	长六丈五尺五寸，阔一丈一尺二寸，深四尺五寸	二十七两	四十五两	七十二两
		长四丈八尺，阔九尺八寸，深三尺五寸	十四两二钱	二十八两五钱	四十七两五钱
江苏	乾隆九年	大号、中号救生船，修造年限，照安徽定例报销			
江西星子县	乾隆十年	不详	八两二钱	十三两八钱	四十三两四钱
江西德化、湖口、彭泽三县		不详	十两六钱	二十七两六钱	七十九两八钱

① 《钦定大清会典则例（乾隆朝）》卷135《工部·都水清吏司·船政》。
② 《钦定大清会典则例（乾隆朝）》卷135《工部·都水清吏司·船政》。

（续表）

地点	批准时间	船式	小修	大修	更造
湖北	乾隆十一年	长四丈五尺，阔八尺	九两八钱	十六两四钱	二十五两二钱
		长四丈二尺，阔八尺六寸	九两九钱	十六两五钱	二十五两三钱
		长四丈二尺，阔八尺	九两二钱	十五两三钱	二十三两五钱
		长三丈五尺，阔八尺	七两七钱	十二两九钱	十九两八钱
		长三丈五尺，阔七尺	六两七钱	十一两一钱	十七两一钱
		长三丈五尺，阔六尺四寸	六两一钱	十两二钱	十五两七钱
		长三丈，阔六尺	四两九钱	八两二钱	十二两六钱
		长二丈二尺，阔五尺	三两	五两	七两七钱
湖南	乾隆十一年	照湖北之例办理			
浙江			十六两	二十两	五十四两四钱

考虑到救生船在运行中有损耗毁坏，清廷规定各省救生船及时进行维修更换，一般照内河战船年限修造，[①] 即自打造完工之日为始，届三年准其小修，再届五年准其大修，又历三年仍准小修，此小修之后再历三年准其拆造。只有甘肃归德所救生船定限五年一更造。[②] 可见多数救生船的使用年限为十四年。

从实践来看，各省救生船之修造也基本依定限进行。如乾隆十六年（1751），甘肃巡抚鄂昌奏请将年久朽坏之归德所救生船修补，该救生船设立于乾隆六年。[③] 乾隆十七年，湖北沔阳县救生船期届大修，湖广总督开

① 康熙二十九年题准："……内河战船，自新造之年为始，历三年准其小修，小修后五年大修，大修后三年，仍令小修，小修后三年，如船尚堪修理应用，仍令其大修，或不堪修理，该督抚等题明拆造。"《钦定大清会典则例（乾隆朝）》卷135《工部·都水清吏司·船政》。

② 《钦定大清会典则例（乾隆朝）》卷135《工部·都水清吏司·船政》。

③ 乾隆十六年闰五月二十六日，《甘肃巡抚鄂昌为归德所救生船朽坏修补与例相符事奏折》，中国第一历史档案馆：《乾隆朝整饬江河救生船档案》，《历史档案》2013年第1期。

泰于次年奏请动用工料银两，二十一年，湖广总督又因江夏等地救生船届满小修奏请动支公项银两。①

不过，朝廷规定的修造年限只是一个普遍性的标准，并非所有内河救生船只一到年限就需要进行修理或拆造。但现实中，一些地方官员"故套相沿，于公事视同膜外"，"徒循大小修拆造例限，初不问其实在应行修造与否，承办者利于开销，而上官亦但知岁月相符，并不悉心查勘"，难免浪费和滋生弊窦。因此，乾隆二十六年（1761），皇帝颁发上谕，痛斥此固守成规之恶习，令"各该督抚将军等，实力查验，毋任稍有冒滥，致滋弊窦，仍令每次具折奏闻"②。乾隆二十八年，工部奏准："凡应修沙船……救生各船，每年先行委员查勘，将实系打坏及船身尚属坚固，堪以改修缓修，年终汇折具奏。"③如此一来，救生船的修造规定就更加合理了。

此外救生船上配备桡夫水手，招募谙熟水性之人，依据救生船之式样，分别配置2名、3名、4名、6名、8名、10名不等，以6名或8名较为常见。

救生船只除配备应用之桡桨、桅舵、蓬索等项外，还配置有一些救生工具，如抄网之类，还有类似于现代救生圈之类的器具，"江宁燕子矶救生船……多设木版，长六七尺，两头有洞，贯以大篾圈，浮于江面，溺者以手触着即得生。无风时其版俱置弘济寺廊间"④。

三、官办救生船的经费来源

官办救生船的经费支出，包括两方面的内容，一是修造救生船的经费，二是维持救生船运作的经费，包括工食银、救助设备费用、救助奖励等。

清代前期官办救生船的经费来源主要有两种。其一，个人捐设。既有民间慈善人士的捐设，也有官员个人的捐设。如雍正时期官员王承烈督粮湖北时，捐俸修造救生船。⑤薛传仁"乾隆丁卯武举，官奇兵营千总，所

---

① 中国第一历史档案馆：《乾隆朝整饬江河救生船档案》，《历史档案》2013年第1期。
② （清）托津等修纂：《钦定大清会典事例（嘉庆朝）》卷707《工部·船政·战船》，沈云龙主编《近代中国史料丛刊三编》第69辑，第6603页。
③ （清）托津等修纂：《钦定大清会典事例（嘉庆朝）》卷707《工部·船政·战船》，沈云龙主编《近代中国史料丛刊三编》第69辑，第6604—6605页。
④ （清）袁栋：《书隐丛说》卷14，乾隆刻本。
⑤ （清）蔡世远：《二希堂文集》卷9《刑部右侍郎泾阳王公神道碑》，清文渊阁《四库全书》本。参见（清）钱仪吉：《碑传集》卷23《刑部右侍郎泾阳王公神道碑》，道光刻本。

辖滨大江，风涛溺人，传仁捐俸设救生船，自是无覆舟致死者"①。乾隆间项应莲任职宜宾县，"邑有大佛沱，为极险滩，捐造救生船以拯溺，数年滩长为陆邑，民勒石归美"②。也有的既捐设救生船，又捐助救生船运行的费用。如雍正七年（1729），"督宪李捐造船三只，驿道王捐造船只，分泊沿江险要王家堰、上沙渡、潭头、六和塔、转塘头五处，又捐俸于萧山、由安、许苎、桃源等乡置买救生田八百七十五亩零，池一亩零，设立普生庄，户岁收租米五百七十九石，为救生经费，每年专责萧山县印官征收，所收米石暂贮县仓，即令该印官变价解道"③。还有些是个人捐银置买田产交由官府，由其佃取田租维护救生船之运行。如康熙四十七年，江苏巡抚于准议行镇江府设置救生船，又捐款置买丹阳县义田五百亩，名曰普生庄，岁收租息，以其岁入给工费犒赏，有余则储为来岁之用。④为使镇江府普生庄救生船经费有充裕的保障，乾隆五十五年（1790），朝廷又覆准以该庄租息银内置买丹阳县入官田塘一百八十亩九分六厘九毫，每年按照通县收成分数，采收米麦，变价解贮府库，仍以充救生船工食犒赏之用。⑤如前所述，这些个人捐设交由官府管理运作之救生船及经费，其性质仍应归于官办救生船体系。

其二，官府拨款。这是官办救生船最主要的资金来源。乾隆朝以前，官办救生船之经费来源并未明确。乾隆元年（1736），皇帝谕令四川设救生船，"其所需经费，准于正项内报销"⑥。所谓正项，即正项钱粮。清制，民间输纳之赋税，凡地、丁两项为正项钱粮，其余则曰杂项。⑦但到底是从解送给中央的正项下动支还是存留地方的正项下动支、这种动支只是临时的还是定制，这些都未明确。乾隆四年，皇帝谕南方"各省督抚确勘所属地方，有险厄之处应设救生船者，酌量存公银估计修造，每年给与水手工食银若干，并交与地方官载入交盘册内，永远遵行"⑧。存公银两，乃存

① （清）何绍基：（光绪）《重修安徽通志》卷197"宦绩二十"，光绪四年刻本。
② （清）何绍基：（光绪）《重修安徽通志》卷187"宦绩十"。
③ （民国）李楁撰：（民国）《杭州府志》卷73《恤政四》。
④ （清）赵宏恩：（乾隆）《江南通志》卷26《舆地志》。参见《清高宗实录》卷1109，乾隆四十五年六月下，第835页。
⑤ （清）托津等修纂：《钦定大清会典事例（嘉庆朝）》卷708《工部四十八·船政·救生船》。
⑥ 《钦定大清会典则例（乾隆朝）》卷135《工部·都水清吏司·船政》。
⑦ 李鹏年、刘子扬、陈锵仪编著：《清代六部成语词典》，第87页。
⑧ 《钦定大清会典则例（乾隆朝）》卷135《工部·都水清吏司·船政》。参见《清高宗实录》卷90，乾隆四年四月，第391页。

留地方司库之银两，用于各省地方公事之经费。因此，该谕旨明确了各省官办救生船修造银两由地方存留项中支给，且成为定制。所谓"交盘"，指官员因升迁或其他原因离任时，将任内所管的各项事务向新任官或署任官交接，新任官或署任官对离任官任内各项事务进行接收检查的过程。"交盘册"指即将离任的州县官对经管的一切钱粮、案件等事务所列的清册。① 黄六鸿在《福惠全书》中提到："夫交盘不止一事，而造册各有经承。其应造者，有地丁粮册，有杂项钱粮册，有仓谷册，有驿递夫马册，有钦部宪件册，有监犯花名册，有贮库赃罚什物册，有私盐变价册。"② 交盘册既是官员考核的重要依据，又可以为新官上任后治理地方提供信息和先例。将救生船修造诸费用列入交盘册中，可以保证官办救生船事业前后相继，生生不息。按照清代财政制度，地方政府动用经费设置救生船之后，"由部准督抚咨核覆，修造工竣，报部题销"③。

不过，乾隆四年（1739）谕令仅规定官办救生船费用由地方公项动支，但各省具体动支名目却有不同，最常见的是由司库耗羡项下动支。耗羡即火耗银，是加于钱粮正额之外征收的一种附加税，前文已述。④ 如湖南湘阴县四只救生船，每船工食银三十两，三年一小修，五年一大修，岁冬添设守风渔船二十只，每船工食银一两，由司库耗羡项下动支。⑤ 嘉庆二十五年（1820），各省在制订额定耗羡章程时，一些省份把救生船费用列为定款定数："（江苏省）江宁布政司所属额定耗羡章程，并盐规匣费，……有定款有定数者共二十八款，……江宁救生船水手工食银三百一两二钱，清河县马船水手工食银一百五十两，江都县救生船水手工食银四百五十三两六钱，……洪泽湖救生桩木银五百两。……江西省额定耗羡章程并关税、火耗羡余等，……有定款有定数者共四十二款，……星子等四县救生船水手工食银一千五百四十五两四钱二分二厘。……福建省并台湾府额定耗羡章程，……有定款有定数者共五十九款，……上游各滩救生船并各处渡夫舵水工食银九百八十二两四钱（原额银

---

① 赵士第：《清代州县钱粮交代的文书运作——以钱粮交代册为中心》，《档案学研究》2022 年第 2 期。

② （清）黄六鸿著，周保明点校：《福惠全书》卷 32《升迁部·交盘册》，广陵书社，2018 年，第 584 页。

③ 《钦定大清会典则例（乾隆朝）》卷 135《工部·都水清吏司·船政》。

④ 李鹏年、刘子扬、陈锵仪编著：《清代六部成语词典》，第 98 页。

⑤ （清）曾国荃：（光绪）《湖南通志》卷 43《建置志三·公署·普济育婴等公所·湘阴县》。

一千一百二两四钱）。……湖北省额定耗羡章程，……各属救生船工食银二千二百三十三两七钱八分一厘（原额银三千六百八十五两二钱）。……湖南省额定耗羡章程，……救生船水手工食银九百四十二两（原额银一千九十二两），……陕西省额定耗羡章程，……韩城、紫阳二县水夫工食银三百六十两，长武县水夫工食银二十四两九钱二分二厘。……四川省额定耗羡章程，……奉节、巫山二县救生船水手工食银三百二两四钱。"①江苏之江宁属下、江西省、福建省、湖北省、湖南省、陕西省以及四川省奉节、巫山二县救生船费用俱被列入耗羡之定款定额，如有动用，可以直接从该项目下支付，更为方便、有效率。

在地方耗羡之外，也有一些地方救生船费用是由其他杂项支给，如江苏"镇江、瓜州、江宁、和州等处，向来各官及商人等有捐设救生船只，雇募水手，于盐匣杂费等项内拨定岁修、工食银两"。乾隆三年（1738），那苏图奏请增设自太平以至安庆救生船二十只，建议由充公之项之各属马田租稻余谷支付逐年岁修及雇募水手工食等项。②浙江钱塘江所设救生船中，"金、徽埠二船，系于商捐程费项下动支"③。所谓商捐，并不是民间捐款，而是地方公项之下的一个名目，应是抽收商盐过门之款项。据清代《重修两浙盐法志》载，"杭嘉绍等所商盐完课开运之后，因恐商人有中途灌包夹带以及影射飞渡等弊，是以于要隘处所设立口，次该管官员盘验放行，名为过门，载在盐志，由来已久，所以该衙门朱费纸张以及巡役工食、房租船价办事辛资一切费用俱于过门引盐之上，计引抽收，按款开发。查苏州府每年约过门盐二十万引，每引收银二分一厘零；湖州府每年约过门盐六万五千引，每引收银五分六厘；富阳县每年约过门盐二十八万引，每引收银一分二厘；桐庐县每年约过门盐二十七万引，每引收银八厘；严州府每年约过门盐二十五万引，每引收银一分八厘。以上所收之费，除苏松巡道并苏、杭、湖、严等府厅暨富阳、桐庐二县养廉朱费及盘验引盐一切零星饭食辛资外，每处岁有盈余银二三百两不等，解交盐道库内，凡关无款工食与钱塘江救生船赏项及添补巡费，俱于此项内详明

① （清）昆冈、李鸿章修纂：《钦定大清会典事例（光绪朝）》卷170《户部·田赋·耗羡动支》。
② 中国第一历史档案馆，《乾隆朝整饬江河救生船档案》，《历史档案》2013年第1期。
③ 乾隆十四年十二月十二日，《闽浙总督喀尔吉善等为查明浙省原设救生船情形并无虚设请存留事奏折》，中国第一历史档案馆：《乾隆朝整饬江河救生船档案》，《历史档案》2013年第1期。

办理。"①

至于护漕救生船，其性质、功能与普通救生船有异，故其费用来源与寻常救生船有差别。如京口设置的护漕救生船十只，"动项官造"，所需工食、修葺各项银两，于六升米折项下支销。②黄河护漕救生船两只，每只造价银一百八十两，朝廷令江、浙、广等六省出运丁船按数验派捐给，每船募设舵水十名，每名月给工食银一两。其船三年一次岁修，所修银两及每年舵水工食，由江安苏松二粮道于六升米折项下各半支给，十年即将船只拆造，每船给工料银一百两，仍在南漕各省出运军船行赠银内派给，计渡黄漕船共五千八百六十三只，初次成造时，每船派捐银六分一厘，嗣后十年拆造，每船派捐银三分四厘，遇有停减，按现运船数派增。③

有学者认为，清代救生红船设置和运作的经费主要是由民间捐资，政府拨款只是补充。④然从上述论述来看，至少在清代前期，官办救生船是内河救生船的主体，且官办救生船的设置经费和运作经费虽有个人捐助，但主要来源则是政府财政拨款。可以说，正是官府大量拨款，官办救生船才有了持续、充分的资金保障，作为内河船难救助主体才得以长期存在和正常运作。在厘清了内河船难救助主体的相关问题之后，接下来将对内河船难救助的对象、救助风险及救助措施进行考察。

第三节　内河船难救助对象、救助措施与监管

一、内河船难救助的对象

首先要说明的是，清代前期，朝廷并不允许外国船只进入内河航道，自然也不会有在内河失事的外国船只，故内河船难救助的对象只是失事的中国船只，包括人命救助与财产救助。

人命，是内河船难救助的首要对象。时人以"救生"名内河救援之船只，本身就意味着其以拯救生命为首要目的。乾隆帝曾在谕旨中明言朝廷设立救生船之本意乃"防商民意外之虞"，两江总督那苏图也曾言奏请朝廷设立救生船之原因——内河水道"行舟来往，一遭覆溺，难以救援，屡

---

① （清）延丰：《重修两浙盐法志》卷11《奏议二》，清同治刻本。

② （清）杨锡绂：《漕运则例纂》卷13《粮运限期》。

③ （清）杨锡绂：《漕运则例纂》卷13《粮运限期》。参见《清高宗实录》卷162，乾隆五年九月上，第849页。

④ 蓝勇：《清代长江上游救生红船制初探》，《中国社会经济史研究》1995年第4期。

伤人命"。安徽巡抚卫哲治要求主管救生船事务的官员"应……将船只修造坚固，器具齐全，选觅谙水性之人驾驶，一遇风浪，督率该船上下游巡，或保护于频危，或救援于已溺，务全生命"。① 从皇帝到官员，或间接或直接，都强调了救生船拯救人命的目的。

难民获救之后，如何安置？对此，朝廷并没有规定。从实践来看，一般都会免费给予难民日常生活必需之物，缺少盘缠者，官府也会给予川资，以便他们返乡。如江宁燕子矶救生船救人后，送于附近的寺院，"寺中有大橱五六具，皆置衣裤于中，为溺者所易，得生者为加倍纳之"。虽然衣物为幸存者纳之，但燕子矶救生船既属官办，该大橱及衣裤初亦应为官府所设置。② 再如钱塘江"南北二岸设立木柜二只，制备绵被、布衣各二十件，封锁交附近僧人看管，遇有救起生人立换湿衣，僧人即办姜汤听用，俟衣服晒干更替，原制衣被仍贮木柜，造册存查"③。

内河船难救助中的人命救援有一类较特殊，即捞浮收瘗。船难发生以后，并不是所有的落水者都能获救，一些人不幸遇难。救生船兼有打捞沉溺尸身之责。④ 对于打捞尸体的救生船，官府会给奖赏。如康熙四十七年（1708），江苏巡抚干准于京口添设救生渔船，规定："活一人者予一金，死者俾三之一。"⑤ 尸体打捞上岸之后，不能任其暴露于野，而要搭盖篷厂、尸场安放，以备官府验尸。待官府验完之后，无主尸体一般会存厝待亲属前来查认，而不会立即下葬。对于无人认领之尸体，由官府指定机构或救生机构进行收瘗。尸体掩埋时要标注浮尸的相关信息，以备亲属前来查认。如钱塘江救生船章程规定：捞得死尸，有同船识认者，每一尸给棺，价一两，倘无人识认者，亦给棺，价一两，仍照例详开面貌、衣服、约略年岁，浅埋隙地，插标召认；如一年后无人识认，报明各该管官，抬义冢，立石镌刻年貌备查。⑥

内河船难救助的另一对象是船难财物。救生船水手在救下人命之后，

---

① 中国第一历史档案馆：《乾隆朝整饬江河救生船档案》，《历史档案》2013 年第 1 期。

② （清）袁栋：《书隐丛说》卷 14。

③ （民国）李榕：（民国）《杭州府志》卷 73《恤政四》。

④ 对此，蓝勇的研究具有代表性，参见蓝勇：《清代长江救生红船的公益性与官办体系的衰败》，《学术研究》2013 年第 2 期。

⑤ （民国）李榕：（民国）《杭州府志》卷 46。

⑥ （民国）李榕：（民国）《杭州府志》卷 73《恤政四》。另外，关于清代内河船难救助中浮尸之收埋，蓝勇等人进行了相当细致的研究。见蓝勇、张铭：《清代浮尸收瘗中的人文关怀》，《学术研究》2018 年第 2 期。

应捞拾难民财物交还难民，不得趁机勒索报酬。难民的财物所有权受法律保护，《大清律例》规定，民众如有侵犯内河船难难民的财物，以强盗罪或乘危抢夺罪治之，① 此点与沿海的规定并无二致。

清代内河船难救助中有两项举措值得称道。其一，官府对单纯人命救助、捞拾和收埋浮尸者给予奖励。现代海难救助中，单纯的人命救助不能获取报酬，政府也不会给予奖励，也就是说，完全是没有任何收益的，甚至还要付出救助成本。相对而言，清代的举措更有利于调动人们救助的积极性，这对于现代海难救助制度之完善不无参考意义。其二，确立了人命救助优先于财物救助的原则。船只覆溺后，落水之人和财物，先救何者呢？对此，虽然清代法律没有明确，但从人们对先救物再救人行为的批判来看，人命救助优先的观念已经确立。如钱塘江救生船水手，"遇风潮时并不上前救护，坐视覆溺，先捞货物，后及人尸"就被指斥"惟利是视"。② 直到晚清，这也仍是内河船难救助机制坚持的价值观，如《峡江救生船碑记》申令："客舟罹难，救人为先，次货物，敢有匿客财与索客谢者，惩无宥。"③

二、救助费用的规定

此处之救援费用，是指救助过程中所付出的人力、物力成本等，主要包括救助人员的工食银及奖励，不包括设置、修造救生船只的费用及抚恤难民的支出。

清代前期之官办救生船完全按照行政组织管理范式进行管理，其管理人员的报酬，一般随官员和公职人员的薪俸和工食来确定。此处主要考察救生船桡夫水手之收入。

官办救生船水手由官府每月固定支给工食银，全国各地数目大致相同，每年在 6 两左右。如光绪《湖南通志》载，湘阴"县境额设救生船四只，水手二十名，岁给工食银百二十两……由司库耗羡项下动支，归岳州府同知管理"④。岳州府同知及巴陵县境内各设救生船八只，水手四十八名，岁支工食银各二百八十八两，均由司库耗羡项下动支。⑤ 华容县境"额设

---

① 关于江洋行劫及乘危抢夺治罪之具体规定，可参见郭成伟主编：《大清律例根原》第2册，第903、966页。
② （民国）李楁：（民国）《杭州府志》卷73。
③ 转自蓝勇：《清代长江救生红船的公益性与官办体系的衰败》，《学术研究》2013第2期。
④ （清）曾国荃：（光绪）《湖南通志》卷44《建置志四·津梁一·长沙府·湘阴县》。
⑤ （清）曾国荃：（光绪）《湖南通志》卷45《建置志五·津梁二·巴陵县》。

救生船二只，水手四名，岁支工食银六十两，由司库耗羡项下动支"①。浙江钱塘江救生船水手，每名岁给工食银六两。② 湖北省除特别危险的地区外，一般也是每月给银五钱，至于特别险厄之东湖、巴东二县，救生船水手工食银稍高，每年为七两二钱。③ 一般一年以十二个月计算，闰不加增。安徽东流县吉阳矶、黄石矶设救生船二只，额设水手八名，每名月给工食银五钱。④《清代巴县档案》记载，乾隆时救生红船水手三十名，每人每天工食银二分，一年共计二百一十六两银。⑤

长江、黄河官设护漕救生船水手所给工食银较高，一般每名月给工食银一两。但是，只给漕船密集过境的三个月，其他月份则停给工食，允许其渡载商民，自行揽活。⑥ 官办救生船中，还有官府雇募之渔船，对于这些救生船及人员，官府也给予一定费用，如江苏巡抚于准于京口轮雇的六只渔船，官府"每船月给工食银三两"⑦。湖南湘阴县每岁冬于洞庭湖"添设守风渔船二十只，每船工食银一两"⑧。

据清代四川冕宁县清代档案记载，禁卒、更夫、捕役、仵作每年工食银六两，铺司兵为六两，仓夫斗级工食银六两，随学仵作工食银三两。⑨ 周保明的研究也表明，清代州县衙门的佐杂书办等额设工食银一般是每年六两至七两二钱。⑩ 可见，桡夫水手的工食银水准基本与行政部门下层杂役持平。

在工食银之外，为了调动水手的积极性，各地都规定，根据施救的

---

① （清）曾国荃：（光绪）《湖南通志》卷45《建置志五·津梁二·华容县》。

② 乾隆四年五月十五日，《浙江巡抚卢焯为遵旨查明浙省现设救生船只经费有出事奏折》，中国第一历史档案馆：《乾隆朝整饬江河救生船档案》，《历史档案》2013年第1期。参见（民国）李榕：（民国）《杭州府志》卷73《恤政四》。

③ 《清高宗实录》卷123，乾隆五年七月下，第812页。

④ （清）李兆洛：（嘉庆）《东流县志》卷11《仓储志》，嘉庆刻本。

⑤ 《本县大河救生船水手况声远等人控县衙克扣工食于臬司讯结》，四川省档案馆藏清代巴县档案·乾隆朝，6-2-03004。转自蓝勇：《难言之隐——清代内河救生慈善组织内部服务有偿化研究》，《社会科学研究》2018年第6期。

⑥ （清）杨锡绂：《漕运则例纂》卷13《粮运限期》。

⑦ 《清高宗实录》卷1109，乾隆四十五年六月下，第835页。

⑧ （清）曾国荃：（光绪）《湖南通志》卷43《建置志三·公署·普济育婴等公所·湘阴县》。

⑨ 李艳君：《从冕宁县档案看清代民事诉讼制度》，云南大学出版社，2008年，第33—35页。

⑩ 周保明：《清代地方吏役工食银考论》，《中国社会经济史研究》2009年第3期。

效果，对救生船水手额外给予一定的奖赏。如康熙四十七年（1708）江苏巡抚于准于京口添设救生渔船，规定："活一人者予一金，死者俾三之一。"① 钱塘江救生船水手"救一人溺者，赏银三两"，不过，也有记载说"救得漂没活人一口，即刻呈报该驿官验明转报，赏银一两，如果风大潮猛，不能全救，捞得一尸者，赏银三钱"。②"李士珠字宝岩，历城人，补诸生……迁高邮州牧，未莅任，擢镇江知府，乾隆庚子春，圣驾南巡，召见，奇其貌……数邀恩赏，调守江宁，迁江南河库道，在官二十余年，所至有实政。守京口时，例有救生船，凡救得生者一人赏一金，舟子多救生者，而死者竟不顾。捐俸俾救死者与生者等，于是人获全尸。"③

官府对官办救生船水手给予的奖励，基本上与民间救生机构所设奖励持平。如乾隆初，京口救生会规定，救生人员凡于江中救起一人给赏钱一千二百文，捞取浮尸一具奖赏一千一百五十文。④ 金陵救生局规定，每救起一人，由救生局犒赏一千文，如遇风暴，加倍，钱二千文；捞尸一口，给钱三百文。江阴救生局规定："风平浪静，救得活人一名，送局赏钱一千文，黑夜加倍。狂风骇浪，救得活人一名，送局赏钱二千文，黑夜加倍。捞得港内浮尸一具，送局赏钱四百文。捞得港内棺木一具，送局赏钱五百文。捞得江中浮尸一具，送局赏钱八百文。捞得江中棺木一具，送局赏钱一千文。"⑤ 犒赏水平大致相埒。清代例制，一两白银一般兑换一千文制钱，但实际中有变动，顺治至嘉庆初年，银钱比一般在1:1 000左右，嘉庆到同治年间在1:1 500左右。⑥

那么，奖赏能不能兑现？救生船水手通常拿到奖赏的数量有多少？由于清代前期相关资料缺乏，很难获得第一手的信息。不过，以每船救一人赏银一两为例，假设每只救生船每月救6人，全年也只得72两，每船6名水手，平均下来也只得12两。这种推测可能并不荒谬。四川巴县档案中有一些光绪朝的记载，由于清代物价并没有剧烈波动，对内河救生船水手的奖赏标准也没有大的改变，因此这些记载能够让我们对清代前期四川

---

① （清）许鸣盘：《方舆考证》卷46《江苏三·镇江府·关镇》。
② （民国）李楁：（民国）《杭州府志》卷73《恤政四》。
③ （清）成瓘：（道光）《济南府志》卷53《人物九》。
④ 陈林：《救生会：现代救助的起源》，《中国交通报》2005年7月21日第A04版。
⑤ （清）余治：《得一录》卷4《救生局章程》，同治八年刻本。
⑥ 蓝勇：《难言之隐——清代内河救生慈善组织内部服务有偿化研究》，《社会科学研究》2018年第6期。

救生船水手的奖赏信息有一大致了解。[①]

表7　光绪十二至十四年（1886—1888）巴县救生红船救护赏号钱表

滩名	舵工名	船型	救起人数	赏钱
小河	张玉顺	船	5	6 000 文
大河	文玉	三板船	6	7 200 文
大河	李兴发	三板船	6	7 200 文
小河	张玉顺	揽载船	8	9 600 文
大河	文玉	梢船	3	3 600 文
大河	李兴发		5	8 000 文（含棺木、石碑钱 4 000 文）
小河	张玉顺	船	7	8 400 文
大河	文玉	梢船	7	8 400 文

　　根据上表，光绪年间，假设救生船每月救起6人，月获银7 200文钱，一年可获得86 400文，折白银57两，仍以每船6名水手平均分配，每人只得14 400文。

　　要注意的是，奖赏只是针对拯救人命的行为，救生船水手捞救遇难船只财物，官府并不进行奖励。同时，出于施恩不望报的伦理道德，官府不认可救生船水手享有救助报酬权，禁止他们私自向被救助者索取报酬，"私索谢银者，计赃以不枉法论罪"[②]，如果有进一步的行为，则可能会被认定为以救助为名乘危渔利，而计赃治以"抢夺"之罪。

　　总之，救生船水手的法定报酬是工食银加上赏银，他们的收入水平并不高。蓝勇的研究表明，救生水手仅是清代下层中有较高收入的杂役职业。[③]然而，拯救覆溺是非常危险的事情，魏源有诗《叹救生船》曰："利舵名帆日夜牵，水行争似陆行便。虽然生死由天定，毕竟多翻浪里船。"[④]诗人贝青乔在《再上新滩》中也真实记叙了救生船水手的危险："一船误放澼，粉碎逐波练。一船衔尾来，舵折入回漩。落后又一船，覆若奔而殿。三船呼吸间，楼橹不存片。惟闻号救声，仓黄满江面。却有救生船，一叶

---

① 四川省档案馆藏清代巴县档案·光绪朝，6-33-5628、6-33-05630、6-33-05632。转自蓝勇：《难言之隐——清代内河救生慈善组织内部服务有偿化研究》，《社会科学研究》2018年第6期。

② 《清高宗实录》卷123，乾隆五年七月下，第812页。

③ 蓝勇：《难言之隐——清代内河救生慈善组织内部服务有偿化研究》，《社会科学研究》2018年第6期。

④ （清）魏源：《古微堂诗集》卷10，同治刻本。

去如箭。凫没浪打头，中流倏不见。可怜从井仁，亦复遭鬼谴。"①相对于水上救生的高危险性，桡夫水手的收入实在是太低了。

清政府给予救生船水手的低报酬，是清代社会整体价值取向的体现，也反映了救生组织乃至社会公益事业在当时的社会地位。这种低报酬无疑会影响内河救生的效果，可能导致救生船水手在灾难面前不积极施救。如嘉庆年间官员姚元之曾记载这样一件事情："旧友杨秀才天玉，丙子秋赴金陵录科，前一岁丁本生母忧，是时降服已阕，而学官未之申明，格不能试，附船而归。及燕子矶，风浪大作，舟覆，同舟十四人皆没于水。江故有救生船，因浪大，俱袖手坐视。潜山柳舍人际，清寒士也，时为诸生赴金陵应试，适见之，泊舟悬赏以募救者，获起七人，杨公与焉。柳为之解衣，赠路资，七人由是得生，而柳之试资已罄竭，蹶至金陵，称贷以毕试事，是科获隽连捷，成进士，授中书。柳之释褐在救人之后，未始非阴骘有以致之也。"②因此，不论是出于公平的考虑，还是为提高救生的效果，都不能过分强调救生船的公益性，尤其是对于处于第一线的桡夫水手而言，更应该强调服务的有偿化，而且应当以高收入来鼓励这种行为。

三、救生船的监管

（一）官办救生船的监管

一般而言，清代官办救生船往往由官府衙门直接管理，在中央，工部为主管部门。汪启淑《水曹清暇录》曰："都水司执掌天下海塘、河渠、桥梁、道路、织造、船政、藏冰、器用、关税之事……凡船数十种皆会其财下诸司，核其成造修理，斟酌多寡久近劳逸而均剂之。"③地方具体由哪个衙门或机构主管负责，清廷没有统一规定，实际中，各地官办救生船日常主管机构多样。乾隆年间，湖南洞庭湖所设救生船，分归巴陵、华容两县管辖，后来湖分东西，东湖救生船十二只，归岳州府同知管辖，岳州府同知被裁后，各救生船又分归各县管理。④也有官办救生船由地方佐杂官员主管的，如镇江府救生船稽查事向由该府"照磨"所司，道光十二三年（1832—1833）中，皇帝诏敕各省裁汰冗员，该缺被裁，所司稽查渡江救

---

① （清）贝青乔：《半行庵诗存稿》卷5，同治五年叶廷管等刻本。

② （清）姚元之：《竹叶亭杂记》卷5，光绪十九年姚虞卿刻本。

③ （清）汪启淑：《水曹清暇录》卷1，乾隆五十七年汪氏飞鸿堂刻本。

④ （清）曾国荃：（光绪）《湖南通志》卷43《建置志三·公署·附普济育婴等公所·湘阴县》。

生船事改归镇江府知府兼管。^①也有官办救生船被纳入驿站系统管理的，如浙江钱塘江救生船，"南岸王家堰等船委西与驿丞专管，北岸六和塔等船委江口驿丞专管，不时巡查，如敢贪利营私致误救生者，该管驿丞立拿船户水手重责革逐，枷示江干，不得徇纵"^②。也有的归属地方治安部门管辖，如江西九江府属德化县小池口救生船只，由移驻该处之巡检督率。^③有些特殊的救生船，可能归军队主管，如京口所设十只护漕救生船，设立之初"系瓜洲营兵管押"，但因其"既不实心护漕，又多苦累船户"，因此，乾隆三十一年（1766），朝廷议令船只"归丹徒、江都两县管理稽查约束，至重运渡江时，不必令营弁坐押保护，归于京口、瓜洲两岸催漕委员调派督护"^④。官办救生船的日常管理机构过多且杂，不能不影响救生工作之效率。

官府往往还设置巡船对救生船进行督查，如道光四年（1824），忠州添造巡江船四艘，每船配备巡役四人。^⑤为了便于管理和追责，官办救生船一般都有编号，如乾隆初年，救生船侧一般书写某处某号救生船，"以别官私"^⑥。另光绪《巫山县志》载："七险滩设救生船七只，道光八年奉文，编列清风明月报平安字号。"^⑦

（二）民办救生船的监管

清代前期，救助内港江河湖泊的船难并不是民船和常人的法律义务。但是，中国民间社会有慈善传统，在官办救生船之外，许多地方还设有民办救生局和救生船。如康熙四十二年（1703），镇江京口蒋元鼎、朱永载等十五名乡绅牵头，劝邑中输钱，救涉江覆舟者，在西津渡成立了京口救生会。^⑧官府对于民间水上救生事业大加鼓励，并由各地方官府对其进行督率监管。不过，清朝并没有对救生船慈善事业进行统一立法，故这种管理没能上升为国家法制，而只是一种惯例。这种惯例主要包括三个方面。第一，关于民间水上救生组织的设立。民间设立救生组织，应当向官府呈

① （清）梁章钜：《浪迹丛谈》卷5《冗员》，道光二十七年刻本。
② （民国）李楁：（民国）《杭州府志》卷73《恤政四》。
③ 《清高宗实录》卷568，乾隆二十三年八月上，第203页。
④ （清）杨锡绂：《漕运则例纂》卷13《粮运限期》。
⑤ 唐春生、李鹏鑫：《清代至民国初期三峡地区救生船之制度安排》，《三峡大学学报》（人文社会科学版）2018年第2期。
⑥ 蓝勇：《清代长江救生红船的公益性与官办体系的衰败》，《学术研究》2013年第2期。
⑦ （清）李友梁等：（光绪）《巫山县志》卷7，光绪十九年刻本。
⑧ 陈林：《救生会：现代救助的起源》，《中国交通报》2005年7月21日第A04版。

报，甚至取得官方颁发的凭证。虽然，这并没有明确的法律规定，但从众多民间救生组织如此行事可以推测，这既是民间救生组织为了取得官方的支持，也应该是一种潜在的规则。如南京救生局就有官方颁发的凭证。第二，关于救生局的章程。在实践中，各地救生局章程一般都经由官方批准，或者以官府的名义颁布，如雍正五年（1727）南京浦口救生局将所拟条规禀详官府，勒碑立于码头，[①] 而南京救生船局条规则是由官府颁布。可见，这也是一种惯例。这既可以使官府对救生组织的运作进行监管，又加强了条规的权威性。第三，关于水上救生组织职务执行的监管。救生局和救生船一般离城遥远，存在为善不力、不认真履行巡江救难之职责，为此，官府对民办救生局进行监督，如南京救生局章程规定，水手如有"私行索贿，不即送局，及隐匿客货，私藏入己，不归还原主者，董事送县究追，照例治罪"[②]。到晚清时期，有些地方仍以巡检司、驻防兵弁就近监管民办救生局，救生局如履责不力，将要担责。如金陵救生局章程规定："红船风大不即巡江，准由汛秉公棍责。"[③]

为了内河航运的安全，有时候官府会将某些社会管理职能赋予民间水上救生组织，如金陵救生局章程规定："上下江面各岸口摆江船只，例应编立字号，分别大、中、小船，额载人数，以防多装覆溺。……业经委员于船两旁载明第几号大中小舡、舡户某人、该装人数若干，连同挂帮各舡，用白粉圈一律大书，仿崇明沙舡之例，永远存记。嗣后摆江如有增添更替，即由分防之员照例粉书，由救生局专案造报，以杜遗漏，其未报官编入字号及未书旁之舡，概不准于江面装渡，违者立拿重惩。其已编号各处江舡敢复违例多装，经绅士查明，许即禀候锁提舡户，严行惩治枷示江干，并将舡只充公，以儆玩违。"[④] 本来，对船只登记、检查只是救生局提出的建议，但该局章程经过官府审订并颁布后，就变成了官府的管理要求，同时，官府又把这种管理权力通过认可章程的形式授予了南京救生局。依现代法理，南京救生局类似于被授权的具有公共管理事务职能的组织。官方和民间的密切合作，推动了民间水上救生慈善事业的发展。

在救生船之外，清政府还在内河险要之处建设救生桩、堤坝、石台

① 侯宗海、夏锡宝纂：《光绪江浦埠乘》卷6《建置下·义建·救生局》，《中国地方志集成·江苏府县志辑》（5），江苏古籍出版社，1991年，第80—81页。

② 余治：《得一录》卷4《救生局章程·江阴救生局酌改规条》。

③ 李鹏鑫：《清代皖江救生组织与基层社会控制》，《宁夏大学学报》（人文社会科学版）2021年第6期。

④ 余治：《得一录》卷4《救生局章程·金陵救生局募启》。

等工程，以便船只遇险停泊或自救，可以认为是内河船难预防之措施。救生桩主要设置在洪泽湖区。洪泽湖"风浪危险，堤岸陡立，商民船只，触石损坏，伤人甚多"，康熙四十二年（1703），皇帝南巡黄河之时，睹此惨状，令河臣"于沿湖坡钉桩木，以广救济"。四十四年，又谕令于洪泽湖高家堰险要之所增设救生桩五处，并计划于全湖俱钉救生桩木，所需经费以"内帑节省之银"支付。四十七年，康熙帝谕令江宁、苏州、杭州三年织造，"每岁于节省银内，各解五百两送至总河衙门，以备救生桩之用。该督逐岁修理存案，不必奏销，如不实行修理，于别项支用者，从重治罪"。①工部对钉立救生桩还制定了标准："每长十丈，钉桩木二十根，每根长二丈九尺，入土一尺，管木十根，每根长二丈三尺，竖档高四尺，钉梯木一根，横档宽五尺一二寸，梯木长九尺，两头出桩木之外，各一尺八九寸二尺不等，俾遭风溺水之人得以攀援而上。"②乾隆年间，洪泽湖救生桩工程有所裁减，③不过并没有完全废止。据《钦定大清会典事例》载，嘉庆二十五年（1820）题准各省额定耗羡章程，江苏省江宁布政司所属额定耗羡章程并盐规匣费下，有定款有定数者共二十八款，其中就有"洪泽湖救生桩木银五百两"④，这说明救生桩工程此时并未完全废弛。洪泽湖险要之地，朝廷还建设有救生堤坝。乾隆十一年（1746），皇帝颁发上谕："夏家桥地方有旧芦坝一座，并高堰迤南顺水坝一座，皆有口门，为遭风船躲避之所，于行舟甚属有益，再于高堰厅属之老堤头、山盱厅属之高涧坝、迤南又徐家湾、周桥四处，各增设护堤救生坝，俾沿河一带人船恃以安全。"⑤救生石台主要在洞庭湖。洞庭湖是湖南航运咽喉要道，水域广阔，横无涯际，舟行至此，无址候泊，多有倾覆之患。为避免商民往来发生危险，官民纷纷建议在湖中舵杆洲处建筑石台作停息之所。雍正九年（1731），皇帝下谕将营田水利捐项中所存公银二十万两解送楚省，"交与总督迈柱，会同巡抚赵宏恩，遴选贤能之员，相度估计，悉心经理，建筑

---

① （清）允禄等监修：《钦定大清会典（雍正朝）》卷207《工部·都水清吏司·河渠六·工程》。
② 《钦定大清会典则例（乾隆朝）》卷132《工部·都水清吏司·河工二·救生桩》。
③ 《清高宗实录》卷819，乾隆三十三年九月，第1121页。
④ （清）昆冈、李鸿章修纂：《钦定大清会典事例（光绪朝）》卷170《户部·田赋·耗羡动支》。
⑤ （清）托津等修纂：《钦定大清会典事例（嘉庆朝）》卷693《工部·河工·堤坝各项工程》，沈云龙主编：《近代中国史料丛刊三编》第69辑，第5869—5870页。

石台，以为舟船避风停泊之所"①。此即舵杆洲石台。石台修筑之后，成为过往船只及渔民避难躲风之所，只是后来因坍塌而废止。

综上所述，清代前期，官府在内河主要水道都设置有救生船，对失事船只进行救助，并制订了周密的官办救生船管理制度，督促其认真履行救生职责；民间社会出于慈善传统，也积极参与内河救生。官府与民间密切合作，推动了内河船难救助制度的发展。清代前期内河船难救助与沿海船难救助都是以政府（或国家）为救助之义务主体，也都不认可救助报酬权，实施免费救助，这些方面是相同的。但清代沿海船难救助主要是出于海防安全和维护"天下"体系，而内河船难救助则主要是出于恻隐之情，也即"轸恤民生、救危拯溺至意"②，这是内河船难救助制度与沿海船难救助制度不同之处。内河与沿海救助制度最大的区别在于救助义务主体，如前所述，内河船难救助由专门性救生机制——救生船负责，这使得救助更及时、更有效，由此也反映出清政府"重内轻外"的国家治理思想。

清代前期内河船难预防与救助事业主要由国家兴办，而这些需要庞大的政府财政支持。康熙、乾隆时期国力强盛，政府财政尚可支持。嘉庆之后，国家走向衰落，社会经济开始凋敝，官办救生船系统因缺乏财政支持，不可避免地走向废弛。到近代，内河船难救助制度发生了重大变化，官督民办或官民合办成为内河救生最主要的形式。③

---

① 陶澍、万年淳等修撰：《洞庭湖志》卷 1，岳麓书社，2009 年，第 21 页。

② 中国第一历史档案馆：《乾隆朝整饬江河救生船档案》，《历史档案》2013 第 1 期。

③ 对于晚清内河救生的变化，学界也已经有了丰硕的研究成果，故本书不赘。具体可参见吴琦、鲜健鹰：《一项社会公益事业的考察：清代湖北的救生红船》，《中南民族大学学报》（人文社会科学版）2007 年第 4 期；胡梦飞：《清代江苏水上救生慈善机构的历史考察——以救生船局为中心》，《山东青年政治学院学报》2015 年第 1 期；蓝勇、刘静生：《晚清海关〈中国救生船〉与东西洋红船情结》，《学术研究》2016 年第 4 期；王毓伟、胡忆红：《清代地方财政与水域救生事业的转型——以岳州救生局为例》，《社科纵横》2020 年第 1 期；李鹏鑫：《清代皖江救生组织与基层社会控制》，《宁夏大学学报》（人文社会科学版）2021 年第 6 期。

第五章　清代前期海外中国漂流民救助与管理制度

本书所谓海外中国漂流船，是指在海外失事的中国船只，以及中国船只在中国近海失事后未覆溺，漂流到了海外。清代对于海外中国船难的救助，既属中国内政，又涉及与外国政府之关系，海防安全、政治外交和人道主义纠缠在一起，十分复杂，尤其在清代前期的海难救助中具有特殊性。

如前文学术史梳理所述，学界对清代海外中国漂流民救助问题的研究成果可谓相当丰富，陈尚胜、刘序枫、屈文燕、孙宏年、李国荣、徐艺圃、俞玉储、杨佳丽、孟繁业、邹然、王丹丹、李超、松浦章、赖正维等人都有从不同角度展开探究，或全局，或局部，或财产救助，或救助机制等，较为详细地展示了环中国海域各国如何处理境内中国漂流民的情形，并揭示了以中国为中心的东亚海难救助机制的特点。不过，此类研究多注重外国对中国漂流民的救助处理情况，以及海外中国漂流民在国外的生活状况，突出的是宗藩关系之下东亚各国与中国的外交关系与沟通协调，以及其中体现出来的东亚各国民众间的相互交往，鲜有从清政府海洋管理的立场，考察中国国内对海外中国漂流民的态度和管理。本章从清政府的海洋管理出发，探讨海疆形势和国际形势发展变化下，清政府海外中国船难救助与管理制度的制订过程及主要内容，以及该制度的实践效果等问题，更完整地呈现清代前期的海难救助与管理制度。

第一节　清政权入关前后（1616—1684）海外中国漂流民管理政策与中外交涉

一、清政权入关前后制订海外中国漂流民管理政策的主要原因

清政府出台海外中国船难管理政策和措施，早于制定本国领域内的船难救助制度。尚在关外时，清政权就与朝鲜酌定了朝鲜境内中国漂流民的处理问题。1616—1644 年，清政权尚在关外，所掌控者只有东北之

海疆，而在 1644 年入关之后，又长期推行海禁政策，其控制范围内之航海活动并不多，从航海安全保障机制建设的角度来看，清政权并无制订海外中国船难管理政策和措施之必要。那为什么尚在与明朝争夺政权之际，清政权的统治者就迫不及待对该问题进行规制呢？究其原因，主要有三。

（一）与明朝势力[①]在国际上展开竞争

明代曾出现万国来朝的局面，中国为"天下共主"，在海外拥有众多朝贡国，尤其朝鲜更是明王朝的坚定盟友。明王朝是朝鲜的宗主国，在日本丰臣秀吉侵略朝鲜期间，出兵援朝，帮助朝鲜取得抗倭胜利，[②] 对朝鲜有"再造之恩"。[③] 因此，在清政权与明王朝争夺政权之初，朝鲜就曾出兵帮助明朝。虽然后来朝鲜被清政权击败，"举国内附"[④]，成为清朝的藩属国，但从情感上说，朝鲜仍对明王朝抱有较大的尊重和同情。付百臣认为，朝鲜内附后，"实际上从心理到感情对清朝取代明朝统治拒不接受，视其为夷族统治，并非正统"[⑤]。朝鲜政府内部长期存在"保明反清"的言论和倡议，如清康熙六年（1667），朝鲜天安进士李重明上疏国王，"请立大明神宗祠宇，以名臣杨镐、将臣李如松配享，以报再造东方之恩"。虽然最终朝鲜国王召大臣集议，以"皇帝祠宇，创建外国，前古所无之礼，而今之时，亦有所碍"而作罢，但朝鲜人心则明矣。[⑥] 因此，要求朝鲜解送其境内之中国漂流民，可以切断朝鲜与明王朝的关系，转而巩固清政权与朝鲜的宗藩关系。另外，当时清政权还希望通过互相救助漂流民，加强与外国的联系，扩大清朝在国际上的影响，提高其国际地位，最终建立以它为中心的"天下"体系。这一点在清朝与日本就漂流民救助问题的交涉上充分体现出来。

（二）从经济上打击明朝势力

明清政权对峙时期，为了解决经济困难，明政权对航海贸易相当重视，其势力范围内的航海活动十分活跃。如 1642 年，有中国商船 34 艘驶

---

① 明朝势力，本书一般概指明王朝、南明政权、台湾郑氏集团与"三藩"等清朝的敌对方。此种使用只是为了明确政治阵营，因此并不进行细致区分。下文不再作特别说明。

② 吴廷璆主编：《日本史》，南开大学出版社，1994 年，第 211—212 页。

③ 《清太宗实录》卷 64，崇德八年三月丙申，中华书局，1985 年，第 884 页。

④ （清）昆冈：《钦定大清会典（光绪朝）》卷 39《主客清吏司·凡四夷朝贡之国》。

⑤ 付百臣：《中朝历代朝贡制度研究》，吉林人民出版社，2008 年，第 147、150 页。

⑥ 吴晗辑：《朝鲜李朝实录中的中国史料》（九），中华书局，1980 年，第 3944 页。

抵日本长崎，运有铁锅 7 830 个。① 这显然是来自明朝治下的船只。三藩之乱期间，平南王尚可喜"归顺大明"后，也积极开展海上贸易。据史料记载，"平南王部下掌管商务之官沈上达，每年派遣商船航日"②。郑氏集团对于海上贸易尤为重视。郑芝龙、郑成功父子都曾当过海盗，明末成为大海商，后成为最强的反清势力。郑氏集团主要经济来源是开展海上贸易所获得的巨额利润。据日本文献记述，"芝龙自幼娴熟海路，为维系庞大军兵，向出入南海之商船派发证明以收其税。年得千万两，富可敌国，无人比肩"③。郑成功、郑经也都把海上贸易作为重要的财源，以台湾为基地，积极开展与大陆地区和外国的贸易。据英国商馆的报告，康熙九年（1670），郑经遣送许多台湾人至舟山群岛东部的普陀山居住，普陀山遂成为郑氏从大陆地区走私丝货、药材的贸易据点，主要供给荷兰船，一时颇为兴盛。康熙年间郑氏集团重新占领厦门期间，允许外国商船自由往来贸易，使厦门成为国际性转运港。④ 郑氏集团还积极与荷兰、日本、英国等国开展贸易。如康熙六年至康熙二十二年，仅从台湾前往日本的东宁船就有 27 艘，而从他处前往日本的明郑商船数量还要多一些。在众多从事海上贸易的船只中，不少是郑氏集团派出的官船，如康熙十五年，"锦舍派遣 6 艘商船，其部下派出 4 艘商船航日"⑤。关于郑氏集团的航海政策、海上贸易等情况，学界已有较系统深入的研究，本书不赘。⑥

---

① 转自［日］松浦章著，张新艺译：《清代帆船与中日文化交流》，上海科学技术文献出版社，2012 年，第 35 页。

② 朱德兰：《清初迁界令时中国船海上贸易之研究》，《中国海洋发展史论文集（第 2 辑）》，台北"中研院"三民主义研究所，1986 年，第 111 页。

③ ［日］藤原家孝：《落栗物语》前编。转自［日］松浦章著，张新艺译：《清代帆船与中日文化交流》，第 2 页。

④ 朱德兰：《清初迁界令时中国船海上贸易之研究》，《中国海洋发展史论文集（第 2 辑）》，第 139—140 页。

⑤ 朱德兰：《清初迁界令时中国船海上贸易之研究》，《中国海洋发展史论文集（第 2 辑）》，第 105—169 页。

⑥ 郑氏集团海上贸易情况，参见朱德兰：《清初迁界令时中国船海上贸易之研究》，《中国海洋发展史论文集（第 2 辑）》，第 105—169 页；韩振华：《1650—1662 年郑成功时代的海外贸易和海外贸易商的性质》，李瑞良：《郑成功和海外贸易》，均载厦门大学历史系编：《郑成功研究论文选》，福建人民出版社，1982 年，第 136—187、223—231 页；韩振华：《再论郑成功与海外贸易的关系》，杨彦杰：《一六五〇至一六六二年郑成功海外贸易的贸易额和利润额估算》，均载郑成功研究学术讨论会学术组编：《郑成功研究论文选续集》，福建人民出版社，1984 年，第 206—220、221—235 页。

　　另外，在难船归属上，笔者通过对《清实录》《朝鲜李朝实录中的中国史料》《〈同文汇考〉中朝史料》及学者相关研究成果的简单统计，发现清代"展海令"颁布以前，多数中国海外漂流船来自明朝势力控制区域，如表8、表9。

表8　崇祯十四年（1641）至康熙二十三年（1684）漂到朝鲜之中国船事例一览表

编号	漂到时间	遭难／漂到地	目的地	出航地或籍贯	处理方式	船头（船主）	隶属政权	典据
1	崇祯十四年	全罗道灵光地临淄岛			押送盛京		明	《朝鲜李朝实录中的中国史料》（九），第3689页
2	顺治元年	珍岛郡南桃浦	日本	广州南海	送交日本	蔡万官、李国琛等	明	同上，第3733页
3	顺治二年	吾义浦		天津	解送清朝	马儒	清	《〈同文汇考〉中朝史料》（二），第408页；《朝鲜李朝实录中的中国史料》（九），第3752—3753页
4	顺治四年	庆尚道	赴暹罗贸易，回船①	福建泉州府晋江县	送交日本	徐胜等	明	《朝鲜李朝实录中的中国史料》（九），第3767页；《〈同文汇考〉中朝史料》（二），第408页
5	顺治四年	庆尚道	日本	福州	不详	林东荣	明	《朝鲜李朝实录中的中国史料》（九），第3767页
6	顺治九年	济州	日本	南京苏州府吴县人	押送北京	苗珍实等	明	《〈同文汇考〉中朝史料》（二），第409页；《朝鲜李朝实录中的中国史料》（九），第3821—3822页；《清实录》第3册，第537页

---

①　该船顺治四年（1647）漂到朝鲜，顺治五年被送回北京，但航行目的地的记载，史料上有不同。《朝鲜李朝实录》中记载是赴日本贸易，《同文汇考》则说是赴暹罗经商。可能朝鲜方面因语言问题并没有弄确切，所以应是后者。吴晗辑：《朝鲜李朝实录中的中国史料》（九），第3767页；赵兴元等选编：《〈同文汇考〉中朝史料》（二），第408页。

（续表）

编号	漂到时间	遭难/漂到地	目的地	出航地或籍贯	处理方式	船头（船主）	隶属政权	典据
7	顺治九年	耽罗		南京	缚送于清使处		清	《朝鲜李朝实录中的中国史料》（九），第3826页
8	顺治十年	蔚山浦	日本	南京船	被执者送至对马		不详	《中国海洋发展史论文集（第8辑）》，第216页
9	康熙六年	大静县	日本	福建烈屿岛人	送交清朝	陈得、林寅观等	明	《朝鲜李朝实录中的中国史料》（十），第3944—3952页；《〈同文汇考〉中朝史料》（二），第409页
10	康熙七年	曲浦前洋		福建漳州人	索柴水自行离去		明	《朝鲜李朝实录中的中国史料》（九），第3954页
11	康熙七年	安岛前浦			取柴汲水自行离去		明	同上，第3954页
12	康熙九年	旌义县	日本	海外香山岛	自行离去		明	同上，第3968页
13	康熙二十年	罗州及灵光		杭州	送交清朝	赵士相等	清	《〈同文汇考〉中朝史料》（二），第410页

表9　清政权入关前后（1616—1684）日本境内中国难船情况表①

编号	出航/漂到/遣返时间	漂到地	航行目的地	出航地/船籍	隶属政权	船头（船主）及相关情况
1	顺治六年	萨摩山川	琉球	福州	不详	
2	顺治七年	长门萩		漳州	不详	
3	顺治九年	下关六连岛		漳州	不详	杨喜官等
4	顺治九年	长门向津具		泉州	不详	

---

① 资料来源：刘序枫：《清代环中国海域的海难事件研究——以清日两国间对外国难民的救助及其遣返制度为中心（1644—1861）》，朱德兰主编：《中国海洋发展史论文集（第8辑）》，第216页；朱德兰：《清初迁界令时中国船海上贸易之研究》，《中国海洋发展史论文集（第2辑）》，第105—169页。

（续表）

编号	出航/漂到/遭返时间	漂到地	航行目的地	出航地/船籍	隶属政权	船头（船主）及相关情况
5	顺治十四年	长门见岛			不详	
6	顺治十八年	萨摩甑岛	长崎	台湾	明	赴日途中遭荷兰人劫夺，部分船员乘小船逃离
7	康熙四年	长门牛津	长崎	广南	不详	董君望
8	康熙十年	五岛荒川	长崎	东宁	明	曾安官
9	康熙十七年	长门角岛	长崎	南京	清	彭公尹
10	康熙二十年	肥后天草	东宁	东宁	明	陈檀官等七十八人，郑经船
11	康熙二十年	萨摩野间	长崎	镇江	清	偷渡船
12	康熙二十一年	萨摩		东宁	明	
13	康熙二十一年	日向赤水浦	长崎	东宁	明	蓝霖官等六十八人
14	康熙二十二年	肥前野母		东宁	明	
15	康熙二十二年	肥后天草		东宁	明	颜荣官

虽然，因中国船只漂流海外之史料分散，难以一一掌握，上述统计并不完整，但从中也可一窥清政权入关前后中国海外船难的大致情况。

其一，海外中国船难发生频率较高。综合表8、表9，1641—1683年的43年间，中国船只漂流到朝鲜、日本两国境内的事件共有28起，平均每年约0.65起，再考虑到许多船只失事并没有被记录下来，故船难的实际数量还要更多。

其二，海外中国漂流难船的身份相当复杂。漂流到海外的中国船只，其身份大致有四种。一是民船。有来自清政权治下，也有来自明政权治下的海商。如顺治元年（1644），朝鲜发现有一中国船漂泊于珍岛郡南桃浦前洋，经查询得知，船上蔡万官、李国琛、林理思、陈璟等人，尽是以商贩为业的广东广州府南海县人，"乘船指向长崎，遇风漂到于此"。显然，此等中国商人俱为南明治下之海商。[①]康熙九年（1670），有中国船只漂到

---

① 吴晗辑：《朝鲜李朝实录中的中国史料》（九），第3733页。

朝鲜旌义县，船上难民六十多人，原籍为明统治下的福建、浙江、广东等地，清朝占领南方诸省之后，他们逃到海外，居于郑成功之子郑锦舍属香山岛，兴贩资生，康熙九年五月初一日自香山登船，将向日本长崎，海上遇飓风漂到朝鲜。^①二是官船，清政权与明政权的都有。如顺治二年，"天津卫海漕都司马儒持限单贸贩军饷漂到吾义浦"，朝鲜"给予衣粮发回"。马儒既有官职，且所持也是官方凭证，这显然是公务船，或是官商，或是打扮成官商以漂风为借口到朝鲜打探情报。^②难船中有不少是郑氏集团派出的官商。如顺治四年漂流至朝鲜庆尚道的徐胜等五十一人，乃福建泉州府晋江县人，属郑氏集团，自述"（郑）芝龙以经用不足，请于皇帝，令我等领官银贸贩，以助军饷"^③。康熙六年五月，一艘中国商船漂流到朝鲜济州岛，装载有白砂糖、冰糖二十万斤，鹿皮一万六千张，另外还有纱绸、锦缎、药材、苏木、胡椒等陆上产品和南洋地区的特产，经查此乃郑经之船，前往日本贸易，因海上遭风而漂流至此。^④三是清朝境内偷渡下海的船只。如表9中康熙二十年（1681）有一南京船从镇江出发，前往日本长崎，在海上遇难船破，漂至萨摩野间，此即偷渡出海船只。^⑤最后一类比较特殊，它们原属于明，甚或是明政权派出的从事贸易之官船，后其所属政权被清朝消灭，乃长期滞留海外。如顺治九年，"有汉商漂到于旌义县，县监李卓男往视之，二十八人皆剃发着帽。旁有积尸，裹以彩帛"，问其所来，供曰："小商等以南京苏州府吴县人，弘光元年奉旨过洋，往贾日本，遽遭李自成之乱，且缘清朝侵伐南京，弘光天子被害，天下汹扰，小商等不敢回归，转投交趾，行商为业，今至七年。"^⑥此种情况在统计之时，仍计入明政权之下。

其三，从政治归属来看，来自明政权的难船数量最多。表8中朝鲜境内13起中国漂流船事件，除1艘不能判断归属外，其余12起中，有3艘难船是来自清朝治下，占25%，9艘来自明势力范围内，占75%。表9日

①　吴晗辑：《朝鲜李朝实录中的中国史料》（九），第3968页。

②　赵兴元等选编：《〈同文汇考〉中朝史料》（二），第408页。吴晗辑：《朝鲜李朝实录中的中国史料》（九），第3752—3753页。

③　吴晗辑：《朝鲜李朝实录中的中国史料》（九），第3767页。

④　转自［日］松浦章著，张新艺译：《清代帆船与中日文化交流》，第4页。

⑤　刘序枫：《清代环中国海域的海难事件研究——以清日两国间对外国难民的救助及其遣返制度为中心（1644—1861）》，朱德兰主编：《中国海洋发展史论文集（第8辑）》，第216页。

⑥　吴晗辑：《朝鲜李朝实录中的中国史料》（九），第3821—3822页。

本境内 15 起中国漂流船事件中，可以肯定来自明郑势力的至少有 7 起，其余则不详。

既然在海上从事贸易的船只主要是来自明势力范围，那么清统治者让外国将包括难船在内的一切中国船只解送至清，无疑可以打击明朝势力的海外贸易。

（三）为了推行海禁政策

清军入关后，明郑集团大力发展海上贸易，这使得清政权剿灭郑氏集团长期没能取得成功，因此颁布了一系列的"迁界令"。如顺治十三年（1656）皇帝敕谕浙江、福建、广东、江南、山东、天津各督抚镇曰："海逆郑成功等窜伏海隅，至今尚未剿灭，必有奸人暗通线索，贪图厚利，贸易往来，资以粮物，若不立法严禁，海氛何由廓清？自今以后，各该督抚镇，着申饬沿海一带文武各官，严禁商民船只私自出海，有将一切粮食货物等项与逆贼贸易者，或地方官察出，或被人告发，即将贸易之人，不论官民，俱行奏闻正法，货物入官，本犯家产尽给告发之人。其该管地方文武各官，不行盘诘擒缉，皆革职，从重治罪。地方保甲通同容隐，不行举首，皆论死。凡沿海地方大小贼船，可容湾泊登岸口子，各该督抚镇，俱严饬防守。各官相度形势，设法拦阻。或筑土坝，或树木栅，处处严防，不许片帆入口、一贼登岸。如仍前防守怠玩致有疏虞，其专汛各官即以军法从事，该督抚镇一并议罪。尔等即遵谕力行。"[①] 但民间违禁或走私偷渡的现象仍时有发生。如顺治九年，发生了一起山东即墨商人私通日本的案件。黄之梁、可翰明、杜得吾等人"潜纠不逞之徒，各买绸绫毡布等货，挈附来相之舟，假道庙湾，售之倭国"，次年四月，又从日本带回"胡椒、紫檀、钢藤"等物，返回即墨女姑口之后被人告发。[②] 康熙二十二年（1683），有山东船只航行至日本，船主沈鸣生讲述了到达日本的经历："本船船主洪汝昭，连年担任船主往来于山东、日本之间，这次乘船之后，突然在船中病故，而改由彼亲戚沈鸣生担任船主。商船航日原不被禁止，但因恐假借渡日，而与东宁方面或海贼勾结，故禁止船只远航。虽然如此，但若获得县官同意，借口前往辽东便可出航。在诸官、富民当中，派船出海者很多。"[③] 沈鸣生的叙述至少透露出两个信息：一是在清朝推行海

---

① 《清世祖实录》卷 102，顺治十三年六月至七月，第 789 页。

② 台北"中研院"历史语言研究所：《明清史料己编》（上册），中华书局，1987 年，第 349 页。

③ 朱德兰：《清初迁界令时中国船海上贸易之研究》，《中国海洋发展史论文集（第 2 辑）》，第 111 页。

禁政策后，山东到辽东的沿海贸易并没有被禁止，禁止的只是海外贸易；二是山东沿海违禁从事海外贸易者很多，尤以官员、富民为主。

让外国将中国漂流民送返清朝，无疑有利于打击偷渡，严厉海禁。如果说海禁政策是为了禁绝郑氏集团与大陆地区的贸易，那么清政府的海外中国漂流民管理政策则是为了打击郑氏集团的海外贸易，从此视角来看，清政府的海外中国漂流民管理制度与海禁政策是相辅相成的，甚至可以说是海禁政策在海外的延伸。

清代前期，统治者把海外中国漂流民之处理作为达成政治、外交目的之手段，可以说，正是这种倾向，促使了以打击、管控为特征的海外中国漂流民管理政策的出台。

二、清政权入关前后朝鲜境内中国漂流民管理机制与实践运作

（一）"刷还逃人"机制的建立与运作

清朝对海外中国漂流民的管理肇始于对朝鲜境内中国漂流民的处理机制。天聪元年（1627）正月，皇太极为避免在将来与明朝的战争中陷入受到明、朝鲜两面夹攻的困境，乃出兵征讨朝鲜，是为"丁卯之役"。此役朝鲜败退，不得不与当时的后金政权议和，双方达成和解，三月初三日，于江华岛焚书盟誓，结成"兄弟之国"。[①] 此为"江都之盟"。四月，后金又与朝鲜订立"平壤之盟"，誓文曰："朝鲜国王李倧，应进满洲国汗礼物，若违悖不进，不以待明国使臣之礼待，仍与我满洲构怨，坚固城池，操练兵马，或满洲俘获剃发之人等，逃至朝鲜，容留不给还，或违王所言与其远交明国，毋宁近交满洲国之语，则告诸天地知征伐朝鲜国，天地谴责朝鲜王，殃及其身，无克永寿。朝鲜国王不违誓言，而满洲国贝勒阿敏寻恤兴师，殃亦如之。两国能践誓言，必蒙天地眷佑，历祚延长，永享太平。"[②] 两次盟誓不仅要求朝鲜承认后金的地位，承诺不参与且支持后金与明朝的战争，还在两国间建立起"刷还逃人"的机制。该机制之本意，是要求朝鲜将后金攻伐朝鲜战争中所俘获的朝鲜人逃归国者缉还，[③] 后来演

---

① 付百臣主编：《中朝历代朝贡制度研究》，第 141 页。

② 中国第一历史档案馆、中国社会科学院历史研究所译注：《满文老档》，中华书局，1990 年，第 839 页。

③ 后金征伐朝鲜时，除了抢掠财物外，还捕获了大量的人口。订兄弟之盟后，朝鲜希望后金归还其掳掠的人口。后金为表践约之好意，送还了一小部分，约三万余人，其余大部分则分拨给八旗将士带回盛京。见付百臣主编：《中朝历代朝贡制度研究》，第 143 页。

变为双方互相缉送私自越境者。《清实录》载，天聪元年五月，皇太极致李朝仁祖国王书，中有"自丁卯年平壤盟誓之后，若有尔国人民逃归我国，我即缉以还汝，我国之满洲、汉人及阵获朝鲜之人，逃至尔国，尔即缉以归我"①之语。可见，所有朝鲜境内的后金"逃人"，不管是朝鲜战俘，还是后金治下的逃离之人，均在缉还之列。

对朝鲜境内中国漂流民的管理也在该机制下展开。中朝山水相依，自然有从水路越境逃离后金治下者。如天聪二年（1628）正月十一日，"有二十余人，不知系诸申或汉人，乘白马由镇江后山无人处横路向海驰去，似往投毛文龙者。当时因失踪，未得知其实状"②。再如，顺治元年（1644），有"汉人九口，自沈阳沈还，桑柠渡江"③。而从水路逃离者，如果遭风漂入朝鲜，应在"刷还"之列。直到顺治二年，还可见到两国依"刷还逃人"机制"发回被漂被掳人"的事例。④

不过，"平壤盟誓"后，朝鲜作为藩国仍与明朝保持友好关系，对于后金要求其断绝与明朝的关系公然拒绝，并且不顾盟约，暗中积极整军备战。而且，"刷还"被俘虏的朝鲜人，对朝鲜来说实在棘手，正如朝鲜兵曹判书李廷龟所云："刷还之事，实系存亡，言之虽易，处之甚难。我之赤子，即不能保其生而被虏于贼乎？及其脱死逃还也，乃反驱而刷送，苟有人心，孰为此论？"⑤所以，实践中"刷还逃人"政策的执行效果并不理想，有时朝鲜甚至还把后金逃民"执献于明及孔有德、耿仲明二人"⑥。对此，后金或通过致书，或派使前往责问，朝鲜则以种种借口推卸辩解，如天聪二年（1628）三月十八日的一则史料就较详细地展示了两国就此问题的交涉："朝鲜使赍书至。书云：'今边臣转致之来书，阅之惊讶。我国既与贵国誓天议和后，容纳逃人，于义不合。我故以逃来诸申，即行缉送，此贵国之所明知也。逃人亦知此事矣，孰肯潜来，自寻缉送之苦？既得来示，即令边臣一一查访。据来报称，正月十一日，有二十余人，不知系诸申或汉人……'"⑦虽然后金就此问题与朝鲜进行过多次交涉，但朝鲜方面并无

---

① 《清太宗实录》卷3，天聪元年四月至十二月，第45—46页。

② 中国第一历史档案馆、中国社会科学院历史研究所译注：《满文老档》，第882页。

③ ［日］末松保和编：《李朝实录·仁祖实录》第35册，卷45，仁祖二十二年五月，学习院东洋文化研究所，1962年，第439页。

④ 赵兴元等选编：《〈同文汇考〉中朝史料》（二），第325—326页。

⑤ ［日］末松保和编：《李朝实录·仁祖实录》第34册，卷19，仁祖六年七月乙丑条，第478页。

⑥ 《清太宗实录》卷33，第416页。

⑦ 中国第一历史档案馆、中国社会科学院历史研究所译注：《满文老档》，第882页。

多少改进。迫于形势，后金不得不暂时隐忍。

（二）"解送漂民"机制的构建与实践

1. "解送漂民"机制的构建

"刷还逃人"并不是针对中国漂流民的专门管理机制。清政权制订朝鲜境内中国漂流民管理的专门性条例在崇德二年（1637）。崇德元年四月，皇太极称帝，改国号为"清"。同年，清政权征服漠南蒙古，明王朝的陆上联盟瓦解。于是，打击明王朝的海外联系，特别是与朝鲜之间的联盟就被提上了清政权的议事日程。皇太极遣使赴朝鲜，要求李朝国王向清朝称臣，否则兵戎相见。朝鲜坚持以明朝为正统，拒绝尊清。该年十一月，清政权第二次发兵征伐朝鲜，皇太极御驾亲征，史称"丙子之战"。朝鲜战败，崇德二年正月，两国签订"丁丑约条"，清政权要求朝鲜"与明人永绝"，奉清朝为正朔。[①] 清朝与朝鲜就此确立了宗藩关系。

为了加强对朝鲜这一藩属国的管控，彻底断绝朝鲜与明朝的往来，清政权再次强调要求朝鲜国执送"逃人"。[②] 崇德二年（1637），清廷又定例，令朝鲜将境内的中国漂流民解送至清。条例规定："凡内地民人，驾船被风飘至朝鲜境内者，令该国解送。"[③]"内地民人"究竟所指为何，清廷没有明确。笔者以为，应是指所有中国人。理由如下。第一，依清朝时期中朝两国用语习惯来看，"内地"并不是指中国山海关以内的中原地区，而是指中国，朝鲜则属海外。《大清会典》中这种用法很多。如崇德二年定例，"凡内地人口逃往朝鲜者，行令该国王查解"[④]。康熙二十八年（1689）清朝定例，"内地商民船至朝鲜者，停其解京"[⑤]。这反映出，不管是入关前，还是清朝一统之后，在与朝鲜的官方文书中，都习惯于以"内地"来代指中国。第二，崇德二年两国宗藩关系刚刚建立，清朝必然想方设法加强这种关系。而要求朝鲜解送中国漂流民，尤其是把来自明朝治下的漂流民解

---

① 《清太宗实录》卷34，崇德二年二月乙亥，第435页。

② 《清太宗实录》卷33，第431页。

③ （清）允禄等监修：《钦定大清会典（雍正朝）》卷104《礼部·主客清吏司·朝贡一》，沈云龙主编：《近代中国史料丛刊三编》第78辑，第6958页。参见（清）托津等修纂：《钦定大清会典事例（嘉庆朝）》卷400《礼部·朝贡·拯救》，沈云龙主编：《近代中国史料丛刊三编》第67辑，第8135页；《钦定大清会典则例（乾隆朝）》卷94《礼部·主客清吏司·朝贡下·拯救》。

④ （清）允禄等监修：《钦定大清会典（雍正朝）》卷104《礼部·主客清吏司·朝贡一》，沈云龙主编：《近代中国史料丛刊三编》第78辑，第6958页。

⑤ 《钦定大清会典则例（乾隆朝）》卷94《礼部·主客清吏司·朝贡下》。

送给清朝，既可以显示清朝作为上国的权威，又可以使朝鲜与明王朝关系疏远，甚至交恶，从而将朝鲜彻底拉到清朝的阵营中。第三，为什么仅规定解送"被风飘到"者，这是因为清朝既已命令朝鲜断绝与明朝的一切往来，那自当不存在正常情形下到达朝鲜的明朝一方的船只，故无规定之必要。而要求解送来自明朝势力的难船，还可防范明朝与朝鲜利用海难进行秘密交通的可能。

崇德二年（1637）例是清朝历史上第一个海外中国漂流民管理的专门立法。该条例确立的由外国政府将中国漂流民"解送归国"的管理模式，一直为清政府所沿用，直到1684年才有所调整。

中朝"解送漂民"这一机制主要包括以下几个方面的内容。

第一，解送境内中国漂流民归国，是朝鲜作为藩属国的义务，如果不履行或不认真执行，可能招致清政府的斥责，相关朝鲜官员甚至会被惩处。如顺治七年（1650），有朝鲜官员建言："如有漂到倭国沿海汉人船只，不送于咫尺倭馆，直为解送上国，其畜憾于我，比前必甚。"清朝获悉后，派遣使臣到朝鲜追责，最后归罪于领议政李景奭、礼曹判书赵䌹，两人被配于义州白马城。[①]

第二，解送的对象，包括所有中国漂流民及其财物。朝鲜国对于漂到境内的中国难船难民，无论是来自清政权还是明政权治下，都应加以查缉，并解送给清政权，不能送交明政权及日本，也不能任其自行离开。中国漂流民的财物，朝鲜政府也必须随同解送到清，交给清政府处理。如顺治九年（1652），朝鲜救下遭风汉商苗珍实等二十八人，捞救得部分沉没财货，朝鲜中央商议如何处理，领议政郑太和言于朝鲜国王曰："漂来汉人，难可掩置，宜遵前例，载其货财，送至北京。不然，恐有诘问之端矣。"朝鲜国王"从太和之议"。[②]"遵前例，载其货财"说明随同漂民解送其财货已是成例。康熙七年（1668），朝鲜将陈得等九十五名中国漂流民解送至北京，有红衣炮二口留在朝鲜，清政府认为，"初虽难运，但系兵器，不便仍留外国，应行文朝鲜国运到凤凰城"[③]。

第三，解送方式与程序。朝鲜解送中国漂流民及财物，须经由"旱路"而不允许走海路。[④]1644年清军入关以前，朝鲜须将中国漂流民解送

---

① 吴晗辑：《朝鲜李朝实录中的中国史料》（九），第3787—3794页。

② 吴晗辑：《朝鲜李朝实录中的中国史料》（九），第3821—3822页。

③ 赵兴元等选编：《〈同文汇考〉中朝史料》（二），第409页。

④ 这应是出于安全之考虑。因海路风涛不测，近代以前，清朝遣返朝鲜难民、朝鲜使团入贡清朝，一般都经由陆路。

盛京，清军入关后，则改为解送北京，交由礼部接收，之后由清政府处置。朝鲜政府送返中国漂流民时，必须派差官全程押解。① 被送返的中国漂流民则有如犯人，有时甚至还会如"罪人"般戴上枷锁，② 故"解送漂民"机制充斥着强迫性。

第四，对回国漂流民的处理。对此，当时清政府没有立法。实践中，如果漂流民来自清政府治下且合法下海，清廷不会惩处，还会返还财产。如果漂流民来自明政权的势力范围，或是明政权的官船，其命运就只能依靠皇帝的临时决断了。如前述南明弘光元年（清顺治二年，1645）奉旨前往日本经商的苏州吴县人苗珍实等人，在顺治九年遭风漂到朝鲜，朝鲜将其解送给清政府。顺治帝考虑到他们系"明末前往贸易，非本朝私行飘海者"，乃指示免治其罪，并归还货物，准其回归乡里，谕曰："朝鲜送来二十八人，皆系朕之赤子，漂流外国，殊可悯念，着发回原籍，其原货俱着本人领去。"③ 而同样是来自明政权势力范围的林寅观等人，就没有那么幸运了。康熙六年（1667），朝鲜济州有"唐船一只，漂泊州境，而所乘船片片破碎，所载物尽皆沉没，所余无几。漂到人九十五名，今方接置，俱不剃头。观其服色，听其言语，则的是汉人。招致其中为首者林寅观等……则以大明福建省'官商人，将向日本商贩，洋中遇风，以至于此云"。详细盘问之下，得知他们原是泉州人，"为清所侵，避入东宁"，乃郑经之管下，所持货物为官货，是郑氏集团之物。朝鲜中央经过激烈的讨论后，将该九十五名漂流民押送清廷。结果，清廷将该九十五人全部处死，所持官货尽被没收"入官"。④ 朝鲜君臣获知九十五人的悲惨命运后，陷入了长期的自责之中，文人纷纷写诗作文加以纪念，朝鲜正祖为九十五人筑坛祭奠。⑤ 为了避免再出现这样的事件，朝鲜国王甚至还密谕官员："凡唐船之漂到者，勿许登陆，亦勿状闻之意，密谕牧官，以为永久遵行之地矣。"⑥ 可见，清初一段时间被送返清朝之中国漂流民，其命运与其本身的政治立

①　赵兴元等选编：《〈同文汇考〉中朝史料》（二），第 415 页。《钦定大清会典则例（乾隆朝）》卷 94《礼部·主客清吏司·朝贡下》。

②　吴晗辑：《朝鲜李朝实录中的中国史料》（九），第 3950 页。

③　《清世祖实录》卷 68，第 537 页。参见赵兴元等选编：《〈同文汇考〉中朝史料》（二），第 409 页；吴晗辑：《朝鲜李朝实录中的中国史料》（九），第 3821—3822 页。

④　赵兴元等选编：《〈同文汇考〉中朝史料》（二），第 409 页。吴晗辑：《朝鲜李朝实录中的中国史料》（十），第 3944—3951 页。

⑤　孙卫国：《义理与现实的冲突——从丁未漂流人事件看朝鲜王朝之尊明贬清文化心态》，《汉学研究》2007 年第 2 期。

⑥　吴晗辑：《朝鲜李朝实录中的中国史料》（十），第 4085 页。

场有关，但更取决于皇帝的怜悯宽容与否。

2. "解送漂民"的执行

从朝鲜方面来看，出于对明朝的情感和对中国漂流民解送回国后命运不确定性的同情，朝鲜政府对于清政府解送漂流民政策的执行并不积极，而一直采取消极甚至对抗的态度，以致清政府不得不多次与其进行交涉。

两国宗藩关系确立之初，朝鲜并没有真正与明政权断绝往来，明政权的商船仍然频繁出没于朝鲜沿海。朝鲜对于境内的明政权势力之下的漂流民，不仅不解送至清，有时还主动为其提供掩饰和资助。如崇德五年（1640），皇太极派固山额真多罗额驸英额尔岱等前往义州诘问朝鲜国王李倧罪，所列十宗罪中，就有"俘获之人逃还朝鲜，概不查送……逃去汉人，不行送来，反以尔国衣帽草履与之，俾混迹藏匿"之罪状。[①]迫于清廷的威胁恐吓和严密监视，朝鲜不得不有所收敛。次年，"汉船一艘漂到全罗道灵光地临淄岛，水手六人仅得生全，而语不相通。索笔写字以示，曰恳乞生还云。监司以闻，备局以为我国之事，沈中无不闻知，今此漂流人不可掩置，令本道措给衣服，别定差员押送沈阳。从之"[②]。然此后，朝鲜仍私下与明政权往来，"遣僧多克坡往来明国，传书馈送，复遣发间谍，纷纷不止，遇明人船至，故纵不行捕获"。对于朝鲜的此种行为，清廷很是愤怒，把朝鲜国一些积极与明朝往来之人治罪。如朝鲜大臣崔鸣吉"与明通谋"，金声黑尼"误国助恶"，清执而囚之；高调文、舍木岁等八人入明之登州、宁远等地往来交通，又入岛贸易，清将其斩首示众。崇德八年，皇太极特颁谕令给朝鲜国王，严禁朝鲜与明政权往来，再次重申禁令："汉人船至，不擒获者，治以法，不贷。"[③]

经此之后，朝鲜不敢再明目张胆与明政权往来，但对于解送中国漂流民至清仍持消极懈怠之态度。主要有如下表现。

其一，朝鲜中央对于是否要将中国漂流民解送至清，态度一直摇摆不定，官员间多次就此发生争论，反对者意见非常激烈。如顺治七年（1650），有朝鲜官员建言："如有漂到倭国沿海汉人船只，不送于咫尺倭馆，直为解送上国，其畜憾于我，比前必甚。"清朝获悉后，乃派遣使臣到朝鲜追责，最后归罪于领议政李景奭、礼曹判书越绚，两人被配于义州白马城，[④]此事前文已述。顺治九年，有中国船只自南京漂到耽罗，对于

① 《清太宗实录》卷53，第706页。
② 吴晗辑：《朝鲜李朝实录中的中国史料》（九），第3689页。
③ 《清太宗实录》卷64，崇德八年三月丙申，第884页。
④ 吴晗辑：《朝鲜李朝实录中的中国史料》（九），第3787—3794页。

是否要将这些中国漂流民解送至清朝，朝鲜中央又发生了激烈的争论。副校理闵鼎重强烈反对解送之举，上疏曰："呜呼，漂海汉人，岂非我昔日天朝之赤子乎！设令国家不幸至此，尚何忍一切缚絷遗黎驱送仇敌，略无疑难哉？此诚人情之所怫郁，圣心之所怛然者也。……此辈飘荡渊源，九死十生，赖天之赐，得到我疆，必念旧日，谓得活境。而转侥千里，悉投有北，其为矜恻，奚足多言！人情之所不忍，天意亦必有不平者矣。行不义，杀无辜，岂不足感伤天和，以致凶灾乎？"他建议将这些漂流民"接置岛中（注：指济州岛），略给廪料，待以不死，以终其年，则恩义既伸，举措亦便"①。当时恰逢清廷有使臣到来，朝鲜"虑有清国致疑之端"，于是将这些漂流民"缚送于清使之行"。②康熙六年（1667），朝鲜中央就中国漂流民解送问题再次爆发激烈的争论。③

　　其二，朝鲜只将部分中国漂流民解送至清。朝鲜当时对于中国漂流船只和难民的处理有三种方式。第一种，解送至清。如顺治二年（1645），有"汉船一只，自白翎镇外洋漂到吾义浦，船只人皆汉人之剃头者也。其中有马儒者，自称清国漕都司，以天津军饷贸贩事出来，遇风漂来云。备局令其道厚给衣粮而送之"④。再如，有苏州苗珍实等人，于明末前往日本贸易，闻兵变往交趾七年，顺治九年回国，在海上遇飓风漂到朝鲜，淹死一百八十五人，朝鲜将生还的二十八人及其货物解送至清。⑤第二种，任其自行离去。漂到朝鲜的部分中国难船和难民，若船只完好，或为明朝忠臣，或效忠明政权之人，朝鲜或供给柴薪淡水，任其自行离去。如康熙七年（1668），漂到朝鲜安岛前浦之中国船上有三十来人，朝鲜方面并没有将其送交清朝，而是让其自行离去。⑥第三种，送交日本。对于以日本为航行目的地的中国漂流船，朝鲜方面有时还会私下将其送至日本，交由日方处理。如顺治元年，有前往长崎贸易的广东籍船漂至朝鲜全罗道南桃

---

① 吴晗辑：《朝鲜李朝实录中的中国史料》（九），第 3824 页。

② 吴晗辑：《朝鲜李朝实录中的中国史料》（九），第 3826 页。

③ 吴晗辑：《朝鲜李朝实录中的中国史料》（九），第 3945—3952 页。

④ 吴晗辑：《朝鲜李朝实录中的中国史料》（九），第 3752—3753 页。

⑤ 赵兴元等选编：《〈同文汇考〉中朝史料》（二），第 409 页。参见《清世祖实录》卷 68，顺治九年九月，第 537 页。

⑥ "康熙七年（1668）七月癸丑，皇明福建省漳州府人漂到庆尚道曲浦前洋，索柴水以去。戊午，本月初七日，唐船一只，漂到防踏地境安岛前浦，船制大如我国战国，船人皆不剃头，剪须着黑衣，约三四十人。取柴汲水，旋即发船而去。"吴晗辑：《朝鲜李朝实录中的中国史料》（九），第 3954 页。

浦，朝鲜派译官将其解付对马岛，交与日方。① 又顺治十年，有南京船前往日本长崎，遭风漂至朝鲜蔚山浦地方，六人下船被执，原船逃往长崎，被执者由朝鲜送至对马转长崎。②

日本为什么会涉入清和朝鲜两国之间的漂流民解送事宜呢？这就不得不先对日本和朝鲜之间的关系进行阐述。17 世纪是东亚的一个大变局时期，东亚主要国家中国、日本都经历了国内政权的更迭和局势动荡。1603年，德川家康迫使日本皇室封他为右大臣和征夷大将军，在江户开设幕府，日本进入德川幕府统治时期，实行中央集权专制统治。③ 德川幕府成立之初，为打击异己，巩固统治，乃采取开放政策，鼓励海外贸易以获取利润，充实财力。④ 这使得基督宗教在日本广泛传播，据教会方面的报告，1610 年日本全国天主教徒已达 70 万人。基督宗教在日本传教事业的发展逐渐扩大了教会和幕府间的矛盾，教会活动的性质也日益增加幕府的恐惧，他们深恐丰臣氏遗族及反德川势力利用教徒的组织力量发动暴乱。因此，庆长十七年（1612）幕府断然发布禁教令，禁止幕府直辖领地城市的基督宗教传播，次年，又下令在全国范围内禁教，驱逐传教士，关闭教堂。随着时间的推移，幕府的禁教手段也越来越激烈。⑤ 为了彻底根绝基督宗教，德川幕府对外政策发生转变，由积极的贸易开放转变为闭关锁国，并逐渐在全国建立起锁国体制，不过仍保留与中国、朝鲜、荷兰的商业贸易，但如此一来，则又增加了日本禁止基督宗教的困难。

借中日通商之机，基督宗教教徒偷偷出入日本沿海地方，如一些日本教徒利用中日贸易之机，"杂入汉商船内，出没沿海地方"⑥。日本庆长十四年（1609），幕府和朝鲜缔结"己酉条约"，恢复了"壬辰倭乱"后断绝的外交关系，重新通过对马岛藩主宗氏展开日朝贸易和友好关系，⑦ 并在釜山设立"倭馆"负责朝日贸易和双边外交。清朝与朝鲜的宗藩关系建立之后，

① 吴晗辑：《朝鲜李朝实录中的中国史料》（九），第 3733 页。

② 转自刘序枫：《清代环中国海域的海难事件研究——以清日两国间对外国难民的救助及其遣返制度为中心（1644—1861）》，朱德兰主编：《中国海洋发展史论文集（第 8 辑）》，第 216 页附表二。

③ 吴廷璆主编：《日本史》，第 216 页。

④ 吴廷璆主编：《日本史》，第 231 页。

⑤ 关于德川幕府禁止基督宗教的具体情形，参见吴廷璆主编：《日本史》，第 233—241 页。

⑥ 《清世祖实录》卷 47，第 376 页。

⑦ 吴廷璆主编：《日本史》，第 231 页。

清廷仍然允许朝、日之间的贸易往来，"日本贸易，听尔如旧，当导其使者来朝，朕亦将遣使与彼往来"①。在日本锁国之时，朝鲜也仍是允许的通商对象，自然也有基督宗教教徒借日本与朝鲜之间的交通而进入日本国内，"南蛮邪徒，本邦严制不能匿来，以贵国（注：指朝鲜）相通，故妖术者船到贵国边浦，密入本邦（注：指日本）"。为了加强防范，日本要求朝鲜"降号令，沿海镇浦兵官稽察非常"，并将"约条外船漂流者，速擒执送釜山馆"，②经对马转交日本。这就导致朝鲜在解送中国漂流民的问题上摇摆不定。

在日本的严厉打击之下，曾盘踞对马岛的"耶稣宗文之党"，移到了"在中原、朝鲜两间海中"的"里庵浦"。③这引起了日本对朝鲜的不满，再加上朝鲜本来在感情上不倾向于清朝，因此，顺治元年（1644）发生了珍岛郡南桃浦前洋的中国漂流船事件。该年八月，有一艘中国难船来泊于珍岛郡南桃浦前洋，朝鲜官员认为："汉人漂到我境，处置极难。在前倭人以耶稣宗文事颇有意望，此船原向长崎，则自此转送似为顺便。别定伶俐译官解付马岛，且使汉船得其归路。"这种善待中国漂流民、将其解送日本的意见得到了朝鲜仁祖的同意，④一度成为朝鲜对待中国漂流民的政策。如顺治二年，朝鲜又将前往日本贸易的福建商贾徐胜等漂流民五十一人依其意愿，送交日本。⑤但朝鲜对于来自清朝统治范围内的漂流船只和难民，仍是解送至清。

朝鲜如此举措，招致了清朝和日本之不满。日本方面不断向朝鲜施压和恐吓，据朝鲜使臣言："倭子情形可畏，去年秋间，鞭挞使臣，出言不逊，驿馆倭使，常以密旨书示通事，言辞甚谬。"朝鲜非常担心若把中国漂流民送往清朝，必将使日本对朝鲜更加不满，"有汉人船漂至，不送于咫尺倭馆，直为解送上国，其畜憾于我，比前必甚"，因此，只好于顺治七年（1650）派使臣将解送中国漂流民的问题报告清廷，希望能将所救助

---

① 《清太宗实录》卷33，第431页。

② 吴晗辑：《朝鲜李朝实录中的中国史料》（九），第3748页。

③ ［日］末松保和编：《李朝实录·仁祖实录》第35册，卷45，仁祖二十二年五月戊申，第440页。

④ 吴晗辑：《朝鲜李朝实录中的中国史料》（九），第3733页。

⑤ 史料没有明确记载是解送清朝、送交日本还是自行离去。但徐胜等人原本携郑氏集团官银去日本贸易，途中因风漂到朝鲜，朝廷遣官问其中原情事，并"许以送还"，因此可以推断并没有解送清朝。吴晗辑：《朝鲜李朝实录中的中国史料》（九），第3767页。

的中国漂流民移交日本，以免日本生衅。^①清廷对朝鲜的违约言论十分气
愤，严加斥责，并要求朝鲜对持此主张和直接经手此事之官员予以严惩。
顺治七年正月壬午，清廷派遣大学士祁充格前往朝鲜责问朝鲜国王李淏：
"议政府据报云'如有漂到倭国沿海汉人船只，不送于咫尺倭馆，直为解
送上国，其畜憾于我，比前必甚'等语，其具报官员，将欲以汉人作倭人
而与倭国欤？抑以为明朝犹在耶？抑强欲以朕之汉人而捕送倭国耶？似此
官员，显是启乱坏国之人，王不将此官拿问重罪，而径云奏，是尔之失
也。即宜拿问，加以重罪。"^②最终，朝鲜领议政李景奭、礼曹判书赵纲被
问罪，配于义州白马城。后来朝鲜欲再起用两人，也因清廷的强烈反对而
作罢。^③同时，清廷又承诺保障朝鲜的安全，解除了朝鲜对日本威胁的顾
虑。经此一番交涉和施压之后，朝鲜只好将所有中国漂流民解送至清。自
17世纪50年代起，对于中国漂流民，朝鲜或是解送至清，或是秘而不报，
供给柴薪淡水，任其自行离去，很少送交日本了。表8中，顺治七年后的
8起中国船难事件中，朝鲜送交日本的仅有1例，即顺治十年，一艘前往
日本贸易的南京船漂到朝鲜蔚山浦，有六人下船被执，原船逃往长崎，朝
鲜将被执者送至对马。

那么，明清迭代之际，朝鲜解送至清的中国漂流民所占比例如何？从
表8来看，1684年"展海令"颁布以前朝鲜境内的13起中国船难事件中，
将漂流民解送至清的有6起，占总数的46.15%，送交日本的有3起，任
漂流民自行离开的有3起，另外1起处理方式不详。也就是说，总体来
看，抵达朝鲜的中国漂流民中被解送至清的可能还不到半数。不过，随着
清政权在国内政权争夺中的胜出，朝鲜也越来越倾向于解送中国漂流民至
清朝，如前所述，将中国漂流民送交日本的现象也日益减少了。

在明清政权争夺时期，从海外中国漂流民的角度来看，"解送漂民"机
制违背了大多数漂流民的意愿，因此遭到了强烈抵制。朝鲜境内的中国难
船多来自明势力范围，这类漂流民对被解送给清政府充满恐惧和抵触。如
顺治九年（1652）苗汉珍等二十八名中国商人，虽然其自述是主动回归
本土，但在获救后，却立刻"恳祈"朝鲜将其直送日本："恳祈老爷大发慈
悲，直送小商等于日本，则庶可得生也。若送北京，道路逾远，二三年当
到本土，而其全生得达，不可必也。自此距日本数日程，自日本距南京亦

---

① 《清世祖实录》卷47，第376页。

② 吴晗辑：《朝鲜李朝实录中的中国史料》（九），第3787页。

③ 吴晗辑：《朝鲜李朝实录中的中国史料》（九），第3839—3840页。

数月程，父母妻子，重得相逢，恩莫大焉。"朝鲜方面经过讨论，最终出于对清廷威权的忧惧，仍将其解送至清。[1]再如康熙六年（1667）漂到朝鲜的林寅观等九十五名中国难民，也上书哀求勿将其解送至清。为表现这些漂流民的真实心态，特详录如下："漂泊以来，荷蒙天恩。款洽周旋。维念昔而及今，爱国以及人，臣等揣分奚堪。谨将微物奉贡公帑，少酬万一。臣等经今半载，未得归期。父母□□，殆将殒命，妻儿喃喃，势必死亡。乌鸟情私，乡关系念。朝号暮泣，实难废置。伏祈殿下开天地好生厚德，念大明世代亲谊，以及于未弁末民，则虽寅观等残喘不足轻重，而殿下高义，千古留存。伏望敕遣日本界，得赴便舟而回；或蒙恩愍，另发一船，俾臣等得自驾驶以归本土，沾戴更无涯矣。不特百众阖家顶待于无穷，即臣等国君藩王，敢忘后来知遇之报哉！"但朝鲜以已通清朝，"更无变通之意言之"。在得知朝鲜决定将其送交清廷后，这些漂流民"皆抵死不肯行，至有欲自缢者"。解送之时，他们"皆号哭欲死，不肯行。于是駈迫以过，沿路观者，莫不悲愤感慨"。[2]在海外中国漂流民主要来自明势力范围的情况下，清廷要求朝鲜解送中国漂流民给己方，显然违背了大多数漂流民的意愿，以至朝鲜在解送过程中，不得不采取强硬措施，有时甚至"一如罪人着枷以送"[3]，充斥着强制和暴虐色彩。

清代前期对朝鲜境内中国漂流民的管理政策是清廷与明政权势力在国际上开展竞争的产物，有利于摧毁明政权的海外联盟，加强对朝鲜的控制，同时，也有利于阻断明政权势力的海外贸易，从根本上断绝郑氏集团的生命线。所以，无论是"刷还逃人"还是"解送漂民"机制，从功能与性质上说，完全是对敌工具和手段，根本与伦理道德或人道救助无关。以往学界笼统地把朝鲜和清朝救助外国漂流民解释为义理和伦理道德观下的支配行为，或习惯性地认为是在伦理道德下的国家政治外交活动，[4]没有注意到清政权入关之前、清朝统一全国之后两种表面相似的行为背后本质上的不同之处，是不严谨的。

三、清、日围绕漂流民送还问题的外交活动

明朝时，日本曾是中国的朝贡国。1523年宁波争贡事件后，日本的

① 吴晗辑：《朝鲜李朝实录中的中国史料》（九），第3821—3822页。
② 吴晗辑：《朝鲜李朝实录中的中国史料》（九），第3946—3947、3950页。
③ 吴晗辑：《朝鲜李朝实录中的中国史料》（九），第3950页。
④ 转自王丹丹：《论清朝与朝鲜两国的漂流民救助与送还》，第3页。

朝贡贸易终止。德川幕府初期曾实行对外开放政策，鼓励海外贸易。1615年幕府颁给赴日的广东、南京商船朱印状，并托明船带信给福建总督，向明朝提出讲和、恢复贸易的要求，以结束日本与中国的敌对状态。明廷因倭寇的侵扰，对日本十分警惕，且国内形势不稳，拒绝了其要求。这样，当时中、日两国仍只存在民间贸易。①明清鼎革之际，日本实施锁国政策，再加上日本认为明为"华夏"，清为"夷虏"，明、清政权更迭是"华变于夷之态"②，故对清政权入主中原强烈抵制。

清政权入关之前，为了在国际上与明廷竞争，试图与日本建立官方关系。1637年朝鲜"内附"，成为清的藩属国后，清廷仍然允许朝鲜与日本进行贸易往来，"日本贸易，听尔如旧"。这一方面可能是为了保留朝鲜一定的外交自主权，避免因高压而招致朝鲜的反抗；另一方面可能有利用朝鲜作为中介，与日本建立起官方关系的考虑。所以才有了后来清廷对朝鲜的训示："（朝鲜）当导其（注：指日本）使者来朝，朕亦将遣使与彼往来。"③为"开交邻之道"，清廷派去朝鲜的使臣还向朝鲜提出了面见在朝日使的要求，但朝鲜并没有积极配合。④最终，清廷以朝鲜为桥梁与日本建立官方联系的尝试失败了。

1644年清政权入关以后，将自己定位为新的东亚秩序中的宗主国，希望再现明王朝时万国来朝的盛况，因此对明朝众多朝贡国家实行招徕政策，多次下诏让其纳款来朝。如顺治四年（1647）皇帝颁诏天下："东南海外琉球、安南、暹罗、日本诸国，附近浙闽，有慕义投诚、纳款来朝者，地方官即为奏达，与朝鲜等国一体优待。"⑤而就在清廷对于打开中日关系新局面无计可施之际，一起日本漂流民事件提供了契机。

顺治元年（1644），日本越前国（今日本福井县）商人竹内藤右卫门等所驾三艘船漂到清朝治下的珲春附近。船上共58人，登陆后为当地住民掠夺，43人遭杀害，生存的15人被当作奴隶役使。后经当地官吏调查、讯问，15人被转送盛京，随清军入关队伍一起进入北京，受到清廷的厚

---

① 吴廷璆主编：《日本史》，第230—231页。

② 转自刘序枫：《清代环中国海域的海难事件研究——以清日两国间对外国难民的救助及其遣返制度为中心（1644—1861）》，朱德兰主编：《中国海洋发展史论文集（第8辑）》，第174页。

③ 《清太宗实录》卷33，第431页。

④ 《承政院日记》崇祯十二年六月二十九日条。转自孟晓旭：《1644年日本越前国人的"鞑靼漂流"与清初中日关系》，《历史教学》2008年第2期，第11页。

⑤ 《清世祖实录》卷30，顺治四年二月，第251页。

待。清廷的实权人物多尔衮接见了他们，对他们所提出的要求完全照办。在北京停留一年多后，顺治二年十一月，清朝册封朝鲜世子的使臣祈充格将他们带到朝鲜，命令朝鲜派人将之遣返日本。朝鲜政府接到清廷的敕谕后，立刻将这些人护送至釜山，交给驻守当地的对马藩士转送归国，[①] 同时还向日本转达了清廷颁发之敕谕："今中外一统，四海为家，各国人民皆朕赤子，务令得所，以广同仁。前有日本国民人一十三名[②] 泛舟海中，飘泊至此。已敕所司，周给衣粮。但念其父母妻子远隔天涯，深用悯恻。兹命随使臣前往朝鲜，至日，尔可备船只转送还乡。仍移文宣示，俾该国君民共知朕意。"[③] 很显然，清廷遣返日本漂流民，除出于义理之外，更主要的是借此机会向日本宣谕，以求改善双方关系。然而，清廷的举措并没有得到意想中的回应。

朝鲜遣返这些日本难民后，日本很久都没有反应。直到九个多月后，日本才向朝鲜派出了针对遣返漂流民事件的答谢使。但在由朝鲜转送清廷的谢书中，日本称清朝为"鞑靼国"，并拒绝朝鲜修改称呼之要求。"倭曰：书契皆出于道春之手，岛（注：指对马岛）主亦不得改一字，况俺等，何可擅改？贵国若不受，则但当持还而已。且书契既传之后，不过为一休纸，将欲示之何处乎？"[④] 而且，日本对于朝鲜遣返清廷转送之日本漂流民相当不悦，日本使橘成税、藤智绳曰："以漂民之事言之，则清国送于朝鲜，朝鲜转送于我国，朝鲜与清国果非相好而然耶？大明时朝鲜为藩邦，即今贵国之于清国亦如是耶？"[⑤] 最终，朝鲜因担忧清廷对"鞑靼国"称呼的愤怒，拒绝接受谢书。据孟晓旭的研究，日本国内根本没有把清廷救助和遣返其国之漂流民视为"施恩莫大"之举，此举反而引起了德川幕府的恐慌，积极筹划出兵援助郑氏集团的反清斗争。[⑥] 清廷"慕化"日本的努力遇到挫折后，开始消极地处理对日事务。如康熙七年（1668），官府对日

---

① 关于清朝遣返日本越前国漂流民的详细经过，参见孟晓旭：《1644 年日本越前国人的"鞑靼漂流"与清初中日关系》，《历史教学》2008 年第 2 期。

② 据日方资料记载，日本幸存的漂流民实际人数为 15 人。参见孟晓旭：《1644 年日本越前国人的"鞑靼漂流"与清初中日关系》，《历史教学》2008 年第 2 期。

③ 《清世祖实录》卷 21，第 186 页。

④ 《朝鲜李朝实录中的中国史料》（九），第 3762 页。

⑤ 《朝鲜李朝实录中的中国史料》（九），第 3765 页。

⑥ 孟晓旭：《1644 年日本越前国人的"鞑靼漂流"与清初中日关系》，《历史教学》2008 年第 2 期。

本漂流民并未积极进行救助。①

　　台湾郑氏集团则积极拉拢日本，对对方漂流民的处理也成为双方互相往来的重要媒介。如康熙十二年（1673），日本陆奥相马之运船遇风漂抵台湾，当地民众即因船员为奴，郑经购之，缮船舶，给衣粮，吴明者搭船，送还长崎。长崎奉行报告幕府，幕府以此为德，付银二十贯与归船为谢。驻台部将杨英承郑经之旨，令商人蔡朱泽致答书于长崎奉行，且返还所赠之银。其答书要旨云："日本与东宁为年年通好之国，彼此同一家，日本人民被风转来东宁，自应送归，岂有受其谢礼之理？是故，将原银悉被返还矣。"②

　　整个德川幕府统治日本时期，清廷与日本之间不仅没有恢复朝贡关系，甚至连正式的官方关系也没有建立。由此，清廷自然不能就漂流至日本的中国难民向日本政府提出要求。不过，清廷对日本漂流民实施救助和遣返的举措，对日本政府产生了一定的积极影响。两国就在这种没有直接官方往来的情况下，互相救助和遣返对方国家的漂流民。③

　　清政权入关之前，中国船只遇难漂流到琉球境内情况的处理比较特殊。明万历三十七年（1609），日本萨摩藩出兵攻打琉球，琉球国王及朝臣被俘，随后岛津家迫使琉球国王签订降书。万历三十九年，萨摩藩对琉球颁布裁制令十五条，规定未获得萨摩藩的许可，禁止购买他国货物，不得与中国往来，不得从中国输入任何产品，以及禁止派遣商船前往外国。这可以说是将日本的锁国体制强加给了琉球。此后琉球与东南亚等国的贸易断绝，琉球船只的归属、乘客、货物及目的地都受到萨摩藩的把控。④在这种情况下，琉球遣返中国漂流民，只能经过日本转送，萨摩藩强制琉球国王遵从幕府的规定，先将难民送到长崎，再由长崎解送回中国，"按旧例，中国人民漂流于本国弗获自归者，送至日本遣还故土，

① 康熙七年（1668），漂流至吕宋巴丹岛的日本人十一人，以自己所造小船，于1670年由吕宋出发，经过浙江普陀山，在那停留了一个多月，受到当地居民亲切照顾，获赠衣食，然后自力返回长崎。转自刘序枫：《清代环中国海域的海难事件研究——以清日两国间对外国难民的救助及其遣返制度为中心（1644—1861）》，朱德兰主编：《中国海洋发展史论文集（第8辑）》，第184页。
② ［日］伊能嘉矩，《台湾文化志》（中卷），第474页。
③ 刘序枫：《清代环中国海域的海难事件研究——以清日两国间对外国难民的救助及其遣返制度为中心（1644—1861）》，朱德兰主编：《中国海洋发展史论文集（第8辑）》，第184页。
④ 李超：《清代琉球漂风难民物品处置考》，《清史研究》2020年第3期。

在案"①。清政权在此期间也没有对琉球境内中国漂流民的处理作出过任何规定。

要之，1683 年以前清政府对海外中国漂流民的管理政策与实际行为，主要是为了实现政治、外交之目的，内容上重防范和限制而轻救助，这与基于人道主义和航海安全保障的现代海难救助大相径庭。不过，崇德二年（1637）开创的由外国政府"解送"中国漂流民归国的处理方式，成为 1840 年以前清政府救助和管理海外中国漂流民的主要模式。

第二节　清代开海时期（1684—1840）海外中国漂流民救助与管理制度

一、清代开海时期海外中国船难概况

康熙二十二年（1683），施琅收复台湾，清朝统一全国。鉴于政权渐稳，海况日佳，且沿海地区官员和民间社会大力呼吁，次年，清廷正式下令废除海禁政策，曰："今海内一统，寰宇宁谧，满汉人民相同一体，令出洋贸易，以彰富庶之治。得旨，开海贸易。"②次年，又设立闽、粤、江、浙四处海关，分别管理各自下辖的数十个对外通商口岸的对外贸易事务。开海之后，国人经过批准后可以出海采捕和从事海上贸易，此后直至道光二十年（1840）鸦片战争爆发的 150 余年间，虽然期间有过南洋禁海、一口通商两次收紧的做法，但清廷并没有再次实施全面禁海，政府始终推行相对开放的政策，这为国人的海洋活动提供了一个稳定的政治环境。因此，民间海上活动日益活跃，"各省人民海上贸易行走者甚多"③。然而，随着国人频繁的海上活动，海外的中国船难也日渐增多。在环中国海域诸国留存下来的官方档案、官员奏报以及一些家族族谱中，有许多关于海外中国船难的记载。对此，学界已有较多研究，并进行了一些专门统计，如刘序枫对遭风漂到日本之中国船进行了统计，从顺治元年（1644）到道光二十年，中国船遭风漂到日本的事件有 189 起，其中顺治元年到康

---

① 那霸市企划部市史编辑室：《那霸市史·家谱资料二》（下），那霸市史编辑委员会，1980 年，第 934 页。转自赖正维：《近代东北亚海域海难救助机制的特点及其意义》，南开大学世界近代史研究中心编：《世界近现代史研究（第六辑）》，中国社会科学出版社，2009 年，第 183 页。

② 《清文献通考》卷 33《市籴二》。

③ 《历代宝案》第 1 集，第 226 页。

熙二十三年共 15 起，其余 174 起发生在清廷开海之后。① 王天泉、汤熙勇、王丹丹等人各自对清代中、朝之间的漂流船情况进行了粗略统计，综合来看，1644—1840 年清朝船只漂流到朝鲜的事件共有 169 起。② 据孙宏年统计，1644—1885 年，中越之间互相救助漂风难民事件共 62 起，其中越南救助中国漂风难船事件 35 起。③ 虽然因资料不全等原因，上述统计并不完整，但通过这些数据，我们至少可以得出清廷开海之后海外中国船难发生数量增多的结论。

清代海外中国失事船只，从性质来看，既有公务船，也有民船。先来看看公务船的失事情况。在海外失事的中国公务船主要有封舟和兵船（包括运兵船）两种。琉球国成为清朝的朝贡国之后，琉球国王需要由清廷派专使册封。这种清廷使团的船称为"封舟"。因为要彰显天朝上国的威严，所以封舟一般都庞大雄伟。但按当时的技术水平，封舟太大，不便操作，难免失事。如乾隆年间，清廷往封琉球国王的封舟就遭风受损。乾隆十六年（1751），琉球国王尚敬卒，世子尚穆遣陪臣郑国贞告哀。十九年，尚穆遣毛元翼、蔡宏谟入贡，兼请袭封，希冀大清"体循臣父事例，差选天使按临蛟岛"。次年五月初七日，清廷遣翰林院侍讲全魁、编修周煌充正、副使往封。④ 正使全魁乘坐头号册封宝船，副使周煌乘坐二号册封宝船前往琉球，头号宝船于琉球姑米山地方遇飓风，碇索尽断，船冲礁石，龙骨中折，底穿入水，已无法使用，幸人员无碍。二号册封船到达姑米山洋面，因风不顺，随潮浮漂，后在洋遭飓风，船被损伤，船上有二人遇难，行李衣物受损。琉球国乃造新船，配用一号册封船原船桅、舵，并将二号册封船修葺坚固，派人护送使团回国。⑤

封舟之外，在海外失事的中国公务船还有兵船。清代前期对海防建设相当重视，沿海各地都驻扎有水师，各种战船、巡哨船、运兵船等在海

---

① 刘序枫：《清代环中国海域的海难事件研究——以清日两国间对外国难民的救助及遣返制度为中心（1644—1861）》，朱德兰主编：《中国海洋发展史论文集（第 8 辑）》，第 216—230 页。

② 王天泉：《朝鲜对中国漂流民送还方式变化和东亚海域》"附录"，济州大学博士学位论文，2016 年。汤熙勇：《清顺治至乾隆时期中国救助朝鲜海难船及漂流民的方法》，朱德兰主编：《中国海洋发展史论文集（第 8 辑）》，第 105—172 页。赵兴元等选编：《〈同文汇考〉中朝史料》（四）。王丹丹：《论清朝与朝鲜两国的漂流民救助与送还》"附录"，第 44—57 页。

③ 孙宏年：《清代中越海难互助及其影响略论》，《南洋问题研究》2001 年第 2 期。

④ （清）周煌：《琉球国志略》卷 3。

⑤ （清）周煌：《琉球国志略》卷 7。参见《历代宝案》第 2 集，第 2901—2902 页。

上的活动不少，自然也有遭风漂流海外之情形。以漂到越南之中国兵船为
例，康熙八年（1669），有广东都司刘世虎等驾舟巡海，遇风漂泊至广南
国境内。广南国王差员役送刘世虎等归粤，并带来货物船只。虽当时系禁
海时期，但康熙帝认为其送返中国漂流民"殊为可嘉"，所以将其所带船
货归还，"不必入官，仍给来使，为修理船只之用"。①乾隆二十年（1755），
福建外委沉神郎等遭风漂到越南，同年，广东把总黎辉德遭风漂到越南。
嘉庆九年（1804），有福建文武官员、士兵四人漂到广南，被救助遣返。
嘉庆十五年，福建千总萧元侯等八人遭风漂到柑椒海口。嘉庆二十年，福
建把总许宁安、李振示及兵丁、搭船客民一百四十六人遭风漂往越南。②
道光十二年（1832），"广东提标中营二号米艇，配坐官兵七十员名，遭风
漂流越南国茶山洋面收泊"，次年越南派人护送归国。③

　　其时，海外中国难船大部分是民船，包括商船和渔采船只。难船中有
从事海外贸易的洋船。如康熙四十三年（1704），福建泉州府同安县王秋等
40人，"往商倭国，猝遇大风雨，船桅折伤"，漂到朝鲜于甑岛前洋。同年，
又有一只中国船漂到朝鲜珍岛郡南桃浦，船只沉入水底，人命皆活，经盘
问，乃中国福建、浙江、广东三省人，"往商日本，遇大风，漂流到此"。④
也有在中国从事近海贸易的商船。如康熙三十二年，江南商人程干顺、庄
文煌等三十二人，于八月十四日同往山东青州府，买得药材、果品等物，
自胶州载船还向江南，中途猝遇暴风，漂到朝鲜归德里附近海边岩石间，
触石船碎，船中二十七人缘岩获全，五人淹死。⑤此外，中国近海进行渔
采活动的渔船、打柴船及客船也可能失事漂到海外。如乾隆六年（1741）
朝鲜咨报称，执捉中国漂人王成云，经盘问，王成云等五人至威远堡采
参，"因乏粮，贸米至江滩西边，船忽翻转"，四人溺死，王成云独生，朝
鲜差员将其押解至凤凰城。⑥再如乾隆二十年，朝鲜救起两名中国漂流民，
他们并未带有出海票文，经审问后得知，此两人本是民家，不是做买卖也
不是渔采，只是去凤凰城走亲戚，坐客船出海，途中遇狂风，船只触石破
碎，同船八人俱淹死。朝鲜给与粮馐，将两人从陆路遣返至凤凰城。⑦

---

① 《清圣祖实录》卷30，第408页。
② 孙宏年：《清代中越海难互助及其影响略论》，《南洋问题研究》2001年第2期。
③ 《清宣宗实录》卷238，中华书局，1986年，第569页。
④ 赵兴元等选编：《〈同文汇考〉中朝史料》（二），第427页。
⑤ 赵兴元等选编：《〈同文汇考〉中朝史料》（二），第417—418页。
⑥ 赵兴元等选编：《〈同文汇考〉中朝史料》（二），第463页。
⑦ 赵兴元等选编：《〈同文汇考〉中朝史料》（二），第467—469页。

　　浩渺流动的海洋往往是不法之徒的世界，船难发生后，清政府担心如果不能尽早使中国漂流民归国，放任他们滞留海外，可能壮大海外反清力量。[①] 且漂流民遭受大难，在中国传统道德观念下，又是应当矜恻救助的对象。因此，如何对海外中国漂流民群体实施有效管理，实现治安与矜恤的双重目标，就成为清朝政治的一大课题。这是开海之后清廷构建海外中国船难救助与管理制度的现实诉求。

　　当然，清廷自身不可能对海外失事的中国船只直接实施管理，必然要与外国政府发生联系。因此，清廷海外中国漂流民管理制度的出台和实施，面对的首要问题就是要确定管理义务主体。清王朝统一后，建立起以中国为中心的"天下"体系，将朝鲜、琉球、越南、南掌（老挝）、暹罗、苏禄、荷兰、缅甸、西洋（葡萄牙、意大利、英国等，此处西洋为一地理概念，不是一个国家，而是泛指一个朝贡地区）等九国列为朝贡国。[②] 在这些朝贡国中，除南掌外，其他都是沿海国家，有海路与中国往来，这就解决了清廷海外中国漂流民管理最大的困难。清代前期的海外中国漂流民管理制度就是在此基础上构建起来的。

二、海外中国漂流民救助与管理的一般规定

　　康熙二十三年（1684），朝鲜解送漂海山东登州府蓬莱县民张文学三人到北京，礼部就朝鲜伴送差官的奖赏问题向皇帝请示，康熙帝批示曰："海禁已开，这漂人船只民人着发回原籍，其解送来人应行奖赏，尔部会同兵部议奏。"兵部将张文学等三人递送"回原籍"，礼、兵两部又针对开海之后"各省人民海上贸易行走者甚多"的现状，建议朝廷"移文滨海外国王等，各饬该管地方，凡有船只漂至者，令牧养解送"。此举得到康熙帝同意："依议，钦此。"[③]

　　此处"滨海外国"到底是指哪些国家呢？从当时中国航海业发展来看，范围主要在东亚地区，故这些国家应该是指环中国海域诸国。但环中国海域诸国与中国的关系也有差别，有些是中国的藩属国，有的则只是通市之

国，那么此处"滨海外国"是包括所有这些国家还是只指朝贡之国呢？对此，清廷也没有明确。汤熙勇认为是与中国具有朝贡关系者，[1] 笔者以为应属可信，并补充说明如下。第一，从递送文书的对象和方式来看，只可能是藩属国。谕令中有"俟命下之日，将所行朝鲜国咨文与来员带回，所行琉球国咨文俟该国进贡来时令来使带回"[2] 之语，可见清廷谕令的对象是朝鲜、琉球这两个藩属国。从咨文递交方式来看，是通过进贡使团带回，日本等通市之国当时与清朝并无官方往来，自然也不会有进贡使团到来。第二，从情理来看，通过朝贡、贸易等方式，中国对藩属国有一定的约束力，然通市之国与清朝仅维持一定的民间贸易关系，在法理上是与清朝对等的国家，互相之间也甚少官方往来，如日本直到幕府交出政权为止，与清朝都无实质官方关系，[3] 自然没有可能接受清廷的要求和约束。因此，这里的"滨海外国"应仅限于环中国海域与中国具有朝贡关系的国家，[4] 主要是朝鲜和琉球两国。清廷此举，首先解决了海外中国漂流民救助和管理的主体问题，确立了各朝贡国对境内中国漂流民实施救助的法律责任或义务。[5]

那么何为"牧养解送"呢？对此，清廷也没有进行具体解释。从字面意思来看，牧养，包含有供给生活资料之意。虽然，在语言上，清廷对于海外中国漂流民还保持着一贯的高高在上的态度，但换个角度来看，这是要求外国政府为其境内的中国难民提供生活资料，清政府的海外中国漂流民管理制度开始具有一定救助色彩。而且越到后来，救助色彩越加浓厚。乾隆朝《大清会典》规定："若内地商民船被风飘至外洋者，其国能拯救资赡，治舟送归，或附载贡舟以还，皆降敕褒奖，该国王赐其陪臣有

---

① 汤熙勇：《清顺治至乾隆时期中国救助朝鲜海难船及漂流民的方法》，朱德兰主编：《中国海洋发展史论文集（第 8 辑）》，第 113 页。

② 《历代宝案》第 1 册，第 226 页。

③ 关于近代以前日本的对清政策，可参见吴廷璆主编：《日本史》。

④ 不过，在实践中，清朝对于通市之国的漂流民同样采取抚恤遣返之政策，受此影响，通市之国一般也会对漂到之中国船只和难民实施拯救、抚恤并遣返。遣返中国漂流民的国家由之前的朝鲜一国扩展到环中国海域的藩属国，以及影响到通市之国。如此一来，在海外发生船难的中国漂流民都可以有合法的途径归国了。

⑤ 在宗藩关系之下，清王朝对朝鲜、琉球等朝贡国有实质上的约束力，故各国救助中国难船难民不仅仅是基于道义，而是一种法律责任。实践中，各朝贡国的回应也说明了这一点，如琉球国王尚贞收到清朝礼部咨文后，向清朝表示："臣当即行文三十六岛，嗣后此等漂风商民船只，重为收养送回，以仰体皇上无外之恩焉。"《历代宝案》第 1 集，第 489 页。

差。"① "牧养解送" 变成了 "拯救资赡，治舟送归，或附载贡舟以还"，更明确强调了外国政府救助之责任。而且，中国难民的归国形式也由 "解送" 变成了 "送归"。至于如何送归，从东亚诸国救助中国漂流民的实践来看，海外诸国由水路送返中国漂流民主要有四种方式。一是中国船只损坏但尚可修葺，外国政府出资帮助修葺，由海路遣归。二是船只损坏无法修葺，外国政府安排难民搭载到中国贸易的商船，遣其归国。三是造给船只送归。如乾隆三年（1738），浙江归安人吴书申等装载货物前往日本长崎交货，于大洋猝遇大风，漂到朝鲜境内，船只片片破碎，船上之人淹死、冻死多至十人。朝鲜国王令地方官造给船只，而制与衣裤，优给口粮，候风送归。乾隆二十四、三十四年，又发生了朝鲜依前例为中国漂流民造船，将之送归的事情。② 四是安排难民搭载该国到中国的朝贡船只。海外中国漂流民归国有多种可以选择的方式，外国政府自然也不可能全程安排官差押解了，中国漂流民归国不再是一件强制的事情。

　　朝贡国政府和民众救助中国漂流民都是免费的，不能收取任何报酬。实践中，未见有朝贡国及其民众向中国漂流民收取报酬的记载，也未有朝贡国向清廷索取救助费用的事情，所以 "牧养解送" 中国漂流民的费用应该是由朝贡国政府支出。不过，海难救助充满危险性，且需要救助者付出劳动和财物，这无疑将增加朝贡国政府和民众的负担。为提高各国救助中国漂流民的积极性，清廷对外国政府和外国人送返中国难民的行为给予奖励。康熙二十三年（1684）议准："朝鲜国解送漂海内地人口，赏差官银三十两，小通事银八两，从人银各四两，于户部移取，礼部恩宴一次。嗣后外国如有解到漂失船只人口，俱照此例赏赐恩宴遣还。其彼处收养漂失船只人口之人，行令该国王奖励赏。"③ 不过到乾隆年间，恩宴和赏银似已不再严格执行。如乾隆五年（1740），苏禄国派船护送福建泉州府晋江县和漳州府海澄县遭风漂至该国的二十五人回国，途中又遭风漂至台湾，对此，清政府的赏赐仅是 "文武公同慰劳，赏给绸布食物等项"，并准其所载货物在中国贸易时免税。④ 道光十一年（1831），越南王派拨官船差官护送漂到其境内的陈棻等人归国，清朝的地方官员只是 "犒赏

① （清）允裪撰：《钦定大清会典（乾隆朝）》卷 56《礼部·主客清吏司·朝贡·拯救》。
② 赵兴元等选编：《〈同文汇考〉中朝史料》（二），第 457、472、487 页。
③ （清）伊桑阿等纂修：《大清会典（康熙朝）》卷 74《礼部·主客清吏司·给赐·朝鲜国》，沈云龙主编：《近代中国史料丛刊三编》第 72 辑，第 3793—3794 页。
④ 中国第一历史档案馆、海峡两岸出版交流中心编：《明清宫藏台湾档案汇编》第 15 册，"乾隆五年八月二十九日，福州将军策楞奏折"，第 294—296 页。

该夷使等食物，饬令地方官安插公所，妥为照料"，记载中并未提到赏给银两。①

给护送中国漂流民归国的外国员役的奖励，可能被移用于奖赏该国国王了。乾隆五年（1740）定例，对积极遣归中国难民之各国国王"传旨嘉奖"，到乾隆十五年改为奖赏绸缎等。如琉球国护送中国漂流民归国，皇帝令"赐国王蟒缎二匹、闪缎二匹，彩缎四匹"②。乾隆十七年，琉球国将一批留养两年的中国难民附贡船送归，清廷令"加赐该国王蟒缎、闪缎、锦缎各二端，彩缎、素缎各四端，以示嘉奖，其在船官伴、水梢人等，该抚分别赏赉"。此后各国救助中国漂流民俱照此办理。③道光十一年（1831），暹罗国"因内地官员眷属遭风飘到，拯救资赡，附贡船到粤"，皇帝命"赏赐该国王蟒缎二匹、闪缎二匹、锦缎二匹、彩缎四匹、素缎四匹，以示嘉奖"。④

此外，对于搭载中国漂流民归国的外国商船，清政府还给予税收方面的优惠。清制，"凡外国船只，如系贡使，其来回所带货物俱系免税；若贸易船只，例不宽免"。但上述乾隆五年（1740）苏禄国护送二十五名中国漂流民归国，地方官员奏称："该国虽非朝贡，然亦非贸易而来，实因闻系内地难民，不惜盘费，不惮险阻，远涉风涛，遣人伴送回籍，其慕义效诚之意，自当优恤。臣仰体皇仁，援照贡使之例，谕令该口委员免其输税，至将来回棹时，所置货物一体照贡使例宽免，并严行稽察，牙行、胥役不得稍有撞骗、需索情事，务使番人得受免税实惠。"⑤此后，外国商船送返中国漂流民基本上都获得免税优待，如乾隆二十七年，琉球国船只护送中国遇难商人回国，其船所带货物应征银约三十二两，俱免征。⑥

在朝贡国之外，中国船只难免于通市之国及其他国家发生事故，由于清廷对这些国家并没有约束力，自然不能要求其"牧养解送"中国漂流民。对此，清朝一般会给予这些国家漂抵中国的难民予以周到照顾，保护他们

① 中国第一历史档案馆、海峡两岸出版交流中心编：《明清宫藏台湾档案汇编》第151册，"道光十一年八月二十八日，闽浙总督孙尔准奏折"，第288—290页。

② 故宫博物院编：《钦定礼部则例二种》第5册，第328页。

③ （清）昆冈、李鸿章修纂：《钦定大清会典事例（光绪朝）》卷513《礼部·拯救》。

④ 故宫博物院编：《钦定礼部则例二种》第5册，第328页。

⑤ 中国第一历史档案馆、海峡两岸出版交流中心编：《明清宫藏台湾档案汇编》第15册，"乾隆五年八月二十九日，福州将军策楞奏折"，第294—296页。

⑥ 乾隆二十七年五月初六日，《福州将军社图肯奏琉球国护送船进口照例免税折》，中国第一历史档案馆：《清代中琉关系档案选编》，第93页。

的财产并将之遣返，同时，对于送返中国漂流民的非朝贡国船只和人员也同样给予奖励，这对这些国家救助其境内的中国漂流民产生了良好的影响，①使中国漂流民的生命和财产安全在朝贡国之外的国家也能得到一定保障。

外国政府遣送中国漂流民归国后，由哪个部门或地方来交接呢？对此，礼部则例有一概要规定："内地商民船飘至外洋，其国闻报拯救资赡，治舟送回各省（如在朝鲜，水陆听从其便），或附载贡船，或专差送京。"②从这里可见，对于外国送返的漂流民，清政府并没有一个统一的、专门的对接部门。之所以说是送回"各省"，并不是说要各国将难民送到其原籍所在省份，而应是各国入贡时清廷指定的入贡地所在省份。至于"送京"，应是就朝鲜国送返中国难民而言。也就是说，各朝贡国遣送中国漂流民归国的终点，是与贡道的规定重合的。

在令外国"牧养解送"中国漂流民归国之外，清廷还允许海外中国漂流民自行归国。康熙二十四年（1685），先是福建总督王国安疏称："内地飘洋船只，如遇避难流落外番，□□附船回籍，良民听其归还故土。"朝廷同意了该建议。③王国安之疏本意是希望朝廷允许海外漂流民自行回国，朝廷立法时扩大了对象："内地人口有流落外国，愿附船回籍者，听其归还，具报该地方官察明，准回原籍。"④这样，不仅是因船难滞留海外的华人，因其他原因流落外国的华人都允许自己附船回籍，只是在船只到达中国的海港后，要向到达地方官府呈报，经查明无误方准回原籍。随着清朝开海政策的波动，对于海外漂流民归国的政策也有变化。

康熙五十六年（1717），清廷因前往南洋贸易的华人日增，形成会聚之势，乃禁止中国商人前往南洋贸易。《清文献通考》载："至本朝始与吕宋、苏禄等通商，闽海闽广间人浮海为业者利其土产，率潜处番疆，逗留不返。康熙五十六年，以噶喇吧口岸多聚汉人，恐寖长海盗，禁止南洋往来。"同时，令康熙五十六年以前去南洋的民人，必须在三年内"回籍"，否则"不得复归故土"。⑤至于此后去南洋的华人，因系"私行前往者，皆违禁偷越

① 如汤熙勇认为清朝对日本海难难民的照顾与遣返，可能对日本救助中国难船有一定的影响。见汤熙勇：《清顺治至乾隆时期中国救助朝鲜海难船及漂流民的方法》，朱德兰主编：《中国海洋发展史论文集（第8辑）》，第113页。
② 故宫博物院编：《钦定礼部则例二种》第5册，第328页。
③ 《历代宝案》第1集，第228页。
④ 《钦定大清会典则例（乾隆朝）》卷94《礼部·主客清吏司·朝贡下》。
⑤ 《清文献通考》卷297《四裔考五》。

之人，是以定例不准回籍"①，南洋的中国漂流民自也在禁止归国之列。

　　到雍正年间，清廷开始放松南洋贸易禁令。雍正五年（1727）覆准："福建户口殷繁，闾阎生计，不得不借贸易之盈余，佐耕耘之不足，开洋既有益于百姓，且防范严密，复不致稍有疏虞，南洋诸国准令福建商船前往贸易。"又覆准："广东地狭民稠，照福建之例，准往南洋贸易。"②雍正七年覆准，江南浙江商民准照福建商民往南洋贸易。其前往南洋，必经由福建，所有商船姓名数目，该督抚先期知会福建总督，转饬守口官弁察验放行。回棹之日，仍由福建总督知会江浙互相稽察。③自此之后，"通市不绝"④。既然朝廷不再禁止民众下南洋贸易，那么，再禁止南洋华人归国就不适宜了。乾隆元年（1736），"闽督郝玉麟复请自康熙五十六年例禁后私去者不准归国，其例前之民愿归者应听自便。从之"⑤。依此，则康熙五十六年（1717）之前前往南洋的华人可以归国，但康熙五十六年至雍正五年之间前往南洋者仍然禁止归国，之所以如此，应是考虑到后者属于公然违背清朝法律偷越之人。但这也引起部分官员的异议，认为如此禁令不太合理，是以，至乾隆十九年，朝廷议准："康熙五十六年，禁止商船，不许出洋贸易，其私行前往者，皆违禁偷越之人，是以定例不准回籍。自雍正五年，洋禁既开，凡商船之在洋逾限未归者，或因货物未清守候愆期，原与违禁偷越者不同，若竟不准回籍，情属可悯。嗣后，有实因贸易稽留在外，今愿回籍，或本身已故，遗留妻妾子女愿回籍者，均准其附船回籍，令船户出具保结，于进口时报明该管官，令归其籍安插，携回赀财，地方官不得借端需索。至无赖之徒，原系偷渡番国潜住多年，充当甲必丹供番人役使，及本无赀本，流落番地，哄诱外洋妇女娶妻生子，迨至无以为生，复图就食内地，以肆招摇诱骗之计者，仍照例严行稽察。该督抚随时酌量办理。"⑥又考虑到"出洋贸易商船，皆挟赀求利，素非为匪，且内地各有妻孥产业，原未肯轻弃家乡，止因海洋风信靡常，商欠取讨匪易，又或疾病难归，栖身番地，在船充当舵水，遭风流落，凡此皆系欲归不得，并非有意淹留，见在开洋，贸易之民，源源不绝，而因事耽延者亦频年有之。从前出洋回籍，原无定限，迨后定以三年，倘稍逾限，即

①《钦定大清会典则例（乾隆朝）》卷114《兵部·海禁》。
②《钦定大清会典则例（乾隆朝）》卷114《兵部·海禁》。
③《钦定大清会典则例（乾隆朝）》卷114《兵部·海禁》。
④《清文献通考》卷297《四裔考五》。
⑤《清文献通考》卷297《四裔考五》。
⑥《钦定大清会典则例（乾隆朝）》卷114《兵部·海禁·出入海洋之禁》。

不得返归故土，似非一体同仁之意"。因此，同年又议准："嗣后出洋贸易者，无论年分久近，概准回籍，若本身已故，遗留妻妾子女亦准回籍。责成带回之船户出具保结存案，仍令该督抚于沿海口岸地方出示明白晓谕，令其不必迟回、观望，其携回赀财有不肖官役借端扰累需索者，即严行参处。"① 也就是说，不管是不是康熙五十六年至雍正五年之间私下南洋，海外华人都允许回国。自此，海外中国漂流民自行附船回国再无法律上的障碍。

对于海外中国漂流民财物如何处理，清政府没有专门规定。乾隆十五年（1750）冬，有山东登州府莱阳县商人白世芸和船主瞿张顺等一船数人，在海上遭风，漂流到琉球海域，被救获生，滞留在彼处一年，受到了琉球国王和各级地方官员、通事及民间人士无微不至的关怀，最后搭乘琉球国贡船回国。白世芸获救上岸时，他的船上尚剩有几担豆子，就想在当地发卖，权当回国的盘缠，于是向琉球方面请求："这几担豆子，我们回家的盘缠，全靠着他。如今虽有些霉，也还有些好的，恐怕放在那里日子久了，里头发起热来，都是□□的了。求通事替老爷相议，不论甚么价钱，这里替我卖去。"但不管他如何请求，琉球地方官坚决不答应，原因是："我们这里的王法，贵国有来的船都不替他买卖，着实严紧，谁敢故犯？"为了防止老百姓与他们暗中进行买卖，琉球官方甚至还在安置白世芸的住房周围建造了窝棚住人，日夜看守。白世芸无奈，只好叫人天天挑豆子去晒，这几担豆子在他们归国时也搬到船上一同带回。② 琉球国之所以如此严格执行清廷的禁令，应是因为琉球对与清朝之间的朝贡贸易比较依赖，"琉球一国远处东南，地多荒僻，产物无几，凡食物器用，多需内地"③，如果任由漂流民发卖原禁货物，担心引起清朝的不悦而影响到朝贡贸易。由此可见，从法理上，海外中国漂流民处理船难财物时，仍应当遵守清廷关于物品出洋的一般性禁令。

三、清廷对朝鲜境内中国漂流民救助与管理的特殊规定

上述内容可以说是清廷对于救助和管理海外中国漂流民的一般性规定。对于朝鲜境内的中国漂流民管理，清廷有一些单独的、特殊的规范或

---

① 《钦定大清会典则例（乾隆朝）》卷 114《兵部·海禁》。

② 徐艺圃：《乾隆年间白氏飘琉获救叙事述论》，《历史档案》1994 年第 1 期。

③ 乾隆十二年四月十八日，《闽浙总督喀尔吉善等奏琉球国贡船在闽贸易情形折》，中国第一历史档案馆编：《清代中琉关系档案选编》，第 19 页。

措施，具体分述如下。

（一）关于朝鲜境内中国漂流民管理的特殊规定

1. 朝鲜遣返中国漂流民的程序

开海之初，清廷对于漂流到朝鲜境内的中国船只和难民，仍令朝鲜按崇德二年（1637）漂民例，差官押解，经由陆路解送北京。[①] 康熙二十六年（1687），朝鲜济州封进马押领金泰潢等二十四人于九月装船出海，遭难漂到安南会安地方，遇到正在此地贸货的福建、浙江商人陈干、朱汉源等。陈干、朱汉源等人窃想清朝与朝鲜关系密切，自己又因货贱难以回塘，在金泰潢答应付给六百包米作为报酬的条件下，将这些人装载送还济州。朝鲜官府闻知后，因此前从未发生过类似事件，对如何处理甚为烦恼，最终决定按漂人例处置。康熙二十八年，朝鲜将陈干等二十六名中国商人及货物由陆路押送至北京。清廷对朝鲜差官依例进行奖励。康熙帝得到奏报后，下旨："贸易海禁已经停止，此后或往朝鲜贸易船只，或风漂船只，停其解京。"并令礼部议奏。之后，经礼部议奏，康熙帝同意，礼部移咨朝鲜："贸易海禁已经停止，其贸易及遭风漂船人民，朝鲜国仍差官解送至京，但路途遥远，解送维艰，嗣后凡有内地一应船只至朝鲜者，停其解京。除原禁货物不准发卖外，其余货物听从发卖，令其回籍，仍将姓名、籍贯、人数、货物查明，俟贡使进京之便汇开报部存案。如船只遭风破坏，难以回籍，该国王将人口照常解送至京。"[②] 关于此事的处理，《李朝实录》也有简略记载："清人漂到我界，辄皆从陆领还，今不领还，则恐后日为清人所觉也。须许从陆，而且戒牧使，毋使自逃。是夏，自济州押商人朱汉源等二十八口，至都下，计其船直、米价、粮资，以银与之，仍命译官领入燕京。胡皇曰：'何必押致也。'遂放遣之。仍使我国，凡遇漂到者，有船，则从海放遣；无船，则领付凤城。以为式。"[③] 依该例，中国船只漂到朝鲜以后，如果船只完好，漂流民可以选择由海路自行返回，朝鲜只须为其提供物资，帮助修葺船只即可，也不用派官差押解；如果船只破坏不能航行，或中国漂流民自愿由陆路返回，朝鲜须将难民经由陆路派官差解送到中朝边境之凤凰城，交由中国官府处理。这在一定程度上减轻了朝鲜的负担。另外，朝鲜须将中国漂流船只、人员的相关信息，如姓名、年

---

① 赵兴元等选编：《〈同文汇考〉中朝史料》（二），第 415 页。《钦定大清会典则例（乾隆朝）》卷 94《礼部·主客清吏司·朝贡下》。

② 赵兴元等选编：《〈同文汇考〉中朝史料》（二），第 415 页。

③ 吴晗辑：《朝鲜李朝实录中的中国史料》（十），第 4133 页。

纪、居住地、随身物品等一一开录，俟朝鲜贡使入京时向清廷礼部报存。

　　既然朝鲜不再解送漂流民至北京，清朝的奖励制度也随之调整。乾隆二十八年议准："朝鲜国解送飘风商民，附年贡使臣回籍，赍咨报部者无庸另赏。"① 也就是说，仅就漂流民遣返事宜赍咨到京的朝鲜员役不再依例赏银和赐恩宴了。

　　2. 清廷赋予朝鲜政府对中国漂流民的审判权与刑罚执行权

　　因为朝鲜与中国山水相依，既有陆地相连，也有海域相通，中、朝两国人民为了生计或利益，经常偷越边界，如采参、打柴、打鱼等，甚至还有些人作奸犯科，故清律中特别制定了严密的中朝边境管理办法。② 然随着时间推移，中国人进入朝鲜渔采的现象越来越频繁，这不仅严重践踏清朝法律，而且可能给朝鲜社会带去危害。康熙三十九年（1700），朝鲜国在《报安兴漂人回兼请申饬犯越咨》中，向清廷详细呈报了清人越境情形的多发与危害："近年以来，西海洋中小邦地面有未辨形色大小舟船自春徂秋络绎不绝，一日或至数十只，一船不下三四十人，随处停泊，率意下陆，或侵挠闾井，或强逼村女，或有乍去旋来、留连累日者，海边一带大抵皆然。小邦之民惊惑绎骚，殆不奠居。"因是"上国"之人，朝鲜恐因"辗转以至获戾于大朝"而不敢追赶，但又担心"若任其往来而不为之防，则势将举小邦之民渐相惯狎，一则有挟带货物惹起事端之虑，一则有争狠细故互相伤害之患"，因此，朝鲜明确希望清廷"明立科条，著令禁断"。③此后清廷多次订例，严禁中朝边境越境渔采之事。康熙四十年，清廷一面行文沿海地方加强管理，严行禁止"以海上贸易渔采为名往外国贩卖违禁货物肆行侵扰者"，一面又行令朝鲜国王："嗣后如有渔采并贸易人等至朝鲜国侵扰地方者，查验船票、人数、姓名、籍贯，开明报部，转行地方官从重治罪。"④康熙五十年覆准："移咨奉天府将军并府尹，严禁沿海居民不许往朝鲜近洋渔采，或别地渔采人到朝鲜境，亦令捕获解送。若违禁渔采及不能捕获者，从重治罪。该地方官员一并议处。"⑤次年谕："朝鲜海洋

---

① 故宫博物院编：《钦定礼部则例二种》第5册，第328页。
② "凡沿海船只，在朝鲜国境界渔采，及私行越江者，被朝鲜国人捕送，严行治罪，将该地方官员，交部查议。"田涛、郑秦点校：《大清律例》，第339页。
③ 赵兴元等选编：《〈同文汇考〉中朝史料》（二），第422页。
④ （清）托津等修纂：《钦定大清会典事例（嘉庆朝）》卷399，沈云龙主编：《近代中国史料丛刊三编》第67辑，第8057—8058页。参见赵兴元等选编：《〈同文汇考〉中朝史料》（二），第423页。
⑤ （清）允禄等监修：《钦定大清会典（雍正朝）》卷104《礼部·主客清吏司》，沈云龙主编：《近代中国史料丛刊三编》第78辑，第6968—6969页。

渔采船曾经申饬严缉，今尚有船至朝鲜边界捕渔，是即海寇。嗣后有捕鱼船潜至朝鲜海面，许该国即行追剿，如有生擒者，作速解送。毋因内地之人，以致迟疑。"①康熙五十四年又覆准："严禁渔采及私行越江之人，行文奉天将军、府尹，及山东、江南、浙江、福建、广东等处督抚，申饬沿海水师营，严查治罪。并咨该国王亦令严饬伊国沿边防守官兵不时巡查，如有犯越民人，即行拿获解送。"②

在清廷的连续严厉打击之下，犯越渔采之事有时稍息，但都是旋息旋兴。如康熙四十一年（1702），在清廷的严禁下，中国人越境至朝鲜渔采的现象大为减少，"一年之间，阒然无复往来，海边居民得以奠安"。但好景不长，到康熙四十二年，又有中国人"恣意越境，迭相出没，殆无虚月"。③而且，为逃避中、朝两国政府的缉拿打击，自水路越境的中国人在被朝鲜拿获后，往往会"借漂风名色"搪塞，坚称自己是因船只遭风而漂流至此。如康熙六十一年，朝鲜缉获越境渔采的杨三等人，杨三等坚称自己并不是私越边境捕鱼，乃是遭风漂到朝鲜。遣送回国后，清廷只好将杨三等人递送山东巡抚详查。为了弥缝制度漏洞，康熙帝下旨："嗣后飘风船只人内，有票文未生事者，照旧令其送来，若无票文胡行生事者，朝鲜国即照伊律惩戒治罪……如此，匪类人等方知畏惧，乱去的人便少。"④同年，经九卿詹事科道官员公同会议议准定例："内地人民嗣后或飘风至朝鲜国，若有票文未生事者，仍令照例送回。若有匪类并无票文私自越境生事者，许该国王缉拿，照伊国之法审拟，咨明礼部，具题请旨，俟命下日，行文该国王，即于伊处完结，仍报部存案。"⑤雍正三年（1725）律例

①　（清）允禄等监修：《钦定大清会典（雍正朝）》卷104《礼部·主客清吏司》，沈云龙主编：《近代中国史料丛刊三编》第78辑，第6969页。

②　（清）允禄等监修：《钦定大清会典（雍正朝）》卷104《礼部·主客清吏司》，沈云龙主编：《近代中国史料丛刊三编》第78辑，第6972页。

③　赵兴元等选编：《〈同文汇考〉中朝史料》（二），第258页。

④　赵兴元等选编：《〈同文汇考〉中朝史料》（二），第270—271页。

⑤　关于该例出台的时间，史料记载不一。清会典上的记载是康熙五十六年（1717），而《清文献通考》《大清律例根原》《读例存疑》《大清律例通考》《同文汇考》等资料均为康熙六十一年。本书采信后者。（清）允禄等监修：《钦定大清会典（雍正朝）》卷104，沈云龙主编：《近代中国史料丛刊三编》第78辑，第6973—6974页。参见（清）托津等修纂：《钦定大清会典事例（嘉庆朝）》卷400，沈云龙主编：《近代中国史料丛刊三编》第67辑，第8062页；《清文献通考》卷197《刑考三·刑制》；赵兴元等选编：《〈同文汇考〉中朝史料》（二），第271页。

馆奏准附律。^①根据该法律规定，大清国商渔船漂风到朝鲜，朝鲜查验其出海票文。如果领有清政府颁发的出海执照，朝鲜照例将其遣送回国。如果没有票文，私自越境生事、作奸犯科，朝鲜政府可以将其拘留，并依照朝鲜相关法律审讯拟断，咨请清廷礼部题请钦定后，由朝鲜对其进行处罚。至于未取得出海执照漂至朝鲜但未生事者如何处理，该条例并没有明确，应该还是依旧例抚恤解送回国，再由清廷追究其私越之罪。

这一立法引起了一些新的变化。其一，赋予了朝鲜政府勘验漂到清船公文的权利与义务。在此之前，朝鲜方面虽然也会对漂到之清船进行一定的讯问，但主要讯问的是漂人的姓名籍贯、船只属性、航行目的、所载货物以及朝鲜方面所关心的一些清朝政治、社会状况等问题，至于漂流船只和人员的出海手续，并不是必要的查验项目，即使查验，也主要是为了便于遣返难民，并非是为明确其是否具有合法的出海手续。康熙六十一年（1722）此条律例中勘验票文成为一道必要的程序，也成为朝鲜协助清朝约束船只非法活动的一种途径。其二，要求朝鲜对漂到之清船区别对待，并赋予其对部分漂民的惩罚权。在此之前，朝鲜对漂到之清船，不管其有无合法出海手续，也不管其有无在朝鲜作奸犯科，均解送回国，如有违法之处，则在回国后由清廷按律惩处。如康熙四十年，朝鲜救助了几只来自金州、登州的海难船，这些船都有出海公文，朝鲜"知其为上国沿海渔采人，着令各道该官将各人等安顿接济，人病者救疗之，船败者修葺之，给与资粮，随即发回"，但随后发现船上还载有二十三名票文之外人员，"此辈凭借官票挟带剩人，搀越禁限，略无畏忌，若非大朝申严法令，更加禁戢，则窃恐小邦边氓之害无时止息"。清廷彻查后，确认存在非法行为，遂对犯越采捕各犯依律分别施以鞭、杖刑，并对负有相应监管之责的官员罚俸六个月。^②但康熙六十一年的律例则允许朝鲜缉拿"无票文私自越江生事者"，并依朝鲜之法审拟，经清廷同意之后，由朝鲜执行惩罚。这实

---

① "凡盗贼前往朝鲜国劫掠者，该国王即行追拿杀戮生擒解送，其飘风船只人内，实系有票并未生事者，照例送回。若无票匪类，妄行生事，该国王即照伊律审拟，咨部具题，请旨完结。倘伊国防汛之员不能擒获，题参治罪，该国王一并交部议处。"（清）朱轼、常鼐等纂修：《大清律集解附例》卷15《兵律关津》"私出外境及违禁下海"条例，四库未收书辑刊编纂委员会编：《四库未收书辑刊》第1辑第26册，北京出版社，第254页。田涛、郑秦点校：《大清律例》，第340页。郭成伟主编：《大清律例根原》（二）卷48《兵律关津》"私出外境及违禁下海"条例，第766页。胡星桥、邓又天：《〈读例存疑〉点注》，第369页。

② 赵兴元等选编：《〈同文汇考〉中朝史料》（二），第242—257页。

际上是将漂到朝鲜的中国籍难民的逮捕、审判、刑罚执行之权主动交给了朝鲜，不利于对中国籍难民权益的保护。这与当时西方资本主义国家竭力保护在外侨民、夺取他国司法主权、扩张殖民地的做法截然不同。不过，幸亏该法律似乎并没有什么实际效果。[①]

（二）关于朝鲜境内中国漂流民财产处理的规定

开海之初，清廷仍沿用旧例，要求朝鲜解归中国漂民时附载其财物。这不但加重了两国驿站之负累，也增加了漂流民的损失。有鉴于此，康熙二十八年（1689），清廷谕令朝鲜："嗣后凡有内地一应船只至朝鲜者……除原禁货物不准发卖外，其余货物听从发卖。"只是这种贸易必须依法进行。其一，"原禁货物"不准发卖。其二，朝鲜官方必须全程参与到交易过程中，并将船难货物和交易价格查明，一一开录，派员送达北京，向清廷礼部报备。[②] 这一方面是为了防止不法交易，另一方面也可能是为了防止不公平交易损害中国漂流民的利益。

那么，清廷"原禁货物"到底有哪些？笔者查阅了《大清律例》"私出外境及违禁下海"条，整理出清朝"原禁货物"名录，开列如下：人口、马牛、军需、铁货（未成军器）、废铁、铁斤、铜钱、缎匹、绸绢、丝棉、海船、铁钉、硝黄、樟板、军器（炮、火药、鸟枪、弓箭、腰刀）、牛角、黄金、白银（后包括仿铸洋钱）、铁锅、丝斤、米粮（包括米、谷、豆、麦、杂粮）、史书等。[③] 也就是说，从法理而言，上述清单中的物品，中国漂流民都不能在朝鲜发卖。

但是，中国漂流民手中的违禁物品比较特殊。首先，在来源上，中国漂流民手中的物品并不是违禁走私出口，而是通过合法手续或因不可抗力而带出国门的。如米粮，有的是船只出海时例准携带的口粮（不过这一部分数量应不多），有的是从事沿海贸易的粮船遭风漂流到朝鲜。至于铁物，其来源部分是船只出洋时官府允许携带的，如"每日煮食之锅"及船上"备用"之铁钉，[④] 部分则是烧船铁物。这些终与非法走私出境的情形不同。其次，漂流民手中有些物品容易损坏，如不及时处理，会丧失使用价值，如米粮经水之后容易霉变腐烂，不能长期保存，而漂流民的遣归有时需要等风信，需要滞留较长时间，如果禁止发卖这些物品，会增加漂流民

---

①　据薛允升言："此门所载各条，不行者十有八九，此二条及台湾各条，则尤不忍置议。"胡星桥、邓又天：《〈读例存疑〉点注》，第369页。

②　《钦定大清会典则例（乾隆朝）》卷94《礼部·主客清吏司·朝贡下》。

③　胡星桥、邓又天：《〈读例存疑〉点注》，第358—371页。

④　田涛、郑秦点校：《大清律例》，第337—338页。

的损失。有鉴于此，在实践中，清廷下令对于中国漂流民所持违禁物品也并不一概禁止发售，而是依据形势的变化和违禁物品的种类，进行变通管理。

从《同文汇考》来看，朝鲜境内中国漂流民所持有的违禁物品大致可分为米粮、铁物、船体残骸及附属物、军器这四类，于前三类物品，在康熙、乾隆时期，清廷是允许漂流民就地发售的，以下略举数例。

米粮类。康熙五十九年（1720），顾天升等十八名商人从江南海口发船，到胶州境，"换贸大豆一千三百石，雇山东船"运载到江南，不料遭风漂流到朝鲜大静县，船只破碎。朝鲜将其送交清朝，余存谷物则在当地发卖。^①乾隆二十八年（1763）冬，一艘运载木头、皮、糖、米、豆、太粟的天津商船因风漂到朝鲜，船只并无伤破，但"当此寒节，未期顺风"，漂流民情愿由陆路归国，船只、什物及谷物难运者在当地优价售卖。^②

铁物类。主要是铁货、铁斤、铁锅、废铁、铁钉等尚未铸成军器者。屈广燕统计乾隆二十五年（1760）、嘉庆六年（1801）、嘉庆十一年、嘉庆十三年，朝鲜从中国漂流民处收购的船货中都包含有铁物，并推断当时这种海难船铁物交易量应十分可观。^③依例，朝鲜在遣返中国漂流民后，须将其姓名、居住地、年纪、随身物品、所变卖的物货一一誊录咨报清廷礼部，所以，中国漂流民发卖这些铁物、朝鲜王朝收购这些铁物，清廷必然知晓。但上述几起收购事件清廷并没有制止，说明清廷是准许漂流民就地发卖这些铁物的。

船体残骸及船只附属物。这里的船体残骸是指漂流海外、因破损不能航行的船只。船只附属物，则主要指船板、桅杆、蓬缆等。清廷严禁将海船、造船材料卖与外国。康熙二十四年（1685）覆准："贸易番船回国，除禁物外，不许附载内地人口，及潜运造船大木、铁钉、油麻等物，粮米止准酌带口粮，不许多贩，贸易毕回国时，该督抚委官查禁。"^④《大清律例》也规定："凡沿海地方，奸豪势要及军民人等……其打造海船，卖与外国图利者，造船与卖船之人为首者立斩，为从者发近边充军。"^⑤而对于

---

① 赵兴元等选编：《〈同文汇考〉中朝史料》（二），第438—439页。

② 赵兴元等选编：《〈同文汇考〉中朝史料》（二），第483页。

③ 屈广燕：《朝鲜西海域清朝海难船情况初探（1684—1881）》，《清史研究》2018年第2期。

④ （清）托津等修纂：《钦定大清会典事例（嘉庆朝）》卷399，沈云龙主编：《近代中国史料丛刊三编》第67辑，第8056页。

⑤ 田涛、郑秦点校：《大清律例》，第335页。

船上附属物，也有严格限制，商渔船只"造船时呈报州县官，查取澳甲户族里长邻佑保结，方准成造，完日报官亲验给照，开明在船人年貌籍贯，并商船所带器械件数及船内备用铁钉等物数目，以便汛口察验。若商渔船内夹带违禁硝黄、钉铁、樟板等物接济外洋者，船户以通贼论斩。舵工、水手知情，同罪；不知情者，皆杖八十，徒二年"①。船体残骸及附属物有许多造船料尚可使用，同时，船体中还有铁钉等铁物，属于朝廷禁止漂流民就地发卖的物品。但实践中，漂流民就地发卖的现象并不少见，有时甚至未完全伤破之船也被漂流民出售。如乾隆二十八年（1763），有中国漂流民将并未伤破商船及货物在朝鲜优价换易；②三十七年，漂流到朝鲜的中国渔民邱文景等人将其"破船、铁锭及釜子等粗重物件"优价换易；③五十二年，盛京人栾天会等樵人乘船出海，漂到朝鲜，朝鲜将其解送回国，"其骑来船只及物件难运者，依其愿折价换易"④；五十七年，山东登州福山县安复梁等十九人乘船往奉天省买谷子，回程遇风漂到朝鲜，朝鲜从其所愿从陆路送返，"其船只及物件难运者"折价售卖。⑤

可见，对于粮食、铁物、船体残骸及船只附属物，虽然例应禁止，但实际上，康熙、雍正、乾隆三朝时，官府对漂流民在朝鲜就地发卖该三类物品是睁一只眼闭一只眼，并不一概严禁。

到嘉庆年间，由于清廷对沿海地区控制的减弱，海盗之患愈演愈烈，因此清廷加强了海洋管理，对朝鲜境内的中国漂流民发卖船难物品的限制变得严格，米粮、铁物、船体残骸等都一概不准发卖了。以铁物为例，嘉庆十四年（1809）正月，清廷礼部收到朝鲜押解送漂海人口咨文，原来上年一艘由江南省苏州府前往山东的商船漂到朝鲜济州大静县地方，船只无法修复，朝鲜依例由陆路遣送，并将"各人姓名、年岁、居住、所持对象一一开录"，移咨清廷礼部。⑥嘉庆帝发现朝鲜咨文中有朝鲜王朝收购难船"所装铁物计重四千三百余斤等语，是何物件并未载明"，因正值海疆不安之际，产生了怀疑，恐"该民人等有违禁不法情事"，因此谕令盛京衙门"讯明奏闻"。⑦同时，为了表达对朝鲜收购铁货数量如此之多的不

① 田涛、郑秦点校：《大清律例》，第335页。

② 赵兴元等选编：《〈同文汇考〉中朝史料》（二），第483页。

③ 赵兴元等选编：《〈同文汇考〉中朝史料》（二），第493页。

④ 赵兴元等选编：《〈同文汇考〉中朝史料》（四），第324页。

⑤ 赵兴元等选编：《〈同文汇考〉中朝史料》（四），第331页。

⑥ 赵兴元等选编：《〈同文汇考〉中朝史料》（四），第374页。

⑦ 赵兴元等选编：《〈同文汇考〉中朝史料》（四），第374—375页。

满，当礼部请示是否按例对"朝鲜国王差来护送内地漂风民人赍咨员役银两并筵宴"时，嘉庆帝批示："该国王咨报救护内地遭风民人，而收买该民人所带铁物至四千三百余斤之多，殊属不合。本应将向例赏赍、筵宴之处均行停止，姑念该国员役等赍咨远外，着加恩减速半赏赍，无庸给予筵宴。"①朝鲜回文解释称："小邦属遵典宪，恒存诚谨，凡系条例之当禁辄随陈闻，无敢自隐。今龚风来等漂到之日，盘诘情由兼查什物，逐一讯阅并无干禁物件。其漂破船只烧火之时，本船妆饰及碇钉等种粗重难运，从伊愿每斤以银二分折价，合银八十六两二分，给与发回。"②盛京将军衙门也严讯龚风来等人，获供称："高丽们将击破船板及未丢铁锚二个打捞上岸，将捞获船析及篁竹一并烧毁。所有船板上烧下铠铁钉及桅杆上铁箍并有五百斤重的三号铁锚一个，二十八斤重的小脚锚一个，高丽们秤明斤重，共计四千三百斤十三两。彼因高丽们说铁物斤两甚重，不能携带，是以听其变价，按每斤作价二分共给银八十六两零二分，尽数收领。"③两相对照，证实漂流民所卖铁物主要是烧船铁物，如铁钉、铁箍等件，并非违禁货物，且经核查，该船属合法出海，每年驶往各处贸易，并无不法违禁之事，清廷由此才消除了疑虑："该国王只系声叙不明，办理尚无不合。"④但清廷可能考虑到发卖铁物数量太多，仍然撤销了该次交易，命朝鲜将尚未销熔的一千七百十六斤铁物运至盛京，清廷退还相应的银两三十四两三钱二分，⑤并恢复了对朝鲜护送中国漂流民赍咨员役的奖赏。⑥

此事件后，清廷行文朝鲜："嗣后遇有内地民人漂风到彼，该国王益当恪遵定例，并将有无装载违禁货物及别项铁铜等件声叙明晰，咨部奏明办理。"⑦如漂流民有铁物留在朝鲜国，朝鲜须"将铁物送至本省（注：指盛京）"⑧。这成为此后处理类似事件的成例。

嘉庆十六年（1811）的孙文绪案即照此办理。该年，朝鲜政府将漂流至朝鲜的山东登州府荣城县民人孙文绪等三十五人送交清朝，"并将

① 赵兴元等选编：《〈同文汇考〉中朝史料》（四），第 375 页。
② 赵兴元等选编：《〈同文汇考〉中朝史料》（四），第 375—376 页。
③ 赵兴元等选编：《〈同文汇考〉中朝史料》（四），第 378 页。
④ 赵兴元等选编：《〈同文汇考〉中朝史料》（四），第 379 页。
⑤ 赵兴元等选编：《〈同文汇考〉中朝史料》（四），第 380 页。
⑥ 赵兴元等选编：《〈同文汇考〉中朝史料》（四），第 381 页。
⑦ 赵兴元等选编：《〈同文汇考〉中朝史料》（四），第 380 页。
⑧ 赵兴元等选编：《〈同文汇考〉中朝史料》（四），第 384 页。

所剩山茧、毛毡及船上烧下来的钉铁六十余斤一并解送到凤凰城"。盛京将军讯明尚有"所剩铁锚、铁锅、大小磁坛、小米、大棕锚绳、大青麻锚绳、小麻绳、水桶等物，均被高丽留下"，即行文朝鲜，要求其依龚凤来案之例将该等铁物详细开单解送。① 朝鲜将上述物品解送至盛京，清朝退还价银一两七钱七分。② 嘉庆二十五年，朝鲜解送中国漂流民彭锦祥等人到凤凰城，同时将烧船铁物二千五百零五斤"如数装车……呈送衙门（注：盛京将军衙门）查收"。在双方往来公文中，清廷再次强调了成例："查向例，内地民人遭风漂到朝鲜国境内者，若将船只损坏，烧毁钉铁以及使物应令该难民携带，连人一同送至凤凰城，转解本衙门讯取供词并无违禁货物，仍将烧毁钉铁交与难民携带自便，递送原籍。"③ 又道光七年（1827），福建同安人林天意等二十七人漂流朝鲜，被从陆路送还，破伤船只付火，烧船铁物二千二百七十九斤十五两随解盛京。④

　　再以船体残骸及船只附属物为例。嘉庆前后，朝鲜境内中国漂流民发卖船体残骸及船只附属物的情况越来越少，《〈同文汇考〉中朝史料》仅载有两例。嘉庆三年（1798），石进功等乘船漂至朝鲜，由陆路返还，"其船只及对象难运者"就地发卖。⑤ 嘉庆十三年，山东徐克修等四十一人赴奉天沿海一带贸易，遭风漂到朝鲜境内，船只坏伤，愿从陆路还归，其"船只及物件中难运者"于当地发卖。⑥ 而多数难民的选择是将这类物品焚毁。如乾隆五十九年（1794），奉天府邱福臣等五十一人自登州前往奉天，不幸遭风漂到朝鲜。朝鲜予以救助，由陆路解回，"骑来船只随即烧火"。⑦ 嘉庆五年，有一山东荣城县渔船漂到朝鲜，船只破伤，朝鲜解送漂民回国，"其破伤船人及些少无用物件，亦并依愿烧火"⑧。笔者对《〈同文汇考〉中朝史料》所载的1646—1842年朝鲜解送清朝漂流民的案例进行了简单的统计，见表10。从表中可见，漂流民按例将船体残骸及船只附属物付火的事件共有44起，其中9起在乾隆时期，21起在嘉庆时期，14起在道光时

① 赵兴元等选编：《〈同文汇考〉中朝史料》（四），第384页。
② 赵兴元等选编：《〈同文汇考〉中朝史料》（四），第387页。
③ 赵兴元等选编：《〈同文汇考〉中朝史料》（四），第403页。
④ 赵兴元等选编：《〈同文汇考〉中朝史料》（四），第411页。
⑤ 赵兴元等选编：《〈同文汇考〉中朝史料》（四），第344页。
⑥ 赵兴元等选编：《〈同文汇考〉中朝史料》（四），第372页。
⑦ 赵兴元等选编：《〈同文汇考〉中朝史料》（四），第336页。
⑧ 赵兴元等选编：《〈同文汇考〉中朝史料》（四），第348页。

期，嘉庆、道光年间焚毁船只残骸等物品的共 35 起，占总数的 75%，而嘉庆、道光年间付火事例的增加，应是清廷禁止中国漂流民就地发卖的结果。

表 10　朝鲜中国漂流民烧毁船体残骸及附属物事件简表

序号	时间	物品及处理	典据
1	乾隆二十五年	碎船板与骑来筏木并依例付火	《〈同文汇考〉中朝史料》（二），第 474 页
2	乾隆二十五年	船具依例付火	《〈同文汇考〉中朝史料》（二），第 476 页
3	乾隆三十九年	船只依例付火	《〈同文汇考〉中朝史料》（三），第 3 页
4	乾隆四十二年	破碎船只、弃置什物依例付火	《〈同文汇考〉中朝史料》（三），第 12 页
5	乾隆四十二年	漂到两个船只什物，依例付火	《〈同文汇考〉中朝史料》（三），第 15 页
6	乾隆四十三年	所有船只，既多朽伤，不堪使用，亦令付火	《〈同文汇考〉中朝史料》（三），第 20 页
7	乾隆五十三年	破余船板依例烧火	《〈同文汇考〉中朝史料》（四），第 326 页
8	乾隆五十九年	船只即以烧火	《〈同文汇考〉中朝史料》（四），第 335 页
9	乾隆五十九年	骑来船只随即火烧	《〈同文汇考〉中朝史料》（四），第 336 页
10	嘉庆五年	破伤船只及些少无用物件亦依愿烧火	《〈同文汇考〉中朝史料》（四），第 348 页
11	嘉庆六年	破碎船只、弃置什物依愿付火	《〈同文汇考〉中朝史料》（四），第 353 页
12	嘉庆六年	船只、弃置杂物依愿烧火	《〈同文汇考〉中朝史料》（四），第 359 页
13	嘉庆十年	破碎船只、弃置什物依愿付火	《〈同文汇考〉中朝史料》（四），第 367 页
14	嘉庆十一年	破碎船只、弃置什物依愿付火	《〈同文汇考〉中朝史料》（四），第 369 页
15	嘉庆十一年	弃置什物、破碎船只依愿付火	《〈同文汇考〉中朝史料》（四），第 370 页
16	嘉庆十三年	破碎船只、弃置什物依愿付火	《〈同文汇考〉中朝史料》（四），第 372 页

（续表）

序号	时间	物品及处理	典据
17	嘉庆十四年	破碎船只、弃置杂物依愿烧火	《〈同文汇考〉中朝史料》（四），第 374 页
18	嘉庆十四年	将捞获船板及运送的货物一并烧毁	《〈同文汇考〉中朝史料》（四），第 378 页
19	嘉庆十五年	破碎船只依愿烧火	《〈同文汇考〉中朝史料》（四），第 381 页
20	嘉庆十五年	破碎船只、弃置什物依愿烧火	《〈同文汇考〉中朝史料》（四），第 383 页
21	嘉庆十六年	毁伤船只、弃置什物依愿烧火	《〈同文汇考〉中朝史料》（四），第 388 页
22	嘉庆十八年	破开船只、弃置什物从愿付火	《〈同文汇考〉中朝史料》（四），第 391 页
23	嘉庆十八年	破碎船只随即烧火	《〈同文汇考〉中朝史料》（四），第 393 页
24	嘉庆十八年	破伤船只随即烧火	《〈同文汇考〉中朝史料》（四），第 394 页
25	嘉庆十八年	骑来小船依愿付火	《〈同文汇考〉中朝史料》（四），第 394 页
26	嘉庆二十四年	驾来船只、弃置什物依愿付火	《〈同文汇考〉中朝史料》（四），第 398 页
27	嘉庆二十四年	破碎船材依愿付火	《〈同文汇考〉中朝史料》（四），第 398 页
28	嘉庆二十五年	破碎船材依愿付火	《〈同文汇考〉中朝史料》（四），第 400 页
29	嘉庆二十五年	破船依愿付火	《〈同文汇考〉中朝史料》（四），第 402 页
30	嘉庆二十五年	船材、弃置什物依愿付火	《〈同文汇考〉中朝史料》（四），第 403 页
31	道光五年	破伤船只依愿付火	《〈同文汇考〉中朝史料》（四），第 409 页
32	道光六年	破碎小船依愿付火	《〈同文汇考〉中朝史料》（四），第 410 页
33	道光七年	破伤船只依愿付火	《〈同文汇考〉中朝史料》（四），第 411 页
34	道光九年	破伤船只及弃置之物依愿付火	《〈同文汇考〉中朝史料》（四），第 412 页

（续表）

序号	时间	物品及处理	典据
35	道光九年	破碎船材依愿付火	《〈同文汇考〉中朝史料》（四），第 412 页
36	道光十年	破伤小船依愿付火	《〈同文汇考〉中朝史料》（四），第 413 页
37	道光十一年	破烂船材及腐烂谷物依愿付火	《〈同文汇考〉中朝史料》（四），第 414 页
38	道光十一年	漂人船只依愿付火	《〈同文汇考〉中朝史料》（四），第 415 页
39	道光十二年	漂人破船依愿付火	《〈同文汇考〉中朝史料》（四），第 417 页
40	道光十七年	破伤船材、腐烂物种依愿付火	《〈同文汇考〉中朝史料》（四），第 421 页
41	道光十九年	所乘小艇依愿付火	《〈同文汇考〉中朝史料》（四），第 422 页
42	道光二十年	破碎船材依愿付火	《〈同文汇考〉中朝史料》（四），第 423 页
43	道光二十二年	破伤船只及弃置之物依愿付火	《〈同文汇考〉中朝史料》（四），第 425 页
44	道光二十二年	驾来船只及弃置之物依愿付火	《〈同文汇考〉中朝史料》（四），第 426 页

不过，对于军器，清廷自始至终不许海外中国漂流民出售。雍正八年（1730），清廷定例，允许往外国经商之大洋船携带一定武器装备，回日即行缴库，下次开船再领。如果商船遭风失事，所携军器沉失，"令船户客商具结报明所在地方官，免其治罪。如船只无恙，妄称沉失，查究，照接济外洋例治罪"[①]。既然军器必须在回国时带回，只有沉没才能免于追究，那自是不能在国外发卖了。而且，在《〈同文汇考〉中朝史料》中也并未见到有中国漂流民出售军器的记载。

那么，朝鲜境内的中国漂流民不准出售或不愿发卖的物品该如何处理呢？对此，主要有两种处理方式。第一，附带回国。海外中国漂流民未沉没之军器，必须带回国内，绝对不准就地处理。这适用于所有海外国家的中国漂流民。如康熙七年（1668），朝鲜将陈得等九十五名中国漂流民解送至京，清廷得知尚有红衣炮二口留在朝鲜，陈得乃郑氏集团属下，于是

---

① 胡星桥、邓又天：《〈读例存疑〉点注》，第 361 页。

清廷行文朝鲜，令将炮运到凤凰城。^①嘉庆二十年（1815），福建把总许宁安等遭风漂到越南，越南给以银绢，从陆路护送回国，其炮械于二十三年送还。^②铁物，则自嘉庆朝始必须附带回国，清廷定例强调，朝鲜境内中国漂流民的铁物，"令该难民携带，连人一同送至凤凰城"^③。第二，纵火焚毁。有些船难货物清廷不允许难民就地售卖，也并不强制带回，但因过于笨重不易运送，难民也不愿运送回国。对此，一般都纵火焚毁。从表10可知，《〈同文汇考〉中朝史料》中，从乾隆二十五年（1760）到道光二十二年（1842），朝鲜境内的中国漂流民将货物付火的事例有44起。那么，纵火焚毁的做法始于何时？到底是出于清政府的强制规定还是漂流民自己的选择呢？从笔者所查阅资料来看，朝鲜境内中国漂流民将船难财物付火的最早记载是乾隆二十五年（1760），朝鲜解送中国漂流民的咨文中有"碎船板与骑来筏木并依例付火"^④。"依例"二字，说明这种做法在此以前就存在。只是这是一种行政管理的成例还是民间习以为常的惯例，暂时不能确定。而从表10来看，乾隆年间常用的"依例付火"的表述，到嘉庆年间则变为"依愿付火"。所以，"付火"可能并不是清廷的一种强制性规定，而只是漂流民自己的做法，即是民间习惯而不是"成例"。至于中国海外漂流民为何选择将货物焚毁，则应是因为其中可能有违禁物品，如船体残骸中有铁钉、铁箍等铁物，为了避免官府可能的追究而采取这种保险做法。

以上主要论述了清廷对朝鲜境内中国漂流民余存货物和捞得货物的处理规定和实践。至于沉入水中当时未能打捞起的船难货物如何处理，清廷没有明确规定。康熙四十五年（1706），朝鲜有民众打捞起一艘沉没较久的中国商船上的货物，朝鲜国王将此情形奏报清廷，康熙帝颁发上谕："福建商船遭风飘至朝鲜国南桃浦沉没，该国王令地方官拯救，将货物送给商人，差官押送递发原籍。后复报伊国有民募善泅者，取得黑角象牙苏木等物，^⑤除交该国王奖励赏赐外，其货物，奉旨，黑角象牙解送京师，有累驿递，苏木亦不必变价，俱令该国王酌量处置。"^⑥该谕

---

① 赵兴元等选编：《〈同文汇考〉中朝史料》（二），第409页。

② 孙宏年：《清代中越海难互助及其影响略论》，《南洋问题研究》2001年第2期。

③ 赵兴元等选编：《〈同文汇考〉中朝史料》（四），第403页。

④ 赵兴元等选编：《〈同文汇考〉中朝史料》（二），第474页。

⑤ 共拯得苏木三万斤、象牙六桶、黑角八十四桶。黑角系犯禁之物。见赵兴元等选编：《〈同文汇考〉中朝史料》（二），第430—431页。

⑥ （清）允禄等监修：《钦定大清会典（雍正朝）》卷104，沈云龙主编：《近代中国史料丛刊三编》第78辑，第6966—6967页。

旨确立了清廷处理海外中国漂流民沉船及沉货的先例，即对于沉没于水中未能打捞之货物，清廷不再承认和保护其所有权，该物品的所有权和处理权转归清廷。如果朝贡国及其民众打捞上沉没之货物，朝贡国须呈报清廷，如何处理由清廷决定，对于捞取货物之民众，则由朝贡国奖励赏赐。

要之，清廷对朝鲜中国船难的管理较其他海外国家的中国船难在规范上更加细致，而且对朝鲜政府和朝鲜中国漂流民的管控也更严格。究其原因，应是两国毗邻，中国漂流民通过朝鲜透漏出海的风险较他国为大，而地理上的接近，也使清廷可以更加有效地实施掌控，不像其他海外国家，清廷想严加管理也鞭长莫及。

四、海外中国漂流民归国后的安置处理规定

清廷规定，所有海外中国漂流民，不管是自己附船回籍，还是由外国政府"解送"，回国之时，均必须呈明官府，经审查之后，再按照程序回原籍。依漂流民回国途径的不同，处理方式也有区别。漂流民自己附船回籍者，"于进口时报明该管官"，由带回之船户出具保结，进口港之地方官府查明详情后，"令归其籍安插"，[①] 程序相对简单。

相比之下，经由外国政府救助遣返之漂流民，在安置处理上要复杂得多。一般来说，海外国家遣返中国漂流民的途径通常与贡道或商道重合，如琉球境内的中国漂流民归国一般是到福建，日本境内的中国漂流民则到浙江宁波（后来改为乍浦），朝鲜境内的中国漂流民走陆路则是被解送到北京（后改为凤凰城）。经外国政府救助遣返，不管是专门治舟以还，还是附贡船送还的中国漂流民，归国后均不能自行回籍，而要先禀明进口地之官府，由其审查，递送原籍所在地巡抚衙门，再进行审查。两次审查内容包括是否本地居民、领票作何生意、何年何月从本地方起身、有无别样情由之处等等。若无别样情由，俱各安置原籍。[②] 审查相当细致。如果进口地之官府审查发现有别样情由，如违禁私自出海，则依例处罚，再递籍。如乾隆二十七年（1762），朝鲜经陆路送还奉天府海城县漂流民孙杖、周士彦等人至凤凰城，奉天府尹审查后，发现孙杖"系私造小船，并未报官取结给票，照违禁下海例拟杖一百，打责四十板，递籍发落"，周士彦等五人"并未违禁，照例免议，递籍省释"，失察地方官也照例受了

---

① 《清文献通考》卷297《四裔考》。

② 赵兴元等选编：《〈同文汇考〉中朝史料》（二），第437、439、446、448页。

处分。①

清廷对朝鲜境内中国漂流民的解送归国最为重视，程序也复杂，以下按漂流民归国之途径专门进行阐述。

第一种情形，中国漂流民船只完好或尚可修葺，自愿由水路返回。朝鲜将其由水路送还后，必须将各人姓名、年岁、居住地与船中货物开录，咨行清廷礼部。之后，礼部将该漂流民等姓名、籍贯开单知照其所在地方巡抚，当地官府在漂流民回籍之日，查明事实，依律例进行处理，并将处理情形呈报礼部。如雍正八年（1730），有姚鹏飞等四十二人漂流到朝鲜国，朝鲜将其发回。礼部行文浙闽、江南督抚，"俟姚鹏飞等四十二人回籍之日，查明报部"②。再如，乾隆三十五年（1770），山东登州府民人浦路龙等二十二人漂至朝鲜清青岛，愿由水路回籍，朝鲜方面询明实情，优给衣粮，令其候风回籍，并移咨清廷礼部。礼部乃照例行文山东巡抚，"候漂风民人浦路龙等二十二人回籍之日，查验是否捕鱼民人，讯明情由办理，仍报部存案"③。

第二种情形，经由陆路解送。康熙二十八年（1689）前，所有朝鲜境内的中国漂流民均由朝鲜经陆路解送至北京。康熙二十八年后，朝鲜只需将无法由海路遣归的中国漂流民管送中朝边境之凤凰城，再派员将咨文呈送北京。遣归之中国漂流民，由盛京将军衙门解送至京，交由礼部，再由礼部会同兵部递发原籍所在地巡抚衙门。该地巡抚衙门"将是否本处居民、领票作何生意、何年何月从本地方起身、有无别样情由之处查明。若无别样情由，令其各回原籍，报部（注：指礼部）。若有别样情由，详明具题可也"④。如康熙五十九年，奉天将军衙门将朝鲜解送之葛奉景等十五名漂流民转送至京。⑤乾隆二十六年（1761），朝鲜解送福建漂流民林福盛等二十四人至凤凰城，礼部上奏曰："查向例，内地民人漂至朝鲜国，该国差员交付凤凰城转送到京，臣部问明情由，交兵部转发回籍。"⑥至乾隆后期，清廷简化了处理程序：朝鲜将中国漂流民送交盛京将军衙门，盛京将军会同盛京礼部暨奉天府尹询明漂风情由，由奉天府尹照例送回原籍，并知照礼部，咨覆朝鲜国王查照。如乾隆三十九年，朝鲜将江南丹阳县漂

① 赵兴元等选编：《〈同文汇考〉中朝史料》（二），第479页。
② 赵兴元等选编：《〈同文汇考〉中朝史料》（二），第449页。
③ 赵兴元等选编：《〈同文汇考〉中朝史料》（二），第490页。
④ 赵兴元等选编：《〈同文汇考〉中朝史料》（二），第448页。
⑤ 赵兴元等选编：《〈同文汇考〉中朝史料》（二），第436页。
⑥ 赵兴元等选编：《〈同文汇考〉中朝史料》（二），第476页。

流民王相顺等九人伴送到凤凰城，盛京将军会同盛京礼部、府尹询明王相顺等人漂风情由，开写粘单，照例交奉天府尹送回原籍，并知照礼部。礼部随之移咨两江总督、江苏巡抚，令询明报部。① 经此调整，漂流民可以由奉天直接回籍，无须再转送北京，可少些跋涉之苦。

归国之中国漂流民，如果衣食无着，官府会给予一定资助，只是关于救助内容与标准，并无明确规定。如光绪十五年（1889），英国福山船主在洋救起华船福鼎和难民十六名送至厦防厅，经厦防同知提讯称，"该船……桅舵折坏，船底透水，饮食俱无，……请护送回籍"。厦防同知遵照兴泉永道指示，一人给资二百文，备移派差护送回籍。② 同年，德国领事照会厦防同知称救起难民单得禄等三名。厦防同知提讯后，得知三人皆是直隶人，出洋捕鱼，忽遇大风将船打坏，漂流四昼夜，得遇德国夹板船拯救上船，并给与衣食等情。厦防厅于是每日按名给发伙食钱八十文，饬差留署候船，后即搭招商局致远轮船赴沪，移请上海县转送该难民回籍，所有川资、伙食、衣履等费亦经由厅先行筹给，并具文通报。③ 虽然两事俱发生于光绪时期，但晚清并未制定过中国漂流民遇救回籍抚恤的新的规范，故此两例中官府对归国中国漂流民的抚恤应是依清代前期的旧例而行。

此外，中国船只在海外遭难，如果船上人员发生变动，归国时须向官府禀报，由其审查。如嘉庆十四年（1809）八月，福建同安洋船户和振万回厦，向厦防厅禀报其船只往把揀贸易，遭风收至单丹，舵水六人染疫病身故，于是募雇二名单丹人充任舵工才得驾船回厦。下船之后，呈报到官，厦门海防厅多次详细讯问船户、水手、夷梢、铺户以及洋行，证实所言不虚，取得甘结之后，移文同安县准许该船户于原籍募补水手，换发本籍关县牌照，夷梢则另配洋船送回单丹，归籍通报，并令舵水病殁者家属出具甘结。④

---

① 清朝这一政策的调整具体始于何时尚不知。《〈同文汇考〉中朝史料》中最早的记载即是乾隆三十九年（1774）的王相顺漂风案。见赵兴元等选编：《〈同文汇考〉中朝史料》（二），第 495 页。

② 孙学雷、刘家平主编：《国家图书馆藏清代孤本外交档案》（第 19 册），全国图书馆文献缩微复制中心，2003 年，第 7931 页。转自吕俊昌：《清代厦防同知研究（1686—1911）》，厦门大学硕士学位论文，2012 年，第 35 页。

③ 孙学雷、刘家平主编：《国家图书馆藏清代孤本外交档案》（第 19 册），第 7932—7933 页。转自吕俊昌：《清代厦防同知研究（1686—1911）》，第 35 页。

④ 《承买船只》，《福建沿海航务档案（嘉庆朝）》，第 24—33 页。

　　归国之中国漂流民的财产受到尊重和保护。康熙二十八年（1689），朝鲜将救助朝鲜国漂流民的朱汉源等二十八名中国商民及货物遣送到京，朝廷将"朝鲜国王所给银二千八百两""给发船主商人"，其"所带货物，准其在京发卖"。①再如康熙五十一年、五十三年，朝鲜送返中国漂流民，对于漂流民售卖获救物品之银两清廷都持"不议"之态度。②海外中国漂流民带回之财产，哪怕是禁止出口的物品，也仍归还漂流民。如朝鲜境内的中国漂流民烧毁船体残骸所余铁物被送至凤凰城后，官府一般会"将烧毁钉铁交与难民携带自便"③。而且，对于这类带回物品，官府实行免税。如乾隆十五年（1750）二月，琉球船都通事阮超群装载中国难民六十四名到闽安镇口，随验得该船都通事阮超群等随带食用土产零物核税十三两四钱二分零，中国难民附带干鱼等物核税银二十二两四钱九分零，南台委员以"例应免税"咨明督臣，抚臣檄该委员照例免征。④

　　为了防止官役勒索海外归国之漂流民，乾隆十九年（1754）还定例，海外中国人"携回赀财，有不肖官役借端扰累需索者，即严行参处"⑤。然实践中，清廷并没有切实可行的办法阻止官员和归国华人之宗族对归国华人携回财产的觊觎，这成为晚清东南沿海小刀会之乱的一个直接原因。⑥

　　清代海外中国船难救助与管理政策是随着海疆形势的渐次变化而制订和修改的，其变化趋势是管制的色彩趋淡、救助的色彩越来越浓厚，尤其在人命救助上，以外国政府免费救助遣归为主、中国漂流民自愿附船归国为辅的模式，充分保障了海外中国漂流民的人身安全。不过，清朝统治者终究没有突破中国传统海洋思想的限制，没能在财产救助方面实现大的突破，反而对海外中国漂流民处理船难财物设置了过于苛刻的限制，难免使他们在财产上受到二次伤害。清代前期的海外中国船难救助机制是建立在朝贡体系之上的，进入近代后，该机制也就失去了存在的基础，轰然崩塌。

①　赵兴元等选编：《〈同文汇考〉中朝史料》（二），第 414 页。

②　赵兴元等选编：《〈同文汇考〉中朝史料》（二），第 434、436 页。

③　赵兴元等选编：《〈同文汇考〉中朝史料》（四），第 403 页。

④　中国第一历史档案馆编：《清代中琉关系档案选编》，第 26—27 页。

⑤　《钦定大清会典则例（乾隆朝）》卷 114《兵部·海禁》。

⑥　［日］村上卫著，王诗伦译：《海洋史上的近代中国：福建人的活动与英国、清朝的因应》，第 295—329 页。

下 编

晚清海难救助制度的近代转型

第六章　晚清海难与中西海事争议

一般来说，促使一个法律制度转型的原因，有两个层面：一是宏观方面，法律制度的变革缘于当时整个政治、社会的发展变化；二是微观方面，也就是各项法律制度变革的具体原因，缘于与该项法律制度直接相关的因素。海难救助需要国家主持、实行与监管，而且涉外船难救助往往还涉及国与国之间的关系。因此，对于清王朝而言，海难救助不仅仅是一个法律问题、行政管理问题和人道主义问题，它更是一个政治问题、外交问题甚至军事问题。因此，它在晚清的转型首先与近代清王朝所面临的宏大而深刻变化的时势密切相关。概括说来，1840 年鸦片战争后，西方列强入侵和日本崛起打破了清朝构建的以中国为中心的朝贡体制，在中国和东亚地区建立起以不平等条约为主导的新的国际关系模式 —— 条约制度。[1] 一方面，在这一国际秩序之下，处于被侵略、被压制地位的中国主权遭到破坏，逐渐丧失了对国内事务的单独管理权，包括海疆统治。村上卫指出："鸦片战争成为清朝单独统治沿海的最后一次尝试，且以挫败为终。"[2] 鸦片战争后，中国开始丧失单独制定海疆管理规则的权力，西方各国纷纷参与中国政府对海洋国土的管理，包括海难救助。另一方面，由于近代政治社会的历史变革，传统的法律制度包括海洋管理制度已有诸多不适应现实之处，清政府不得不作出调整。正是近代政治、社会的这种大变革推动了近代法制的变革，包括海难救助制度的转型。由于学术界对这一近代法制变革的全局性因素的探讨已经十分丰富，[3] 所以接下来本章只对与近代中国海难救助制度变革有直接关系的因素，如近代海难的变化、中国传统海难救助制度的近代困境等进行考察。

---

① 关于条约制度的特征，具体参见李育民：《晚清中外条约关系与朝贡关系的主要区别》，《历史研究》2018 年第 5 期。

② ［日］村上卫著，王诗伦译：《海洋史上的近代中国：福建人的活动与英国、清朝的因应》，第 181 页。

③ 具体可参见曹全来：《国际化与本土化 —— 中国近代法律体系的形成》，北京大学出版社，2005 年；田涛：《国际法输入与晚清中国》，济南出版社，2001 年；张晋藩：《中国法律的传统与近代转型》，法律出版社，1997 年；张晋藩：《中国法制通史》（第 9 卷），法律出版社，1999 年。

第一节 晚清海难与中国传统海难救助制度的崩坏

一、晚清中国海难的重大变化

1. 我国领水①内船难事故数量剧增

鸦片战争以后，中国航运业勃兴，我国领水内航行的船只数量骤然增加。一方面，大量西方船舶进入中国领水之内。另一方面，中国民族航运业也得到发展。中国海关登记的历年各口进出中外船只反映了近代中国航运业的发展情形。1870 年，外国船只有 13 667 只，吨数达 6 877 889 吨。1872 年，外国船只有 16 545 只，吨数达 8 450 356 吨。中国船只 1870 年有 469 只，吨数为 29 929 吨，到 1879 年增加至 6 932 只，吨数增加至 4 353 696 吨。② 关于晚清中国航运业的发展，学界的研究成果非常丰富，卓有成效，本书从略。③ 船只失事或遇难的因素很多，而频繁的船只往来无疑相对地提高了船只失事的几率。

进入近代，中国领水内船难数量较清代前期大为增多。一位英国观察者 1831 年左右记载："我熟悉这种贸易，十三年来仅记得有四次失事，而在所有这些失事中，水手均被救起。"④ 然而到 1872 年，《申报》刊文曰："溯前十数年，轮艘之往还，虽不克尽获平安，然其失事者，卒亦寥寥罕观。近十数年来则不然矣，轮舶之遭风礁石，其失事者指数不尽，溺货伤人之举殊骇见闻。"⑤ 可见，鸦片战争前后，中国领水之内船难事故相对较少，且即使发生事故，难民基本上能得到救援。而从 19 世纪 70 年代或更早之前开始，船难事故数量急剧上升，且多有人货损失。

近代报纸《申报》的报道反映了近代中国领水内船难事故增多的事实。笔者对《申报》创办后头两年报道的船难事故进行了简要统计，如下表。

---

① 本书所谓"领水"，意即"所领之水域"，包括了所辖之海域和所有内河湖泊。

② 聂宝璋编：《中国近代航运史资料（1840—1895）》第 1 辑，上海人民出版社，1983 年，第 1302—1303 页。

③ 聂宝璋编：《中国近代航运史资料（1840—1895）》第 1 辑。聂宝璋、朱荫贵编：《中国近代航运史资料》第 2 辑，中国社会科学出版社，2002 年。吕实强：《中国早期的轮船经营》，台北"中研院"近代史研究所，1962 年。

④ 转自李建江：《中国近代海商法》，第 20 页。

⑤ 上海申报馆：《申报》第 1 册，壬申四月十四日，上海书店 1982 年影印，第 62 页。

表 11　1872—1873 年《申报》报道的涉及中国的船难统计简表

报道时间	难船名或概况	船籍或所属	出事地点	事故原因	处理情形	资料来源
同治十一年四月初一日	罗纳轮船	英		与法轮碰撞	英法会审	第 1 册，第 17—18 页
同治十一年四月初二日	得不喇思轮船	未明	来往香港福州，在外洋失事	未载	"客人均已救起，无灭顶之凶"	第 1 册，第 22 页
同治十一年四月十一日	海龙火船	英		因巨石所伤	福建舟师拯救	第 1 册，第 54 页
同治十一年四月十九日	渔船一艘	中	川沙海口	遇风浪	渔人一家五六口无一获免	第 1 册，第 81 页
同治十一年四月二十四日		琉球	福建	遭风	循例抚恤	第 1 册，第 99 页
同治十一年四月二十四日		琉球	台湾	遭风	"查办牡丹社生番杀害多名夷人"	第 1 册，第 99 页
同治十一年五月初二日	威美刺美租	不详	上海海面	不详	英国炮船前赴拯救	第 1 册，第 126 页
同治十一年六月十七日	大旁我	德金洋行	闽广南洋中	不详	不详	第 1 册，第 277 页
同治十一年六月十八日	巴纳色	不详	不详	不详	不详	第 1 册，第 281 页
同治十一年八月初三日	亚美利架	万昌公司	横滨	有人纵火	不详	第 1 册，第 433、485 页
同治十一年九月十四日	野渡	怡和洋行	福州附近	不详	英国前赴保护	第 1 册，第 570 页
同治十一年九月二十三日		日	山东洋面	遭风	由天津轮船将获救者送沪交日本官安置	第 1 册，第 602 页
同治十一年九月二十三日		朝	山东	遭风	循例抚恤	第 1 册，第 602 页
同治十一年十月十二日	士巴顿	英	台湾	不详	舟师弃舶而逃，后受审	第 1 册，第 666 页
同治十一年十月十二日		琉球	广东	遭风	循例译讯抚恤	第 1 册，第 666 页

（续表）

报道时间	难船名或概况	船籍或所属	出事地点	事故原因	处理情形	资料来源
同治十一年十月廿七日	敦信轮船	英，公正行	金陵	搁浅	同行轮船拖之不下	第1册，第718页
同治十一年十月廿八日	敦皮气	英	吴淞数百里之外	遭风	船沉，次日中国兵船救获难民	第1册，第721页
同治十一年十二月初十日	旗昌接货客之船	美	镇江	遭风	吹至岸上	第2册，第25页
同治十一年十二月初十日	鸭尾股船一只	中	镇江	遭风	吹至岸上	第2册，第25页
	江面小舟半皆颠覆	中	镇江	遭风	"顺流飘荡，溺死之人颇多"	
同治十一年十二月初十日	白西西赖	不详	由英驶往长崎	遇风	船覆，救生小舟漂至吴淞	第2册，第25页
同治十一年十二月十一日	气地来轮船	英	上海—厦门	遇风	由拖船火轮带回上海	第2册，第29页
同治十一年十二月十六日	西丹	日，属禅臣洋行	香港—沪	触巨石	船沉，一小舟得中国官民救助	第2册，第46页
同治十一年十二月十七日	叟兰帆船（西船）	不详	燕台—沪	搁浅	水师托南浔轮船前往查探，船废	第2册，第49页
同治十一年十二月十七日（发生于同治十年十二月廿七日）	苏安拿打	不详	不详	不详	沉没	第2册，第49页
同治十一年十二月十七日	两渔船	中	吴淞海口	遭风	沉没，难民为西船九疏所救	第2册，第49页
同治十二年二月初五日	厦门	中，属得利洋行	汕头海面	被轮船碰撞	沉没	第2册，第185页
同治十二年二月十四、十五日	江龙	不详	九江	触石	沉没	第2册，第217、221页
同治十二年二月廿四日	富利（西人拖船）	不详	吴淞外洋	被大船碰撞	沙船逃遁，被拖船追回，索赔	第2册，第253页

（续表）

报道时间	难船名或概况	船籍或所属	出事地点	事故原因	处理情形	资料来源
同治十二年三月初四日	永清	中	苏州河口	搁浅		第2册，第281页
同治十二年五月初八日	大门加士（西船）	英	上海金山	速度过快触石	平安轮船驶过救助。金山岛民救助，英美官员前去酬谢	第2册，第497、501、509、521、525、533、557页
同治十二年五月廿九日	革拉士（货船）	不详	上海	起火	美兵船派五百士兵往救	第2册，第569页
同治十二年五月三十日	薄加拉（西船）	不详	香港—英	触石	转舵回香港	第2册，第573页
同治十二年六月廿七日	两艘帆船	不详	吴淞外海	遭风	桅断，避风到沪	第3册，第69页
同治十二年六月廿七日	克地撒	不详	沪渎之外	遭风沉溺	无确据	第3册，第69页
同治十二年六月廿七日	木筏（可能来自某艘难船）	中	上海海面	不详	英兵舰往救未果，筏上难民自登岸	第3册，第69页
同治十二年六月廿七日	两船	琉球	漂到上海海面	遭风	一被救到沪，一尚未到	第3册，第70页
同治十二年六月廿九日	不详	日	福建洋面	遭风	福建官府护送难民至沪交日领事	第3册，第77页
同治十二年闰六月廿八日	不详	中	厦门海口	被法国轮船碰撞	船只沉溺	第3册，第173页
同治十二年闰六月三十日	宁波钓船	中	镇江三江营铜盆沙	太古洋行北京轮船碰撞	华船被撞沉，溺死一人	第3册，第181页
同治十二年七月初五日	气恶士（太古洋行载茶船）	不详	福州出洋	不详	后被证实并未发生事故	第3册，第197、205页
同治十二年七月初五日	亚我纳（载茶船）	不详	台湾海口	搁浅	抛弃部分货物重新出洋	第3册，第197页

（续表）

报道时间	难船名或概况	船籍或所属	出事地点	事故原因	处理情形	资料来源
同治十二年八月初三日	两盐船、一运稻船	中	安徽池州	被旗昌湖北轮船碰撞	官方主持调解旗昌行赔偿	第3册，第293—294、313页
同治十二年九月十六日	可士叨架（万昌公司东洋轮船）	不详	东洋	触礁	人无恙，货物存亡未卜	第3册，第437、457页
同治十二年十月初九日	忌连仁轮船	不详	不详	遭风	官方介入查船只方之勒银，断释	第3册，第517、521页
同治十二年十月廿九日	旗昌洋行婺源轮船	美	上海	失火	烧毁	第3册，第585、589页

表11显示，1872—1873年，《申报》报道的在中国水域发生或从中国出洋的船只发生的事故共46起，年平均23起。而《申报》创刊于1872年4月30日，所以实际数量比这还要更多。频繁发生的海难，一方面必然对清朝的海难救助制度和实践提出更高的要求；另一方面，船难数量增加意味着救助所需要付出的努力、所耗费的钱财也更多。这对晚清政府的财政来说也是一个很大的挑战。

2. 中国领水内西籍船只失事增加

自18世纪70年代开始，来华西方商船大规模发展，船只数量增加，吨位扩大。道光十九年（1839）二月清政府颁布的《谕各国夷人呈缴烟土稿》中说："照得夷船到广通商，获利甚厚，是以从前来船，每岁不及数十只，近年来至一百数十只之多。"[1]到近代中国国门打开后，欧美等西方国家在华船只更多，西籍船舶[2]取代此前琉球、朝鲜及东南亚等环中国海域内国家和地区的船只，成为在中国领海内活动的主要外籍船只。自然，

---

[1] 《谕各国夷人呈缴烟土稿》，1839年3月18日，台北"中研院"近代史研究所编：《近代中国对西方及列强认识资料汇编》第1辑第1分册，台北"中研院"近代史研究所，1972年，第127页。

[2] 日本虽地属东亚，但明治维新以后在阵营上属于西方，故本书下编将日本列为西方国家。

中国领水内西籍船舶事故也就增多了。

从表 11 来看，西籍失事船只明显多于环中国海域诸国的船只，表 11 统计的 46 起船难事故中，中国船只 10 起，琉球 4 起，朝鲜 1 起，国籍或所属不明的 1 起，而西籍船只 30 起，占比达 65%。

再根据汤熙勇对清代台湾地区外籍船难的统计，西籍难船数量也最多。据其统计，自清廷收复台湾至清末，台湾共有 182 起外籍船难的记录。在时间分布上，康熙朝到道光朝 167 年间共有 65 件，占比 35.7%，年平均 0.39 起；咸丰朝到光绪朝 44 年间有 117 件，占比 64.3%，年平均 2.66 件，而同治朝台湾地区的外籍船难甚至达到年平均 4.23 起，这也反映出近代中国领海外籍船难数量剧增的事实。

再从近代台湾地区难船的国籍来看（见表 12），咸丰朝至光绪朝（1851—1895）台湾发生外籍船难 117 起，其中琉球、朝鲜、安南、苏禄、暹罗、新加坡等东亚、东南亚国家合计 20 起，只占 17.1%，英、美等西方国家（包括日本）合计 94 起，占 80.3%。在难船数量上，英国以 54 艘位列第一，德国以 16 艘位列第二。

表 12　清代台湾外籍船难数量简表 [①]

时代 \ 船籍	康熙朝（1683—1722）	雍正朝（1723—1735）	乾隆朝（1736—1795）	嘉庆朝（1796—1820）	道光朝（1821—1850）	咸丰朝（1851—1861）	同治朝（1862—1874）	光绪朝（1875—1895）	合计
琉球	1	3	15	19	13	5	8	4	68
朝鲜			2				1		3
日本			4	4			1	3	12
安南	1								1
苏禄			1						1
暹罗						1			1
新加坡						1			1
英国					2	3	29	20	54
美国						2	3	2	7
法国							3	2	5

---

① 资料来源：汤熙勇：《清代台湾的外籍船难与救助》，汤熙勇主编：《中国海洋发展史论文集（第 7 辑）》，第 551 页。

（续表）

时代 船籍	康熙朝（1683—1722）	雍正朝（1723—1735）	乾隆朝（1736—1795）	嘉庆朝（1796—1820）	道光朝（1821—1850）	咸丰朝（1851—1861）	同治朝（1862—1874）	光绪朝（1875—1895）	合计
德国						3	3	10	16
荷兰							3		3
丹麦								3	3
西班牙							1		1
挪威								2	2
瑞典								1	1
不详						1	2		3
总计	2	3	22	23	15	16	54	47	182
年平均	0.05	0.23	0.37	0.92	0.50	1.45	4.15	2.23	0.85

近代西方列强的崛起与海洋、海权分不开，他们在全球扩张、侵占殖民地也主要依靠海上航路，且中国东南沿海诸省当时是中国的经济重心，西方列强所需要的商品均在于此。海上交通对于西方列强有着特殊的意义。因此，它们在侵略中国时，必然会利用优势地位，迫使清政府采取更高效、快捷和便利的海难救助措施，为其船只在中国沿海航行提供安全保障。

3. 需要实施救助的对象扩大

清代前期，我国主权独立，加之清廷禁止一切外国船只进入中国内河，外国船舶只能在中国领海行驶，故清政府也只规定对漂流至中国沿海的外籍难船难民进行救助抚恤。但鸦片战争以后，通过炮舰和条约，西籍船舶被允许有限度地进入内河航行，到 19 世纪 50 年代末，外籍船只在中国活动的范围，更由沿海扩展到松花江、黑龙江、闽江与长江，在广阔的中国领水里达到无远弗届的程度。[①] 这些在中国内河航行的外籍船只如果发生事故，清朝需不需要进行救助？施救主体是谁？被救助之难民及财物如何安置处理？这些都需要清政府加以明确。

另外，进入近代后，清政府的海洋观念、国际观念和政策较清代前期发生了较大变化。如大臣孙宝琦奏称："法属安南各埠，中国工商人等十

---

① 聂宝璋编：《中国近代航运史资料（1840—1895）》第 1 辑，《序言》第 6 页。

余万，向未派有领事，致受苛待，迭与法外部申论，迄未定议，现派道员
严璩等往各埠激劝众商，设立商会，广建学堂，以期自立。俟考查事竣，
饬令往商闽广督臣详筹切实办法。"① 次年（1906），出使考察的大臣戴鸿
慈等也奏称："赴美考察月余，美以工商立国，学堂工厂，包举恢宏，太
平洋之商业航利，我与美实共有之，中国急宜注意竞争，刻不容缓，报
闻。"② 两道奏折显示出晚清政府部分开明人士主张大力发展海外贸易，并
不再把海外华人看成是政权的潜在威胁加以防备，反而是要求在国外设立
外事机构保护其权益。随着晚清海外贸易和对外交流的发展，到欧美等西
方国家的中国商船和人员越来越多。他们或是自己驾驶轮船，或是乘坐轮
船渡过重洋，难免发生事故。晚清时期，清朝建基于"天下"体系的海外
中国漂流民"牧养解送"制度基本瓦解，而对于西洋地区的中国漂流民如
何处置，清代前期也并未有政策、制度安排，海外中国漂流民情况的这种
新变化，需要清政府加以应对。

4. 船舶侵权引发的海难事故逐渐增多

晚清时期船只失事的原因也呈现出多元化的特征。表11统计的46起
事故中，9起事故原因不详，28起船难是因遭风、触礁、搁浅引发，另8
起则为放火、碰撞等人为因素引发。可见遭风、触礁等自然因素仍是引发
船难的重要原因。

但表11也反映出，人为因素越来越成为引发船难的重要因素，尤其
是船只碰撞引发的船难事故常有发生。表11中，人为因素引发的船难有
8起，其中船碰事故达6件之多。船碰事故不仅发生在沿海洋面，更多
的发生于内河和沿海海口。船碰事故增多的原因主要在于以下几点。其
一，海上航行技术的变革。近代帆船逐渐被轮船取代，轮船逐渐而稳步地
垄断沿海航运，成为中国领水内主要的航行工具。同治元年（1862），上
海港的外国船只中有轮船34艘，帆船234艘。③ 到19世纪70年代，轮船
的数量超过了帆船，成为当时的主要航运工具。一位西方观察家这样描
述当时的情形："可以肯定说，外国轮船，尤其是英国轮船，正在逐渐而
稳步地垄断沿海航运，由本埠（福州）运往中国其他口岸用帆船装载的货
物，已经有三分之一改由外国轮船载运。似乎可能在不多几年之后，沿
海航线只剩下寥寥几只无足轻重的帆船。"④ 中国政府和民间也相继建造、

① 《清德宗实录》卷544，光绪三十一年四月，中华书局，1987年，第231页。
② 《清德宗实录》卷557，光绪三十二年三月，第380页。
③ 聂宝璋编：《中国近代航运史资料（1840—1895）》第1辑，第231页。
④ 聂宝璋编：《中国近代航运史资料（1840—1895）》第1辑，第1271—1272页。

购买和使用轮船，航行于中国领水内的中外轮船数量激增。"同治十一年往来各埠之轮船，不过九千七百十一艘。迨光绪七年（1881）则增至一万八千一百七十艘，约增一倍。而帆船数目，则由七千三百七十九艘减为五千十七艘。"[①] 轮船不需要借助风力而能自由航行，而且速度较快，既为海上航行提供了便利，也增加了发生事故的风险。对此，李建江进行了阐明："中国帆船非季风高时不出航，一旦季风畅旺时，则扬帆一港一港前进。如此航行遭遇危险的几率非常小。因为年复一年航行在同一条航线上，引水者根据自己的经验，可以有效地避免船舶触礁和搁浅；同时，由于所有船舶都是在季风吹起时开航，各船的航向是基本一致的，所以迎头碰撞的情况是很难发生的；加之船舶的式样和桅杆数目受到官府的严格限制，因此，开行速度相差无几，'追尾'碰撞也不常见。"[②] 其二，中国航运业的发展。鸦片战争以后，随着一系列中外条约的签订，越来越多的内河港口被迫向西方列强开放，且随着中国日益变为西方资本主义倾销商品、掠夺原料的市场，外商在华航运势力急剧扩张，外国军舰、商船在我国沿海、内河数量大增，而中国本土航运业也逐渐发展。内河涌入的船只骤然增多，再加上其中有不少轮船，体积大、吨位重、速度快，如此一来，航道就非常拥堵，增加了碰撞的危险。其三，行船规则尤其是内河行船规则缺失。船只之防碰，本是航行中极重要之一面，关于中国古代海洋航行规范，笔者尚未见到相关史料。只是海洋广阔，且在帆船时代，没有规则也不会严重影响到航行安全。至于内河行船，唐律与《宋刑统》中曾有相关规定，但《大清律例》并未继承，清朝《工部则例》中，也缺少江河湖海行船之规范。只是清代前期，内河航行之船只较小，数量相对较少，尚无不便，但在近代轮船业发展及内河航道拥挤的情况下，行船规则的缺失大大增加了船只碰撞的危险。尤其是华船体量小，外国轮船在航行时又常横冲直撞，因此我国民船经常被撞沉，导致船毁人亡。史料有载："长江及上海口内之黄浦江轮船碰损华船之案层见叠出，因无通行定章，遂不能预防于事先，理不能妥办于事后。"[③] 又由于并无专门法律之规定，纠纷日多。

一方面，船舶侵权行为等人为因素引发的船难有明显的责任承担者，

---

① ［英］班思德：《最近百年中国对外贸易史》，海关总税务司统计科译印，1931年，第212—213页。转自翁敏：《晚清华洋船碰纠纷研究》，湖南师范大学硕士学位论文，2017年，第12页。

② 李建江：《中国近代海商法》，第20页。

③ 《九江关议内地船只防备轮船碰撞章程》，蔡乃煌总纂：《约章分类辑要》，沈云龙主编：《近代中国史料丛刊三编》第12辑，第3291页。

与此前由自然因素引发的船难有很大不同，那么，这种情况下难船、难民由谁救助？如何救助？产生的救助费用由谁承担？另一方面，船只碰撞事故因侵权行为而起，这就涉及责任划分、赔偿等问题，因此，华洋之间的船碰事故，往往会带来华洋诉讼。但清政府对此又无专门法律之规定，处于弱势地位的中国船民往往很难获得公平的裁判和结果，心生不满，不免采取一些过激之手段，引发中外政府纠纷和交涉。[①]这些新产生的情况都需要清政府立法，以预防于事先，妥办于事后。

二、晚清海难救助制度的崩坏

进入近代以后，清政府面临的政治形势和海难事故的新变化都要求更高效、更完备的海难救助机制。然而，实际情况却是，自乾隆朝晚期起，传统的海难救助机制就表现得相当无力了。

首先，实施海难救助的法定责任主体，如军队、地方政府等消极履行救助职责，水上船难尤其是海洋船难中，船只和难民很难得到及时有效的保护和救助。如同治二年（1863）六月十三日，美使蒲安臣照会总署请饬台湾地方官保护外国搁浅船只，其中提到："有本国船名'嗦（嗰）吔喱'禀诉，伊于咸丰十一年（1861）十一月二十六日由台湾往厦门，被风卷至嘉义县布袋嘴洋面离台湾府约三十里搁浅，船半入沙；称有乡民抢掠其船货物，并未伤人。后该船主往报台湾府求其保护，该地方官不即往救，致被乡民夺去货物约值银二万元等因。另有船名'嘛嗟吐哊'，于去年十一月由上海往香港，亦在台湾府淡水厅鸡笼港口之中间遭风，乡民二千余见船被砂触坏，携刀戟至；该船主带同其妇子及水手奔岸，竟被乡民捉获，夺除身体首饰、衣服连其妇子共八名，深入十里之遥，收困八日，要索赎银一千圆。后该船上人闻知，即往淡水港口诉于地方官，该官亦不即为出力。后报与外国人知，乃率数外国人往该处带回，而于船中棉花、什物、银两尽为一空，约值银八万圆等因。"[②]上述案例中，海上船只失事后，当地官府和沿海营汛不仅没有积极主动实施救助抚恤，以致难船被抢掠，即使难民报案之后，官府也是消极不作为，并不对犯罪进行追究。这种怠惰之态自是无法为海上航运提供安全保障。

其次，民间乘危抢夺海难船只财物现象抬头。清代沿海各地都有捞

① 叶士东：《晚清交通立法研究》，中国政法大学博士学位论文，2005年，第98页。
② 台湾银行经济研究室：《台湾对外关系史料·清末台湾洋务史料》，沈云龙主编：《近代中国史料丛刊续编》第51辑，文海出版社，1978年，第5—6页。

抢海上船难财物之恶习，只是清代前期，在官府严格掌控海疆秩序的情况下，抢夺船难财物现象有所收敛。但到18世纪末，清朝走向衰落，对海疆的控制随之减弱，海不扬波的盛世气象不再。①在此背景之下，民间抢夺（劫）失事船只财物现象激增。如嘉庆十五年（1810）三月，日本国番民三次良贩货船只遭风漂至台湾海域，三次良等凫水登岸，当地居民陈凤聚众十四人抢夺难船货物。后清朝政府将该等罪犯严惩，并将追缴之赃物、赃款交还三次良，不够则由台湾地方官先行照数赔给。②嘉庆十六年五月，有琉球船遭风漂至台湾，船上幸存者建西表等共四十二名。初始时，这些难民并没有得到当地居民的有效救助，十多人病死，其中三人在台湾少数民族居住区域内被杀，直到七月他们才被当地官府救助并经由福建遣返。③道光八年（1828），法国船只"航海家"号船员乘坐中国帆船，结果十三人被杀，仅有一名水手逃离，船上货物、银钱被中国人抢劫而去。④道光十三年（1833），一琉球船只漂到台湾，难民六人被当地少数民族杀害。⑤道光十五年，英船"阿盖尔"号在福建失事，船员被当地人俘获，受到虐待。⑥同年，英船"特劳顿"号遇飓风断桅，在广东云山附近避风，遇二百多名中国渔民抢夺。⑦道光二十一年，英船"风鸢"号在舟山失事，难民被捕并关押在监狱中。⑧同年，英军舰"露易沙"号在中国海域遭遇台风沉没，船上幸存人员被当地村民抓获，付出赎金后被送回；⑨英国汽轮"马达加斯加"号（军舰）沉没，幸存的船员被中国人救起关押，付出赎

① 村上卫从沿海管理和治安维持两方面的考察得出，18世纪末至19世纪中叶，清朝沿海统治开始动摇。[日]村上卫著，王诗伦译：《海洋史上的近代中国：福建人的活动与英国、清朝的因应》，第49—62页。
② 中国第一历史档案馆、海峡两岸出版交流中心编：《明清宫藏台湾档案汇编》第120册，嘉庆十五年四月二十三日，"闽浙总督方维甸奏折日本船只在漳化县搁沙陈凤等抢掠货物现拿获惩办"，第64—70页。
③ 中国第一历史档案馆、海峡两岸出版交流中心编：《明清宫藏台湾档案汇编》第123册，嘉庆十七年四月二十五日，"闽浙总督汪志伊等奏折"，第389—407页。
④ [美]亨特著，冯树铁、沈正邦译：《广州番鬼录·旧中国杂记》，广东人民出版社，2009年，第394—395页。
⑤ 中国第一历史档案馆、海峡两岸出版交流中心编：《明清宫藏台湾档案汇编》第156册，道光十四年三月二十九日，"闽浙总督程祖洛等奏折"，第132—134页。
⑥ *Chinese Repository*，Vol. III，pp. 478–480.
⑦ *Chinese Repository*，Vol. IV，pp. 151–152；Vol. IV，p. 248；vol. IV，p. 295. 参见[美]亨特著，冯树铁、沈正邦译：《广州番鬼录·旧中国杂记》，第412—413页。
⑧ *Chinese Repository*，Vol. X，pp. 191–204.
⑨ *Chinese Repository*，Vol. X，pp. 407–415.

金后被送回。① 鸦片战争后，清王朝并未能完全恢复沿海的统治秩序，抢劫、抢夺船难财物现象仍然大量存在。如同治元年（1862），美船"福星"号遇风在淡水搁浅，船货棉花被当地居民夺去，船上八人被抓，支付赎金后方被释放，船货全部损失。② 同治九年，英船"叶土结北"号由牛庄驶至台湾，遭风冲礁，所载豆子散落，疑被村民抢劫，船壳亦疑被村民烧毁。不过后来台湾官府查明，船只系失火，不是村民纵火。③ 光绪二年（1876），天祐洋行雇驳船驳运水湿货物，途中驳船因风漂到福建福清洋面，被东壁乡民抢去货物，后福建巡抚丁日昌派兵围拿，将匪徒擒获，即时正法，追还了所有抢去之货物。④

　　再次，沿海营汛官兵也加入了抢夺难船财物的行列。在清王朝国力下降的情况下，国家对军队的监管力度也持续下降，东南沿海营汛乘危抢夺船难财物的现象重又抬头，台湾地区尤为严重。史载，嘉庆、道光年间，台湾沿海地方，"每遇商船遭风搁浅，在地兵丁即相率上船，将货物抢夺一空，并将船只拆毁灭迹"。道光四年（1824），发生了兵民抢米粮并毁难船之事，福建巡抚审明后，将兵丁翁正幅、姚韬、翁振三犯正法枭首，悬竿示众，并将该管员弁奏参革职。为昭炯戒，福建巡抚孙尔准巡察台湾时，还勒石刻碑以禁："此后如遇有船只遭风搁浅，或已覆溺，兵丁皆当上前竭力救护。如能人船不失，并不私取丝毫货物者，到官领赏，按次记功，照例议叙。如仍敢乘危抢物、伤人、拆毁船只，法在必惩，翁正幅等是其榜样！切勿自取诛戮。本部院现饬道、府，议定章程，责成该管营汛员弁兵丁，如有违犯，该员弁并不立时拿送文员究办，或且隐匿袒庇者，即将该员弁严参治罪；仍责成严密巡查；如敢徇隐不报，即将文员参处。各宜凛遵，毋贻后悔！"⑤ 沿海营汛官兵乘危抢夺难船财物不仅触犯了《大清律例》，而且他们本又是清朝实施海难救助的重要主体，故其行为对于败坏清廷的海难救助制度之影响尤其常人。可以说，沿海营汛官兵抢夺船难财物的行为已成为晚清时期航海安全的巨大威胁。

---

① *Chinese Repository*，Vol. XI，pp.633–643.

② 汤熙勇：《清代台湾的外籍船难与救助》，汤熙勇主编：《中国海洋发展史论文集（第7辑）》，第554—555页。

③ 汤熙勇：《清代台湾的外籍船难与救助》，汤熙勇主编：《中国海洋发展史论文集（第7辑）》，第555页。

④ 赵春晨编：《丁日昌集》（上），上海古籍出版社，2010年，第828页。

⑤ 《严禁兵民抢夺商船碑记》（道光四年），台湾银行经济研究室编：《台湾南部碑文集成》（下），第455—456页。

　　中国居民和水师官兵乘危抢夺难船，这种二次伤害，给难民造成了巨大灾难。福建巡抚丁日昌对此描述说："舵折帆飞，望援者方深号泣；倾筐倒箧，突来者随意取携。经数十年铢累寸积之余，顷刻遂成乌有；历数万里黑海重洋之苦，无端问诸水滨。甚至事尚可为，落井竟将下石；岂其爱莫能助，亡羊无由补牢。失事者厄于天又厄于人，滋事者图其财并图其命，睹之惨目，闻之伤心。"① 另一方面，由于鸦片战争前后西方各国船只大量进入中国，这些被抢夺或遭受不公正待遇的难船，多数是来自西方诸国（见表13）。在中外交往中占据优势地位的西方列强，自然不会就此类事情保持缄默，由此往往引发各种中西纠纷。

表 13　鸦片战争前后来华西方难船受害或疑似受害事件统计简表

时间	事件概况	结果	出处
道光八年	法国船只"航海家"号船员乘坐中国帆船，结果十三人被杀，仅有一名水手逃离，货物、银钱被中国人抢劫，福建政府大力查办，判刑四十九人	船主要求福建政府赔偿货物、银钱等项损失	《广州番鬼录·旧中国杂记》，第 394—395 页
道光十五年	英船"阿盖尔"号在福建失事，船员被当地人俘虏，受到虐待	最后回国	*Chinese Repository*，Vol.Ⅲ，No.10，pp.478–480
道光十五年	英船"特劳顿"号遇飓风断桅，在广东云山附近避风，遇二百多名中国渔民抢夺	广州政府积极追查，四五十人被斩首	*Chinese Repository*，Vol.Ⅳ，pp.151–152；Vol.Ⅳ，p.248；Vol.Ⅳ，p.295.《广州番鬼录·旧中国杂记》，第 412—413 页
道光十五年	英货船来粤，在外洋遭风，被渔匪乘机抢掠	水师提镇并地方文武官照例惩办	《香山明清档案辑录》③，第244—247 页
道光十六年	英双桅帆船"仙女"号在福建下落不明，谣传有船员遇害	英自派兵船到福建海洋搜救并向中国政府递交文书，① 后查明为船员哗变	*Chinese Repository*，Vol.Ⅴ，No.6，p.288；Vol.Ⅴ，No.7，p.336；Vol.Ⅵ，pp.201–208

---

① 赵春晨编：《丁日昌集》（上），第 302 页。
② 中山市档案局（馆）、中国第一历史档案馆编：《香山明清档案辑录》。

（续表）

时间	事件概况	结果	出处
道光二十一年	"风鸢"号在中国舟山失事，难民被捕并关押在监狱	在英方交涉下返回	*Chinese Repository*，Vol. X，No.4，pp.191–204
道光二十一年	英军舰"露易沙"号遭遇台风沉没，船员被当地村民抓获	付出赎金后被送回	*Chinese Repository*，Vol. X，No.4，pp.407–415
道光二十一年	英国汽轮"马达加斯加"号（军舰）沉没，幸存船员被中国人救起关押，他们谎称是美国人	付出赎金后被送回	*Chinese Repository*，Vol. XI，No.12（Dec.1842），pp.633–643
道光二十一年	英国运兵船"纳布达"号运兵船在基隆失事，难船人员一百三十三人被清军擒捕	台湾总兵令将其中一百三十九人处决，仅二十五人幸存离开台湾。英国不满，施压清廷惩处相关官员②	汤熙勇《清代台湾的外籍船难与救助》
道光二十二年	英国鸦片贸易船"安"号在淡水西南失事，船上五十四人被清军抓捕		
咸丰十年	美船"嗹嗼吐吚"号在鸡笼港口遭风，乡民二千余人携刀载至；乡民捉获该船主带同其妇子及水手八名，夺除身体首饰、衣服，收困八日，要索赎银一千元	外国人往该处带回	《台湾对外关系史料·清末台湾洋务史料》，第5—7页
咸丰十一年	美双桅帆船"柔间地厘"号在台湾遭风搁浅，船货被当地居民哄抢	船主经美驻厦门领事要求中国赔偿损失，但未有结果	

---

① 《钟祥等奏英人以小船投禀请将遭风难民交给带回经谕令起碇折》，齐思和等整理：《筹办夷务始末（道光朝）》第1册卷1，中华书局，1964年，第20—21页。

② 关于该事件的详细情况及中、英交涉情形，可参见（清）王先谦：《东华续录（道光朝）》四十六、四十七年，第608、615、616页；（清）王之春：《防海纪略》卷下，第29页；（清）夏燮：《中西纪事》卷11，福建师范大学历史系、福建地方史研究室编：《鸦片战争在闽、台史料选编》，第261—263页。

（续表）

时间	事件概况	结果	出处
同治元年	美船"福星"号遇风在淡水搁浅，船货棉花为当地居民所夺，船上八人被捉	支付赎金方被释放，船货全部损失	汤熙勇《清代台湾的外籍船难与救助》
同治二年	西班牙船"索威拉纳"号在台湾遭风搁浅被抢。光绪二年（1876）西班牙以调兵攻打台湾为胁，并在古巴华工保护谈判条约中设置障碍	清廷被迫赔款一万八千元	《清季外交史料》卷八、九，第167—168、174—175、180—183页
同治五年	英船"光鸿"号于台湾海峡遭难，漂抵台湾西岸之国圣港，时庄民三百余人，携带凶器欲劫掠，破坏船体，夺取船货	船员九死一生，幸到达台湾府治	《台湾文化志》，第471页
同治六年	美船"罗发"号在台湾南部洋面失事冲礁击碎，船员十四人驾小船逃生至岸上，十三人被当地少数民族杀害	美国派兵船报复，又多番与清交涉，清出兵镇服当地少数民族	《筹办夷务始末（同治朝）》，卷五十，第4793—4794页
同治八年	英商怡记行船只"麒山"号在台湾搁浅，被附近庄民捡拾船物，损失约一千元，向台湾官府控告，要求乡民负责赔偿	违约在非通商口岸载货，故不赔偿，只将所拾物品返还	汤熙勇《清代台湾的外籍船难与救助》
同治九年	英船"叶土结北"号由牛庄驶至台湾，遭风冲礁，所载豆子散落，疑被村民抢劫，船壳亦疑被村民烧毁	台湾官府查明船只系失火，不是村民纵火	
同治十年	琉球一船遭风漂抵台湾东部八瑶湾，迷路入牡丹番社，船上之人五十四名被屠戮，十二名幸免	日本以此为借口武力入侵台湾	《台湾对外关系史料·清末台湾洋务史料》，第87页

（续表）

时间	事件概况	结果	出处
同治十二年	日本小田县民四名，遇风漂流，抵达台湾少数民族卑南之地，被剥衣夺财，酷虐已甚	被当地汉人要求送官，遭返归国	《甲戌公牍钞存》，第55页

在这里还要注意的是，当时近代报刊在中国出现，如《中国丛报》《东西洋考每月统记传》《申报》等，海难事故往往是它们关注的热点问题。一旦有海难事故发生或传闻有海难事故，这些报纸都会在第一时间争相报道。报纸使得海难信息扩散的速度、广度远远超过以前，而其中海难船只遭抢、幸存船员被俘等有违人道主义的报道更会极大地刺激人们的神经，从而引发西方政府和民众的高度关注，更使中西海事争议迭起。

第二节　中西海事争议

鸦片战争前后，中国与西方之间因为海难救助产生的争议日多，并逐渐演化为海事纠纷与冲突，甚至发展为政治纠纷、外交事件，严重时引发武力冲突、西方武力入侵等后果。

一、中西海事争议的具体原因

海难救助问题之所以会引发中西之间的争议、纠纷，有西方国家利用政治军事上的强势地位，借此达成其侵略中国的目的，而中西文明冲突也是一个重要原因。

1. 西方的强势崛起

近代西方的强势崛起是列强借海难挑起冲突的最主要原因。以外籍难船难民在中国遭到不人道、不公正待遇的反应为例，近代以前，也时有类似事件。如嘉庆、道光年间就发生了多起琉球、日本及西方国家海难难民被中国人杀害、财物被抢夺等事件，但并无资料显示这些国家向清廷提出过抗议或赔偿之要求。偶尔也会有西方国家就本国难船难民受到不公正待遇提出异议，最终也只是不了了之。如康熙十一年（1672），荷兰商船"库连堡"号漂到台湾海岸，全船成员被当地人虐杀，货物被掠夺。后荷兰方面请求郑氏赔偿损失，终不得要领而去。[①] 究其原因，是

---

① ［日］伊能嘉矩：《台湾文化志》（中卷），第468页。

在宗藩体系下，朝鲜、琉球、越南等朝贡国出于对清朝的畏惧或是依赖，都不敢对此类事件提出抗议或赔偿要求；而日本实行彻底的闭关锁国政策，更不会为本国难民受到不公正待遇而表示出抗议；西方国家则由于其势力并未大规模进入亚洲，也只能选择忍受。但到了鸦片战争前后，西方以英国为首的资本主义国家如日方升，在中西关系中，西方列强占据强势地位，它们自然也不会如此前清朝的朝贡国一样保持沉默或忍受，而是主动、直接提出抗议或进行交涉。对此，下文将详细叙述。

不过，西方国家借海难事件挑起中西纷争与冲突，不能简单地理解为出于人道主义的考虑，或是为难民争得公正之待遇，而是意图借此实现其侵略之野心。最典型的莫过于同治十年（1871）日本借琉球难船事件出兵台湾，最终以清政府赔款、日军撤出台湾告终，此事同时也使得清朝丧失了琉球国宗主国的地位。① 在该海事争议中，日本之本意显然并不是为琉球难民争得公正之待遇，而是企图借此强占台湾。

2. 中西海难救助制度之差异

清代传统的海难救助制度是在清朝主权独立、受中国传统文明影响之下制定的，与同时代的西方海难救助制度存在很大差别。这种差异也成为引发中西海事争议的原因。具体表现如下。

（1）救助报酬规定的差异

清代前期，政府将海难救助视为社会保障事业，民间参与救助则为一种慈善行为。因此，不管是由政府还是民间实施救助，无论是救助财物还是纯粹救助人命，都禁止救助者向被救助者索取报酬。但是西方海难救助的传统却是，救助者成功实施对财物的救助后，作为报酬可获得一定比例的被捞救财物。在清代前期，因外籍船只救助中国难船难民的情况非常少，中西文明的这种差异尚不构成问题，但随着西方船只越来越多地进入中国领水，并成为中国海域海难救助的另一股力量，这种文明的差异自然而然就会引发争议。

在鸦片战争前后中国海难救助的史料记载中，曾频繁地出现西方船只的身影。为说明这种救助的非偶然性，简单列举如下。

道光二年（1822）二月，有一开往巴达维亚的中国船遇难，船上有一千六百名乘员，英船"印第亚娜"号救起了其中一百九十八名乘客，但

---

① 关于日本借牡丹社事件大举进攻台湾的细节，可参见《清穆宗实录》卷365、366、367、368、369、370，中华书局，1987年，第830—905页。

为此遭受了巨额的经济损失。[①]

道光十三年（1833）十一月，"有唐船一只驶至崇明，船底烂漏，水入满舱，九死一生之危，唐船近反覆，虽看本国人沉沦却不救也。忽然英吉利船只奋然附之，救十二名也。难民欲上岸，船主给各人六圆以为盘费矣"[②]。

道光十六年（1836），"福建船集衙门人四名，老将六名，梢手十名，人客四位，并驾船者自台湾驶到澎湖，忽然飘风骤起，折桅破帆，其船随风而泛也。却四围有海，一望无涯矣。二十八日后终无水，数人已渴亡。正此踌躇间，有英吉利船只附来，即救十七名，独一人沉沦。旧年十二月六日到新嘉坡，该屿督宪恩待诸不迟而送之回国也"[③]。

道光十八年（1838），"福建省漳州府诏安县人十八名，驾船号金源兴，由潮黄岗装运白糖，于五月廿八日进港，往京城天津卫发售，装运黄豆欲回籍，于八月廿八日开行，至浙江洋面，十月十八日早，船舵被折，然后云桅，是时羽翼俱无，不能变动，随风飘流。至六七日之间，船中食水尽矣，……于十一月廿一日，幸遇英吉利商舟……救我全船伙伴，……兹再蒙掷赐路费之资，并恳施给衣裳以遮寒冻"[④]。

道光十八年（1838），一艘中国船在海南失事，有一英船救起五十六名遇险船员。[⑤]

鸦片战争以后，西方国家的商船、兵船以及租界管理机构实际上成为中国船难救助的另一力量，经常可见到外国船只及租界当局在内河与沿海地区救助中国难民之记载。如同治十二年（1873），吴淞口附近有中国渔船遭风沉没，西籍火轮船"九疏"号于附近停泊，救起遇难者九名，给予衣食，"且饮之酒以解寒气"，次日载至上海。[⑥]除了西方民船，有时西方国家的兵船和租界管理机构也会参与船难救助。据《申报》癸酉（1873）六月二十七日报道，"距吴淞约二百里有海山之隙，地名克士拉，凡往来

① *Chinese Repository*，Vol.Ⅵ（Jul.1837），pp.149–153.

② 《救难民》，道光丁酉年（1837）七月，爱汉者等编，黄时鉴整理：《东西洋考每月统记传》，中华书局，1997年，第256页。

③ 《救难民》，道光丁酉年（1837）七月，爱汉者等编，黄时鉴整理：《东西洋考每月统记传》，第256页。

④ 《船败》，道光戊戌年（1838）二月，爱汉者等编，黄时鉴整理：《东西洋考每月统记传》，第334页。

⑤ "The Rescue of Fifty-Six Chinese"，*Chinese Repository*，Vol.Ⅶ（Sep.1838），p.280.

⑥ 《申报》第2册，壬申十二月十七日，第49页。

之船皆过此山，山上置有灯楼以为引路之标，且电信行又设有人在彼，盖以电音报各来往船之信息也。……有一木筏飘浮风浪之中，筏上约有十余人，其势甚危急，须拯济"，山上电信行告英领事，遂派出英国水师兵船名"未士气多"者前往搜救，未果。后来，该小筏之人登岸，"皆粤东人士"。①

西方国家的商船、兵船对中国难船进行救助，对中国难民而言，本是一件好事，但一些西籍民船在救助成功之后，向中国难民索取报酬，而中国难民则依中国之惯例，拒不给付，这必然引起西籍民船的不满，一些因实施救助损失惨重而又得不到补偿的西籍船主，或向清政府申诉，或向本国政府求助，由其向清政府提出抗议。如前述道光二年（1822）英船"印第亚娜"号救助开往巴达维亚的中国失事船只，英国船主受到了巨大的财产损失，却没有获得任何补偿。此后十多年间，该英国船主一直向被救助者索取报酬未果，至道光十五年，他向清政府呈递申诉书，并报告了本国政府，英国政府也采取了一定行动以使此事引起注意。②

（2）海难救助对象认定之间的差异

如道光二十一年（1841）、二十二年英国分别有一艘运兵船、一艘商船在台湾洋面失事，船上难民被台湾军民救起关押。提督衔台湾镇总兵达洪阿、台湾兵备道姚莹以战胜获俘上奏朝廷，获得恩赏。二人考虑到两国交战期间将外国人解送厦门不便，于是奏请朝廷，将这些外国人处死，得到道光帝批准："览奏均悉。据奏称：英人等罪大恶极，若解省讯办，洋面恐有疏虞，仍请在台正法。所见甚是，着即照议办理。"③清廷如此对待这些遭风之英国船只，主要是因为，在清朝统治者的观念中，对外籍难船实施救助，乃是"天朝上国"给予"蛮夷国家"的恩惠，是怀柔外人之措施，而当时中英两国处于战争期间，这两艘船上的人员，哪怕其中一艘仅是商船，也都是仇敌，将其处死是对英国的重创，是中英战争中的一个胜利，无可厚非。正如时人所言："两军交战之时，明攻暗袭，势所必然，加以言语不通，来即拒之，又何能望而知其为难人，不加诛戮

---

① 《申报》第 3 册，癸酉六月二十七日，第 69 页。

② "In April 1835, he addressed a petition to the Chinese government on the subject, and Lord Palmerston sent a communication, about the same time, to the British superintendents here, that they might bring the case to notice." *Chinese Repository*, Vol. Ⅵ (Jul.1837), p.149.

③ 《清宣宗实录》卷 370，道光二十二年四月上，第 658 页。

耶?"^①姚莹事后也为自己的行为辩护说:"事在和议未定以前,薄海同仇,即使夷船实系遭风,亦当乘势攻击,方为不失兵机,岂有释而不击,擒而不杀之理?"^②

　　而当时英国出于人道主义,对于交战国的遇难民船都予以救助,即使兵船军人,也并不杀害,"英国官员,每遇擒获(中国)兵民,即行宽恩释放"。英国难民被处死一事被英国得知后,英国公使璞鼎查四处张贴告示,揭露事件真相。中英南京议和期间,英国政府向清政府进行交涉,朝廷乃"飞檄台中,镇道释其余俘",送往厦门。两船遇难人员共一百八十多名,最终生还的只有二十五名。英国方面强调,这些人员是因发生船难而被逮捕,实为海难难民,是无辜的,与战俘不同,将其处死,是人道灾难。英国侵华全权代表璞鼎查代表英国向中国提交照会,要求惩处相关官员。^③两江总督耆英奏:"接准闽浙录送英官照会,核其文义,俱系商办通商事宜。又示底二纸,即言台湾正法洋人,欲求伸冤之事,虽未露别项要求挟制情事,而探闻定海英船尚有四十七只之多,迁延未去。"为了平息英国方面的情绪,清廷派闽浙总督怡良渡台调查,最终将福建台湾镇总兵达洪阿、台湾兵备道姚莹撤职,史称"台湾之狱"^④。

　　可以看出,中、英此次争议的发生,一定程度上与两国关于海难难民及战争俘虏的解释、认定存在差异有关。^⑤这一事件对中国海难救助的近代转型产生了直接影响,使清政府在事实上把船难救助的对象扩展到了敌

---

① (清)王先谦:《东华续录(道光朝)》四十六年。《清宣宗实录》卷385,道光二十二年十一月下,第928页。

② 福建师范大学历史系、福建地方史研究室编:《鸦片战争在闽、台史料选编》,第261—263页。

③ 中国第一历史档案馆、海峡两岸出版交流中心编:《明清宫藏台湾档案汇编》第167册,道光二十二年十月二十五日,"清单　英国公使璞鼎查为台湾凶官歼杀英国遭风得生之人告示",第132—137页。可参见(清)夏燮:《中西纪事》卷11。

④ 关于该事件的具体细节,参见(清)王先谦:《东华续录(道光朝)》四十六、四十七年;(清)王之春:《防海纪略》卷下;(清)夏燮:《中西纪事》卷11;福建师范大学历史系、福建地方史研究室编:《鸦片战争在闽、台史料选编》,第261—263页;中国第一历史档案馆编:《鸦片战争档案史料》(六),第541页;张本政主编:《〈清实录〉台湾史资料专辑》,福建人民出版社,1993年,第879—901页。

⑤ 1910年救助公约第11条规定:"对于在海上遭遇生命危险的每一个人,即使是敌人,只要对其船舶、船员和旅客不致造成严重危险,每一艘船的船长都必须施救。"转自于杰:《国家主管机关海难救助法律问题研究》,大连海事大学博士学位论文,2013年,第19—20页。

国的兵船、民船，这"实实在在把台湾遭风船舶的救助模式，从传统朝贡贸易时代，带入殖民扩张时代"①。

（3）清朝政府的救助迟缓拖沓

中国古代行政效率本身并不高，而为了维护海疆安全，难民的救助、抚恤与遣返，处于官方的严格控制之下，必须经由指定的省份和港口，这样就需要中央和地方之间不断的公文往来，难民往往也需要从一省转送到他省，这就使得外籍难民的抚恤遣返工作拖沓冗长，导致一些难民滞留中国的时间较长。如嘉庆二十年（1815）十月初七日，日本国难民四十七人遭风漂流至广东惠州府碣石镇。十月初八日难民们被送往陆丰县，稍作停留后，于十一月二日开始前往海丰县，后还乘坐轿子沿羊蹄岭山麓而行，四日在凤河搭渡船，经鹅准、教岭，于六日到达归善县，再乘船经博罗县、铁山冈、东莞县，于十一月八日抵达番禺县，并停留至二十日，又从该县出发，经南海县、三水县，跨江西、浙江两省，于嘉庆二十一年二月二十八日到达浙江乍浦。他们在乍浦待到了六月上旬，然后乘乍浦出港的对日贸易商船回到日本。②再如，西籍难民的处理也需要漫长的周期。"1830年，两名英国水手被从东海岸（注：中国东海岸）押解来，从6月至10月都被禁闭在行商公所里。……作为英国人，就要等到10月或11月，只有在专门负责他们事务的公司人员返回广州后，才能对他们的案件作审查。"③之所以对难民的审理要在10月以后，郭嘉辉认为是因为"住冬"的影响。④这是有道理的。

可见，中国传统海难救助的周期拖沓、漫长，在宗藩体制之下，朝贡国及难民对此不敢有异议，再加上帆船时代需要候风，滞留时间较长，也容易被接受。但到近代，因为西方商人重视效率，加上蒸汽船取代了帆船，并不需要等待季风，西方国家又处于强势地位，这种拖沓作风就难以被接受了。如光绪九年（1883），有琉球难船漂到中国，清朝仍以传统朝贡体系下的海难救助制度来处理，结果琉球难民就抱怨中国官府的留居安排，使得他们不能自行设法返回琉球，而滞留在中国又无所事事，徒增双

---

① 李智君：《无远弗届与生番地界 —— 清代台湾外国漂流民的政府救助与外洋国土理念的转变》，《海交史研究》2017 年第 2 辑，第 61 页。

② ［日］松浦章著，张新艺译：《清代帆船与中日文化交流》，第 233 页。

③ ［美］亨特著，冯树铁、沈正邦译：《广州番鬼录·旧中国杂记》，第 381—382 页。

④ 郭嘉辉：《清道光前期（1821—1839）广东对海难救助之研究》，李庆新主编：《海洋史研究（第 8 辑）》，第 149—171 页。

方的困扰。① 即使琉球这样小国的难民都对于中国传统海难救助的拖沓表现出不满，更不用说西方人了。

二、中西海事争议的主要表现形式

1. 西方国家派出力量自己搜访失踪的船只及人员

道光十六年（1836），英双桅帆船"仙女"号在福建海域失事，下落不明，谣传有船员遇害。七月，被福建漳浦县救获。次年五月，英国一艘军舰径自前往福建，在闽安镇外五虎外洋地方，向福建地方政府投递禀帖，称"有难夷飘流至闽，请交给带回归国"。福建地方政府严词拒绝："查海面难夷，应行照例译讯，护送赴粤，转令回国。"坚持按旧例处置，并将英国军船驱离福建海面。② 西方国家派出力量自己搜救、访查失踪的船只及人员，实质上侵犯了清政府保证海域安全的责任和权力，故这绝不是简单的"要求归还难夷"问题，而是"对于整个海难救助制度的一种挑战"。③ 在此意义上，"仙女"号事件可以说是西方国家对清代传统海难救助制度挑战的开始。

鸦片战争以后，西方国家的船只越来越多地参与甚至直接进入中国领海自行搜救失踪难船与人员。如道光二十八年（1848），美船"克尔比"号在开往上海途中失事，传闻船上部分幸存人员被监禁在台湾，在广州经商之美国人吉顿·奈耶欲寻其堂兄下落，遂请求美国在华外交代表伯驾协助。美国厦门领事布莱德雷应伯驾之令，派遣一华人欧祥到台湾探寻，前后历时四周，但没有具体结果。④ 道光三十年至咸丰七年（1857）间，英美两国就先后有五次派军舰赴台湾搜救失事人员。⑤ 同治十一年（1872），一洋船"威美刺美租"号于上海附近海面沉溺，一英国炮船"打辅"号前赴沉船处救援。⑥ 西方国家在中国设立租界后，租界当局更是直接参与到附近洋面的海难救助中。比如，《申报》癸酉（1873）六月二十七日报道，英

---

① 中国第一历史档案馆编：《清代中琉关系档案选编》，第 1110—1111 页。
② 《钟祥等奏英人以小船投禀请将遭风难民交给带回经谕令起碇折》《廷寄》，齐思和等整理，《筹办夷务始末（道光朝）》第 1 册卷 1，第 20—22 页。
③ 郭嘉辉：《清道光前期（1821—1839）广东对海难救助之研究》，李庆新主编：《海洋史研究（第 8 辑）》，第 149—171 页。
④ 汤熙勇：《清代台湾的外籍船难与救助》，汤熙勇主编：《中国海洋发展史论文集（第 7 辑）》，第 556—557 页。
⑤ 汤熙勇：《清代台湾的外籍船难与救助》，汤熙勇主编：《中国海洋发展史论文集（第 7 辑）》，第 557 页。
⑥ 《申报》第 1 册，第 126 页。

国上海领事派出英国兵船"未士气多"号搜救海洋失事船只。①

虽然，外国政府派遣人员、军舰自行搜救失事人员，有人道考虑的因素，其中被救援者也有中国难船难民，但保证海域安全乃是主权国家的责任和权力，毫无疑问，上述西方国家擅自派遣力量在中国领海实施海难救助的行为是对中国主权的藐视和严重侵犯。

2. 要求赔偿损失

关于赔偿的纠纷有两种类型。一是外国商船在对中国难船难民进行人道救助，向被救助者索取报酬无果的情况下，引发政府之间的交涉。如前文所述1822年英船"印第亚娜"号案例。此种争端中西方国家尚是正当之要求。二是因外国难船在中国受到不公正之待遇要求赔偿。如道光八年（1828），法国船只"航海家"号船员乘坐中国帆船，十三人被杀，仅有一名水手逃离，货物、银钱被中国人抢劫。福建政府虽大力查办，判刑四十九人，但法国方面对此处理并不满意，法国领事热尔内特坚持要求福建政府赔偿货物和银钱等损失计一万六千元，交涉持续了六年之久，最终得到福建政府支付的一万三千一百五十元，并且得到"许诺"，余额"当提请福建当局注意"。②同治元年（1862），西班牙船"索威拉纳"号在台湾遭风搁浅，附近居民始则抢掠物件，继则拆毁船只，终且拘羁难民，必交出赎银始行释放。到光绪二年（1876），西班牙要求清政府赔偿该难船船货二万二千两，为达成目的，一方面以调兵船攻打台湾为威胁，一方面又在两国关于古巴华工保护条约的谈判中设置障碍。虽然清廷抗以此案发生时两国尚未签订条约不应赔偿，但最终迫于形势，由福建政府垫款一万八千元作为抚恤完结此案。③同治八年英商怡记行船只"麒山"号在台湾搁浅，被附近庄民捡拾船物，损失约一千元，向台湾官府控告，要求乡民负责赔偿。后来查明该船系违约在不通商之口岸载货，故不赔偿，只将所拾物品返还。④光绪元年（1875），德国"安纳"号夹板船船主被华人水手所杀，船只沉没，船货被沿海居民捞抢，德国方面认定船货损失共三万八千余元，福建政府进行认真追缴，追出赃银一万三千八百八十元。对于未追回之赃银，德国方面要求由福建地方官

① 《申报》第3册，癸酉六月二十七日，第69页。

② ［美］亨特著，冯树铁、沈正邦译：《广州番鬼录·旧中国杂记》，第395页。

③ 王彦威、王亮编：《清季外交史料》卷八、九，沈云龙主编：《近代中国史料丛刊三编》第2辑，第167—168、174—175、180—183、226—228页。

④ 汤熙勇：《清代台湾的外籍船难与救助》，汤熙勇主编：《中国海洋发展史论文集（第7辑）》，第555页。

赔偿，又以派兵船前来为威胁，最终福建地方政府垫银二万二千六百零四元交给德方，才平息此案。此案直接促使了中国沿海各省海难救护章程的出台。[①] 从上述案例来看，西方国家的要求并不仅是向捞抢船货的中国民众追偿，对于未能追回的部分，则要求清朝政府予以赔偿。这当然会被清朝政府拒绝，而西方国家往往会以外交或武力威胁为要挟，所以这种赔偿损失的要求已经不完全是法律事件，而是涉及中国主权和尊严的政治外交事件了。

3. 以武力实施保护或寻求报复

此处所说的武力与要求赔偿损失时伴随的武力相胁不同，是西方难民或国家直接以武力实现单独的利益主张，主要有三种类型。

第一类，以武力防止中国人抢夺财物。如同治九年（1870），一英船在蓝投港搁浅，船货落水，附近居民乘机捞拾，船主乃擅自拘押这些捞拾者。[②] 光绪二年（1876），一英国广东轮船在福建乌坵洋面碰破，福建巡抚丁日昌闻讯后，即派轮船前往保护，并严谕附近乡村人等不得借端抢夺。该广东轮船人货均平安无失，但拆卸轮船需要时日，而该处水势溜急，轮船难以停泊，丁日昌乃改派汛官李逢忠带同兵丁二十名，并莆田县差役数名保护。他们"住在海面草寮，风餐露宿，日则巡视，夜则打更"达六个月之久，以至兵多疾病。但到后来，仍有当地渔户三人乘夜坐小船靠近轮船意图偷窃，被守船洋人开枪击毙二人。这引起当地民众强烈不满，遗属等纠集百余人向洋人索命。丁日昌又命一轮船前往该处镇压，为防意外之变，严饬该处地方官："如有滋扰洋人，被洋人击毙者，即系死由自取。"然而后来两行凶之洋人逃走，丁日昌无奈之下向福建英国领事指出两行凶洋人不当之处，并要求其协助查拿两洋人进行讯办。但福建英国领事却以种种理由进行推搪，丁日昌不得不再次行文："烦托贵领事费心，将此案澈底会审，……如果情真罪当，自应各按照本国之法办理；倘若情不真、罪不当，自不能凭空诬捏好人。"[③] 此种武力行为，是在海难发生的过程中，外国难民为保护自身生命和财产安全采取的措施，有一定的正当性，但行为过激，以现代法理学而言，有防卫过当之嫌。

第二类，以武力实施报复。这主要是指西方国家难民受到不公正或

---

① 赵春晨编：《丁日昌集》（上），第 818—823 页；（下），第 935—937 页。
② 汤熙勇：《清代台湾的外籍船难与救助》，汤熙勇主编：《中国海洋发展史论文集（第7辑）》，第 557 页。
③ 赵春晨编：《丁日昌集》（上），第 826—828 页。

不人道待遇后采取的报复行为。如咸丰九年（1859）八月，一艘法船在台湾凤山县辖之打鼓山后港外搁浅，被附近居民哄抢，两名船员被杀死。怡和及甸特两家洋行的外国人为替其同伴报仇，乃率领两行人员，前往抢劫杀人者所在的村庄实施报复，杀死管理盐务者之子，毁坏民房和盐仓数十间。其后，凤山县衙在英国政府的压力下，逮捕四名中国嫌犯惩治。① 同治六年（1867），荷兰帆船"宝塘"号搁浅于淡水港沙滩，英商宝顺洋行买下该船，邻近村人趁机抢夺"宝塘"号上之货物，英军登岸取回被抢货物，并烧毁房屋两间以示报复。② 这种武力行为发生在海难事件结束之后，而不是海难发生之当时，不带有政治或其他目的，主要就是为了报复，从现代法理学而言，是一种私力救济行为，蕴含着对清朝司法制度的不信任，当然客观上是对中国主权的侵犯。

第三种类型，大规模的军事入侵。如同治六年（1867）二月，美国商船"罗发"号自汕头开往牛庄，遇风漂到台湾南部沉没，"船主与水手共十四人坐三板往台湾极南之海腰，十四人一齐登岸，忽有一群土匪（注：实为当地少数民族）突出，将十三人全行杀害"，仅一名水手躲避得以逃生。此人逃至台湾港口英领事署禀明，英领事即偕该水手乘坐英兵船"柯摩兰"号前往事发地龟仔角，搜救可能的生还者，"甫到海淀，尚未登岸，忽见丛林中放出许多弓箭鸟枪"，英军不敌，逃返军舰，再以舰炮轰击岸上后离去。三月，美国公使照会中国，提出美国派兵船与台湾地方官员一同前往查办的要求。五月十二日，美军亚细亚舰队司令柏尔少将亲率两军舰自上海抵台，偕"二等带兵洋官一员，洋兵一百七十名"，配备轻重武器，驶到琅峤停泊，准备进行报复。然而事情不但没有顺利解决，反而变得更加复杂，"（洋兵）被生番诈诱上山，从后兜击，带兵官（注：一位副舰长）受伤毙命，洋兵被伤者数人"。美军被迫撤回舰上，扬言"回国添兵，秋冬间再来剿办"，无功而返。③ 同治十年，琉球太平山"山原"号往

① 汤熙勇：《清代台湾的外籍船难与救助》，汤熙勇主编：《中国海洋发展史论文集（第7辑）》，第 558 页。

② 总理各国事务衙门清档，清季地方部交涉门，机关 01-16，案号 15-（1）、16-（1）。转自汤熙勇：《清代台湾的外籍船难与救助》，汤熙勇主编：《中国海洋发展史论文集（第 7 辑）》，第 558 页。

③ 中国第一历史档案馆、海峡两岸出版交流中心编：《明清宫藏台湾档案汇编》第 182册，同治六年三月十九日，"美国驻华公使蒲安臣致奕䜣照会"，第 89—90 页；同治六年八月初五日，"总理各国事务王大臣奕䜣等奏折"，第 158—160 页。参见汤熙勇：《清代台湾的外籍船难与救助》，汤熙勇主编：《中国海洋发展史论文集（第 7 辑）》，第 558 页。

中山府纳贡，返航途中陆遇飓风，漂到台湾南端海域，船只倾覆，幸存者六十六人凫水上岸，误入牡丹社少数民族聚居区，被杀死五十四人，仅十二人逃生。之后，清政府按传统救助机制抚恤，将之遣返归国。[①] 琉球国原本属于清政府的朝贡国，但日本经历明治维新走上资本主义道路，开始对外扩张，于1871年将琉球纳入日本的地方行政区划体系之中，只是清政府并不承认这种变化。因此，日本以牡丹社事件为借口，打着保护其属民的旗号，1874年悍然派出军队进攻台湾，攻占琅峤，清廷遂任命沈葆桢为钦差大臣赴台办理防务及日军退兵事宜。[②] 这种大规模的军事入侵，无论从烈度还是方式来看，都超出了保护难民和对本国难民受到不公正待遇进行报复的程度，完全是对中国侵略野心的体现，是对中国主权粗暴直接的侵犯，毫无正义可言。

晚清时期的海难救助对处于弱势的中国而言，不仅是一个人道主义问题，一个法律问题，更是外交问题，是涉及国家主权的问题。这就要求清政府根据国际规则，制定相应之章程，以妥善处理包括海事争议在内的中西争议和纠纷。光绪三十一年（1905）三月，出使法国的大臣孙宝琦奏称："外交日亟，宜切实仿订公断条约，勉附列国公法，将来遇有交涉相持不决者，俱可交和京公断衙门秉公覆夺。"[③] 正是在这类外交应对中，晚清海难救助制度的改变随之发生。

鸦片战争以后，中国领水内西方国家船难增多，而清朝传统的外籍船难救助机制由于本身的缺陷及执行不力，难以及时高效地对外籍难船难民实施救助。而且，由于清政府对海疆控制的削弱，西方国家的难船难民遭遇不公正待遇的现象增多，由此引发的中西海事争议频发。处于优势地位的列强向清政府施压，要求加强对外籍难船难民的救助，甚至以此为借口引发中国海疆危机。近代中国民族航运业发展，中国领水内和远洋地区中国船只人员遭遇事故增多，同时，船舶侵权越来越成为引发船难的重要原因。这些新的变化客观上向清政府提出了改革海难救助制度的要求。再加上受西方海洋文明影响，清朝统治者中的开明之士，其海洋思想和用海观念也逐渐发生转变，改革海难救助制度、保障航海

---

① 中国第一历史档案馆、海峡两岸出版交流中心编：《明清宫藏台湾档案汇编》第185册，同治十一年二月二十五日，"兼署闽浙总督文煜等奏折"，第81—84页。

② 关于牡丹社事件中日两国交涉始末，可参见陈在正：《台湾海疆史研究》，厦门大学出版社，2002年，第122—126页；台湾银行经济研究室：《台湾对外关系史料·清末台湾洋务史料》，沈云龙主编：《近代中国史料丛刊续编》第51辑，第85—102页。

③ 《清德宗实录》卷543，第217—218页。

安全以促进海洋贸易自然就成为顺理成章的事情了。晚清海难救助制度的这一变化，是内外因素交互影响的结果，但更主要的是对当时世界宏大而深刻变化的应激式回应。

第七章　晚清海难救助制度的
转型与重构（一）

鸦片战争之后，清代海难救助与管理制度的近代转型就拉开了序幕。与清代前期相对稳定的海难救助与管理制度相比，晚清海难救助与管理制度的转型有着更加复杂的社会背景和内外因素，而清政府采取的零散的、具有外向性和国际性的一系列举措，虽内容杂乱，不成体系，使得晚清海难救助与管理制度数度波动，但也逐步走向近代化。

第一节　国家海难救助责任的确定

国家海难救助责任主要是就涉外海难救助与管理而言。清代前期，环中国海域诸国基本上都对其境内的中国漂流民实行"牧养解送"，清政府也对境内的外国漂流民进行抚恤遣返。于朝鲜、琉球诸国而言，此为一种义务；于清朝而言，此乃"柔远字小"和"厚往薄来"的王道政治手段，是中国施予"蛮夷番邦"之恩赐，如果对外籍难船难民不进行救助或不积极救助，清政府也不承担任何法律责任，这使得清政府并没有积极完善救助制度并认真推行的动力。但鸦片战争以后，前来妄图进行殖民侵略的西方列强是海权国家，它们十分重视对中国领水主权之侵略，并利用其政治、军事上的优势地位，迫使清政府为其船只航行提供安全保障。

美国是西方列强中第一个在条约中明确要求清政府承担救助该国难船的国家。道光二十四年（1844）五月，中美两国签订《望厦条约》，条约规定："合众国贸易船只，若在中国洋面遭风、触礁、搁浅、遇盗，致有损坏，沿海地方官查知，即应设法拯救，酌加抚恤，俾得驶至本港口修整，一切采买米粮，汲取淡水，均不得稍为禁阻；如该商船在外洋损坏，漂至中国沿海地方者，经官查明，亦应一体抚恤，妥为办理。"[①]依条约，美国商船若在中国洋面失事，清政府必须进行救助和抚恤；美国商船在中国领海外失事，漂至中国沿海地方，清政府也必须加以抚恤；如果是美国军舰

---

① 王铁崖编：《中外旧约章汇编》（第1册），生活·读书·新知三联书店，1957年，第55—56页。

发生事故，则清政府并不必须救助。

同年九月，法国与清政府签订的《黄埔条约》，也将类似内容纂入，条约规定："凡佛兰西兵船……所过中国各口，……若有坏烂，亦可购料修补，俱无阻碍。倘佛兰西商船遇有破烂及别缘故，急须进口躲避者，无论何口均当以友谊接待。如有佛兰西船只在中国近岸地方损坏，地方官闻知，即为拯救，给与日用急需，设法打捞货物，不使损坏，随照会附近领事等官，会同地方官，设法着令该商梢人等回国，及为之拯救破船木片、货物等项。"① 依条约，法国商船、军舰在中国领水内发生事故，清政府均应进行救援，并对幸存者进行抚恤遣返，船难货物予以捞拾返还。与中美条约相比，中法条约中，救助的对象扩大，不仅包括失事之法国商船，还包括军舰。

此后，西方列强纷纷效仿，在与清政府签订的条约中要求清朝对领水内失事的该国商船（有时候包括兵船）进行救助。如咸丰十一年（1861）中德通商条约规定："布国及德意志通商税务公会和约各国商船……如该船在中国近岸地方损坏、搁浅，收口，地方官闻知，立即设法妥为拯救商梢，保存船只以及打捞货物不使损坏。所救水手人等，务必妥为照料，设法护送就近领事官查收。"② 到1869年，共有美国、法国、瑞典、挪威、俄国、英国、德国、葡萄牙、丹麦、荷兰、西班牙、比利时、意大利、奥地利等十四个欧美国家，将海难救助的条款纂入与清政府签订的条约中。

1840至1869年间中西方条约规定的海难救助内容具有强烈的不平等性，都只规定清政府对领水内各国难船负有救助义务，而没有规定各国对其领水内失事中国船只的救助义务。这种单方面救助义务的规定是清政府军事和外交弱势在海商法领域的延展和体现，严重损害了中国的尊严和利益，自然引起清廷的不满，进而谋求改变。

这种改变始于同治十年（1871）。这一年，中日两国签订通商章程，其中第29款规定："两国商船遭风收口，均由该处地方官照料，送交理事官安置。"③ 清政府对收口中国的日本商船应进行照料，同等地，日本对收口日本的中国商船也进行救助，这是清朝首次在国际条约中就海难救助问题获得平等地位。光绪二十二年（1896），中日签订"通商行船条约"，对于两国间相互实施海难救助问题进行了更细致的规范："凡日本船在中国

① 王铁崖编：《中外旧约章汇编》（第1册），第63页。
② 王铁崖编：《中外旧约章汇编》（第1册），第168页。
③ 王铁崖编：《中外旧约章汇编》（第1册），第324页。

沿海地方碰坏搁浅，中国官员须立即设法救护搭客及船上一切人等，并照料船货，所救之人当加意看待，并随时察看情形，有须设法护送者，即妥送领事馆查收。如中国商船遇有损坏或别项事故逼入日本附近海口暂避，日本官员亦照以上所载，一律办理。"① 条约进一步明确两国互相进行海难救助的义务，并确定救助的对象为境内失事的对方商船、兵船，对于船上难员，应及时救援，必要时送交对方设立的外事机构，船上财货应捞拾保管。

在环中国海域外第一个认可与中国互相实施海难救助的国家是秘鲁。同治十三年（1874），清廷与秘鲁签订的通商条约规定："中国船只如遇天灾，在秘国沿海地方碰坏搁浅，以及遭风收口，该处海关官员自当设法相帮，所有未遭失险之货物，如不欲出售，自应不纳税银；遇险船只，秘国亦与待别国船只一律。至秘国船只遇有天灾，在中国沿海地方，或碰坏搁浅，以及遭风收口，有时将货卸岸，修理船只，概不纳税，亦不给船钞。地方官查知，自当设法妥为照料，船上商民送交就近领事官查收。"② 这也是中国历史上政府首次就远洋中国船难救助与管理问题作出规范。

此后，在外国强迫清政府签订的通商条约中，清政府一般都会要求纂入对等实施海难救助的条款。如光绪七年（1881），清朝与巴西签订和好通商条约，其中规定："倘两国船只遇有天灾，在彼此沿海地方收口者，该处官员自当设法相帮。所有未遭失险之货物，如不欲出售，自己应不纳税银。遇险船只，两国均与待别国船只一律。"③ 光绪二十五年，清朝与墨西哥签订的通商条约中也有"两国船只遇有天灾，在彼此沿海地方收口者，该处官员须设法相助，所有未遭失险之货物，如不出售，准免纳税。此项遇险船只，均与别国遇险船只一律相待"④ 的内容。

受西方以条约规范海难救助问题的影响，清政府也开始主动利用这一国际通用的方式，来处理与朝鲜这一朝贡国之间的海难救助问题。鸦片战争后，清朝与朝鲜仍然维持着宗藩关系，依照传统方式处理两国之间的船难救助。然而，到咸丰十年（1860）俄国借中俄《北京条约》将领土延伸至乌苏里江以东后，⑤ 又对朝鲜半岛虎视眈眈；日本自1873年起"征韩论"再度盛行，鼓吹侵略朝鲜。朝、日两国于1876年签订《江华条约》，直接向中

---

① 王铁崖编：《中外旧约章汇编》（第1册），第665页。
② 王铁崖编：《中外旧约章汇编》（第1册），第341页。
③ 王铁崖编：《中外旧约章汇编》（第1册），第396页。
④ 王铁崖编：《中外旧约章汇编》（第1册），第936页。
⑤ 王铁崖编：《中外旧约章汇编》（第1册），第149页。

朝既有的宗藩（属）关系发动挑战，日本势力顺势渗入朝鲜。法国与朝鲜因传教士问题也已起冲突，朝鲜又因通商问题与美国交恶。东亚国际形势剧烈变化，朝鲜岌岌可危，清朝与朝鲜的宗藩关系也受到严重威胁。

朝鲜不仅是大清国传统宗藩关系中最重要的国家，更"为东三省屏蔽，朝鲜危亡则中国之势更急"①。朝鲜面对复杂局势，希望对双边商务关系等作出变更，清政府自然竭力想要保全朝鲜，也准备使宗藩关系适应近代西方条约化国际关系的要求。②光绪八年（1882）十月，清廷与朝鲜签订了"商民水陆贸易章程"，条约不仅积极扩大两国海上商贸活动，而且调整了两国之间的海难处理机制。其中第3款规定："两国商船听其驶入彼此通商口岸交易……倘在彼此海滨遭风、搁浅，可随处收泊。购买食物，修理船只，一切经费均归船主自备，地方官第妥为照料。如船只破坏，地方官当设法救护，将船内客商、水手人等送交就近口岸彼此商务委员转送回国，可省前此互相护送之费。"③然清政府之目的，乃"是借西方条约的形式，进一步强化中朝宗藩关系，以抵制日本等列强对朝鲜的侵蚀"④。因此，在文本上虽然两国规定了相互实施海难救助的措施，但这种互相救助就法理而言，仍然是建立在宗藩关系之上的。

这也导致实践中，清政府完全无视条约规定的新的救助方式，仍然按照传统宗主国体恤藩属国的方式对待朝鲜漂流民。如光绪十九年（1893）二月，浙江镇海渔民在洋面见有一只遭风小船，查询乃朝鲜船只，上有幸存者十五名。当地官府"设馆安顿，照例抚恤，妥为照料，护送至该管道、宁波府，转护赴省"。浙江巡抚查"朝鲜国难番遇救，到境日，应循例抚恤，委员护送进京，附使遣归本国，以期仰副圣主怀柔远人至意"，因此"饬令妥为抚恤，按名优给衣粮，毋任外出滋事。现在该难番等按报由府护送到省，另行委员护解进京，附便遣令归国，并咨部查照外，所有朝鲜国难番护到境，循例抚恤"⑤。而对浙江巡抚如此处理，皇帝批示"礼

---

① 《北洋大臣李鸿章奏议覆朝鲜事宜折》，王彦威、王亮编：《清季外交史料》卷30，沈云龙主编：《近代中国史料丛刊三编》第2辑，第565页。

② 王蕾：《围绕〈中朝商民水陆贸易章程〉有关问题的再探讨》，北京大学韩国学研究中心编：《韩国学论文集（第9辑）》，黑龙江朝鲜民族出版社，2022年，第176页。

③ 王铁崖编：《中外旧约章汇编》（第1册），第405页。

④ 周国瑞：《朝鲜对清、日海难漂流民态度比较研究（1882—1894）》，《山西档案》2015年第4期。

⑤ 光绪十九年三月十五日，《浙江巡抚崧骏奏报救护抚恤朝鲜遭风难民折》，中国第一历史档案馆编：《清代中朝关系档案史料汇编》，国际文化出版公司，1996年，第378—379页。

部知道，钦此"。次年，浙江又将这些朝鲜难民护送进京，转送回国。①
整个过程中，无论皇帝还是官员，都对以传统模式救助朝鲜漂流民毫无不
适和违和感。

晚清政府主动弱化封贡关系，改以西方条约关系来对待朝鲜，在国力
减弱的形势下，势必会助长朝鲜摆脱藩属地位、谋求独立的倾向。而出于
宗主国的立场和尊严，清政府在实践中又将条约束之高阁，坚持以传统方
式来抚恤管理朝鲜漂流民，与朝鲜追求国家自主的政治诉求相背，也必将
引起朝鲜的不满，进而影响到海难救助领域。自此事件之后，朝鲜官方和
民间对救助中国漂流民都表现得十分消极。②

以国际条约形式来规范两国互相之间的海难救助问题，这是清政府在
海商法领域主动利用西方规则处理相关问题的首次尝试。不过，由于时机
不对，实践做法又强自"挽尊"，故效果适得其反。

甲午战争后，中日签订《马关条约》，清政府承认朝鲜为独立自主之
国家，中朝之间的传统封贡关系结束。基于全新的国家关系，两国于光
绪二十五年（1899）签订《通商条约：海关税则》，规定："两国船只，在
彼此附近海面，如遇飓风或缺粮食、煤、水，应许其收进口内，避风购
粮，修理船只。所有经费，均由船主自备，地方官民应加援助，供其所
需。……如两国船只在彼此海岸破坏，地方官一经闻知，即应饬令将水手
先行救护，供其粮食，一面设法保护船只、食物，并行知照领事官，俾
将水手送回本国，并将船货捞起。一切费用，或由船主，或由本国官认
还。"③从文本上看，清朝与朝鲜之间互相实施海难救助的机制已完全近代
化，两国之间行之二百余年的漂流民送还机制完结。至此，清朝以宗藩关
系为基础构建的东亚地区海难救助机制在法理上和事实上走向了终结。

晚清七十年中，清政府先后在与十九个国家签订的二十六个双边条约
中，规定了海难救助的相关问题。其中，与美国、法国、瑞典、挪威、俄
国、英国、德国、葡萄牙、丹麦、荷兰、西班牙、比利时、意大利、奥地
利等十四个欧美国家的双边条约中只规定了清朝单方面实施救助的义务，

---

① 光绪二十年十一月二十日，《浙江巡抚廖寿丰奏报救护抚恤朝鲜遭风难民分批护送进
京折》，中国第一历史档案馆编：《清代中朝关系档案史料汇编》，第385页。

② 对晚清中朝之间的海难救助问题，具体可参见周国瑞、陈尚胜：《清光绪年间中朝海
事交涉研究（1882—1894）——以海难船只被抢为中心》，《甘肃社会科学》2004年
第1期，第97—102页；周国瑞：《朝鲜对清、日海难漂流民态度比较研究（1882—
1894）》，《山西档案》2015年第4期。

③ 王铁崖编：《中外旧约章汇编》（第1册），第912页。

与日本、朝鲜、秘鲁、巴西、墨西哥五国签订的条约中则规定了双方对等实施救助的义务。这反映出晚清时期海难救助制度的近代化带有明显的不平等性和半殖民地色彩。

众多条约使晚清海难救助与管理制度发生了重大改变。

首先，条约成为清朝涉外海难救助与管理制度重要的法律渊源。清代前期，国内法是海难救助与管理制度最主要甚至可以说是唯一的法律渊源，[①] 但近代以后，清政府不得不遵守所签订的条约，对相应国家船只发生在中国的海难事故实施救助，从法学理论而言，这些条约是晚清海难救助制度的法律渊源。在中国海商法史上，这无疑是一个重大变化。

其次，涉外海难救助与管理由内政转变为外交。清代前期，对外籍船难的救助与管理对清政府而言一直是本国海洋管理和"怀柔蛮夷"的问题，属本国的内政。但进入近代，涉外海难救助却成为中外条约中的条款，清政府的处理不能再凭本国之心意，而必须与外国政府商讨，变成与国家主权、尊严密切相关的外交甚至政治问题。

又其次，这意味着中国救助外籍船难性质的根本改变。近代国际秩序是以条约关系为基础，建立在主权国家之上，签约国家都有遵守条约之义务。只是西方国家将这一主权原则进行了阉割，在东方推行"特殊国际法"，采取强力手段压制中国，使之顺从西方列强的要求。[②] 在这种霸道法则之下，晚清政府更是不得不遵守条约。因此，晚清政府对本国近海及内河失事的外国船只和人员进行救助，不再是一种道义责任或者体恤番邦的恩赐，而是必须承担的法律责任和义务，带有强制性。

第二节　预防海难事故的立法：行船防碰章程的制订

船舶碰撞在现代海事法中是一个与海难救助并列的、单独的专门制度，[③] 但晚清时期海难由碰撞引发者甚多，而碰撞之发生很多是缘于无行船防碰之规范，故行船防碰章程的制订，是从根本上减少海难发生的预防措施；且船只发生碰撞失事，涉及搜救、难民抚恤、船难财物处置、侵权责任划分、损害赔偿等一系列问题，许多是海难救助本身需要应对的

---

①　清代前期，清廷要求朝鲜、琉球等朝贡国将中国漂流民"牧养解送"归国，也是以皇帝谕旨、朝廷公文的形式发布的。

②　李育民：《晚清中外条约关系与朝贡关系的主要区别》，《历史研究》2018 年第 5 期。

③　王千华、白越先主编：《海商法》第四编"海事"，第 171—203 页。

事情。因此，本书将行船防碰章程作为晚清海难救助的预防制度来进行考察。

晚清时期的行船防碰章程，包括内河行船防碰章程和近海行船防碰章程。内河行船防碰章程主要有津海关制订的《海河行船泊船章程》、江海关制订的《行船防备碰撞条款》、东海关拟订的《内河船只防碰章程》、九江海关拟订的《内地船只防备轮船碰撞章程》、浙江宁绍台道颁布的《浙江宁绍台道瑞告示》、清廷制订颁行的《内港江河行船免碰及救护赔偿审断专章》、川鄂两省共同制订颁行的《川江轮行免碰民船章程》等，以下考述其沿革与相关内容。

一、同治年间内河行船防碰章程的制订

中国近代最早制订的内河行船章程是《海河行船泊船章程》。咸丰十年（1860），英、法、俄强迫清政府签订《北京条约》，天津被辟为通商口岸。天津开埠以后，列强争先恐后把天津作为在中国倾销商品和掠夺资源的重要基地，来往于天津的内外商船行驶络绎，而"大沽海口至津二百余里，河道本属窄狭……轮船驾驶向系迅速直前，遇有河湾并内地商船停泊之处，既不能左右开让，又不能将轮船暂行停缓，俾内地船只乘时开避，必须内地商船预先避开"，但"内地船只"又很难及时躲闪，船只碰撞之案随之多发，其中以华、洋船只互相碰撞为多。而碰撞纠纷的处理使中国船民感到不公平，因而产生不满；对外国商人来说，航运的不安全也使其感到不便，正所谓"在轮船以内地商船停泊河中不自躲避借词推诿，在内地商船以本在河岸停泊忽被碰伤，彼此狡执"。清政府官员和外国领事形成共识，要整顿海河行船秩序，确保来往于海河船只的行船安全，首要之措施即出台规范，以法律来规制，"俾免轮船碰撞之处，必须妥议章程，饬令内外商船一体遵照，方可行之久远"[1]。因此，同治三年（1864），总理衙门令总税务司会同相关部门妥议天津海河船只往来停泊章程。时三口通商大臣接到咨会后，即札饬天津县大沽总局委员会，会同英国大沽副领事官和津海关税务司妥议详细章程草案。次年，经崇厚与英国领事官"详细商酌删改"，议定《海河行船泊船章程》十条，札行天津地方官"遍行晓谕内地船只遵照"，并将章程翻译为英文，"以便刊板刷印散给外国船只遵照办

---

[1] 《崇厚为大沽海口内地商船与外轮时有碰伤应妥议章程事札》，1864 年 12 月 1 日，天津市档案馆编：《三口通商大臣致津海关税务司札文选编》，天津人民出版社，1992 年，第 173 页。

理，以期周知"。该章程规定了海河从天津至大沽口段内外船只如何通行、何时通行、如何收宿停泊、如何避让、因违章碰撞造成损失如何赔补等内容，① 这对于规范海河行船秩序、减少因船只碰撞造成的事故具有重要意义。这也是中国第一部近代化的行船防碰章程，对此后中国行船和防碰的制度建设具有示范性作用。不过，这只是天津海关制定的、适用于海河航道的地方性规章。

　　紧随其后，江海关道也拟订了长江航道的《行船防备碰撞条款》。长江流域通商口岸开放之后，长江及上海口内之黄浦江上，华、洋船碰撞案增多，且交涉复杂，"通商各口华、洋船只来往江面，每有磕碰沉损，彼此各执一词，争讼不休"。江海关道应宝时鉴于中国本土无现成之行船防碰规范可采用，乃就船只被碰之后如何应赔、如何不应赔诸事，照会美国驻沪总领事西华，希望其将美国行船防碰定例翻译送阅，以便晓谕出示中国人等，省其争讼案牍而费唇舌。西华特意拣选了美国行船定例中的重要几款，翻译成中文送请应宝时浏览查阅。② 应宝时乃参酌美国以及英、法等国的行船防碰法律，于同治七年（1868）拟定《行船防备碰撞条款》二十条，③ "会同各国领事定议照行"④。对此，时人给予了一定的肯定："较从前之全无把握，略胜一筹。"⑤ 但该章程在内容上存在重大纰漏，"系泰西各国之所通行，专指轮、篷两船而言，并无中国各项船只在内"⑥。另外，该章程"虽经江海关道会同各国领事定议照行，究未由总署照会各国公使会议通饬各口领事遵办，是以遇有碰船之案，援引前章，领事等似皆不允

---

① 同治四年，《崇厚为议定海河行船泊船章程请晓谕外国商船周知事札》，天津市档案馆编：《三口通商大臣致津海关税务司札文选编》，第 174—175 页。

② 《函述行船防备碰坏条约由》，1871 年 4 月 12 日，台北"中研院"近代史研究所档案馆藏总理各国事务衙门档案，档号：01-13-004-01-010。转自翁敏：《晚清华洋船碰纠纷研究》，第 65—66 页。

③ 《函述行船防备碰坏条约由》，1871 年 4 月 12 日，台北"中研院"近代史研究所档案馆藏总理各国事务衙门档案，档号：01-13-004-01-010。转自翁敏：《晚清华洋船碰纠纷研究》，第 65—66 页。

④ 徐宗亮等编：《通商约章类纂》卷 30《行船》，沈云龙主编：《近代中国史料丛刊续编》第 47 辑，第 3089 页。

⑤ 《咨复所议碰船章程并无中国船在内应饬该关道再与领事详议由》，1868 年 11 月 1 日，台北"中研院"近代史研究所档案馆藏总理各国事务衙门档案，档号：01-13-003-01-019。转自翁敏：《晚清华洋船碰纠纷研究》，第 66 页。

⑥ 蔡乃煌总纂：《约章分类辑要》，沈云龙主编：《近代中国史料丛刊三编》第 12 辑，第 3271 页。

遵行"，所以，最终该章程成为具文，"轮船、华船均未遵行"。①

　　鉴于江海关所议条款的缺陷，总理衙门转饬另行详议。同治十年（1871）十月间，东海关道龚照瑷因福建同安县金泰顺船被碰一案，拟定《内河船只防碰章程》，咨送总理衙门，随后总理衙门饬各口岸通行。但实际上该章程"属略而未备，各华船亦未能一体遵悉"②，外国轮船亦未遵行。③

　　由于清政府到同治年间都没有制订出完备有效的行船规范，在此背景下，西方各国纷纷把自己国家所施行的航海法律及惯例译送给清政府，意图将其船舶防碰章程与行船规则强加给清朝执行。如同治十三年（1874）三月十九日，美国驻华大使卫廉士（临时代办）将"泰西新拟行船运用传意之法"咨送总理衙门，希望中国轮船"得此旗谱，便在洋面与他船相遇有事商量，则可依法资用"。光绪元年（1875）三月，俄国总领事将俄国《航海船只预防碰撞章程》及《内河行驶船只管驾号令各条》抄送给天津海关，后来又续译海船防碰章程缮送中方。④光绪二年六月十八日，德国公使将其国行船免碰章程二十款并定罪、交易则例（共七百四十一款）译出，缮送总理衙门；同年十月，又将该国行船免碰新章稈五款译送总理衙门。⑤光绪六年，英国驻华公使威妥玛将英国新制定的航海船只设法免碰章程二十六款译送总理衙门。

　　各国之所以积极译送其国航海法律与惯例，一方面自是为了保障其本国商人和船只的安全，以维护其国家的商业利益，特别是轮船运输业扩张的利益；另一方面则是一种文化的扩张，希望将该国的法律和惯例向中国推广和传播。在客观上，这些法律与惯例对中国的行船制度与海难救助都产生了积极的作用。如，光绪元年（1875）俄国续译的海船防碰章程中，不仅介绍了俄国预防海洋行船碰撞的各项规范和措施，同时也介绍了船只

---

① 徐宗亮等编：《通商约章类纂》卷30《行船》，沈云龙主编：《近代中国史料丛刊续编》第47辑，第3089页。
② 蔡乃煌总纂：《约章分类辑要》，沈云龙主编：《近代中国史料丛刊三编》第12辑，第3271页。
③ 交通、铁道部交通史编纂委员会编：《交通史航政编》（三），交通、铁道部交通史编纂委员会，1931年，第1241页。
④ 蔡乃煌总纂：《约章分类辑要》，沈云龙主编：《近代中国史料丛刊三编》第12辑，第3220—3257页。
⑤ 徐宗亮等编：《通商约章类纂》卷30《行船》，沈云龙主编：《近代中国史料丛刊续编》第47辑，第3050—3087页。参见蔡乃煌总纂：《约章分类辑要》，沈云龙主编：《近代中国史料丛刊三编》第12辑，第3287—3289页。

遇难乞救所用之信号，分白昼信号与黑夜信号。^① 即使外国的这些防碰章程和海难救助方式并没有立刻在现实中推行，但这些章程的缮送、宣传、引用，不仅有利于开阔清朝统治阶级的思想和视野，也为清廷制订适合本国的行船防碰章程提供了范本和蓝本，为清朝海商法观念与国际接轨和海商法制的建设提供借鉴和参考，而且，在现实中也使中国船民知道、了解了西方的行船规范，在一定程度上自觉不自觉地实践，为中国轮船在江海航行提供指导。

但是，西方各国译送之章程，毕竟是按照西方的航运业发展情况而制定的，许多举措和规定并不适用于中国。如，这些章程大都是利于轮船，而不利于中国内河民船，如果中国内河民船因外国轮船碰撞而发生船难和损失，按照这些章程的规定，根本得不到任何赔偿。再如，清朝官员指出，德国译送的碰船章程，其"内所言应用号灯，恐华船难使遵照，应为另立专章"^②。其所送新章五条，"仍指大船相碰，势均力敌而言，不知华船之于轮船，其力较小，其行较缓，其质较薄，华船行遇轮船，虽云见有碰像，即应互让，终恐华船避让不及，易受轮船之害。且德公使所送新章第一第二两条均言相碰之后如何办理，不知华船一为轮船所碰，非沉即破，甚至淹毙多命，碰后理论已属无及"，而且德使译送之海洋行船章程，"轮船既到江面，本不能照海洋行驶之法，华船身小力单，亦难以尽照轮船退让防碰之法"。^③ 上述清政府官员的观点不能简单认定为保守或盲目排外，实际上，西方章程的不适之处早就被中国官员指出，如同治十年（1871）东海关所拟行船防碰章程，镇江关道就禀明江海关碍难照行，其中原因之一即为"东海关所拟悬灯放炮各节，似难使江面大小船只云集之所一一俱备"^④。

既然不能照搬西方之相关规定，那么制订中国本土的行船章程就势在必行了。光绪二年（1876），在接受德国两次译送的行船章程等法律规范

---

① 蔡乃煌总纂：《约章分类辑要》，沈云龙主编：《近代中国史料丛刊三编》第12辑，第3256—3257页。

② 蔡乃煌总纂：《约章分类辑要》，沈云龙主编：《近代中国史料丛刊三编》第12辑，第3271页。

③ 《九江关议内地船只防备轮船碰撞章程》，蔡乃煌总纂：《约章分类辑要》，沈云龙主编：《近代中国史料丛刊三编》第12辑，第3291—3292页。

④ 《据镇江关道禀东海关道所拟行船避碰章程江海碍难照行可否仍照江海关与西总领事所拟各条随时酌办由》，1872年6月9日，台北"中研院"近代史研究所档案馆藏总理各国事务衙门档案，档号：01-13-014-01-005。转自翁敏：《晚清华洋船碰纠纷研究》，第66页。

后，总理衙门即抄送南、北洋，希望其转饬各关道，妥定章程，札曰"所有中国各项商船以及巡渔各艇应如何防备轮船碰撞，先事预筹，遍行晓谕，倘有碰撞，或船或货或人，均应作何办理，即希转饬各关道悉心妥议，参酌中外情形，拟定章程"，报知总理衙门，再由其与各国公使定议。①

在接到总理衙门之咨文后，九江海关认真参酌德国及其他西方国家所递送之行船章程，并兼采前述中国海关所定各章程之长，于光绪二年（1876）拟定了《内地船只防备轮船碰撞章程》（也称《江船防碰章程》）。该章程共八条，其内容包括华、洋船在内河和沿海口岸航行应遵守的灯光信号、航线航道的规定、船只相遇情形的应对规定等。另外，该章程首次规定了内河中国船遇风浪或撞击处于危险境地之时，轮船作为强势一方具有更多的注意义务，以及发生船难之后具有救助的义务和责任，"设中国船遇风强水溜，人力难施，横斜碰来，轮船远见似有碰像，即早为停轮，竭力相救，始免疏失，内地船主应酌量酬谢。轮船水手人等如轮船不停轮，又不相救，所失人、船、货物均应轮船"分别照数赔偿，"如停轮仅不相救，轮船酌量议罚。如已停轮又竭力救护，复被沉没，各安天命，即与轮船无干"。②根据该法条，中国内河船只因遇人力难以控制的恶劣天气和水况碰撞轮船，轮船应停轮施救，但这种救助是有偿的，事后轮船可以向被救船主要求酬谢。但如果轮船与华船碰撞而逃逸，不予救助，则必须承担赔偿事故中人命、船货等损失。如果轮船停轮但并不施救，也要承担不利法律责任，受到惩罚。然如果轮船停轮又竭力救助，但最终并没有成功，则双方各安天命，互不追究关系，也就是说轮船不用受罚和赔偿，但也不得向被救船主要求报酬，隐含无效果则无报酬的原则。

九江关将所议章程呈送南洋大臣，南洋大臣又将九江关所议章程批示属下各关道，俟各关复到再行酌核汇咨。但各关"因实有难于拟议之处"而"久未议复"。南洋大臣认为该章程"简明妥协，轮船、华船俱易遵从"，将其咨送总理衙门，并建议咨行各国公使同意，"倘各公使悉允通行，似可为长江及沿海通商口内轮船所以水道之专章"。③但各国公使是否同意

---

① 蔡乃煌总纂：《约章分类辑要》，沈云龙主编：《近代中国史料丛刊三编》第12辑，第3272页。

② 《九江关议内地船只防备轮船碰撞章程》，蔡乃煌总纂：《约章分类辑要》，沈云龙主编：《近代中国史料丛刊三编》第12辑，第3295—3296页。或见交通、铁道部交通史编纂委员会编：《交通史航政编》（三），第1241—1243页。

③ 《九江关议内地船只防备轮船碰撞章程》，蔡乃煌总纂：《约章分类辑要》，沈云龙主编：《近代中国史料丛刊三编》第12辑，第3289—3296页。

及总署最终是否将该章程颁行，笔者目前尚未见到有相关资料，因此推测该章程只是在长江水域适用，并未得以在全国通行。①

光绪三年（1877）十一月，宁波港河道"因轮船船身过大，驶行甚速，内河船只不及趋避，致有磕碰之虞，甚至酿成人命，自宜防患未然"。浙江宁绍台道与英国领事公同酌议"以镇海至江北岸往来江面，东西两边为民船停泊往来之路，中间三分之一留为轮船往来"，出示晓谕。②

上述内河行船章程，都是中国江海各口所拟定，其实施确实有利于规范行船秩序，也有利于减少船只的失事，特别是船碰事故。这些章程是我国历史上第一批调整船舶侵权行为的专项法律。在这些章程制定过程中，处于弱势的中国受到了来自列强的压力，但清政府仍在一定程度上坚持维护我国船舶航行安全管理的立法权和船舶侵权案件的司法管辖权，特别是根据中国民船处于弱势的现实，坚持在章程中保护中国民船，不仅在一定程度上维护了中国民船的利益和安全，而且为以后建立我国自己的船舶防碰法规奠定了基础。这些内河行船防碰章程标志着我国航运与船舶侵权行为方面的法律开始从传统的律典中分离出来。③

但是，这些章程或是一地之规范，效力一般仅限于地方上，这使全国的行船规则并不规范划一，即使有些章程经总理衙门饬令通行全国，终究不是经立法程序所订之法律，在权威性和效力上要打折扣，何况有些规定具有地方特点，在其他地方可能不太适用。如针对同治十年（1871）东海关所拟行船防碰章程，镇江关道就明确禀明江海关碍难照行。另外，这些章程大多只是粗略地划分了内河船舶碰撞的责任界限，而没有解决碰撞法

---

① 关于九江关所议行船免碰章程，现在所引主要史料俱为蔡乃煌《约章分类辑要》所载《九江关议内地船只防备轮船碰撞章程》。就该章程是否得以实施，学界存在争议。翁敏、邓瑞平、朱思斯认为得以实施，但并没有说明理由，如果从上述材料来看，显然是对该材料的误读。叶士东认为"似并未得以实施"。笔者以为该章程只是未得以在全国推广，而是一个地方性立法，不是全国性法律规范，原因既有如文中所述，再有一个反证：光绪五年（1879），光绪帝就又批准了《内港江河行船免碰及救护赔偿审断专章》。如果前述九江关所议章程得以在全国实施，清廷完全没有必要如此密集立法。见邓瑞平：《船舶侵权行为法基础理论问题研究》，法律出版社，1999年，第82页；翁敏：《晚清华洋船碰纠纷研究》，第67页；朱思斯：《船难救助与纷争——对中国水域的西籍船难事件的考察（1872—1879）》，华东师范大学硕士学位论文，2008年，第32页；叶士东：《晚清交通立法研究》，第99页。

② 《浙江宁绍台道瑞告示》，宁波市档案馆编：《〈申报〉宁波史料集》（一），宁波出版社，2013年，第189页。

③ 邓瑞平：《船舶侵权行为法基础理论问题研究》，第82页。

律关系的其他问题，如碰撞损害赔偿范围、计算方法等。在中国内河外籍船只日多、船碰事故日繁的情况下，制定一部全国统一适用的行船规范和船碰处理章程就势在必行了。

二、《内港江河行船免碰及救护赔偿审断专章》的制订与主要内容

光绪五年十一月二十七日（1880 年 1 月 7 日），总理衙门奏议，经光绪帝批准，清廷颁布了《内港江河行船免碰及救护赔偿审断专章》。该章程共三十九款，下分行船章程、停船章程、救护章程、赔偿章程、审断章程五部分，主要内容概述如下。

1. 行船章程（十二款）

包括号灯的规定，两船对驶相遇的避让规定，先后行驶的避让规定，雾雪黑暗转弯等特殊情形下行船之规定，内河人力船与轮船、帆船对遇时避让之规定。依据章程，内河各色船只，不管华洋行海轮船还是中国篷船、人力小船，都须配备号灯，并在夜间航行、行船避让时点亮号灯以为提示。章程考虑到船只之不同，规定配备之号灯也有差别。华洋行海轮船、夹板船，均照英美德诸国通行免碰新章，配置各色玻璃灯、响器。中国篷船在内港江河行驶，允许配备白色玻璃灯，其穷苦小船无力购备者，允准以常用白纸灯笼及别项有亮光、有响声之物代替。两船相遇时，一般均推舵向左，靠右边水道行驶。又规定行船应让停船，后船应让前船，快船应让缓船，轻船应让重船，小船应让大船，顺风船应让逆风船，顺水船应让逆水船；遇特殊水况或恶劣天气，各船应谨慎行驶，轮船应保持更多的注意义务等。

2. 停船章程（六款）

包括泊船之规定（泊船之时头、尾均须下锚或系妥，转弯、江心、水面狭窄之处、深水行船往来之处不准停泊，河身切近河湾、轮船转弯、船头可射及之处不准停泊，水面宽阔之处泊船时船头向岸船尾在外者应持悬灯于船尾警示，水面狭窄之处只准一船将船身傍岸暂停，不准数船排泊，停船必须让出别船往来水路，以不梗阻碰撞为原则），停船夜间挂号灯警示之规定，渔船张网捕鱼停泊守候之规定（其船不准横亘水中，须择近岸水浅之处暂泊，并挂灯为号，或吹响为号）。

3. 救护章程（五款）

主要有碰撞当事船只救助义务及程序之规定、中国人力船因轮船激起的波浪而沉没的救助责任规定、第三方小船捞救船难货物的处理规定等。

4. 赔偿章程（六款）

包括归责原则的规定（确立过错责任原则，两船相碰，由有错一船赔补，如两船均有错，彼此无庸赔补），赔补标准（两船相碰，由过错船船东将所损船货估价赔偿，碰船致伤者，每名给恤银五十两，致伤殒命或致毙人命，给恤银一百两），连环碰船的规定（由最初有错船只赔还损失），赔偿责任者的规定。

5. 审断章程（十款）

有赔偿核准之规定（由官府查核，由有错者赔偿，断赔船货由官府核实确查数目为准，特殊情形可减免赔偿），中国人力船特殊之规定（偏僻处所贫愚乡民，驾驶小船，未悉中外行船免碰定章，或无力置备号灯响器，致被碰撞失事者，事告至官，应即秉公审断，原情断给赔偿抚恤，不得以违章置不准理），此外还有救助报酬奖赏给予、碰船审理机构之规定。

《内港江河行船免碰及救护赔偿审断专章》是中国历史上第一部由中央政府制订公布的行船法规，也是晚清时期内河最完备的船舶防碰章程，其制订和颁布实施对于规范中国领水内之航运秩序具有重要意义，有利于从源头上防范船难事故的发生，而专章中关于救护的内容，第一次明确了船舶侵权行为发生后的处置程序、救护责任等，也为船难事故的事后诉讼提供了法律依据。

此后，随着国际上内河行船防碰规则的发展变化以及中国本土的特殊情况，清政府对内河行船章程也有一定的修补。光绪五年（1879），英国制订新的船只防碰章程二十六款，次年，英国驻华公使威妥玛将其译送总理衙门，询问中国是否愿行照办。总理衙门咨行相关官员之后，认为英国新定外海行船防碰章程中国可照行，但内河之规定不能照办，不过仍援引英国章程第二十五款的各港口内地船只行驶章程须由各国自设的规定，对光绪五年颁布的《内港江河行船免碰及救护赔偿审断专章》进行了些许修补。①

光绪二十三年（1897），清廷接受各国公议制订的《航海避碰章程》的部分内容。但该章程第三十条规定：“各国港口内河等处自定另章。各国港口内河等处如经本国另定有行船章程，自不能为航海公法所拘，各国港道、内河、内海形势各异，故多有自定另章，与航海公法不无异同，如本国定有另章，当即刊刻通报各国，俾各国船只到该地方时知所遵行。”② 所

---

① 翁敏：《晚清华洋船碰纠纷研究》，第 68—69 页。

② 交通、铁道部交通史编纂委员会编：《交通史航政编》（五），第 2410 页。

以，清政府之前所制订之《内港江河行船免碰及救护赔偿审断专章》等法律规范，也仍然可继续使用，而且，此后仍有地方政府因地制宜修订本地行船防碰章程。

宣统元年（1909），川鄂两督以"川江滩险流急，与各处内河情形迥不相同，为免除行船冲突，计不能不有特设之规定"，因而会订《川江轮行免碰民船章程》十条，咨请邮传部立案通行。该章程依据川江特殊地理，对处于弱势之民船颇有照顾，这引起了轮船公司不满。章程颁行之始，川江行轮公司认为不便，颇持异议，之后，"操帆船业者对于轮船群起反对"，公司深恐激成暴动，"乃遵照履行"。同时，川鄂两督又将会订之《川江行轮赔偿章程》八条并案颁行。①

三、海洋行船防碰章程的制订

与修订众多的内河行船防碰章程不同的是，直到光绪二十三年（1897）之前，清政府一直都没有修订近海行船防碰章程，遇有事故，只是采用国际上通行的规则处理。

光绪十五年（1889）美国在华盛顿召集航海公会，邀请二十余国一同商讨制订海上避碰规则。清政府派遣工巡司理船厅美人毕士璧、出洋肄业水师学生千总陈恩焘、生员贾凝禧赴会。与会各国议定《航海避碰章程》三十一条，后来航海公会又"增议允行十四节，附入第一款，名曰补遗"②。该章程内容十分广泛，规定了行船的各种信号，有轮船浮运时应用号灯、轮船拖带他船而行者应用号灯、船只因故障停船检修应用号灯、引水船应用号灯等；规定了行船相遇时的进退避让，包括超船之进退避让之法、停船下锚之标示、阴霭雾雪大风雨天气行船之雾号、两船相遇时的避让之法等；还规定了船只遇险信号、船碰发生之后的救助等。

不过，该章程并非国际公约，而是向各国提出的建议性条款，不具有国际约束力，需要各国通过立法将其颁布为国内法，才能生效执行。会后，美国公使照会清朝总理各国事务衙门，因考虑到其中部分条款，如第八条引水轮悬灯及第九条渔船应用灯号并不适合中国情形，光绪二十二年，经过认真、慎重考虑，总理衙门在答复美国照会时，允诺先将洋式兵船、商船两类照章遵行，并分咨南、北洋大臣查照转行办理。清朝从光绪二十三年（1897）六月初二日起实行该章程，该章程明确："凡船在大洋

---

① 交通、铁道部交通史编纂委员会编：《交通史航政编》（三），第1250—1252页。

② 交通、铁道部交通史编纂委员会编：《交通史航政编》（五），第2411页。

及近海各道为出海船可以行驶之处，皆应遵守。凡轮船驶帆而不展轮者，均作帆船论。凡船既展轮，则不论驶帆与否，均作轮船论。轮船二字，指凡船用机器行者而言。"这实际上是规范了章程的适用范围和对象。按此规定，中国内河、海上之洋式兵、商各船，须按照该章程之规范行驶，如有碰撞事出，自唯违章者是问。①

到光绪三十一年（1905）九月，清政府又对《航海避碰章程》第八条、第九条的内容进行了修订，制订了引水轮悬灯及渔船应用灯号新章，并由外务部"札行总税务司赫德查酌申覆"②。次年二月，总税务司申覆外务部，称"免碰章程第八款引水轮船悬挂之灯早经照办。其第九款渔船所用灯号碍难举行。缘此章办法甚为详细，小民不易奉行，刊印告示固属易事，令各渔户知悉即已不易，而令其一同遵守尤属难行。若允照办，则不在沿海逐段派人巡查，即难免彼等不视为具文，且购备各项灯号，不但费其资财，而如何遵奉行用，亦甚不易谙练。因有此初一着手之种种难题，故该章第九款似应从缓允办，倘此时一律照允，而日后未能奉行，致有碰撞之事，则外人以为我既允行，自系明晓章程能行，遵守之人势必照律办理，毫无宽假，非徒无益，反有损碍。是此款更宜暂行缓办为是"，并建议外务部将此情形照会英使。③

《航海避碰章程》是中国历史上第一部由中央政府颁布的海洋航行防碰法律。其制订、修订和中外交涉的过程，反映出清朝官员对于西方法律知识的熟练运用，以及清政府在海洋事务涉外事项中的谨慎、认真和负责任的态度。

在条约制度下，海难救助成为国家主权之行为。清政府在涉外船难救助中，也自觉不自觉地以主权国家姿态来对待处理，在立场和态度上发生了重大转变。由于行船规则的缺乏成为中国近代中西船只碰撞事故频发的重要原因，清政府首先加强了行船防碰章程的制订，这是近代海难预防制度上的重大进步。至于海难救助核心制度，尤其是中国沿海地区海难救助制度的构建，将在以下章节中专门考察。

---

① 交通、铁道部交通史编纂委员会编：《交通史航政编》（五），第 2397 页。
② 交通、铁道部交通史编纂委员会编：《交通史航政编》（五），第 2412 页。
③ 交通、铁道部交通史编纂委员会编：《交通史航政编》（五），第 2415—2416 页。

第八章　晚清海难救助制度的
转型与重构（二）

把晚清海难救助制度的转型与重构当作一个专门对象来研究，我们应当特别重视的是它的特殊方面，即它与清代前期同类制度相比表现出的差别。从研究的程序上，我们须从晚清海难救助制度变化的表象讲起，先考察相关法律规范的制订，再论及制度的实质变化，即考察海难救助制度在内容与措施上的变化。

第一节　海难救助章程的制订

一、近海船难救助章程的制订

与内河行船防碰章程最先由地方官府制订如出一辙，晚清近海船难救助章程也是始于地方官府。最先制订海难救助章程的是上海道台（苏松太道）丁日昌。丁日昌于同治三年（1864）五月至四年八月任上海道台，到任之后，因虑"沿海一带地方，中外船只遭风搁浅事所常有"，乃通饬各属妥议救助章程，后综合各厅、县禀复之议，妥设定章，分颁属境，晓谕一体遵行。[①]章程主要内容如下：第一，所有沿海乡村，以十里为一段，每段设约政、约副二人；第二，无论内陆还是沿海，船只遭风搁浅漂至境内，立即设法救援，一面报知地方官亲来勘验，将船货点交原主，并酌量赏给救助之人；第三，倘船货全经在海漂失，仅剩难民，即护送至上海道辕门，酌给川资，令其回籍，毋使流落失所。为了保证章程措施的落实，示谕特意强调："为此示，仰该处居民各悉：此后如遇遭风搁浅船只，务当遵照告示办理。如仍有乘机抢劫，立即严拿追究。倘地方厅县及营汛隐匿不报，失于觉察，或讳称无主飘流，希图卸责，一经事主控告，或经外国领事照会，定即严参不贷。"[②]

该章程在海难救助措施上有一个重大变化，即把沿海居民作为海难救

---

① 赵春晨编：《丁日昌集》（上），第302页。

② 赵春晨编：《丁日昌集》（上），第302页。

助的重要责任主体。这说明丁日昌已然意识到，在航海活动频繁、海难事故增多的现实之下，仅靠沿海地方官府和营汛官兵实行救护，力所难及。同时，章程还规定了从约长、约副救援、报告，到地方官亲验，及上海道台衙门遣返这一套完整的程序，使海难救助有了稳定的实施模式和规范，这也是中国海难救助制度的一大发展。而且，该章程还明确要求官员从救起之船货中酌量赏给救助人，这实际上是认可了海难施救方可以获取报酬的权利。在中国法制史上，这是第一次。不过该章程仅适用于上海地区，且丁日昌在任时间很短，该救助章程的实践效果可能有限。

广东是另一个较早制订专门海难救助章程的省份。同治九年（1870），"督臣瑞麟会同臣兆栋饬行善后总局司道核议中外船只遭风遇险救护章程，通饬各属遵照"，只是其具体内容不详，大体是令沿海分设公局，绅耆任其事，责成救助，每救一人赏银三十圆。据后继之总督刘坤一所述，该章程效果还不错，"数年以来，救护中国船只及美、英各国洋船多次，中外民人因救护生者，亦不下数百人，办理颇有成效"①。然该章程也仅广东一地适用。

晚清第一个由中央政府颁布、全国适用的专门性海难救助法规，乃是光绪二年（1876）由福建省制订、总理衙门颁示推行的《救护中外船只遇险章程》。

1. 福建省《救护中外船只遇险章程》的制订

光绪元年（1875），丁日昌授福建巡抚，兼督船政。②到任后，因福建沿海凶险，船只失事较他处为多，且事故发生后常遭沿海渔民乘危抢夺，乃有心仿照任上海道时颁布的"救护中外船只遭风搁浅章程"，制订专章，加强救助，禁止抢夺。③为了取得朝廷支持，丁日昌在奏折中认真阐述了制订该章程的动机："闽省洋面，袤长千有余里，上连浙省，下达粤东，中外商船往来络绎，而海坛、南澳二镇所辖各洋，巨涛汹涌，暗石嶙峋，较他处尤为危险，偶值船只遭风，或驾驶失慎，触之辄糜。沿海渔民知利而不知法，每见中外遭险之船，任其迫切呼援，非惟坐视不救，抑且纷纷驾坐小舟，乘危捞抢，致失事者厄于天又困于人，玩法者图其财并害其命，睹之惨目，闻之伤心。臣等检查档案，商船遭险被抢者，几无虚岁。

---

① （清）刘坤一撰，陈代湘、何超凡等校点：《刘坤一奏疏》（第1册），岳麓书社，2013年，第443—444页。

② 赵尔巽等撰：《清史稿》，第3208页。

③ 赵春晨编：《丁日昌集》（下），第820页。

伏思海上经营，历数万里之重洋，挟数十年之铢积，财命攸关，不幸遇险遭风，在中国商民固宜仰副圣慈保赤之怀，视同己溺，即各国洋船，亦当曲体朝廷柔远之意，拯其倾危。矧迩来沿海愚民愈无顾忌，前有宁波商人王太峰木船遭风搁浅，被沿海渔民肆抢一空，又有德国'安纳'船一案，船主、大伙均被杀害，货物亦被海滨渔人乘机肆抢，虽经获犯追赃，认真办理，然与其惩创于事后而多费周章，何如杜患于事前而免滋轇轕？"①

可见，丁日昌力主制订海难救护章程，一是出于对难民的怜悯同情，一是为了减少中外纠纷。而宁波王太峰商船遭风被抢、德国"安纳"号船被抢两案是促使福建海难救助章程出台的直接诱因。前一事件尚未发现具体史料记载，事情经过不能知晓。下面主要来看"安纳"号案件的前因后果。

光绪元年（1875）秋，德国"安纳"号夹板船在厦门装运糖货，欲赴天津，洋人船主雇佣无行家担保的中国水手杨细细等，于八月十二日出洋。杨细细等人因屡被洋人虐打，合谋杀死了德国船主及德国大伙两人，丢尸下海，又搬取部分糖货，驾别船而逃。"安纳"号乃于海上随风漂流，漂至福建西洋山洋面，触礁毁坏，船上货物沉散。当地百姓见船为无主之船，船货为无主之货，所以纷纷捡取。德国福州代理领事戴兰那向福建通商局发出照会，但福建官员办理拖沓迟疑，历经"四五月之外，尚无十分头绪"，杀死船主之犯未严办，承缉之官未照例处分，赃物亦未十分认真搜缴。这招致德国的强烈不满，德国公使"借词要挟"。光绪二年三月二十一日，德国福州领事会晤福建巡抚丁日昌，谓此案"杀毙洋人二命、弃尸吞货以及拆毁船只，情节较之云南马加里案为尤大，延宕至今，伊国家极不甘愿"，提出办凶、参官、追赃三事，并定以四月初七为期，威胁说如在期内办不妥，即归德国"自办"。丁日昌一方面据理力争，一方面也认识到"必先中国能守约，而后可责外国之共守"，现在"是中国先未能按照条约办理"，不能令外人心服，乃谕令福州通商局，赶紧移请大员前往督办。又委道史陈维汉等周历各洋，督率营县追缉，将杨细细、翁正梅、杨起信等凶犯拿获。丁日昌亲提研鞫，审明案情后，依律对案中各犯予以惩处，并将失于防护、办理迟延之官员及失察之文武官员或奏参革职，或给予记过等处分。至于追赃一事，德国方面认定船货损失共三万八千余元，但福建官府仅追出赃银一万三千八百八十元。对于未追回之赃银，德国要求福建地方官赔偿。丁日昌自是不肯，言中德

① 赵春晨编：《丁日昌集》（上），第115页。

条约规定德国船只在中国洋面被洋盗打劫，地方官即应设法查拿，照例治罪，所劫赃物无论在何处搜获，均缴送领事官转给事主收领，倘承缉官不能获盗或不能全起赃物，照中国例处分，但不能赔偿赃物，故他力持中国只能办犯追赃，不能议赔。德国方面借此恫吓，更向中国提出众多无理要求，如租界免厘、河湖开港等，又以武力要挟，"专派大兵船四号前来"，驻扎烟台，联络英、俄、美各国助其声势。当时清政府与英国正就马嘉理案进行交涉，值此"各国同时并举"之特殊时期，总理衙门为少树外敌，乃示谕曰："早了此案，即可少树一敌。"接到命令的丁日昌即饬福建通商局筹款先为垫给，最后筹银二万二千六百零四元交给德方，此案方才了结。为表明中方"能追不能赔"的立场，丁日昌坚持在文书内写明，此银钱"作为尽力追起原赃、估价缴还之款，并声明案因杀毙洋人二命，是以格外认真追赃。其某户追赃若干、估价若干，亦另开清单"，使德、英、俄、美等国想借此案使中国接受"改追为赔，立为定章"的企图落了空。①

此案交涉之艰难和屈辱使丁日昌认识到"与其惩创于事后而多费周章，何如杜患于事前而免滋轇輵"②，因此，光绪二年（1876）闰五月，"安纳"号事件尚在交涉办理时，丁日昌经奏准，就制订了《救护中外船只遇险章程》，颁布施行。该章程共五条，包括"定地段以专责成""明赏罚以免推诿""定酬劳以资鼓励""广晓谕以资劝戒"等。之后，丁日昌又将章程五条底稿抄送给总理衙门。总理衙门认为"各省沿海地方中外船只遭风遇险事所常有，该处居民人等认真保护者有之，乘机抢夺者亦有之，该抚臣所定救护章程五条，不独福建一省当即照行，即沿海各省亦应和律查照办理，庶中外船只往来洋面，可免抢夺之虞，而海滨人民皆知劝戒"，乃"抄录该抚臣所定章程五条，恭呈御览，请旨饬下南、北洋大臣及各省将军督抚晓谕所属沿海地方文武官员人等一体实力遵行，以期相安无事"，五月初四日得到皇帝允准。③朝廷遂饬下"南、北洋大臣及各省将军督抚晓谕所属沿海地方，通行办理"④。如此一来，福建省制订的地方海难救助

① 关于中德双方就"安纳"号船只交涉的具体细节及中方办理详情，见赵春晨编：《丁日昌集》（上），第818—823；（下），第935—937页。
② 丁日昌：《救护洋险船只章程疏》，赵春晨编：《丁日昌集》（上），第115页。
③ 《总署奏德国船主在闽洋被戕案业已办结请饬各省照章保护中外船只片》，王彦威、王亮编：《清季外交史料》卷6，沈云龙主编：《近代中国史料丛刊三编》第2辑，第111页。
④ 《清德宗实录》卷31，光绪二年五月上，第449页。

章程，遂成为沿海各省都适用的国家法律规范。[1]

救护章程颁行后，被积极推广施行。以福建省为例，丁日昌在筹议妥救护章程之后，特发谕示，晓谕兵民护救中外船只："此后凡遇中外船遭风搁浅、一切危险之事，务必查照后开章程，极力拯救，本部院自当格外奖赏；倘或阳奉阴违，以及乘机抢夺，一经查出，定即分别照例严办，决不姑宽。其地方碛县以及营汛等官，若不认真遵行，亦即一体按律参究。尔等须知中外原属一家，四海皆同兄弟，但能尽一分扶危拯急之心，即受一分裕后光前之福。米津可渡，自新者请听指南；法网难逃，不悛者终须投北。凛之、凛之，切切！特示。"[2]该示谕以刑威之，以利诱之，以情动之，总之就是希望人们能认真遵守章程。但正如丁日昌自己所说，"言非难，行之为难"。为了督促各地认真执行章程的规定，丁日昌又分派人员亲历各处地方，按段查勘有无张贴告示、地方官有无努力劝谕百姓。

在告示之外，一些地方还竖立石碑，将章程主要内容铭刻其上，置于当地进出港口要地，以使民众周知。如福建霞浦县就曾立有该类碑石。霞浦县三沙港是该县进行航海活动的主要港口，又是福建省海防重镇，设立有福宁总镇行署。东澳又是三沙港出入门户，现东澳天后宫门外竖立有许多清代碑刻，其中有光绪年间的海难救护章程碑，该碑为福建巡抚、闽浙提督、福建海关三衙门联合告示，所刻内容即为福建省颁行的《救护中外船只遇险章程》。[3]至于该碑的立碑时间，因文中"光绪二"以下缺损，所以确切年份暂不可确定，不过，应当是丁日昌颁示救护章程的光绪二年（1876）。碑文大力宣扬海难救助的重要意义，详细规定遇险船只的求救信号，海难事故的营救程序以及营救组织、责任范围，奖赏与处罚，包括对外国遇险船只的救助及对获救外籍船员的安置等，并提出"中外原属一家"，"中外船只遭风搁浅"，"就近人民，亟宜视同己饥、己溺，尽救灾拯厄之心"，对于获救的外籍船员应"先行给以衣食，就近交地方官、领事官安置"，体现出中华民族的国际人道主义精神。这类石碑国内目前尚属罕见，为研究我国历史上关于海难救助和国际海事的处置规程，提供了十

---

[1] "闽省拟行保护中外船只遇险章程，请饬各省一体遵行，业经照准矣。"《清德宗实录》卷32，光绪二年五月下，第467页。

[2] 赵春晨编：《丁日昌集》（上），第824页。

[3] 李继昌：《三沙东澳天后宫清代碑刻群》，孔庆荣等编：《霞浦文史资料》第27辑《霞浦文物》，政协福建省霞浦县委员会，2010年，第94页。

分珍贵的史料。①

中国台湾地区为中西交通之要道，但海况不好，近海航路甚是危险，"同治末年，外船屡屡失事，加上有国际滋扰"，福建巡抚丁日昌在颁行救护章程之后，对"台湾近海失事尤频察之……尤于台湾令其严遵"。②

台湾官府对于省里颁布的救护章程之推行分外用心。光绪二年（1876）七月，在接到福建巡抚衙门推行救护章程示谕后，澎湖通判唐世永即积极办理，据其详报称："澎湖孤悬海岛，在汪洋大海之中，列岛三十六，有居民者十九。岛分为七十余社。各岛屿犬牙丛错，沙浅礁多，山后北碗尤称天险，每年冬、春，北风盛发，狂飔非常，往来船只常遭风击破。虽西屿有灯塔为行船标准，而狂风骇浪澎湃之中，亦属人力难施。沿海乡愚，捞抢遭风船物，习惯成性，视为故常。迭经出示严禁，三令五申，但积习已久，难免仍蹈故辙。兹蒙台宪筹议救护章程，明定赏罚，奏明通饬一律办理。遵照挽颓风，使海滨乡愚，咸知儆惕，相安于无事，实为地方之幸。遵即移营会勘，将奉到告示照抄多张，按乡实贴各澳海口，俱用木板糊挂。以后遇有中外遭风船只，即照章程竭力救护。并谕饬各澳耆甲，就每乡内选举地甲一人，各屿保举头目一名，专司救护。容俟赶催举齐点验会勘，分清地段，绘图注说，造册通送外，合将遵办缘由，先行详报。"③

推广该救护章程还成为清政府在台湾"开山抚番"的重要举措。近代以前，清政府一直推行"消极治台"政策，究其原因，主要在于清政府控制台湾并不是为了开疆拓土，而是为了给东南沿海找个屏障，只要确保台湾被自己控制就可以了，对开发台湾没有多大兴趣，相反，台湾的人口、资源反而越少越好，因为台湾岛势力增强，一方面将极大增加统治成本，另一方面台湾也有割据自立的风险。所以，清代前期，清政府在台湾落实统治的地区主要限于台湾西部平原，台湾中央山脉以东为未汉化少数民族聚居之地，俗称"后山"④。这些地区，政府严禁汉人进入，以免生事。这样，台

---

① 李继昌：《三沙东澳天后宫清代碑刻群》，孔庆荣等编：《霞浦文史资料》第27辑《霞浦文物》，第94页。

② ［日］伊能嘉矩：《台湾文化志》（中卷），第490页。

③ 《光绪甲午新修台湾澎湖志》卷5《武备》，《中国地方志集成·台湾府县志辑》（5），上海书店出版社，1999年，第357页。

④ 清人在台湾的开发，直至清末仍停留在中央山脉以西的沿海及丘陵。而在中央山脉以东，仍为各少数民族聚居之地，俗称"后山"。见中华妈祖文化交流协会等编：《妈祖文献史料汇编》（第1辑），中国档案出版社，2007年，第191页。

湾少数民族被列为"化外之民"，他们的生存之地被视为"化外之地"，有别于清政府建章立制的"教化之区"，因此，近代西方列强歪曲事实，厚颜无耻地视其为"无主空间"，①以满足他们侵吞的野心。近代中国长期的边疆危机中，台湾一直是西方列强角逐的猎物，而台湾地区尤其是"后山"多发的抢夺失事船只财物事件往往成为他们挑起事端、侵略台湾的借口。

"后山"等地民风未开，抢夺遇难船只财物之风甚于中国其他地方。失事船只漂抵其界，难民常常遇当地少数民族杀害，西方列强往往以本国难船难民受到抢夺提出交涉，甚至武力相向，此尤以日本为害最巨。"同治十年（1871）十一月，琉球之宫古岛与八重山岛民，各乘船二只，为年贡进纳赴那霸归途，遭风暴，宫古岛之船一只，漂抵台湾东部八瑶湾（泰庆里），就中陷海溺没者三名，生存者六十六名，迷路入牡丹番社，五十四名被屠戮，十二名幸免而为住琅𤩝（即恒春）之汉民救助；八重山岛之船一只，于台湾西部近海，乘员四十六名悉为民船救助登岸，均受清官宪之保护得以归国。……于是关于生番之处分，惹起两国交涉，终于同治十三年（明治七年）引起日本之台湾番地侵犯。"②

自此之后，清廷意识到加强控制台湾的必要性，对台湾的治理转为积极。同治十三年（1874），清廷命船政大臣沈葆桢入台处理"牡丹社"事件，并办理防务。朝廷一方面废除渡台禁令，鼓励闽粤民众来台开垦，加强"后山"地区的防御和开拓，推行"开山抚番"之政策，设立招垦局，以镇台总兵兼任统领后山中、南、北三路诸军办理开垦抚番事务，以加速台湾东部地区的开发。③另一方面，清廷和台湾地方官员又着手实行对当地少数民族的教化。光绪五年（1879）五月，吴光亮任后山卑南厅驻军统领兼办抚番事务，为推广教化，使该厅平地"生番"知人情而通物理，制定了"化番俚言"三十二条，其内容包括阐明设置抚垦局之目的、首训头目、改社为庄、管教社众遵法守纪、穿衣着裤、维持社会治安、移风易俗、发展农耕、撙节食用、建立庙祀等，而海难救助也列于其中："遭风船只，亟宜救护。查台湾孤悬海外，风浪最为猛烈，中外商船过其地者，常有打破之虞。尔等如遇船只遭风漂流到境，如船已破坏沉水尚有生人喊救者，则先驾艇捞救生人上岸，负回家中，予之饮食，妥为款待，一面飞

---

① 李智君：《无远弗届与生番地界——清代台湾外国漂流民的政府救助与外洋国土理念的转变》，《海交史研究》2017 年第 2 辑。

② ［日］伊能嘉矩：《台湾文化志》（中卷），第 477 页。

③ 中华妈祖文化交流协会等编：《妈祖文献史料汇编》（第 1 辑），第 191 页。

报就近防营，将此难民交官照料。不准捞取船上货物。如系失事船主客商雇请尔等打探船上货物，尔等既受人所雇，必须尽心竭力，逐件捞起，点交船主客商查收，毋得偷窃分毫，顾全他人血本。如若船沉人没，即当报知防营，听候官长辨理，亦不可匿报，擅行打捞船上货物，致干重咎。如敢乘机捞抢以及杀害难民，一经查获，就地斩首，悬竿示众，并将该社头目、通事革除，严加惩治，以儆效尤。"① 为使社众晓谕恪守，官府将"化番俚言"刊刷成本，颁发各社，便于当地少数民族观览，还要求他们"时常诵读，默记于心"，又令通事以"番语"讲解，并令恒春、埔里两县厅"番学"采用作教学内容，"令蒙师于授学之余，讲解而指示之"。② 救护章程不仅成为教化当地少数民族之内容，还成为中央加强台湾管理、维护国家领土主权的重要手段。

只是吴光亮在任时所办"番学"运作两年后，终因教育方法不得宜，学童日渐荒怠，教师亦不忠于职务，至光绪十年（1884），此种"番学"殆已有名无实矣。③ 因此，该举措对于海难救助成效之影响，不能寄望过高。

据《光绪甲午新修台湾澎湖志》载，救护章程制订颁行之后，澎湖厅"奉抚宪颁发救护遭风船只告示二十道，台湾道府抄告示五十道"④。经过官府的教化、示谕及惩治，台湾地区抢夺海难船只财物的现象得到了一定的改善。台湾建省后，首任巡抚刘铭传肯定地认为，"台湾沿海居民遇有此等危险之船，均能认真保护，著有成功"。然移风易俗乃是循序渐进之长期过程，绝不可能一蹴而就。刘铭传深知此理，"恐日久弊生"，乃又于光绪十七年（1891）二月二十五日"刊布章程，再申告诫，俾沿海民人咸知重赏在前，严刑在后，相与救灾拯厄，勉为善良"。其示云："仰沿海军民人等知悉：此后，凡遇中外船只遭风搁浅一切危险之事，务必查照后开章程，实力拯救，本部院自当格外奖赏；倘敢阳奉阴违，或乘机抢夺，一经发觉，定必按例严办，决不姑宽。其地方厅县并管汛员弁等，若不认真

---

① （清）黄逢昶：《台湾生熟番纪事》附录吴光亮《化番俚言》，《台湾文献丛刊》第51种，大通书局，1984年，第42页。

② （清）黄逢昶：《台湾生熟番纪事》附录吴光亮《化番俚言》，《台湾文献丛刊》第51种，第37页。

③ 台湾省文献委员会编：《台湾省通志》卷5《教育志·制度沿革篇》，台湾省文献委员会，1970年，第36页。

④ 《光绪甲午新修台湾澎湖志》卷5《武备》，《中国地方志集成·台湾府县志辑》（5），第357页。

遵行，亦即一体按律参究。尔等须知船只遭风遇险，财命悬于呼吸，当其呼号逼切，属有天良皆思援手，若复从而抢掠，是岂尚有人心？方今功令严明，信赏必罚，经此再行晓谕，务当共相劝勉，切毋故伎复萌，以身试法。凛遵毋违。特行。"并将救护章程五条全文重新颁示。①

2. 广东省《沿海保护遇险船只章程》的制订

光绪二年（1876）闰五月，两广总督衙门接到福建巡抚抄送的《救护中外船只遇险章程》五条。总督刘坤一认为，同治九年（1870）广东就已经议定有"中外船只遭风遇险救护章程"，从内容来看，与闽省章程大端相似，只小有不同，且粤省旧章行已数年，商民称便，办理颇有成效，一旦改照闽章办理，今昔稍殊，难以做到海滨居民家喻户晓，反而影响救助事宜，因此，"督同善后局司道，将闽省章程与粤省旧章互相参订，酌议章程五条"，缮具清单，呈送御览。粤省酌议之《沿海保护遇险船只章程》与闽省章程大端相似，节、目稍有不同，如粤省章程更体现出对人命的尊重，将"赏川赀以恤难民"单独列出。另外，粤省章程更注意海难之预防，规定"沿海一带如有新涨沙滩，应由各乡局绅查明，禀请地方官竖立望杆，悬挂旗灯以免各船误入搁浅"②。只是该章程最终是否为朝廷所批准，尚不得而知。

3. 山东省《失事船只保护章程》的制订

光绪二年（1876），福建《救护中外船只遇险章程》"抄录咨行到东，当经前抚臣丁严饬沿海各县州晓谕遵办"。但移风易俗终不是一蹴而就之事，再加上"各属奉行不力，过致日久，视为具文"。十多年过去，山东沿海各地乘危抢夺失事船只财物之风仍相当盛行。光绪十四年，山东地方官员奏称："沿海岛屿星罗，礁石林立，往来船只一遇大雾迷漫，每易触礁搁浅，近海居民往往乘危肆抢其船货。已沉者，海岛居民谙习水性，不顾生命泅水捞摸，情固可恕；其船只仅止搁浅，货物并未沉海，乃竟乘势上船恣意抢夺，甚至图财害命，折船灭迹，罪实难道。而被难船户皆系异地商民，不敢涉讼，多不报案，地方官亦随不加深究，久之于习成风，直以抢滩为生业。甚有商船虽遇损坏，不敢近岸，竟至全船淹毙，惨不可言。此实沿海各岛屿之通弊，而荣成县境海道最险。"③

光绪十二年（1886），招商局轮船"保大"号在山东荣成县触礁沉溺，

---

① 孔昭明：《台湾私法商事编（全）》，第308—311页。

② （清）刘坤一撰，陈代湘、何超凡等校点，《刘坤一奏疏》（第1册），第444—446页。

③ 孔昭明：《台湾私法商事编（全）》，第304页。

沿海村民乘危捞抢船货。知县李文炳前往勘验，饬武举于廷诰帮同镇压，不想村民抗拒，将于廷诰殴伤，并伤毙乡勇，逼令李文炳出具印结息事。事情闹大后，道员盛宣怀、提督孙金彪带营查办，然村中百姓仍拒不交犯缴赃，相持两日，县令李文炳带同勇役进大西庄等三村搜赃，将滋事首、从人犯带回研讯，分别取保，解省审办。① 在该案办理过程中，官府追犯索赃之行为遭到了当地士绅告发，主办该案之官员人等也被言官弹劾："兹有人奏，荣城县知县李文炳办理乖谬，武举于廷诰带团赴村，妄拿搜抢，并有委员勒令村民出钱，肆行骚扰。又有人奏，知县李文炳信任恶绅于廷诰，扰害地方，并率行请兵，东海关道盛宣怀派员带队搜查，逼毙多命。"后山东巡抚查明真相，将抢夺之犯依法从严惩办，对办案过程中存有过失之荣城知县李文炳、武举于廷诰等也给予相应处分。②

经此案后，山东巡抚张曜为"使商贾不得受其害，村民不致重陷于罪"，乃饬东海关道盛宣怀按照原定旧章，参以现时地方情形酌拟章程，订《失事船只保护章程》六条，咨商北洋大臣大学士直隶总督李鸿章后，"恭折具陈"，经朝廷批准施行。③ 该章程内容与福建省章程大体相似，只是救助措施、救助程序更为细致具体。另外，章程还增加了"添水师以资防护"，这是根据荣成县严重的抢夺难船财物之风气，而特意加强镇压的措施。

4.《中外救生局总会章程》的制订

清代前期即已有水上救生专业机构，然"皆在长江险要之区，至于沿海无闻焉"。晚清时期，中外政府和中国民间有识之士对在沿海设立救生局之事深表关注，如《申报》多次刊文论述此事。同治十二年（1873）十一月十五日，《申报》刊载了《论沿海设立救生局事》，该文指出："海面遭险罹患，其苦恒倍于长江，既已设法拯救长江溺水之人，独使海客向隅，此亦太分畛域也。试思海客流通百货，虽为一己牟利，然亦被各处土产之缺也。今独听其冒风冲浪之苦而置之度外，不能代为筹画，可乎？"该文叙述了英国沿海救生之经验，并结合中国沿海海难之实况，大力呼吁中外互议设立救生局："今中国沿海往来诸船，中外相敌，而泛海被难

---

① 《清德宗实录》卷250，光绪十三年十二月，第370—371页。

② 关于此案的办理过程，具体可参见《清德宗实录》卷246、249、250，第301、353—354、370—371页。

③ 光绪十四年四月初九日，差办赍回原折，内开：奉朱批："该衙门知道。单并发，钦此。"孔昭明：《台湾私法商事编（全）》，第304页。

者，中多于外，两者相较，则中外互相议设此局更不容缓。"① 次年正月廿九日，又刊载《沿海救生船略》，再次论及此事。②

同治十二年（1873），沿海救生局之设立被提上议事日程。据《申报》同治十二年七月初四日报道，"西人公议拟在中国沿海一带分设济命局，购办救生船只，庶使及溺无虞，沦胥免赋，是善举亦义举也。惟须禀命朝廷方可举办"③。西人之公议得到了清政府的响应，到该年十一月，西方各国驻沪领事与清政府共议在沿海要地设立救生局，并商议起草了《中外救生局总会章程》。④ 该章程内容共九条，规定了总会的成员组成、救助失事船舶、救生等具体办法和责任，是中国历史上第一部沿海专业救生机构的管理章程。

二、内河救生章程的制订

晚清海难救助制度的转型还表现在内河救生章程的制订上。晚清时内河险要之处，仍多设有救生船，只是朝廷无论行政能力还是财力都不足以维护这一救生系统，因此，内河救生事宜仅有少数由官府主办，大部分则依靠慈善资金成立的救生会（局）。如中国旧海关档案出版物系列中的第18辑《中国救生船》（*Chinese Life-Boats*, etc.）记载："长江上维持着一个有效的救生船服务，它从重庆府一直延伸到位于河口的江阴。整个长江流域的救生服务都是靠各种慈善团体的资金维持的，但在长江上游的川东，政府也建立了救生船和救助网站。"⑤ 依靠慈善资金成立的救生机构，一般由官方倡办，日常则由官民合管或交由民间管理，从性质上属官绅合办，或官督商办。

内河救生机构既不由官方出资设立，自然而然，清代前期朝廷制定的规范内河官办救生船的制度就不相适应了。因此，各地为了保障本地救生机构的有效运作，纷纷制订本地救生章程。这类救生章程形式多样，有救生章程、救生局条规、官府告示等。根据所约束救生机构性质的不同，这些章程主要分为两类：一是官办机构救生章程，如光绪七年（1881）制定

---

① 《申报》第4册，癸酉十一月十五日，第9页。

② 《申报》第4册，甲戌正月廿九日，第233页。

③ 《中国沿海设济命局》，《申报》第3册，癸酉七月初四日，第193页。

④ 《议立中外救生船总会章程》《续录议立中外救生船总会章程》，《申报》第4册，癸酉十一月十三、十四日，第1—2、5—6页。

⑤ 转自蓝勇、刘静：《晚清海关〈中国救生船〉与东西洋红船情结》，《学术研究》2016年第4期。

的川东官设救生船章程；① 二是官民共办或官督商办机构救生章程，如金陵救生局同治四年（1865）续拟章程、金陵救生局同治五年续议规条、江阴救生局酌改规条、无锡太湖救生局规条、江西省德化县体仁堂条规、江苏江浦救生局章程、湖南岳州救生局章程、皖省体仁救生二局增减新旧章程等。《中国救生船》记载有内河救生章程约30部。② 这些官民合办救生会章程，往往由地方政府主官批准，如岳州救生局之章程就是由湖南布政使涂宗瀛亲自逐条厘定，③ 或由政府颁布，如江苏江浦救生局章程由救生局绅董拟订后递交官府，"呈叩赏示镌碑"④。从现代法理学而言，这些章程在法律性质上应属于地方法规。

晚清海难救助章程几乎全部由地方制订，在性质上，几乎都是地方性法规，直到清末修律时，才由中央政府主持起草制订全国性的法律，对此，后文再予详述。可以说，晚清海难救助章程是经验性的而非建构性的，是应激式的而非主动改变的，这说明清朝统治阶层尚未充分意识到建立新型海难救助制度和制订海商法的必要性和紧迫性，更深层地说，他们的海洋思想尚未真正实现转型。这一特点不能不影响到晚清海难救助具体制度的构建。

第二节 晚清海难救助制度的主要内容

一、救助义务承担者

（一）国家救助机关

晚清海难救助仍然采用由国家救助的模式，不过，因为财政困难和行政能力不足，救助作业并不全部由国家机关直接实施，众多民间力量也加入救助工作中。依据政府机关在救助作业中所扮演的角色不同，晚清海难救助可分为政府机关直接从事的救助作业和政府机关组织领导的救助作业

---

① 见蓝勇、刘静：《晚清海关〈中国救生船〉与东西洋红船情结》，《学术研究》2016年第4期。

② 转自蓝勇、刘静：《晚清海关〈中国救生船〉与东西洋红船情结》，《学术研究》2016年第4期。

③ 王毓伟、胡忆红：《清代地方财政与水域救生事业的转型——以岳州救生局为例》，《社科纵横》2020年第1期。

④ 侯宗海、夏锡宝纂：《光绪江浦埤乘》卷6《建置下·义建·救生局》，《中国地方志集成·江苏府县志辑》（5），第80—81页。

两种，故救助主体也有直接从事救助工作的国家机关、国家机关组织领导下实施救助的社会力量两大类型。

1. 直接从事海难救助的国家机关

所谓直接从事海难救助的国家机关，是指在救助作业中，直接运用自己的人力、物力来实施救助的国家机关，既有中央机关，也有地方政府机关。晚清政府仍然没有设置全国统一的海难救助机构，海难救助仍由朝廷各部按照行政职能领导，各地方官府（包括沿海营汛）按照行政辖区分工配合实施。不过，与清代前期不同的是，在中央层面，总理衙门取代礼部，成为涉外海难救助的主管机关，只有当涉及以旧例救助琉球、朝鲜两国漂流民时，礼部才参与其中。[①] 在地方层面，沿海沿江各地方政府、汛防官兵、水师仍然是海难救助的主管和实施机关。清政府在内河仍然设置有官办救生船，如长江上游的川东，当地政府建立了救生船和救助点，它们是直接实施救生的主要力量。难民在获救之后的抚恤和财产处理也由地方政府负责。同治十一年（1872），一载布匹之英船于吴淞数百里之外失事，"华兵船救助抵沪"[②]，由此看出沿海营汛仍然参与实施海难救助。至于非沿海州县官府，它们不再需要负担外籍难民过境的护送和照顾，也就不再成为海难救助的法定主体。各地海关也仍是实施海难救助的重要机构，且权力增大，如内河船难救助章程基本都是由各海关制订，沿海各地救生机构的设置和运作中也有海关的身影。此外，晚清时期海外中国漂流民一般由外国政府送交清政府派驻该国的领事馆等机构，再由其负责安排归国事宜。也就是说，清朝派驻外国的机构和官员，也参与了海难救助工作，是海难救助的特殊法定主体。

除了救助机关发生变化外，清朝在救助设施和建置上也采取了一些措施。如晚清政府就曾有多项提高沿海营汛救助能力的改革。其一，加强沿海营汛的修置。光绪二年（1876），刘坤一在所拟广东省海难救助章程中，提出"修营汛以资救护"的主张："沿海地方原设营汛，如有坏烂倒塌，应令各营将领通饬查明，沿海原额营汛若干，坐落何处，倒塌若干，现存若干，由各该管将领查勘明确，应如何筹费修复之处，绘图呈送核办，庶于巡哨、缉捕均有裨益而免疏虞。"[③] 其二，于多事之洋面添设水师或官衙。

---

①　光绪十九年（1893）二月，浙江地方于岱山洋面拯救十五名朝鲜漂流民，浙江巡抚崧骏呈奏将依旧例抚恤并护送进京。皇帝朱批："礼部知道，钦此。"中国第一历史档案馆编：《清代中朝关系档案史料汇编》，第 382 页。

②　《申报》第 1 册，第 721 页。

③　（清）刘坤一撰，陈代湘、何超凡等校点：《刘坤一奏疏》（第 1 册），第 446 页。

在经常发生难船抢劫事件的地方，清政府或添设水师，或设置专门机构，加强对该处洋面的巡查镇压。如澎湖"岛屿纵横，文武只一通判，控驭难周……距澎湖厅治九十里之八罩地方，……该处居民以渔，良莠不齐，每有海船搁浅，乘危以抢夺之情事，厅员既鞭长莫及，汛弁把总又不足以资镇压"。光绪十年，闽浙总督何璟、福建巡抚张兆栋向朝廷上《拟请添设改移疏》，建议"将台湾县罗汉门巡检移扎八罩地方，归澎湖通判管辖，附近将军澳等屿即归该巡检分管"。[①] 到光绪十一年，该策得以施行，"奉文复设澎湖巡检一员，驻八罩纲埯澳，配弓兵十八名，凡遇遭风商船搁浅、乡民抢掠者，可以随时救护弹压"[②]。针对山东荣成县海难及乘危抢夺事件多发，光绪十四年制订的山东《失事船只保护章程》提出"添水师以资防护"："令荣成营游击管带营师船两号：一驻镆铘岛，专顾东南；一驻龙须岛，专顾东北。一闻何处有事，即前往会同救护。成山与镆岛本各有瞭望差一名，由道署开支工食，其余荣成境内尚有石岛等十处，亦皆须人瞭望管理旗灯，应在水师营拨兵十二名，分驻管理，按月换班，以免懈怠。官弁、兵丁果能出力，随时优奖。"[③] 其三，于水师中抽调船只人员专门从事海上救助。清朝兵船既承担着保障海防、维护海洋治安的责任，又要兼顾海上救助。这既影响其军事职能的履行，也使海上难船难民难以得到及时救助。因此，光绪二年，福建巡抚丁日昌考虑到仅靠沿海居民以及汛地师船保护，仍恐行走不能快速，乃将福建洋面分为三段，专门派船只进行巡逻救援："福宁府洋面为一段，派轮船一号往来梭巡；海坛镇洋面为一段，派轮船一号往来梭巡。"这样一来，如有外国船只在洋面遭风失事，该国领事即可"就近知会该段轮船前往救援，彼此联络或者更为周密"。[④] 光绪二年，由福州船政局自行设计制造的"艺新"号舰艇完工，由于船体小，不适于远洋航行，就作为海岸巡逻艇，负责救援沿海失事船只。这是我国历史上第一艘用于海上救助的炮艇，其管带乃是福州船政学堂学子、

---

① 光绪十年，闽浙总督何璟、福建巡抚张兆栋《拟请添设移改疏》，葛士濬辑：《皇朝经世文续编》卷29《户政六·疆域下》，沈云龙主编：《近代中国史料丛刊》第75辑，第768页。

② 《光绪甲午新修台湾澎湖志》卷6《职官·官制》，《中国地方志集成·台湾府县志辑》（5），第362页。

③ 孔昭明：《台湾私法商事编（全）》，第305—308页。

④ 赵春晨编：《丁日昌集》（上），第824页。

千总许寿山。① 这些专门从事洋面搜救的船只和人员，毫无疑问都来自水师。

2. 受国家机关控制的救助作业中的民间机构

受国家机关控制的救助作业中，国家机关并不动用自身救助力量亲自实施，而只是指挥、组织和协调相关民间机构。这有点类似于当代国家主管机关控制的救助作业形式。② 晚清时期在国家机关组织控制下实施救助作业的民间机构，主要有三大类型，简述如下。

（1）专业救生机构：救生局与救生船

晚清时期水上专业救生机构包括内河救生船系统和沿海救生船系统。当时内河主要航道基本上仍维持着有效的救生船服务，长江航道尤其如此，从上游到下游各地都设有救生机构，如川东官设救生船、岳州救生局、衡山救生局、辰州府救生局、金陵救生局、江阴救生局等。据史料记载，晚清时期在内河从事救生服务的机构约有三十个。③ 这些救生机构除少数由官府出资设置之外，多数由民间慈善人士出资设立，如岳州救生局、金陵救生局、江阴救生局等均由民间捐资兴办，其日常运作也主要由地方上绅主持，对相应水域内发生的船难进行救助抚恤，只是在具体救助措施、难民抚恤、奖惩制度等方面，与清代前期的做法并无多大差别。学界对这些机构及其管理运作的研究成果颇丰，故在此不再赘述。④

需要说明的是，由民间捐资设立之内河救生机构，其创建多由地方官府倡导，其章程或由官府厘定，或由官府颁示，官府对其运作也时有参与，因此，它既与国家主管机关实施救助不同，也与纯粹的民间救助有别，学界称其为官督民办或官绅合办。从海难救助视角来看，这类机构可称为由国家机关控制的救助主体。

---

① 李玉林：《许寿山与海难救助》，《贵州政协报》（网络版），https://www.gzzxb.org.cn/doc/detail/2663/A3，发布时间：2019 年 12 月 6 日。

② 现代国家主管机关控制的救助作业，是指主管机关对救助作业进行指挥、组织、协调的救助活动。吴静：《国家主管机关海难救助若干法律问题研究》，大连海事大学硕士学位论文，2009 年，第 9 页。

③ 蓝勇、刘静：《晚清海关〈中国救生船〉与东西洋红船情结》，《学术研究》2016 年第4 期。

④ 关于晚清内河救生船问题具体可参见杨斌、邓子纲：《清代洞庭湖水上救助事业与社会成效研究》，《社会保障研究》2015 年第 4 期；杨斌：《石赞清与晚清湖南水上救生事业》，《贵州大学学报》（社会科学版）2015 年第 5 期；蓝勇、刘静：《晚清海关〈中国救生船〉与东西洋红船情结》，《学术研究》2016 年第 4 期；王毓伟、胡忆红：《清代地方财政与水域救生事业的转型——以岳州救生局为例》，《社科纵横》2020 年第 1 期。

受中国内河救生船系统和西方国家沿海设立救生会做法的影响，晚清时期中国沿海地区也开始建立专业救生机构。同治五年（1866）浙江玉环设立救生局，用冬钓捐钱 2 000 文生息为开支。同治十二年七月，西方各国驻沪领事公议，拟在中国沿海地区设济命局。同年十一月，中外官员共同商讨于沿海要地设立救生局，并草拟《中外救生船总会章程》，议成立中外救生船总会，设总局于上海，以便总理会事，又于通商各口及香港设立分堂。随后，救生总会设立，地址在上海江海关前。闵行、吴淞等处也相继设立了救生局。

在此，有一个问题需要说明。关于《中外救生船总会章程》及上海救生船总会的设立问题，笔者目前所查到的史料还只是《申报》的相关报道，主要包括：癸酉十一月十三日（1874 年 1 月 1 日），"今中外诸大宪同议一善举，系在沿海要地设立救生局，想将来必定能成，兹将所拟章程，属刊本馆，改日再行详论"；癸酉十一月十五日（1874 年 1 月 3 日），"沿海险要议立中外救生局总会章程，事属特创义举，既经中外各大宪互相议设，望不日即可举行矣"；甲戌正月廿九日（1874 年 2 月 17 日），"本馆前经述及，中外官宪合议在沿海一带创设救生局，此事虽尚议未妥定"。从上述报道来看，至少到 1874 年 2 月 17 日，《中外救生船总会章程》及上海救生船总会尚处于筹议之中，至于该章程后来有没有实行、什么时候实行的，《申报》后续没有报道。笔者查阅了学界相关研究成果，主要有《上海救捞志》编纂委员会编纂的《上海救捞志》、杰锋《中国港口救捞史话》、蓝勇《清代长江上游救生红船制续考》等，综合三者观点可知：《中外救生船总会章程》经中外共同签订并公布，时间是 1874 年元旦；上海救生船总会设于上海江海关前，设立时间为同治十二年十一月，公历为 1873 年 12 月 20 日至 1874 年 1 月 17 日间。只是三者均未注明信息来源，从行文来看，应也是出自《申报》。但《申报》1874 年 2 月 17 日的报道中说，沿海一带创设救生局事"尚议未妥定"。所以，最终《中外救生船总会章程》何时签订、何时颁布实施、中外救生船总会及总局何时设立，暂不确定。

---

① 《申报》第 4 册，第 9、233 页。

② 蓝勇：《清代长江上游救生红船制续考》，《中国社会经济史研究》2005 年第 3 期。

③ 《中国沿海设济命局》，《申报》第 3 册，第 193 页。

④ 《申报》第 4 册，第 1—2、5—6 页。

⑤ 《上海救捞志》编纂委员会编：《上海救捞志》，上海科学出版社，1999 年，第 10、205 页。杰锋：《中国港口救捞史话》，《中国港口》1999 年第 12 期。蓝勇：《清代长江上游救生红船制续考》，《中国社会经济史研究》2005 年第 3 期。

1875 年 7 月，香港中西人士共同创立"拯命"会，"预备风水之灾，以待临事拯济"，并制订章程。然该救生机构似与前文所述中外共同筹议于沿海要地设立救生局无关，[①]其资金来源于民间捐助，也无官方力量参与，应是纯粹的民间慈善救生机构。

从性质而言，晚清时期沿海地区多数救生局，或由官方用官款设立，如玉环救生局，或由西方官员提出，中国官方参与，救生章程也由中外官员共同拟订，各地救会会设置地点需要取得地方政府之同意，这是一种带有半殖民地性质的沿海地区专门性救生机构，与纯粹的民间慈善救生机构不同，属于官方控制下的救生组织。

（2）地甲与公局（所）

晚清时期海难救助主体最大的变化是在沿海地区设置的地甲与公局（所）。[②]

此制始于光绪二年（1876）的福建省救护章程。福建地方官府认为，"沿海岛屿，星罗犬牙交错，非明定界址，必彼此推诿"，因此救护章程第一条就明确规定"定地段以专责成"，要求沿海厅县会同营汛，定明所辖界限，"每十甲为一段，饬令就近公正绅耆保举地甲一人，其岛屿则保举耆老头目一名，列名册报，以专责成"。[③]广东省的章程则规定成立公局，任之绅耆，"应通饬沿海各府厅州县，会同营汛，查明各管地方共大乡、小乡若干，系何乡名，某姓若干，某乡绅耆若干，是何名姓，上至某处，下至某处，各分地段。每一大乡，设立救护公局一所，小乡联设公局一所，选举公正绅耆数人，常川在局董理事务，由地方官给予印旗，大书'某府、厅、州、县某段救护船只'字样。即于各公局前竖立望杆一枝，悬挂旗号、灯笼，俾沿海来往船只一望而知"[④]。山东省的章程采用了设立公所方式，沿海"应由东海关道遴派干员，会同州县营汛定明所辖界址。每十里为一段，按段设立公所，选派正、副董事各一人，海保一人，以专责成。该董、保等均须就地方公正绅士保举，取具切实甘结，由州县加结，申送各上司衙门存案。公所门前高竖木杆一枝，昼则悬旗，夜则悬灯，使遭难船户得以望见求救"。所不同的是，山东省还设

---

① 《申报》第 7 册，第 53、121 页。

② 广东"分设公局，以其事任之绅者，闽章则明定界限，以其事责之地甲"。（清）刘坤一撰，陈代湘、何超凡等校点：《刘坤一奏疏》（第 1 册），第 444 页。

③ 《拟定救护中外船只章程》，徐宗亮等：《通商约章类纂》卷 19《优待保护》，沈云龙主编：《近代中国史料丛刊续编》第 47 辑，第 1988—1992 页。

④ （清）刘坤一撰，陈代湘、何超凡等校点：《刘坤一奏疏》（第 1 册），第 443—446 页。

立总局以董其事：“荣成县海道最险，距城过远，恐该县鞭长莫及，应由东海关派员在适中处所立一保护总局，举一二公正绅士为总董，平时与各公所董、保坚定约束，临事各段均应分报总局委员、总董，驰往督同救护。”①

各地甲与公局（所）一般专门负责本地段内的海上救助，不得跨地段进行救援。如山东省的章程明确规定：“如系大船失事，本段舢舨不敷救援，准由本段董事发竹签一支，飞报邻段派船帮助。若无本段董事竹签请援，他段不得干与，俾免混淆。”② 这一方面是专定职责，避免推脱或消极救助，另一方面则是防范因多方救助而发生乘危捞抢船难财物的行为。

地甲与公局（所）的职责主要包括四个方面。① 负责海上救援队伍建设和海上搜救。③ 广东省的章程规定要先行将所管乡名、里数、坐落方向、族姓、烟户，绘图等注说，并将各乡公局绅耆姓名、派定乡民人数造册缴核，“各公局绅耆豫先选定熟习水性乡民数名，常川瞭望”④。山东省的章程规定：公所应“将各段村民共有舢舨若干只，编立字号，同船户姓名登注簿籍，各给付照一张，书明保护章程盖印，发给各船户收执，临时应听调用”，并需要妥善保存由州县制备交存的用火烙印过的竹签、腰牌、旗灯等物。这种搜救队伍的建立，自是有利于更及时发现海上船难和实施救援。② 信息传达。地甲与公局（所）是接受居民渔户人等呈报船难信息的第一机构，在接到本地段民众报告船难消息后，地甲、公局（所）一面要准备救助，同时须派人驰报文武汛官勘验救护。③ 组织和实施救援。福建省的章程规定，地甲获悉船难后，“酌量夫船数目，集脮助救”⑤。广东省的章程也规定：“遇有遭风船只飘至段内，无论中外之船，由公局绅耆立即鸣锣传集船夫前往救护。”山东省的章程规定发现船难后，“由公所酌量派船救护”，如果发现本段救援力量不敷，董事还须发竹签向邻段求助。⑥ ④ 协助官府处理善后事宜。如派人看守所救之货物、给予被救助的难民一定的必要生活物资、会同州县官员办理酬劳奖赏的分配、总结汇

① 孔昭明：《台湾私法商事编（全）》，第 305—308 页。
② 孔昭明：《台湾私法商事编（全）》，第 305—308 页。
③ 孔昭明：《台湾私法商事编（全）》，第 305—308 页。
④ （清）刘坤一撰，陈代湘、何超凡等校点：《刘坤一奏疏》（第 1 册），第 443—446 页。
⑤ 《拟定救护中外船只章程》，徐宗亮等编：《通商约章类纂》卷 19《优待保护》，沈云龙主编：《近代中国史料丛刊续编》第 47 辑，第 1988—1992 页。
⑥ 孔昭明：《台湾私法商事编（全）》，第 305—308 页。

报本段内救助情形等。如广东省的章程就规定："至花红赏犒及酬谢银两，俱由地方官会同公局绅士分别出力首次，秉公酌定，而交绅耆领回分散，取领报查，毋许书役人等需索延搁，仍将救护情形、分赏银数，随时禀报察核。如段内并无失事，亦按季禀报一次，仍于年终将本年共救护船只、难民若干，赏过银两若干，抑并无失事，造册汇报一次，以凭查核。"①

地甲与公局（所）是何性质呢？从设立主体来看，这种救助机构的设立者是州县会同营汛，甚至还有当地海关，也就是说，是由地方官府设立的。其经费来源，福建省、广东省的章程都没有提及。山东省的章程则规定，"惟既入公所，董、保差役人等，势难枵腹从公，应由赏项内不论何等，提出十成之一，以作公费，由地方官督同董事支用"，保护总局"委员薪水、伙食等项，均在所关经费项下开支"。所谓赏项，实为救助者依法从被救助财物中所分得之报酬。也就是说，山东省所设立的公所，经费来源于救助报酬的抽成。从日常运作管理来看，地甲与公局（所）平时直接受地方官府领导管理，竹签、腰牌、旗号等物，由官府制备交存，其救助过程也受文武汛官现场监控，遇有地甲呈报本地有船难时，"文武汛官"应"即督率兵役亲往勘验救护"，被救助之难民、财物，由地方官府（如属外国船只，还须会同外国领事官员）处理。因此，地甲与公局（所）不是正式的国家救助机构，但从建立到运作都处于政府的全面监管之下，也不是纯粹的民办救生机构，应是官督民办性质。

除在沿海设立地甲和公局（所）这种常设救生点或救生机构外，官府有时还会临时征调民船前往救助难船。如同治十一年（1872）十二月，有一西船名叟兰，由燕台载杂货往上海，因风利行速致搁浅，燕台水师官乃委托由燕台返沪之商船——南浔轮船，赴烟台之外查探"叟兰"号搁浅之情形，以致南浔轮船延误了正常返沪的日期。②这种临时征调民船进行救助，其性质自也是政府控制之下的救助作业。

（3）台湾渔团

清朝自雍正年间起，有招募乡兵以资治安和军事的传统。不同时期、不同地区的这种乡兵名称各不相同，有诸如屯练、民壮、乡团、猎户、渔团、沙民者。③

所谓渔团，乃沿海沿江地区所设之练。其职能专防备沿海，以张边疆

①　（清）刘坤一撰，陈代湘、何超凡等校点：《刘坤一奏疏》（第1册），第446页。

②　《申报》第2册，同治十一年十二月十七日，《叟兰帆船搁浅被坏情形》，第49页。

③　赵尔巽等撰：《清史稿》卷133《兵四·乡兵》，第1051页。

之武卫为目的，如普通保甲与团练之为表里，与海船之保甲相关联，属团练之一变体。① 渔团之设，始于光绪八年（1882）。时"两江总督左宗棠以江苏沿江海州县捕鱼为业者甚多，于内江外海风涛沙线无不熟谙，而崇明尤为各海口渔户争趋之所，其中有技勇而悉洋务者，所在不乏，外洋船驶入内江者，每用渔户为导，江苏自川沙迄赣榆二十二州县滨临江海渔户约数万人，乃令苏松太道员为沿海渔团督办，于渔户每百人中，选壮健三十人练渔团五千名，设总局于吴淞口，设分局于滨海各县，每月操练二次，习水勇技艺，用以捕盗缉私，兼备水师之选"②。中法战争时期，渔团推广于浙江、福建两省。

台湾之渔团设于光绪十年（1884）。连横《台湾通史》载："法人之役，沿海戒严，巡道刘璈集士绅，再办团练，手订章程十七条以布之……八月朔，又刊渔团章程二十条，通饬绅民暨沿海渔民遵行……"③ 台湾渔团与当时沿海各省所设渔团一样承担着捕盗缉私、帮助维护社会治安和查缉汉奸等功能，还另有一项特别的职责，即实施海难救助。④

台湾渔团章程"拯救危亡严定刑赏"条规定："台湾海面，当夏秋之际，风涛汹涌，险恶异常。有中外商船，突遭飓风，打触礁石，望救无船，登时沉没，以致浮尸漂荡，收瘗无人，情殊可悯。前奉宪定赏章，凡风涛危险中救活一者赏银十元、捞起一尸者赏银四元，先后遵行在案。兹议各口水勇渔民，遇有中外商船遭风失险，即稳驾船筏，速往先救人口，后救货物回岸。立将货物凭该哨长及就地牌甲长，当面点付被难船民，具报该管文武，勘验酌赏。如有抢夺偷瞒，照乘危抢夺例治罪。遇有溺毙浮尸，即便捞起，报由哨长、牌甲长，择示旷地掩埋。凡救活一者、捞瘗一尸者，均由管带官移会该管文武具报，按照定章给赏。"⑤

台湾渔团显然不是传统的正式行政机构，但其经费来源于政府财政，人员受政府管理，且存续时期有限，算是一种临时性的半官方机构。

大海广袤无垠，海难的发生也是随时随地。在科学技术落后、海难事故增加的近代中国，只靠政府机关进行救助，显然力有未逮。晚清政府建

① ［日］伊能嘉矩：《台湾文化志》（上卷），第 405 页。
② 赵尔巽等撰：《清史稿》卷 133《兵四·乡兵》，第 1054 页。
③ 连横：《台湾通史》（上）卷 13《军备志》，商务印书馆，2017 年，第 281 页。
④ 应该仅台湾渔团负有海难救助之责，其他地方渔团并不需要承担此项责任。如江苏《渔团条例示》中并没有此一方面的内容。见苏松太兵备道邵友濂：《渔团条例示》，葛士濬：《清经世文续编》卷 69《兵政八》，光绪石印本。
⑤ 台湾文献委员会编：《台湾省通志》卷 3《政事志·军事篇》，第 56 页。

立救生局、地甲、公局（所）、渔团等民间救生机构，并将之置于政府机关控制监管之下，既有利于尽早发现沿海船难并实施救助，又能减少沿海居民乘危抢劫船难财物事件的发生，可谓晚清时期中国海难救助中一个有本国特色的创举。如日本学者伊能嘉矩在其著作《台湾文化志》中评价台湾渔团兼理海难救助事务时写道："盖可谓得事宜，而在制度上可谓一种济美也。"①

　　然中国海岸线漫长，沿海岛屿星罗，犬牙交错，要建立完备的救生体系，既需要官府耗费巨大的精力，财政上也是一笔不小的支出。那么当时上述救生机构或救生点，特别是沿海救生机构的设置到底实行至何种程度？有何种效果？清廷海关总税务司对此曾作过一专门调查，并于光绪十九年（1893）将调查报告以"中国救生船"为名出版。②据称，除了内河救生局多有设置外，沿海地区的实践并不理想。报告称：辽宁营口、牛庄海关的报告表明，当地没有任何救生船和救生点；天津海关的报告显示当地没有任何救生船和救生点，只是表示如果有海事失吉，地方地保会向地区官员汇报；烟台海关的调查只是将光绪十四年的一份山东海上救助规则进行了陈述，规则中对救起人员后奖励的比例有详细的规定，但汇报者自己也认为这只是一种"存在于理论"上的事情。调查谈到虽然区域内没有专门的救助船和救助点，但荣成县的各种官、民船都可参加海难救生；上海海关的汇报中主要谈到上海附近并没有设立专门的救生会组织，由政府负责组织救生；根据宁波、温州、福州、淡水、台南、厦门、基隆、汕头、广州、琼州、北海等地的情况汇报来看，这些地区都没有正式建立专门的水上救生制度、救生组织和救生点，但在许多地区，政府一再申令地方重视海上救生，一旦遇到船只失事，政府和民间力量也会尽可能施救。③关于台湾渔团，连横《台湾通史》谓渔团之设"颇收指臂之助"④，然据日本学者伊能嘉矩的考察，实际上渔团之布置不过以台南府之安平为中心，及于附近之数澳，⑤而且，中法媾和之后，各地渔团因"奉行者不能体

---

① ［日］伊能嘉矩：《台湾文化志》（上卷），第407页。

② 关于海关总税务司出版《中国救生船》的情况，见蓝勇、刘静：《晚清海关〈中国救生船〉与东西洋红船情结》，《学术研究》2016年第4期。

③ 转自蓝勇、刘静：《晚清海关〈中国救生船〉与东西洋红船情结》，《学术研究》2016年第4期。

④ 连横：《台湾通史》（上）卷21《乡治志》，第427页。

⑤ ［日］伊能嘉矩：《台湾文化志》（上卷），第407页。

会上意，或致扰民，其甚者又以涂饰了事，遂为继任者撤去"①，台湾渔团亦行解散。以此推之，渔团"不过仅可见一斑之实行，被局限于一部分地方，尤其如平时之拯救危亡之措辨，完全见其终于一具文也"②。中日甲午战争之际，沿海各省举办渔团以加强防务之呼声日高，③作为加强台湾防备的一种机制，一时又再兴起，但据称殆未见其实效而止云。④

（二）船舶侵权中的当事船舶

光绪二年（1876），九江海关制订的《内地船只防备轮船碰撞章程》规定：轮船（当时在内河航行的轮船主要是外国船只）与华船相碰时，轮船对华船负有救助义务。根据碰撞的不同情形，规定了不同的救助处置方法。① 中国人力船因不可抗力违规行驶而与轮船发生碰撞，此时，轮船应对人力船实施救助并赔偿。该章程第四条规定："内地船只往来行驶，全仗人力施为，如大轮船、风篷船日间与内地船只对面行驶，见有碰形，亦如夜间避法，各推左舵。如中国船在左边行驶，设中国船遇风强水溜，人力难施，横斜碰来，轮船远见似有碰像，即早为停轮，竭力相救，始免疏失……如轮船不停轮，又不相救，所失人、船、货物均应轮船照议条分别赔偿。"就是说，在内河人力船与轮船对遇时，应各自向右行驶。如果内河船在左侧行驶，造成交叉相遇，但因风强水溜等不可抗力，无法及时转舵靠右行驶，因而发生碰撞，轮船应停下，尽力救助遇难船民；若轮船不停下救援，对于船难中人、船、货物等一切损失，均依该章程第七条照价赔偿。② 中国人力船因轮船行驶所激起的风浪失事，轮船也应承担救助义务。该章程第七条规定："内地船只为风浪撞击，致有横斜冲撞之势，轮船不停轮，又不相救，所失人、船、货物均应轮船照数赔偿。如停轮仅不相救，轮船酌量议罚。如已停轮又竭力救护，复被沉没，各安天命，即与轮船无干。"就是说，如轮船正常行驶所激起的风浪造成人力船失控，而与轮船发生碰撞，或倾覆，轮船须停下并积极施救，若不停下救援，船难中所有损失由轮船赔偿；若仅停下而袖手旁观，不施救援，对轮船酌情处罚；若停下并竭力施救，但仍不能避免人力船沉没，轮船、人力船互不

① 张焕纶：《救时刍言一则》，葛士濬：《皇朝经世文续编》卷68《兵政七》，沈云龙主编：《近代中国史料丛刊》第75辑，第1713页。

② ［日］伊能嘉矩：《台湾文化志》（上卷），第407页。

③ 中日甲午战争前后，有许多关于沿海各省建置渔团之奏疏、时议或举是。见易顺鼎：《盾墨拾余》卷2《奏疏》，光绪二十二年刻《哭盦丛书》本。参见孙宝瑄：《忘山庐日记》，钞本。

④ ［日］伊能嘉矩：《台湾文化志》（上卷），第407页。

相干,轮船也不负赔偿责任。①

上述两个条款规定的是轮船正常行驶,并无故意或过错的情况下,与人力船相遇发生事故时,轮船具有救助义务。据此可以推断,如果轮船因自身过错而碰撞人力船,理所应当要实施救助。但是如果人力船因自身过错与外国轮船发生碰撞,外国轮船是否仍须承担救助义务呢?对此,该章程并未明确。

该章程只规定轮船对中国人力船的救助义务,但没有对等规定人力船对轮船的救助义务,这主要是因为,轮船排水吨位、船舶质量、动力、速度都远超人力船,一旦两类船只发生碰撞,受伤害的几乎都是人力船,"华船一为轮船所碰,非沉即破,甚至淹毙多命",故并无规定人力船对等救助轮船之必要。另外,由于近代初期在中国内河行驶的轮船几乎都隶属西方列强,故九江海关章程中所说之轮船指的是外国轮船,这实质上是规定了外国船对中国船单方面的救助义务。如此规定,既是对处于弱势地位的国人权益的保护,也可能包含着清政府借此加强对外国轮船的约束管制的目的,希望它们不在中国内河横冲直撞。

不过,随着中国民族航运业的发展,中国公司和中国人也开始购买、使用轮船,再加上九江海关章程对外国轮船限制过严可能引起了西方国家的不满(该章程最终没有被西方各国接受,与此可能不无关系),这就不能不影响后续立法了。光绪五年(1879)朝廷制订的《内港江河行船免碰及救护赔偿审断专章》规定:"凡遇两船碰后,两船船主互相细查情形,如彼船伤重可危,此船尚能兼顾者,则当尽力救援彼船。倘见危不救,疾驶图逃,告官罚办。两船相碰之后,船主应各将船暂停,自此互看,各无损伤,无庸救护,方可各自前驶。……两船相碰,甲船沉没,乙船不救,转将甲船之人致死灭口,希图免赔者,告官究办。"②该章程规定碰撞发生后,伤轻之船在保证自身安全的前提下,对伤重之船负有救助义务。由于《内港江河行船免碰及救护赔偿审断专章》是由总理衙门颁行全国,故九江海关的章程应该就失去效力了。也就是说,自光绪五年之后,内河船碰事故中的当事船只互相有实施救助的义务,取代了此前外国轮船单方面的救助义务。

---

① 《九江关议内地船只防备轮船碰撞章程》,蔡乃煌总纂:《约章分类辑要》,沈云龙主编:《近代中国史料丛刊三编》第12辑,第3295—3296页。参见交通、铁道部交通史编纂委员会编:《交通史航政编》(三),第1241—1243页。

② 王彦威、王亮编:《清季外交史料》卷18《内港江河行船免碰及救护赔偿审断专章》,沈云龙主编:《近代中国史料丛刊三编》(第2辑),第342页。

不过，清政府也仍在一定程度上坚持了对处于弱势地位的中国人力船的保护，对轮船救助义务的要求多于中国人力船。光绪五年（1879）的《内港江河行船免碰及救护赔偿审断专章》仍规定："轮船行驶浪涌波翻，如有华船未被碰撞，为余波泼沉者，轮船亦当停轮救援。"[①]宣统元年（1909）的《川江行轮赔偿章程》第六条也规定："民船如被碰，伤重可危，轮船非在万难停泊之地，均应尽力救援，倘见危不救，一经告发，除赔偿外，再加罚办，无论何人，能尽力救助保全人命，不拘多少，均由轮船酌予相当之酬金。"[②]依此章程，在川江上，民船与中外轮船相碰或相对而行，如果民船发生事故，轮船即使无过错，一般也必须停下拯救。如果第三方实施了救助，则由轮船支付救助报酬。上述之华船、民船，应都是指中国人力船。如此规定，显然是考虑到了中国人力船小而轻的特点。

沿海船碰事故中由哪一方实施救助，光绪朝之前清政府并未专门立法，一般沿用国际规则。到光绪二十三年（1897），清政府同意推行《航海避碰章程》，在"补遗"第十四节中首次明确规定中国沿海船碰事故中当事船只的救助责任："凡值两船碰撞，两船主理应相救，设彼船被此船碰坏，而无大碍于此船者，则此船船主应停轮依傍彼船，以救彼船之船主、水手、搭客人等，俟救清楚后，方展轮开行。"[③]

关于纯粹民间救助问题，从福建、广东、山东省的救护章程对于救助过程的严格规范来看，沿海地区的海难救助一般要通过清政府设置的救助点和救生机构进行。这应是为了防止沿海民众乘危抢劫遇难船只财物。不过清政府对民间海难救助行为也是鼓励的。《大清律例》中奖励海难救助者的规定，到清末《大清现行刑律》中也依然保留："凡边海居民以及采捕各船户，……有能救援商船不取财物者，该管督抚亦酌量给赏。"[④]光绪五年（1879）的《内港江河行船免碰及救护赔偿审断专章》也规定，内河之中"行船路见别船有相碰之事，出力救援者，由官从优酌赏，以昭激劝"[⑤]。

总之，晚清时期的海难救助仍然是以国家救助为主的模式，不过政府机关减少了自身直接进行的救助作业，注重组织民间力量参与救助，半官

①　王彦威、王亮编：《清季外交史料》卷18《内港江河行船免碰及救护赔偿审断专章》，沈云龙主编：《近代中国史料丛刊三编》（第2辑），第342页。

②　交通、铁道部交通史编纂委员会编：《交通史航政编》（三），第1252页。

③　交通、铁道部交通史编纂委员会编：《交通史航政编》（五），第2412页。

④　故宫博物院编：《钦定大清现行刑律》卷20、21，海南出版社，2000年，第235页。

⑤　王彦威、王亮编：《清季外交史料》卷18，沈云龙主编：《近代中国史料丛刊三编》（第2辑），第343页。

方性的或官民合办的模式成为主流。在国家救助之外，船舶侵权中的当事船只负有救助义务。救助主体更加多元，政府也注重利用民间力量，但纯粹的民间海难救助仍然没有成为一种法定义务，民间船只遇见船难事故，即使是人命危在旦夕，是否实施救援，也只能依靠其道德自愿。这是在救助义务的承担者上，晚清时期海难救助制度与现代海难救助制度一个重大的差别。①

二、救助对象与救助的危险

（一）救助对象

清代前期，海难救助的对象包括人命（包括救援溺水者和捞取收瘗尸体）、船舶和财物。船舶一般包括商船、渔船和沿海小艇，即"任何可以航行的构造物"②，但对于敌对国的兵船和人员则不进行救助。

晚清时期海难救助的对象与清代前期相比并没有大的变化，主要对象仍然是人命、船舶和财物，但具体内涵发生了一些变化。

首先，船舶的种类扩大，既包括中国旧式的风篷船、人力船、渔船等，也包括新型船只，如轮船、帆船、轮帆船（既可展轮也可驶帆）、轮船拖带之船等。外国兵船也成为海难救助的对象。1844年，中美《望厦条约》约定了中国救助美国"贸易船只"，即仅对商船进行救助，到1858年中美《天津条约》中，规定修订为："大合众国船只在中国洋面遭风、触礁、搁浅、遇盗，致有损坏等害者，该处地方官一经查知，即应设法拯救保护，并加抚恤。"③所谓"大合众国船只"，也就是所有美国的船只，既包括商船，也包括军舰、兵船。

其次，救助涉及的特定水域扩大。海难救助是对特定水域内存在危险的船只的救援行为。清代前期海难救助制度涉及的水域主要是内河和环中国海域，而晚清时期，中国与日本、秘鲁、墨西哥、巴西、朝鲜等国都签订了对等实施海难救助的条约，所以理论上，晚清时期中国海难救助制度涉及的水域扩展到了全球海洋及与海相通的水域。清代前期的涉外海难救助主要是对沿海地区及外国转送至清的外国难民的救助，一般不会涉及中国内河，但晚清时期，外国兵船、商船进入中国内河，故在中国内河遇到

---

① 现代海难救助中，民船对于海难中的人命进行救助乃是一种法定义务，如《中华人民共和国海商法》第一百七十四条规定："船长在不严重危及本船和船上人员安全的情况下，有义务尽力救助海上人命。"

② 刘刚仿：《海难救助法初论》，对外经济贸易大学出版社，2014年，第73页。

③ 王铁崖编：《中外旧约章汇编》（第1册），第91页。

危险的外国难船也成为救助的对象。比较特殊的是，近代中国领水是逐步向外国开放的，因此就存在对外国开放的水域和不对外国开放的水域。那么清政府对这些水域之内遇到危险的外国船只是否都有救助义务？中俄《天津条约》规定："俄国兵、商船只如有在中国沿海地方损坏者，地方官立将被难之人及载物船只救护，所救护之人及所有对象，尽力设法送至附近俄国通商海口，或与俄国素好国之领事官所驻扎海口，或顺便咨送到边，其救护之公费，均由俄国赔还。俄国兵、货船只在中国沿海地方，遇有修理损坏及取甜水、买食物者，准进中国附近未开之海口，按市价公平买取，该地方官不可拦阻。"①根据条约，对于在允许通商的口岸内遇到危险的俄国兵船、商船，清政府均有救助义务；如果俄国船只因损坏、购买补给物品需要而进入不对外开放的海口，清政府亦不得限制。这为外国船只进入未开放地区进行扩张侵略提供了借口。

（二）救助的危险

清代前期关于船只"危险状态"的模糊规定引起许多纠纷，鉴于此，晚清政府对于船只需要外力介入救援的"危险状态"进行了一定的明确。

光绪二年（1876）福建省的救护章程第一条规定："凡遇中外船只漂撞礁浅一切危险，本船日则高挂白旗，夜则接悬两灯以示求救。"②山东省的救护章程规定："凡遇中外船只触礁搁浅一切危险，本船日则悬旗，夜则悬灯，以示求救。"而且，信号要根据难船受损程度的不同而有差别："商船遭风搁浅，情形轻重不一，如不至船身渗漏，货物可自全者，该船主日悬白旗一面，夜悬红灯两盏为号……如船身业已触破，势在危急者，该船日悬黑旗一面，夜悬绿灯为号。"③

《航海避碰章程》第三十一条详细规定了船只遇险求救的信号："凡船只遇险欲求他船或岸上施救者，应照以下所列之号或兼用或分用均可。日间之号：每约一分钟之久放炮一响；用万国通语旗书中遇险旗号，悬挂 NC 旗二面；示远标号，悬挂方旗一面，不拘在旗之上下，加挂一球或形之似球者亦可；用火箭火球，与夜间所用者同；连放雾号不停。夜间之号：每约一分钟之久放炮一响；在船上燃火，如烧油筒、油桶等类以为火号；不时放一火箭或火球能爆响空中，炸放各式各色火星者；连

---

① 王铁崖编：《中外旧约章汇编》（第 1 册），第 55—56、87、91 页。

② 《拟定救护中外船只章程》，徐宗亮等编：《通商约章类纂》卷 19，沈云龙主编：《近代中国史料从刊续编》第 47 辑，第 1988—1992 页。

③ 孔昭明：《台湾私法商事编（全）》，第 305—308 页。

放雾号不停。"①

上述法律规范，既是船只遇险求救之信号，实质上也是明确了"救助的危险"。据此可以推断晚清时期海难救助的"危险状态"是：船只存在真实的危险，且自身无法克服，必须外力介入救援；这种危险状态是人命、船舶或其他财产处于危险状态，而非对公共利益有危害或危害之可能；船只的危险状态不是由救助方判断，而是由难船自身判断，并有明确的意思表示。一般只有当难船发出了明确的求救信号时，救援才能进行。当然，难船发出求救信号只是引发救援的一般前提条件，对于船已毁坏、人已漂浮水中等明显可见的危险，自然也不用再等求救信号而可直接施救了。

需要说明的是，关于这种明确的救助危险的规定只适用于海洋航行，并不适用于内河。这可能是因为，当时内河船难一般是船碰或航道险厄导致，一旦发生，当即会发生船只覆溺或沉没，很少会像海洋难船一样漂流在海面，自是没有时间发出求救信号，而且危险又是如此显而易见、迫在眉睫，根本没有必要再要求另外传出求救信号了。

船只遇险求救之号的统一和明示，有利于外部力量尽早发现遇险船只并及时救援，也可以减少因外力救助而产生的纠纷。因为如果没有统一的、明确的遇险之号，则施救者很难判断该失事船只是否确实需要外人救助，如果失事船只并不需要救助而施救者实施了救助，之后可能因救助报酬问题产生纠纷，而如果施救者因为没有得到明确而有效的求救信号，可能因为考虑避免纠纷或其他原因而放弃救助，则将使失事船只得不到及时救助。

三、救助作业规范

所谓救助作业，是指援救处于危险中的人命、船舶或其他财产的行为或活动。清代前期，对于近海船难救助作业，仅有禁止性规范禁止侵犯船难财物，并没有对救助者应该如何实施救助进行规范。晚清法律弥补了海难救助制度上的这一空白。

1. 报告与组织施救

晚清法律规范规定，沿海居民发现遇难船只后，应当向本段地甲或公局（所）头目报告，由地甲或公局（所）头目飞报文武汛官，并组织本地段内之居民渔户实施救援，救援必须在官府的监督下进行。如福建省的救护章程规定："凡遇中外船只漂撞礁浅一切危险……近地之居民渔户人等……实时首报地甲头目，一面飞报文武汛官，一面酌量夫船数目，集腋助救，

① 交通、铁道部交通史编纂委员会编：《交通史航政编》（五），第 2411 页。

其文武汛官闻报后，亦即督率兵役亲往勘验救护，不得稍有迟误。"①山东省对沿海民间组织施救的规范更加细致严密，明确提出各地段分工负责，一般不得跨地段救援，并要求救援人员在施救时佩戴身份标识，救护章程第一条规定："凡遇中外船只触礁搁浅一切危险……所在居民渔户人等，见则立赴公所首报，由公所酌量派船救护，一面派人持竹签驰报文武衙门勘护。如系大船失事，本段舢板不敷救援，准由本段董事发竹签一支，飞报邻段派船帮助。若无本段董事竹签请援，他段不得干与，俾免混淆。……文武官员闻报后，亦即督率兵役，亲往勘验救护，不准迟误。"向外段请援，必须持有本段董事发的竹签，实施救助的人员，要佩戴腰牌之类的身份标识，救援船只也必须悬挂地甲、公局（所）下发的旗、灯作为区别。这些"竹签、腰牌盖用火烙印用，旗灯统由州县制备交存公所"，救援船户"临用之时，每号舢板昼则领旗，夜则领灯，面上书'救护商船、严禁抢夺'字样。夜则领灯一盏，并各人发给腰牌一块"。②如此严格规范，使拯救过程处于严格监管之下，可以避免沿海居民哄抢或偷藏船难货物现象的发生。

2. 救助必须出于被救助者的自愿

根据福建省、山东省的救护章程、《航海避碰章程》关于船只遇险求救信号的规定，可以推定，一般情况下，救助的开展是建立在被救助者有明确意思表示之上的。当难船发出求救信号被发现后，沿海地甲、公局（所）应当一边组织施救并呈报官府，一边派人与难船接洽，以进一步确认是否需要实施救助。救助的过程则需要听从被救助方的要求。

福建省的救护章程规定："凡遇险船只其力尚可自存，船主并不愿他人上船者，则救援之人自不得混行上船。傥船主须人救援，或系应先救船，或系应先救货，或系应先救人，均听船主指挥，不得自行动手。救起货物应寄何处，亦由船主作主，其有擅行搬取或私自藏匿者，一经船主及地甲头目指明，查有确据者，即行由官追究治罪。倘有人出首确凿者，亦赏以应赏之款，诬捏者，并行反坐。"③

---

① 《拟定救护中外船只章程》，徐宗亮等编：《通商约章类纂》卷19，沈云龙主编：《近代中国史料丛刊续编》第47辑，第1988—1992页。参见颜世清：《约章成案汇览》乙篇卷五上《章程》；［日］伊能嘉矩：《台湾文化志》（中卷），第490—491页。

② 孔昭明：《台湾私法商事编（全）》，第305—308页。

③ 《拟定救护中外船只章程》，徐宗亮等编：《通商约章类纂》卷19《优待保护》，沈云龙主编：《近代中国史料丛刊续编》第47辑，第1988—1992页。参见颜世清：《约章成案汇览》乙篇卷五上《章程·交际门》；［日］伊能嘉矩：《台湾文化志》（中卷），第490—491页。

广东省的章程规定："至遇险船只，其力尚可自顾，船主并不愿他人上船者，则救援之人不得混行上船。倘须人援救，或先救船，或先救货，或先救人，均听船主指挥，救获货物，应寄顿何处，亦由船主作主，不得擅动，以免混乱。倘敢擅行搬取，或私自藏匿，地方官即行究追。其有乘机抢毁劫夺者，严拿审明，分别照例治罪，仍追原赃给主。"①

山东省的救护章程更是进一步区分了难船的不同状况，规定了不同情况下的救助作业程序。如果难船不至船身渗漏，货物可自全者，"公所先派舢舨一二只飞往称问，不准上船骚扰。若船主欲将货搬取，应听船主招雇舢舨若干只，迅速代为搬运上岸，由公所派人看守，事竣听船主向公所秉公议给雇价，至多不得过货价值四分之一，公所、舢舨不得勒索留难。倘船主不欲搬取，而蜂拥上船擅自搬取者，应由地方官查护严办"。如果难船船身业已触破，势在危急，"公所飞速多调舢舨，飞往救护，或系先应救船，或系先应救货，或系先应救人，均听船主指挥，不得自行动手。货物搬运上岸，亦应由公所派人看守，听候地方官督同酌度难易多寡，以定赏项分声。倘所搬货物自藏匿，或搬往他所者，一被人告发，或别经查出，即以乘危抢夺科罪，仍追还原赃。如有凶恶匪徒或谋财害命，或拆毁船只，董、保等立即捆送到官，即行重赏；倘或扶同徇玩，纵令脱逃，将该董、保一并拿案押追。如有诬告，仍照反坐"。②

上述材料显示，在近海船难救助中，晚清政府充分尊重被救助方的意愿，船难方不仅有请求救助的权利，而且还有拒绝救助的权利。只是这种权利只能在救助作业开始前行使，对于救助作业开始后是否可以行使，则法律尚未明确。而且，救助的过程中，救助如何开展也都依从被救助者之意愿，先救人还是先救货物，须听被救助者指挥，对于货物，救助者不得擅行搬取或私自藏匿，否则治罪。这些规定都有利于保障被救助者的人身和财产安全。

3. 救助之后的安置处理

近代以后，外籍难民及货物被救之后，其安置处理必须照会难船所属国，由其派领事官员参与。如 1844 年中法《黄埔条约》规定："如有佛兰西船只在中国近岸地方损坏，地方官闻知，即为拯救，给与日用急需，设法打捞货物，不使损坏，随照会附近领事等官，会同地方官，设法着令该

---

① （清）刘坤一撰，陈代湘、何超凡等校点，《刘坤一奏疏》（第 1 册），第 445 页。

② 孔昭明：《台湾私法商事编（全）》，第 305—308 页。

商梢人等回国。"①清政府对外籍难民的安置处理，要在外国的监督、干预下进行，这毫无疑问是对中国主权的侵犯。

不过，条约只作了原则性规定，在实践中并不能完全防止中国救助者对外籍难民的不公正的待遇，由此引发的中西纠纷时有发生。因此，光绪年间，福建、广东、山东各省订立的海难救护章程，都特别对难民及货物获救之后的安置处理作了更细致具体的规定。

关于难民的抚恤安置。沿海居民救得之难民，或自行登岸之难民，均交由该段所设之地甲、公局（所），由其先行给以衣食，之后送交官府。如系中国人，地方官查明后，给予盘缠，资送回籍；如果是外国人，由官府转交该国驻中国领事官衙门，由其安排回国。如福建省的救护章程规定："倘无货有人，则须将人救护，无论中国、外国之人，均先行给以衣食，就近送交地方官、领事官，妥给船夫，分别资送回籍。倘系外国人无领事可交者，即报明通商局，资给盘川，俾令自行回国。"山东省的规定与福建基本一致，广东省的规定则稍有不同："段内如有遇险船只，该乡民赶将船内中外人等搭救登岸。倘船已击破，船内人等飘流到境，该乡民亦应将人捞获救援，先行给以衣食。如系中国人，即由公局绅耆禀交地方官，查明委系拯救属实，即将难民赏给盘川，资送回籍。如有洋人被救，即由地方官查明，妥给船夫资送来省，或就近资送领事官衙门……倘无领事可交者，亦即护送到省，优给盘川，令其自行回国。……倘难民飘至海边，自行登岸……仍由该公局绅耆收留，送交地方官资送。"可见广东省对于外国难民的安置规定得更为细致，所救外国难民，无论是中国方面救起还是自行登岸，都由公局（所）收留，给予衣食，送交地方官，地方官查明救助属实，或就近资送领事官衙门，或资送至省。

关于所捞救货物的处置。难船货物捞救后，禁止救助者、地甲、公局（所）自行与被救助方私下交接处理，而必须将货物全数交与地方官府，由文武官员验报。如果所救为外籍难船，则还须同时报明附近该国领事官，由中外官员会同查核。福建省的救护章程规定："凡救起之货，须俟文武汛官验报。如系外国船货，则并报明附近领事官会同查核。"②查核之后，再给还原主。内河船难救助也是如此，如《内港江河行船免碰及救护

---

① 王铁崖编：《中外旧约章汇编》（第1册）。参见交通、铁道部交通史编纂委员会编：《交通史航政编》（五），第63页。

② 沈云龙主编：《近代中国史料丛刊续编》第47辑，第1988—1992页。

赔偿审断专章》规定："行船失事，船货将沉，如有附近小船及居民人等前往救护，所获货物全数缴官，给还原主，倘有私运入己及乘危强抢者，告官追究。"①

不管难民还是难民之财物，都不经由民众个人安置处理，而皆通过官府和官府监控下的组织，这就避免了沿海居民借机勒索钱财甚至加害难民的可能。

福建、广东、山东等省的救护章程均明确声明，遇风涛汹涌，人力难施，或在大洋，为救援所不及者，均宜各安天命，不得任意株连。②这是因为晚清时期，曾发生过西方国家以中国没有实力救助为由要求清政府赔偿相关损失的事件。晚清政府此种声明，既是为避免外国政府借此提出赔偿之类的不合理要求，也反映出清朝统治者对国际原则的运用日趋成熟。

另外，在此尚需说明的是，随着清政府接受海难难民遣返的国际规则，出于对等原则，在海外中国漂流民的遣返上，自然也不能要求外国政府遵循朝贡体系下的"牧养解送"机制。自此，清政府也不再要求外国政府将海外中国漂流民护送归国，而是按国际规则，要求其送交清朝设立在该国的外事机构。如同治十一年（1872），有华人为秘鲁国人贩出外洋，船经日本，被日本官宪扣留，日本将中国难民交由清朝官员陈司马带回国内。③不过，晚清时期，中国所设立的外事机构数量、规模、办事能力都有限，这不能不对海外中国漂流民的救助产生消极影响。如同治十一年八月，万昌公司一艘火轮船名亚美利架者，从英国驶到日本滨港时，疑因有人故意纵火，轮船被焚毁，华人溺毙者一百名，西人三名。幸存之华人"虽幸遇拯救，而苦仍万状。盖不惟囊空如洗，且无囊矣。爰赴该埠相识店户借贷水脚而归，尚有还救得生而欲返无赀，仍尚淹留该埠者"④。该海难事故中，不但华人死亡多人，即使遇救生还，也因穷困而只能滞留日本。因此，相较于清代前期的"牧养解送"机制而言，近代国际救助规则对海外中国漂流民反而不利了。

① 王彦威、王亮编：《清季外交史料》卷18《内港江河行船免碰及救护赔偿审断专章》，沈云龙主编：《近代中国史料丛刊三编》第2辑，第342页。
② 沈云龙主编：《近代中国史料丛刊续编》第47辑，第1988—1992页。（清）刘坤一撰，陈代湘、何超凡等校点，《刘坤一奏疏》（第1册），第446页。孔昭明：《台湾私法商事编（全）》，第305—308页。
③ 《申报》第1册，《日本商遭风来申》，第602页。
④ 《申报》第1册，《华人流落横滨》，第518页。

4. 船碰事故的后续处理

船舶碰撞事故中，救助之后还涉及责任追究、赔偿、救助报酬款项给付等一系列问题。对此，清代前期没有相应规范，晚清海难救助制度增加了对这一问题的处理，弥补了法制上的空白。光绪五年（1879）《内港江河行船免碰及救护赔偿审断专章》规定："碰船后，两船应将彼此之船名、牌号、船主姓名，并其船向在何口、现从何处来、应往何处去，彼此详细告知备查。"①《航海避碰章程》也规定，海上行船，船只碰撞实施救助之后，"须将此船之名及属于何处、由何处开驶，以及驶往何处等类开单，交与彼船船主收执"②。也就是说，两船如果发生碰撞，在进行救助之后，应当互相交换船只信息，以方便后续的追责、赔偿等事宜。至于具体赔偿及追究程序，光绪五年的《内港江河行船免碰及救护赔偿审断专章》下有"赔偿章程""审断章程"进行规范。据此章程，在内河船舶碰撞事故中，采取过错归责原则，由有过错的一方承担赔补责任。如果两船都有错，彼此都不用赔偿。若因不可抗力而发生船只碰撞，则两船均无错，也彼此免赔。如果出现连环船碰事件，多船被碰受损，由有错之船赔还。赔款由船东、船主"措交"，如果碰船由船上引水人之错引起，引水人也要分赔。不过，考虑到中国内河船只的特殊情况，章程特别明确了对内河中国船（一般是人力船）的保护："偏僻处所，贫愚乡民驾驶小船，未悉中外行船免碰定章，或无力置备号灯响器，致被碰撞失事者，事告到官，应即秉公审讯，原情断给赔偿抚恤，不得责以违章，置不准理。"至于船碰赔偿的标准，如果撞毙人命，每名给恤银一百两；受伤未死者，每名给养伤银五十两；若因伤重殒命，加给恤银五十两；倘系官员，另议加给。船货损失，一般依具体情形依据中外通行免碰章程酌量断赔。船舶碰撞如果就责任确定和赔偿等事产生纠纷，如两船均系华船，由华官讯断，如均系洋人，由洋官讯断，如系华洋之间产生纠纷，则由中外官员会审。③关于华洋船碰纠纷及其具体解决过程，学界已有一些研究，可作进一步了解。④

---

① 王彦威、王亮编：《清季外交史料》卷18《内港江河行船免碰及救护赔偿审断专章》，沈云龙主编：《近代中国史料丛刊三编》第2辑，第342页。

② 交通、铁道部交通史编纂委员会编：《交通史航政编》（五），第2412页。

③ 王彦威、王亮编：《清季外交史料》卷18，沈云龙主编：《近代中国史料丛刊三编》第2辑，第341—343页。

④ 对于中西船碰纠纷之解决，可参见蔡晓荣：《晚清中外船碰问题探论》，《安徽史学》2004年第3期；朱思斯：《船难救助与纷争——对中国水域的西籍船难事件的考察（1872—1879）》；翁敏：《晚清华洋船碰纠纷研究》。

四、救助费用与奖赏制度

（一）救助费用

救助费用包括救助报酬、奖金及海难救助中的其他花费。救助报酬、奖金指海难救助中，由被救助者付给救助者的报酬或花红。海难救助的其他费用，包括捞尸、掩埋尸体、电报来往、给予难民的衣物等的经费，以及政府为鼓励救助行为给予的奖赏。

清代前期，在中国"施恩不望报"的伦理道德下，清政府不认可海难救助报酬权，而且，因实施救助产生的所有费用，也均由救助方，或民众，或官府承担。外国救助遣返中国漂流民的费用，一般由外国政府负担（日本有部分情况由中国难民自身承担）。

鸦片战争以后，中国海难救助费用的规定开始发生变化，这种变化最早发生于外籍难船救助中。1858年中俄《天津条约》规定："俄国兵、商船只如有在中国沿海地方损坏者，地方官立将被难之人及载物船只救护，所救护之人及所有对象，尽力设法送至附近俄国通商海口，或与俄国素好国之领事官所驻扎海口，或顺便咨送到边，其救护之公费，均由俄国赔还。"[①] 这是西方列强第一次提出不需要中国政府承担海难救助费用。只是，"赔还"的范围仅是"救护之公费"，当是赔还清政府抚恤遣返俄国难民的花费，并不包括给予救助方的报酬。而且对于如何赔还，并无后文。

最早将西方海难救助报酬制度带入中国并付诸实践的是英国。同治八年（1869）三月，福州英国领事恐本国船只在华触礁遭风后，华民不肯尽力救护，乃拟定《酬赏失事洋船章程》，送交闽浙总督，希望清政府能采纳沿用，以此促使中国民众积极救援遇难之英船及人货。该章程共五款，具体内容详列如下："一、如有英船破坏，附近华民可以向前，代原英商收拾货物等件；一、收拾货物之华民，应将所拾物件开列清单，报明附近英领事官，指明该货应交何英商；一、该英商前往该处，收拾之华民即将该货若干交还，向该英商取讨收单，送交领事官查办；一、该货收到，应由领事官饬令该货或售卖，或估价，按照价钱多寡，核华民收拾工夫之轻重，秉公断给功劳之资若干；一、按照英例功劳之资，功劳少者八份应给一份，功劳多者八份应给七份，其中按物、按工、按照时势，应斟酌秉公断给。"[②] 该章程不但规定了实施救助作业的程式，而且规定了报酬的确定

---

①　王铁崖编：《中外旧约章汇编》（第1册），第87页。

②　王铁崖编：《中外旧约章汇编》（第1册），第314页。

方式以及标准。依此章程，中国人救助英国难船后，报给英国领事官，由英国领事官核定货物价值，依据英国法律制度，区分救助作业的难易，确定救助报酬的金额。报酬可谓相当丰厚，救助者可以获得捞救货物的八分之一，最高可获得八分之七作为报酬。

闽浙总督接到该章程后，一面通饬福建沿海各府、厅、县一体照办，一面咨送总理衙门请予立案。在咨文中，闽浙总督较详细地阐述了采纳该章程的理由："闽省为滨海之区，各国洋商往来络绎不绝，其因遭风触礁损坏者，亦事所常有，唯船只一经遭险失事，所载货物势必四散漂流，无可救护，附近华民事后捞拾，在华民未知何项船只所失货物，遂各分散无存，迨地方官知有洋人失事，按照条约驰往保护，而货物已经分散，无从追起送还，是以每遇洋船失事之案，办理诸多棘手。兹据英国领事送有定例，查核所列酬赏捞拾功劳章程各条，尚属妥协，堪以引用。"可见，采纳该章程，主要是为了减少因海难事故引起的中外纠纷。总理衙门亦认为此章程"尚属妥协，堪以引用"，同时，试图将该章程推广适用于对所有外籍船只的救助，因此照录原文，咨行沿海各省营、抚转饬一体照办，并知照各口领事官。[1]这是中国历史上政府第一次明确认可海难救助方有获取报酬的权利。

不过，德国领事官认为酬赏之钱太重，拒绝接受这样的处置。德国照会称："以此章程施于北德意志公会，各国船只尚难应允，盖以英国所定报谢之钱数甚重，北德意志公会领事官如定此报谢之钱数，不能过德意志通商律例书内至多者系一半之数。"最终，清政府决定德国和英国各按其所定之"报谢之钱数"施行。[2]至于其他国家是否按英国所定之钱数施行，还是按其本国制度施行，则尚不清楚。另外，此一酬赏制度只适用于中国人救助外籍难船，而中国人、外籍船救助中国难船，应仍不能获得救助报酬。

到光绪年间，清廷主动改变了中朝两国间互相免费救助对方难船难民的做法。光绪八年（1882），中朝《商民水陆贸易章程》规定："倘在彼此海滨遭风、搁浅，可随处收泊。购买食物，修理船只，一切经费均归船主自备，地方官第妥为照料。如船只破坏，地方官当设法救护，将船内

---

① 《通行英国酬赏救护失事洋船章程》，徐宗亮等编：《通商约章类纂》卷19《优待保护》，沈云龙主编：《近代中国史料丛刊续编》第47辑，第1983—1984页。参见颜世清：《约章成案汇览》乙篇卷五上《章程·交际门》。

② 《附布国另章》，徐宗亮等编：《通商约章类纂》卷19《优待保护》，沈云龙主编：《近代中国史料丛刊续编》第47辑，第1986—1987页。参见颜世清：《约章成案汇览》乙篇卷五上《章程·交际门》。

客商水手人等送交就近口岸彼此商务委员转送回国，可省前此互相护送之费。"①光绪二十五年的中朝《通商条约：海关税则》再次强调："如两国船只在彼此海岸破坏，地方官一经闻知，即应饬令将水手先行救护，供其粮食，一面设法保护船只、货物，并行知照领事官，俾将水手送回本国，并将船货捞起。一切费用，或由船主，或由本国官认还。"②这样，中朝两国确立了由难船船主或本国政府负担救助费用的制度。

中日两国也就相互实施海难救助的费用问题进行了协商，并多次在条约中规定救助费用问题。光绪十六年（1890），清朝与日本签订《中日船只遭险拯救章程》，将救助难船产生的费用分为三种类型，并议定了不同的处理方法：一是两国彼此救助沿海遭难人民，所给衣食、川资、医药以及捞尸、埋葬等诸项费用，均由该难民之国政府归还；二是两国救助难民所派员弁川资、照料护送以及收发电报、文件等诸项费用，无须由该难民之国政府归还；三是两国救助难船及货物所需人工等诸项费用，应由收领该船只货物之人归还。③即：难民获救后抚恤之费，由难民所在国政府归还；遣返难民及其间交涉所产生之费，由救助国承担；实施搜救、捞拾财物之费用，实际上就是财物救助的救助报酬，由收货之人承担。光绪二十四年，两国又签订《归还难船经费公立文凭》，在光绪十六年章程的基础上，将救助难船及货物所需人工等诸项费用的支付主体修改为"应由收领该船只货物之人，或原船主，或货主归还"④。也就是说，救助方可以向收货人、船主、货主要求救助报酬。支付主体范围的扩大，使救助报酬权得到了更切实的保障。

以上主要考察的是条约制度之下，涉外海难救助费用的原则性规定。晚清国内法中，对海难救助费用问题有更详细的规定。

关于救助报酬权，虽然清政府接受西方有偿救助的原则，但一般而言，有救助报酬权的主体一般是政府机关控制的救助作业主体，即沿海地甲、公局（所）及具体参加救助的民众，政府机关直接实施的救助仍是免费的。救助报酬可分为两类。一类是给予报信者的花红。福建省的救护章程第一条规定："近地之居民渔户人等见有此等（注：求救）旗灯，实时首报地甲头目，一面飞报文武汛官……其往来报信之人，一切费用均由失事船

① 王铁崖编：《中外旧约章汇编》（第1册），第405页。
② 王铁崖编：《中外旧约章汇编》（第1册），第912页。
③ 颜世清：《约章成案汇览》乙篇卷二十三上《章程·交际门》。参见王铁崖编：《中外旧约章汇编》（第1册），第557—558页。
④ 王铁崖编：《中外旧约章汇编》（第1册），第822页。

主给还，惟官役不得勒索使费。"第二条又规定："至于望见船只危险，首先报知地甲头目及文武汛官者，以初报之人为首功，由失事船主给予花红，大船多至三十两，小船以十两为度。"①山东省的救护章程也规定对报告首功者给予同样之奖励。广东省的制度稍有不同，报信者由官府"赏犒"②而不是被救助方付酬。

另一类是救助行为的报酬。沿海民众救得难船，可由官方从捞救货物中抽出一定之比例作为报酬。如福建省的救护章程第四条"定酬劳以资鼓励"规定：凡救起之货，由文武汛官验报，如系外国船货，则并报明附近领事官会同查核，将货估价，"按照出入多寡难易抽拨充赏，至多三分之一赏救援之人。若有货无人，则须禀明就近地方官及领事官秉公将货酬赏"③。广东省则规定"将船货估价，按照多寡难易，抽拨十成中之二成充赏，若有货无人，应分别由地方官会同领事官秉公将货酬赏"④。山东省的救护章程则更具操作性，依据难船的不同状况确定不同报酬：沿海地区商船遭风搁浅，不至船身渗漏，货物尚可自全，如果"船主欲将货搬取，应听船主招雇舢版若干只，迅速代为搬运上岸，由公所派人看守，事竣听船主向公所秉公议给雇价，至多不得过货价值四分之一"；如船身业已触破，势在危急，公所派船进行救助，"凡救起之货，须候地方官验报如何，外国船货则并报明附近领事官，会同查核，将货估价，按照出入多寡难易，抽拨充赏。赏项分作四等：难救而数少者，提赏三分之一；难救而数多者与易救而数少者，提赏四分之一；易救而数多者，提赏五分之一；而货物已落水，小民贫属不顾性命泅水捞摸者，地方官验明货物，果系海水湿透，应提赏三分之二，归于船主三分之一。所提赏项由董事开单禀明地方官，按数分给，庶几赏厚而劝行"⑤。可见，报酬标准全国并不统一。捞救者的报酬来自所获之货物或估算之货价，实际隐含着救助须奏功效才能获得报酬、无效果则无报酬的原则。

关于沿海地区海难救助报酬（花红及救助行为的报酬）还应当注意的是，其数额和给付，沿海居民、地甲、公局（所）均禁止私下向被救助者

① 《拟定救护中外船只章程》，徐宗亮等编：《通商约章类纂》卷19《优待保护》，沈云龙主编：《近代中国史料丛刊续编》第47辑，第1988—1992页。
② （清）刘坤一撰，陈代湘、何超凡等校点：《刘坤一奏疏》（第1册），第445页。
③ 《拟定救护中外船只章程》，徐宗亮等编：《通商约章类纂》卷19《优待保护》，沈云龙主编：《近代中国史料丛刊续编》第47辑，第1988—1992页。
④ （清）刘坤一撰，陈代湘、何超凡等校点：《刘坤一奏疏》（第1册），第445页。
⑤ 孔昭明：《台湾私法商事编（全）》，第305—308页。

索取，被救助者也不能直接付给个人和地甲、公局（所）报酬。报酬数额必须由官府（如果所救是外国船只，则须中外官员会同办理）确定，并由官府给付。官府一般是给予地甲、公局（所）中的士绅，而不是救助者个人，再由士绅进行分配，但分配之标准、程序等都没有详细规定，只能临时自由裁量酌断了。不过，商船遭风搁浅，货物尚可自全，船主雇人搬取货物时的雇价可以不由官方确定，而是经公所议给，但也仍禁止救助者个人直接向被救助者索取。这些规定，自然是为保障被救助方的权益，防止救助者借机加价勒索。

内河船难救助也允许救助方索取一定的救助报酬。光绪二年（1876），九江海关拟定的《内地船只防备轮船碰撞章程》规定，在内河之中，两船相向而行，如果中国船在左边行驶，遇风强水溜，人力难施，发生碰撞，轮船应停下相救，轮船在实施救援之后，"内地船主应酌量酬谢轮船水手人等"①。就是说，内河中外国轮船与中国人力船相向而行，如果中国船因不可抗力失控，未按规则靠右行驶，与轮船相撞，轮船应予施救，中国船主则应给予一定的救助报酬。光绪五年总理衙门奏定的《内港江河行船免碰及救护赔偿审断专章》改变了上述做法，规定内河船碰事故中，碰船双方都有救助义务，有能力施救者必须进行援救，救助方也不能要求被救助者支付报酬。当然，如果是碰船双方之外的第三方实施了救助，则可以获得报酬，由船碰事故中的过错方支付："救获碰船货物，由官查明捞救难易情形，按照所获货价，酌断赏项，分给捞救之人酬劳，其货给还失主，仍在应赔船货之人名下追缴赏项。"清政府还制定法律保证救助方报酬权的实现：内河发生船碰事故后，如附近小船与居民前往救护，"捞获碰船所失货物全行缴官，并未入己，而失主昧良逞刁，指为隐匿，或诬以强抢，图赖酬劳，妄索赔还者，照诬告例治罪"②。

至于政府机关实施的救助作业，如沿海汛防官兵、地方官府、官办救生机构的救助行为，以及官督民办（官民合办）的救生局、渔团等机构实施的救助作业，均无救助报酬权。也就是说，这些均属于公益事业，是政府社会保障的组成部分。

要之，晚清政府认可海难救助报酬权的合法性，但只有民众自发和地

---

① 《九江关议内地船只防备轮船碰撞章程》，蔡乃煌总纂：《约章分类辑要》，沈云龙主编：《近代中国史料丛刊三编》第 12 辑，第 3291—3292 页。

② 王彦威、王亮编：《清季外交史料》卷 18，沈云龙主编：《近代中国史料丛刊三编》第 2 辑，第 342—344 页。

甲、公局（所）实施的海难救助才有获取报酬之权利，负有法定救助义务的政府机关、官办救生机构、官民合办或官督民办的救生机构则不能获取报酬；救助财产和人命的行为都可以获得相应报酬，单纯的人命救助也可获得被救助者给予的银五两至十两的酬谢，如果被救助者个人无力支付，则由官府代付，只是从性质来说，这不再是报酬而应是官府的奖赏；报酬的确定与给付一般须经由官方，禁止救助者私下索取；救助报酬遵循"无效果则无报酬"的原则，这种效果既包括直接效果，如公局（所）组织力量实施救助，使遇险人和财产获救，也包括无形效果，如沿海船难的首报者虽然并没有直接参与对遇险船舶、人和货物的救助活动，但难船、人、货物的最终获救与其首报行为存在着客观上的联系，因此法律规定由被救助方给予首报者"花红"酬谢。①

救助报酬是近现代海难救助制度的核心。晚清政府建立起海难救助报酬制度，是中国传统海难救助制度向现代海难救助制度转变的一大步。虽然，相比清代前期的免费救助而言，救助报酬加重了受救助方的负担，但对于在水上不幸遇难的人们来说，他们最大的希望无疑是及时得救，救助报酬制度的确立，可以激发民众的救助热情，对于船难方而言，既可以避免受到沿海居民的抢夺甚至杀害，而且还可以得到及时有效的救援。故相对而言，救助报酬制度是更有利于受救助方的。此外，外籍船难救助费用不再由清朝政府承担，也在一定程度上减轻了清朝的财政负担，对于急需资金实现社会转型发展的清政府而言，也是有利的。

（二）奖赏制度

为鼓励船难救助行为，晚清政府依然对实施救助者给予奖赏。奖赏因给予对象不同而分为以下几种类型。

1. 对中国民众救助行为的奖赏

首先，对报信者给予奖赏。如前所述，沿海地区报告船难者，一般由失事船主给以花红，但如果船主无力支付，则由官方给付。如山东省的救护章程规定，沿海船难首报者，由失事船主给以花红，"如船主以无力酬给者，准在局费内照给。若局费无款，先由州县执发报明，由东海关道筹款给领"②。广东省报信者之花红不由失事船主支付，而是由官府给予："遇有离村较远洋面，遭风搁浅船只，无论何人，即时分赴报信者，由官重

① 关于救助取得之效果，有三种情况：直接效果、间接效果、无形效果。参见王千华、白越先主编：《海商法》，第213页。
② 孔昭明：《台湾私法商事编（全）》，第305—308页。

给赏犒，以初报之人为首功，二次、三次续报者酌减，第四次以后均不给赏。"①

其次，单纯的人命救助中，被救助者一般也要支付报酬，如无力酬谢，则由官府对救助者予以奖励。福建省的救护章程规定："其小船出力救护者，倘本人无力可以酬谢，即就近禀报地方官，小船每救人一名，赏给洋银十元，就近由地方官先行核给，按月汇报通商局拨还。"②山东省的救护章程则区分救助的难易程度给予不同奖励："救人一名，易者赏银五两，难者赏银十两。如本人无力，由地方官垫给，取获救之人结状及领赏之人领状，禀报东海关道，在于新关经费项下支销。"③

至于内河救生，清代前期就已经实行对救生船水手的奖赏制度，晚清时也仍然沿用，由官府或救生机构给予金钱奖励。如《峡江救生船志》记载救获一人，赏水手 1 000 文，捞浮尸一具，给棺木一具约值 700 文，另给 100 文刻石碑。④光绪《巫山县志》也记载红船每救生一名，赏钱 1 400文，捞尸一具，赏钱 1 000 文。⑤

再次，对民间自发救助行为给予奖赏。这主要是官府对民间个人的救助行为给予奖赏。如《大清现行刑律》规定沿海居民及采捕渔户民众救助商船而又不取财物者，由督抚酌给奖赏。

2. 对地甲绅董与官员的奖赏

地甲头目一般以名誉上的奖励为主。福建省的救护章程规定，地甲头目"分别上次劳绩，随时赏给顶戴匾额，以昭激劝"⑥。山东省的救护章程则有赏有罚："董事由州县查明救护认真实在出力者，初次请赏给顶戴匾，积至三次者，保官阶；疏懈失救者，即行撤换薄罚。"⑦如光绪二十九

---

① （清）刘坤一撰，陈代湘、何超凡等校点：《刘坤一奏疏》（第 1 册），第 443—446 页。

② 《拟定救护中外船只章程》，徐宗亮等编：《通商约章类纂》卷 19《优待保护》，沈云龙主编：《近代中国史料丛刊续编》第 47 辑，第 1991 页。参见颜世清：《约章成案汇览》乙篇卷五上《章程·交际门》；[日]伊能嘉矩：《台湾文化志》（中卷），第 490—491 页。

③ 孔昭明：《台湾私法商事编（全）》，第 305—308 页。

④ 罗笉臣：《峡江救生船志》卷 1《文件》。转自蓝勇：《晚清海关〈中国救生船〉与东西洋红船情结》，《学术研究》2016 年第 4 期。

⑤ 光绪《巫山县志》卷 7《水利·险滩救生船》。

⑥ 《拟定救护中外船只章程》，徐宗亮等编：《通商约章类纂》卷 19《优待保护》，沈云龙主编：《近代中国史料丛刊续编》第 47 辑，第 1988—1992 页。参见颜世清：《约章成案汇览》乙篇卷五上《章程》；[日]伊能嘉矩：《台湾文化志》（中卷），第 490—491 页。

⑦ 孔昭明：《台湾私法商事编（全）》，第 306 页。

年（1903），浙江绅董颜鑫等救护遭风难民出力，朝廷予以奖叙。①

对文武官员，则一般予以行政奖励，按照其在海难救助中的贡献大小奖叙。福建省的救护章程规定："沿海文武汛官，如有救护船货至一万两以上，中外人等救至十名以上者，一经该管上司查明申报，及领事官照会关道有案藩司立即注册记功，三功以上者，文武汛官详请酌给外奖，五功以上者，分别详请题升，以示优奖。"②之后，总理衙门议定外洋水师救助奖赏标准："文武汛官及外海水师管驾人等，遇有中外船只遭风触礁，瞬将沉没者，果能奋身冒险救出，至三十人以上，准其比照异常劳绩奏奖，但每船每次奏奖不得过两三员。"③光绪十二年（1886），两江总督曾国荃依此例，为救护人口已足之虎威船、测海船两船向朝廷请赏。④光绪十四年，福建"束尾洋面有英国太古行之中庄轮船，因大雾迷失方向触礁入水，瞬将沉没，代理金门营都司陈绍勋、候补千总陈士斌等闻报，带领弁兵倩小船，知会金门县丞万鹏派拨丁役人等冒险驰往，将该船洋人七名、华人四十余名全行救去，船主嘱将黄豆、豆饼等货搬弃海中，船始浮起十分之二，复用机器将水抽尽。修补、救起船价，询值洋十三万圆，经厦门英国领事及税务司迭次函谢，并送还该营垫用洋银六十元，各氏酬劳四十元，兴泉永道吴世荣禀报相请将出力各员弁分别奏咨奖叙"，福建水师提督彭楚汉咨请闽浙总督卞宝第奏请朝廷，"将代理金门营都司尽先补用守备，陈绍勋俟补守备后，以都司尽先补用，先换顶戴，尽先拔补千总陈士斌，俟补千总后，以水师守备补用，先换顶戴，借昭激劝"，得到皇帝的批准。⑤

鉴于"荣成县向来抢滩之案最多，防护为难"，山东省在沿用上述奖励制度外，加大了对官员的奖赏，只要所管地段之内，"三年无抢滩之案，准予调署优缺一次"。⑥

3. 对外国人救助中国船难的奖赏

对于外国人救助中国船难，晚清政府不再使用清代前期的金钱和赐

---

① 《清德宗实录》卷520，光绪二十九年八月，第874页。

② 《拟定救护中外船只章程》，徐宗亮等编：《通商约章类纂》卷19《优待保护》，沈云龙主编：《近代中国史料丛刊续编》第47辑，第1988—1992页。参见颜世清：《约章成案汇览》乙篇卷五上《章程》；〔日〕伊能嘉矩：《台湾文化志》（中卷），第490—491页。

③ （清）朱寿朋：《东华续录（光绪朝）》一百一，宣统元年上海集成图书公司本。

④ 《上海救捞志》编纂委员会编：《上海救捞志》，第279页。

⑤ （清）朱寿朋：《东华续录（光绪朝）》一百一、一百六。

⑥ 孔昭明：《台湾私法商事编（全）》，第305—308页。

宴奖励形式，而代之赐以"宝星"。所谓"宝星"，即勋章，产生于洋务运动时期，是晚清政府学习西方奖赏制度的产物。① 晚清政府还制定了赐颁宝星章程，规范宝星的颁发。② 初始时，宝星本是清政府为联络邦交之用，一般只颁赐给外国驻华使馆人员及对中国作出突出贡献的外国人。后来，对救助中国船难有功的外国人，清政府也颁赐宝星。光绪二十二年（1896），清廷"以救护遭风难民，赏英国船主百里士等宝星"③。光绪二十四年，"以救护商船出险，赏日本国陆军步兵大尉宫崎宪之等宝星"④。光绪二十九年，德国德瓦翁咨轮船在西贡之南救助遭风华船，救出华人七十八名，德国爱搉斯轮船在海南之东救出海上遇险华人七名，清廷奖赏给相关人员三等第二宝星以示嘉奖。⑤

晚清时期海难救助奖赏制度较清代前期有三个方面的变化：一是奖赏进一步走向制度化、规范化；二是奖赏的力度更大，更加优渥；三是奖赏形式逐渐仪式化、国际化。奖励制度在一定程度上对海难救助起到了激劝之作用，如《东华续录》载："光绪十六年六月初九日二更时分，招商局富有轮船驶至荣城县汪流口洋面，迷雾触礁，船底洞穿，极形危险，客商水手四十余人争上杉板，致将船上铁柱折断，人众全数落水，经署荣城县知县廉存闻信，会同抚济局委员试用县丞费邦俊、候选县丞陈锦琪带领夫役，各驾杉板，驰往救援，饬令熟谙泅水之人，深入海底，将落海者全数救起，幸获全生者三十一名，淹毙十一名，船内尚有中外水手搭客共五十四人，船身瞬将沉没，危在呼吸，该员等于波涛汹涌、风雾晦冥之际，设法将船内之人各用杉板渡送登岸，得庆更生，船身立时沉没，嗣后雇募民夫捞获各色货物，按半折价，值银三万两以上。……洵属奋不顾身，异常出力，自应照章奖叙，以昭激劝。据该道盛宣怀查明具禀请

① 关于宝星制度的起源、历史沿革、样式、颁发等问题，参见王彦章：《清代奖赏制度研究》，安徽人民出版社，2007年；陈悦：《龙星初晖：清代宝星勋章图史》，江苏凤凰文艺出版社，2019年；向中银：《晚清宝星制度初探》，《重庆师专学报》1995年第4期；李培娟：《晚清宝星制度研究》，暨南大学硕士学位论文，2013年；周靖程：《中国国家博物馆藏晚清宝星及其奖赏制度》，《中国国家博物馆馆刊》2019年第11期。
② 徐宗亮等编：《通商约章类纂》卷18《交际仪文》，沈云龙主编：《近代中国史料丛刊续编》第47辑，第1880—1888页。此外，关于宝星宝带式或参见沈云龙主编：《近代中国史料丛刊续编》第47辑，第1893—1909页。
③ 《清德宗实录》卷394，光绪二十二年八月下，第140页。
④ 《清德宗实录》卷432，光绪二十四年十月下，第681页。
⑤ 《外务部奏请赏救护华民之德国轮船管驾等宝星折》，颜世清：《约章成案汇览》乙篇卷四下《成案》。

奖，……相应吁恳天恩，俯准将六品衔调署荣城县事海丰县知县廉存以同知直隶州知州在任，尽先补用；总办拯济局委员、山东试用县丞费邦俊免补县丞，以知县仍留山东，尽先补用；帮办拯济局委员候选县丞陈锦琦，俟选缺后以知县归部，尽先选用。出自鸿慈。得旨，如所请行。"① 山东荣城县地方官员如此"奋不顾身，异常出力"，未尝没有奖励制度的激劝之功。而这种事例显然不是个案，《清实录》中众多官员因海难救助积极而受赏的记载就是很好的证明。

上述诸点，是晚清时期海难救助具体制度发生的变化。从中可见，晚清政府构建海难救助制度的重点在于如何避免纠纷，尤其是避免中外纠纷，而对于海上搜救等机制则相对忽视，反映出晚清海难救助制度转型的应激性。清政府对于西方海难救助规则的移植是有选择性的，在移植的过程中，一定程度上考虑到了中国的实践情况，并没有一股脑地照搬。直到清末修律时，这种情况才发生变化。

第三节　清末修律与《海船法草案》

光绪二十七年（1901），清政府和英国续议的通商航海条约规定："中国深欲整顿本国律例，以期与各西国律例改同一律，英国先愿尽力协助，以成此举。一俟查悉中国律例及其审判办法，与一切相关事宜皆臻妥善，英国即允弃其治外法权。"② 日美等国也均有中国律例与外国一律时，允弃其领事裁判权之议。次年，清廷指派刑部左侍郎沈家本、伍廷芳修订法律。初时专注于修订刑律，后来渐及私法之编纂。在新修订的刑律和商律中，关于海难及海难救助的规范发生了变化。

一、清末刑律的修订与海难救助罚则的变化

宣统二年（1910），清廷过渡性刑法典——《大清现行刑律》颁布实施，该法典是在《大清律例》的基础上删减修订而成，从形式和内容来看，尚不是一部近代意义上的刑法典。其中关于海难及海难救助中不法行为的定罪量刑，与《大清律例》相比并无大的变化，只是在结构上更有条理。③

---

① （清）朱寿朋：《东华续录（光绪朝）》一百六。

② 转自李甲孚：《中国法制史》，联经出版事业公司，1988年，第387页。

③ 故宫博物院编：《钦定大清现行刑律》，卷20、21，第226、234—235页。

光绪二十四年（1898），由沈家本主持，日本法学家冈田朝太郎等人起草的《大清新刑律》完成。1911 年 1 月 25 日，清廷对外公布该刑律。这是中国历史上第一部近代化刑法典，仿照西方资产阶级刑法典的体例，引入大量西方近代刑法原则和刑罚制度。随着刑律的近代化，海难及海难救助中不法行为的罚则也走向近代化。

《大清新刑律》废除了"江洋大盗"罪和"白昼抢夺"罪，抢劫难船和沿江沿海居民乘危抢夺难船治罪专条也被删除。对这类犯罪的处置，则根据其行为所侵犯的对象归入相应的犯罪类型。如抢劫海难船只财物的行为被归入"强盗罪"下处置，《大清新刑律》第 374 条："强盗有下列行为之一者，处死刑、无期徒刑或一等有期徒刑：一、结伙三人以上在途行劫者；二、在海洋行劫者；三、致人死或笃疾，或伤害至二人以上者；四、于盗所强奸妇女者。"第 376 条："犯强盗之罪故意杀人者，处死刑或无期徒刑。"[①]乘危捞抢财物的行为，则归入"侵占罪"，第 393 条："侵占遗失物、漂流物或属于他人特权而离其管有之财物者，处其价额二倍以下价额以上罚金。若二倍之数未满五十圆，处五十圆以下价额以上罚金。"[②]沿海营汛兵弁乘危抢夺治罪专条也不再保留，应是根据其行为类型依上述法条处罚。

只是在《大清新刑律》颁布不久，清王朝即告覆亡，该律并未真正施行，因此，关于海难救助罚则的完全西化也只能停留在文本上了。

二、商法典的修订与《海船法草案》

自五口通商以后，中西商业日臻发达，[③]救亡御侮的"商战"思潮完全淹没了传统"贱商"的逻辑。至晚清修律之时，国人对于创制商法形成了共识："始知编纂商法，实为经国要图。"[④]但当时清政府根本无力编纂出一部系统成型的商法典，不得不聘请外国法学专家。[⑤]光绪三十四年（1908）十月，修订法律馆高薪聘请日本法学博士志田钾太郎负责起草商法典草案，即《大清商律草案》，"此为吾国编纂近代商法典之始"[⑥]。自宣统元年（1909）起，商法典各编草案稿陆续完成，于民国元年（1912）六月脱

---

① 怀效锋主编：《清末法制变革史料》（下），中国政法大学出版社，2010 年，第 495 页。

② 怀效锋主编：《清末法制变革史料》（下），第 496 页。

③ 杨幼炯：《近代中国立法史》，商务印书馆，1936 年，第 74 页。

④ 王孝通：《中国商业法论》，世界法政学社，1933 年，第 6 页。

⑤ 仟满军：《晚清商事立法研究》，中国政法大学博士学位论文，2007 年，第 118 页。

⑥ 谢振民编著：《中华民国立法史》（下册），中国政法大学出版社，2000 年，第 802 页。

稿。① 全律共分五部分：第一部分，总则，共9章103条；第二部分，商行为，8章236条；第三部分，公司律，6编16章312条；第四部分，票据法，3编15章94条；第五部分，海船律，6编11章263条。全律合计1 008条，完全仿照日本新商法典的法例结构编订，立法技术、文字表达、体例安排相当精湛。

我们通常所说的《海船法草案》，即志田氏商法典草案的第五部分《海船律》，内容大体采日本法，亦有采自德国法者，② 分为六编，依次为总则、海船关系人、海船契约、海损、海难之救助、海船债权之担保。

第一编总则（第1—6条），分法例和通则两章，其中法例1条，确定海船法的渊源为海船法、惯习法、民法；通则5条，界定海船、航海不能、海船之船港等相关术语、认定方法。

第二编海船关系人，共83条，下分两章。第一章为所有者，从第7条至第37条，共31条，涉及内容有：海船所有者的定义、海船所有权的转移、海船发航时之扣押、海船所有者的权利与义务、海船所有者之决议、海船共有者之权利义务、海船管理人之选举、海船管理人之权利义务、海船共有人之间股份的转让等；第二章海员，从第38条至第89条，共52条，分三节，主要规范海员的构成、船长的选任与解任、船长的权利与责任及免责、船长之代理、船员之雇佣、船员之福利待遇、船员受雇期间之义务、船员的辞退与止雇等。

第三编为海船契约，共131条，下分三章。第一章运送物品契约，规定海船所有者的责任及免责、运费的范围与数额、运送人及收货人的权利与义务、运送契约的终止及诉讼时效、佣船契约的订立、载货与卸货过程中的权利与义务、搭载契约中送货人装载货物的义务以及怠于装载货物的法律后果、载货凭单的内容与交付及效力等；第二章运送旅客契约，涉及佣船契约的适用法律、搭客契约中海船所有者与旅客各自之权利义务等；第三章为保险契约，规定保险契约之目的、海上保险的范围、保险契约的订立、保险责任、保险委付等。

第四编为海损，共17条，下分两章。第一章共同海损，包括共同海

---

① 关于志田氏商法典草案完稿时间众说纷纭。本文采用学界通说，即民国时期出版的海商法所持之观点。关于志田氏商法典草案完稿时间的讨论，参见李建江：《中国近代海商法》，中国政法大学出版社，2015年，第97—110页；翁敏：《晚清华洋船碰纠纷研究》，第72页注3；顾荣新：《清末〈海船法草案〉述评》，《中国海商法研究》，2017年第1期。

② 李浦述：《海船法》，王帅一点校：《朝阳法科讲义》第5卷，第310页。

损的概念、共同海损的分担、时效；第二章海船之冲突，包括冲突过失之认定、海船冲突之责任与时效等。

第五编为海难之救助，共 16 条，合一章。

第六编为海船债权之担保，共 10 条，分设两章。第一章法定质权，规定法定质权的发生情况、法定质权之目项、权利互相竞合时的处置、质权之消灭等内容；第二章抵当权，涉及抵当权的目项与范围、抵当权不得先于法定质权等。①

《海权法草案》是中国近代第一部专门的海商法草案。

三、《海船法草案》中关于海难救助的设计

"海难之救助"是《海船法草案》的第五编，是与海损、海船契约、海船债权并列的基本制度，这彰显了海难救助在海商法体系中的重要地位。《海船法草案》中"海难之救助"的制度设计，主要包括以下几个方面的内容。

（1）关于海难救助的对象。现代狭义的海难救助，是针对特定水域遇到危险的船舶与货物的救助。如，现代海难救助是指对在海上或者与海相通的可航水域遇险的船舶和其他财产进行的救助，故海难救助对象实包含两方面的要素：一是船舶类型，即什么样的船舶及其货物是海难救助的对象；二是船舶遇险的水域，也就是对在什么水域失事的船舶及其货物进行的救助属于海难救助。对此，《海船法草案》规定"海船与货遭遇海难时"，救助义务主体应实施救助。那么什么是"海船"呢？《海船法草案》第一编第 2 条定义为："本法称海船者，谓非官厅公署所有之船舶而供航海之用者也。如舢板及仅以橹棹运转之舟，或专以橹棹运转之舟，不适用本法之规定。"② 民国商法学家李浦述对此解释道："所谓航海，专指航行海上而言，其航行于湖川或港湾者，系内水航行船，不属于航海范围，故海船法不适用之。"③ 据此可以确定，《海船法草案》中规定的海难救助对象，从船舶所属而言，不包括发生危险的公务船只，只指民船；从救助发生的水域而言，仅指海上及沿海水域（包括沿海之港口），不包括内陆与海相通的可航水域。这种规定过于狭窄，不利于充分保护航运业安全。可能正是鉴于清末《海船法草案》的这一重大缺陷，1929 年南京国民政府制定海商法

---

① 《海船法草案》，怀效锋主编：《清末法制变革史料》（下），第 848—864 页。

② 《海船法草案》，怀效锋主编：《清末法制变革史料》（下），第 848 页。

③ 李浦述：《海船法》，王帅一点校：《朝阳法科讲义》第 5 卷，第 315 页。

时，在第一章《通则》中，明确规定海商法适用于海上及与海相通能供海船行驶之水域。①

（2）关于海难救助的危险。海难救助必须是因为救助对象处于危险之中而需要救助，这也是《海船法草案》所认可的，第238条规定海难救助是在"海船与货遭遇海难时"。不过，对于何种危险可以确定为需要实施救助的危险，草案中并未列明。一般而言，为航海固有危险即可，至于危险发生原因则不需要考虑。②

（3）救助费请求权。第238条："海船与货遭遇海难时无公法上、私法上之义务而救助者，其结果得请求相当之救助费。"即海船包括船货遭遇海难时，无法定救助义务而施以救助者，对其救助结果，得请求相当之救助费。那么救助人命者是否亦可以请求救助费呢？《海船法草案》第251条规定："于领海内从事于人命之救助者，以海船与积货被救助为限，不得请求救助费。"第253条规定："应当支付人命救助费者，其救助者得优先于一般之救助者，请求救助费之支付。"③意思就是，救人而同时救船或货物者，可从所救之船或货物中，请求支付人命救助报酬，且此种救助报酬可以比其他救助报酬优先获得支付。据此，救助人命的同时救助海船或货物的，也是救助费请求权者，可获得救助报酬。但如果只是纯粹的人命救助，则不能获得报酬。这实际上是部分认可人命救助可以获得报酬，也与当时世界上海难救助的主流规定一致。④这种规定在鼓励救助财产的同时，也鼓励了对人命的救助。现代海难救助法认为，在海上救助人命属于人道主义救助，救助者不得请求报酬。但我们不能过高地寄希望于人的道德，《海商法草案》中把救助人命作为海难救助的标的，似乎更能消除救助者的顾虑，真正保障人命得到及时有效的救助。此外，救助须有效果。救助报酬出于所救之船或货物，故救助若无效果，不得对船舶或货物之所有人要求报酬。

（4）救助费请求权之例外。并不是所有的救助行为都应得到报酬。遇有下列情形，救助者不得请求救助费。其一，因故意或过失致海难。故意

---

① 徐百齐编：《中华民国法规大全》（第1册），商务印书馆，1936年，第112页。

② 李浦述：《海船法》，王帅一点校：《朝阳法科讲义》第5卷，第359页。

③ 《海船法草案》，怀效锋主编：《清末法制变革史料》（下），第863页。

④ 如1854年英国的《商船法》第544条就规定，如果提供人命救助的同时，船舶、船上的货物及用具也获救并具有合理价值，则可以从中支付人命救助报酬，且此种救助报酬可以比其他救助报酬优先获得支付。见于蓉：《海难救助法律问题研究》，中国海洋大学硕士学位论文，2013年，第11页。

或过失造成海难者，本身就负有救助之义务。其二，因正当之理由而被拒绝但仍强行从事救助。其三，隐匿救助之物品或滥行处分。前两种情形，其救助费请求权自始即不发生，至于第三种情形，则已发生之请求权当即消灭。[①]

（5）救助费数额之决定与分配。从经济学的角度来说，救助报酬对救助者而言是收益，而对被救助者而言是成本。因此，必须平衡救助者与被救助者之间的利益。对此，《海船法草案》通过报酬确定制度与救助报酬分配制度来实现。首先确定救助报酬的价额。这分两种情形。一是双方有约定的情况。《海船法草案》规定，海难中当事者可以约定救助费，如救助费金额过巨，被救助者可请求减额，由裁判所斟酌危险程度、救助之结果、为救助所需要之劳力和费用以及其他一切事情而定其额。一是双方没有约定救助费。遇此情形，如果对救助费金额有争议，仍由裁判所准前述之因素定其额。但是，不管有无约定，救助费金额不得超过被救助物之价额。如果存在优先权，救助费金额不得超过扣除优先权者之债权额之残额。其次，海难救助报酬分配主要分为两个部分，即多个救助方之间的报酬分配和同一救助方的内部分配。对于前者，《海船法草案》规定，在共同救助中，数人共同为救助者，救助费分配之成数，由裁判所斟酌危险程度、救助之结果、为救助所需要之劳力和费用以及其他一切事情而定其额，至于同一救助方之船主与海员间救助费之分配及分配程序则没有提及。由于法律没有明确报酬在同一救助方内部如何分配，可能导致报酬分配的不公平、不合理现象，从而挫伤参与救助相关人员的责任感和积极主动性。

（6）救助费支付等相关问题。第一，救助费由救助费债务者，即因救助而受利益之人来支付。根据《海船法草案》规定，遇难海船的所有者（指船东）、遇难海船之船长及船员、被救助之货物的所有者这三个受益群体负有支付救助报酬之义务。具体为：进行救助之海船系汽船时，救助费三分之二，系帆船时，救助费二分之一，由海船的所有者支付；其残额折半由船长及船员支付；船只所应支付之金额分配，由船长决定。货物所有者，以被救助之物负支付救助费之义务。第二，救助者之法定质权。关于救助费之债权，草案规定，救助者对于其救助之货物有法定质权。第三，救助费请求权之时效。救助费之请求权，由救助之时起经过一年，因时效而消灭。[②]

---

① 李浦述：《海船法》，王帅一点校：《朝阳法科讲义》第5卷，第360页。

② 《海船法草案》，怀效锋主编：《清末法制变革史料》（下），第848—863页。

《海船法草案》关于海难救助制度的设计，是自 1840 年国门打开后，在西法浸染之下，清政府学习、借鉴和移植西方海难救助制度的集大成之作。它借鉴和吸收了西方各国海难救助相关立法的成果和经验，就当时的时代而言，是较为先进的。[①]如它采用德国海商法的体例，将海难之救助单列为一编，而没有采用 1899 年日本海商法将海难救助置于海损之下及将海难救助区分为救援与救助[②]的做法，这有利于明确海难救助在海商法体系和现实生活中的重要地位。《海船法草案》中海难救助制度的设计是我国历史上第一次国家层面的集中、统一、专门性立法，在立法形式上，结束了历史上多方立法、政出多门、零散不成体系的局面；在制度内容上，全面照搬西方的海难救助制度，使中国海难救助制度完成了在法律文本上的全面转型。但不可否认，该草案对海难救助的规定仍存在诸多不足，如对于海难救助的构成要件缺乏必要且明确的规定，对于救助费之分配的规范也不够细致，尤其是抛弃了中国传统海难救助制度中的部分优秀做法，如过去由政府主导的救助模式，从而把海难救助推向全面商业化，在纯粹的人命救助中，取消了政府给予救助者的奖励，这可能减损人们救助的积极性。

《大清商律草案》当时印行于世者仅商总则及商行为两部分，[③]且公布之后，立刻因其脱离我国国情而遭到各地商会和农工商业部的反对、批评、排斥，因此引发了一系列民间商事习惯调查和商人自行编订商法典草案的事件。《海船法草案》并未公布实施，其规定的海难救助制度也未对海难救助实践产生影响。然该法案作为我国近代第一部专门的、完整的海商法，在中国海商法史上具有开创性意义，对之后中华民国的海商法和海难救助制度产生了直接的影响，如北洋政府颁布实施的《海船法案》，就是对《海船法草案》的简单修改，其章节及标题名称与《海船法草案》相比并无多大变化。《海船法草案》还为南京国民政府的海商立法提供了重要的借

---

① 德国新旧商法，均设有救助一章。英、美等国海商法中均列有海难救助专章，1911
年，日本新海商法对旧商法进行修正，将海难救助单独列出，新设海难救助之规定，
亦取消救援与救助之区别。

② 所谓救援者，即就海难程度较轻，所有海船或货物未离海员之占有，而由第三人加
以援引，致得救济时方之也。所谓救助者，即就海难程度较重，所有船舶或货物已
离海员之占有，行且沉没、漂流，而由第三人予以协助，致得救济时方之也。王效
文：《中国海商法论》，上海法学编译社，1946 年，第 170—171 页。

③ 当时印行于世者仅商总则及商行为两编。杨幼炯：《近代中国立法史》，第 74 页。

鉴和参考。[1]

　　在海难救助具体制度的构建上，晚清政府经历了选择性移植西方规则和全盘移植西方法律两个阶段。我们应当注意的是，无论是部分移植还是全盘照搬，都主要是清政府迫于形势的应激选择，其中充斥着国家主权遭受侵犯的无奈和耻辱。但另一方面，在客观上，这种移植使得中国海难救助制度更完备、更合理，也更有利于为航运业的发展提供安全保障。

---

[1]　关于《海船法草案》的影响顾荣新有专门阐发。见顾荣新:《清末〈海船法草案〉述评》,《中国海商法研究》2017 年第 1 期。

总　结

一、清代海难救助制度的发展演变

有清一代，王朝国家对于海难救助问题的管理观念、具体规制发生了很大转变，从清政权最初打击敌人、争夺政权的政治外交手段，变为清王朝一定程度上基于恤悯理念，适度保障中外难民安全的救助机制。这种变革与国内政治形势、东亚局势、全球国际形势的变迁息息相关，大致经历了五个阶段。

1. 初始阶段（1616—1683）

清代海难救助与管理制度始于对朝鲜境内中国船难的管理。天聪元年（1627）、崇德二年（1637），清政权与朝鲜之间相继建立了"刷还逃人"和"解送漂民"机制，实现了对朝鲜境内中国漂流民的管理。只是当时明清正在争夺国内统治权，这种漂流民管理制度主要是为了在国际上打击明朝势力，强化清政权与朝鲜的宗藩关系，并防范清政权统治下的人们通过朝鲜叛逃，因此与其说那是一种海难救助和管理制度，不如说是对敌手段。不过，其确立的外国政府送还中国漂流民的方式奠定了清朝开海时期对海外中国漂流民管理的基本模式。

2. 初步形成阶段（1684—1735）

康熙二十三年（1684）清朝实现全国统一后，积极经略海疆，推行开海政策，以中国为中心的环中国海域航海业重新活跃，海上船难事故增加，而清王朝也由"内向型"国家逐渐向"外向型"国家转变，对国际事务表现出关心和干预的态度。由此，清政府陆续制定了一些海难救助法律规范。康熙二十三年，清廷诏令滨海外国王等牧养解送境内之中国漂流民归国，并规定给予相应奖赏。雍正七年（1729），皇帝谕令"凡有外国船只遭风飘入内地者，俱着该地方官查明缘由，悉心照料，动支公项，给与口粮，修补船只，俾得安全回其本国"。雍正九年，清廷又制订"沿海兵弁之禁"条例，确定了沿海弁兵的海上救助义务。同时，清廷又陆续在内河建立救生船制度。清代海难救助制度的框架基本确立，只是在救助与管理的具体措施和方法上，主要停留在依靠成例来规范的层面，尚未形成国家常经大法。

3. 定型阶段（1736—1756）

乾隆二年（1737），皇帝谕令："如有似此被风飘泊之人船，着该督抚督率有司，加意抚恤，动用存公银两，赏给衣粮，修理舟楫，并将货物查还，遣归本国，以示朕怀柔远人之至意。将此永著为例。"[①] 该规定后载入乾隆朝会典，成为国家常经大法。乾隆二十一年，海外难民抚恤细则出台，以户部则例的方式，规定了沿海各省抚恤海外难民给予物资的内容、抚恤标准、物资质量等，使中国抚恤海外难民有了制度化的标准。而内河官办救生船经过乾隆初的建设，到乾隆十五年，已经建立了完备的运作体系。如此，沿海和内河船难救助都被纳入法制化的轨道，清代海难救助制度走向定型，至鸦片战争前，基本上没有大的变动。

4. 完善阶段（1757—1840）

自乾隆二十一年（1756）后，到鸦片战争之前，清王朝的海难救助，无论是价值观念还是救助制度的框架结构、具体措施方式都没有本质上的变化，只是增加了某些具体处理的规定，或进行了一些细微调整。如乾隆二十六年制定江洋行船失事乘危抢夺加重处罚例。从《大清会典事例》"礼部·拯救"下面的内容来看，共有 67 条例案，其中纂于嘉庆、道光两朝的有 26 条。该 26 条"成例"对于海难救助中的某些问题、程序、方法等进行了补充规定和调整，如嘉庆六年（1801）清廷制订条例，惩处常人乘危抢夺财物、拆毁船只致难民淹毙的行为。嘉庆八年琉球国入贡，二号贡船遭风在台湾地方触礁击碎，清廷令地方官府对获救难民照常例加倍给赏，并缮写照会，行知琉球国王，言明此次入贡船只遭风击碎，并非使臣等不能小心护视所致，该国王"毋庸加以罪责，以副天朝柔怀远人至意"，并将此著为定例，"嗣后遇有外藩贡船遭风飘没沉失贡物之事，均着照此办理"。[②] 再如，清廷为了减少海难事故，还要求沿海相关地方官府在入贡船过境时加以护送。道光二十一年（1841），有琉球贡使船只在江苏郭家行地方遇风覆溺，清廷除令江苏巡抚厚加抚恤，并沿途护送外，还追究相关地方官员的责任，"署桃源县左辉春于该使臣过境，遭风覆舟，未能先事防护，着交部议处"。[③] 经过这些调整，清代的海难救助制度更加细致和完备。

5. 转型阶段（1840—1912）

1840 年鸦片战争以后，西方侵略者以炮舰轰开中国大门，西方海难

---

① 《清高宗实录》卷 52，第 889 页。

② （清）昆冈、李鸿章修纂：《钦定大清会典事例（光绪朝）》卷 513《礼部·拯救》。

③ （清）昆冈、李鸿章修纂：《钦定大清会典事例（光绪朝）》卷 513《礼部·拯救》。

救助法制随之进入中国。1844 年，清政府被迫与美国签订《望厦条约》，该条约规定了清政府对领水内之美国难船实施救助的义务，中国海难救助制度的独立发展态势被打破。此后，西方列强也纷纷在条约中迫使清政府签订类似的条款。19 世纪 70 年代以后，清政府不再一味被动接受西方国家强加的海难救助的相关规则，而是以主动的姿态，根据国际形势及国内实际情况，通过条约、国内立法、国际公约等形式，部分移植国际海难救助规则，近代海难救助制度逐渐建立起来。清末修律时，清政府制订《海船法草案》，全盘移植西方海难救助制度，中国海难救助制度在文本上完成了近代转型。

清政府因时制宜，不断调整对海难救助的管理，这些政策、措施的调整均是针对现实情况作出理性思考的结果，说明清朝统治者对此问题的高度重视。一个国家的法律制度属于上层建筑领域，既是由客观的现实生活与社会实践所决定，同时也受到传统文化的影响。清政府对海难救助制度的调整也是如此，这决定了清代海难救助制度的特点。

二、清代海难救助制度的特点

特点一般是通过比较得出的。下文将把清代海难救助制度与中国历代王朝的海难救助制度、基于西方海洋文明的近现代海难救助制度进行比较，这样可以更好地理解清代海难救助制度的特点，并有助于明确清朝海洋法制在世界海洋法制史上的定位。

如第一章中所述，清代以前，历代中国王朝一直秉承着对水上失事船只进行救助的立场和态度，并陆续制订了一些法律规范，只不过，在清代以前，我国并未形成相对固定、规范的海难救助与管理制度体系。清朝继承了历代王朝处理海难的传统，还根据国际国内形势的发展变化，进行了渐进式革新，制订法律，对近海的中国与外国船难、内河船难、海外中国船难等的救助与管理进行规制，包括海难救助管理的主体与对象、被救助难民的抚恤与财物处理、救助费用来源与报销、难民的遣返、船难中各种违法行为的罚则等都有或明确或模糊的规定，且这些制度措施中除了对清朝统一之前朝鲜境内中国漂流民的处置外，大体上都有利于保障漂流民的生命和财产安全。故从中国古代海难救助与管理的历史发展而言，清代前期，我国已经形成了一套基于中国古代文明的、相对完整的海难救助与管理制度，并在晚清时期随着国际形势的发展变化走向近代化。这在我国历史上尚属首次，是我国传统海商法的重大发展。

清代海难救助与管理制度是中国古代文明的产物，同时又深受中国近代半殖民地这一特殊社会的影响，因此与西方海难救助法律制度相比，^①从理念到具体制度设计都存在很大的差别。以下详述之。

（1）理念和目的上的差别。清代海难救助制度的构建与调整有自己的逻辑和内在机理，这也是它有别于同时期西方和现代海难救助制度的重要特征。清代海难救助制度的构建与调整主要是基于自身政治或国家治理的考虑，西方海难救助制度则主要是为了维护航运安全、促进航海贸易。^②具体而言，清代前期，政府制订海难救助制度，主要目的是维护国家海防安全和宗藩关系。清廷对近海中国船难的救助管理，可以说是安德修民治边思想在海疆治理中的应用；对海外中国漂流民的救助管理，初始是为了打击明朝势力，后来则是出于"绥靖海疆且不忍令内地之民转徙异地"的"仁育义正之盛心"；^③对外籍船难的救助，则是为经营宗藩关系，借此显示宗主国照顾属邦的政治立场，它与贡期、贡道、贡物、贸易和禁止事项等制度一起，共同构成了"天下"体系的制度基础。晚清政府移植国际海难救助制度，则主要是因应国际局势的剧变，迫于西方列强的压力，并且也是为了减少因海难问题而引起的中外冲突。

清代海难救助制度的构建还与中国传统伦理道德有关，在矜恤弱者的政治理念和道德下，失事船只理应成为被救助的对象。西方海难救助中的人命救助是基于人道主义的考虑。怜悯弱者的伦理道德与人道主义虽然有共同的地方，但差别也是很明显的。

当然，不能说清廷构建和调整海难救助制度完全没有促进海上贸易的考虑，事实上，清廷开海的初衷就在于收得海贸之利，而要获取货利，就须借助沿海商民之力，这样清朝统治者对沿海私人商贸船只的态度就不得不从限制转为保护其安全。^④如康熙五十年（1711）闽浙总督范时崇就提出过"就渔以卫商"的方案。顺着这一逻辑，对海上失事船只进行救助，也就是顺理成章的事情了。到晚清时期，国人对海洋贸易的认识加深，经

---

①　包括西方古代海难救助制度、与清朝同时期的海难救助制度，以及现代国际海难救助制度。现代国际海难救助制度是以西方海洋文明为中心建立起来的，故在某种程度上也可以视为西方海难救助制度的延伸和发展。

②　王千华、白越先主编：《海商法》，第207页。傅廷中：《国际视野内的中国海难救助立法》，《国际法研究》2022年第3期。当然，广义海难救助上的人命救助，是基于人道的救助。

③　《清世宗实录》卷58，第892页。

④　谢湜：《山海故人：明清浙江的海疆历史与海岛社会》，北京师范大学出版社，2020年，第278页。

济因素的权重也进一步加大。但是，在上述政治、伦理道德和经济三重因素中，经济因素的影响是最小的。

（2）救助义务承担模式上的差异。清代，国家机关及由其组织控制的社会力量始终是海难救助的义务主体和主要力量。清代前期，根据法律规定，沿海船难由地方政府、海防营汛直接实施救助，皇帝以及朝廷各部则依行政管理程序参与救助过程，与海相通之可航水域的船难救助则由官办救生船负责。获救之后的难民，由官府给予日常资助，送归原籍或遣返归国。晚清时期，沿海海难救助的义务主体增加了由政府组织建构的地甲、公局（所）等社会力量。国家机关及其控制下的社会力量，其救助义务或是法律所要求的，或源自行政管理的一般职能，不救助将受到相应的处罚。至于社会力量实施船难救助并不是法律的要求，不管是针对海难中的人命还是财产的救助，都是基于道德自觉（善心）而不是法律规定。换句话说，普通民众或民船遇见有船只失事，只要不乘危抢夺财产，如果不施以援手，也无须担心会受到政府惩罚。只是到晚清时期，政府才强制规定某些社会力量负有实施救助的法律义务，如船舶碰撞中的当事船只、官商合办的救生机构，以及沿海地甲和公局（所）等，社会力量在海难救助制度中的地位有所提高。因此，总体来看，清代海难救助的模式主要是行政救助。

同时期西方国家及现代海难救助制度中，海难救助的义务承担者范围更大。其一，国家主管机关负有救助之义务。如英国早在 1809 年就成立了水上防御警卫队（Preventative Water Guard），防止海运走私和进行海上事故救助。到 1821 年，水上防御警卫队正式发展成为女王陛下海岸警卫队（Her Majesty's Coastguard），其职责是组织、派遣力量搜寻救助海上遇险人员。20 世纪末，随着国际海事组织的发展，英国又在原海事安全署和海岸警卫队的基础上，成立了海事与海岸警卫署（Mar–itime and Coastguard Agency，MCA），全面负责国家海事事务。但与清代海难救助不同的是，这些国家机关一般只负责搜救的组织指挥，具体施救多由社会力量来负责。如英国海上人命救助主要依靠英国皇家救生艇协会（Royal National Lifeboat Institution，RNLI）负责实施，MCA 仅负责搜救的指挥。RNLI 是历史最悠久的海上搜救慈善组织，成立于 1824 年，其经费来自各地市镇议会、慈善组织的捐款，成员是各港口城市的渔民和相关水上从业人员，95% 以上的员工是不领任何薪酬的志愿者。据统计，到 2012 年为止，该协会的救生艇共出动 8 321 次，营救了 7 912 人，是英国海上及近岸搜救行动的主力军。英国目前 90% 以上的搜救工作由社会力量完成。①

其二，人命救助是一种强制性的公法义务。如 1910 年《关于统一海上救助某些法律规定的公约》规定："对于在海上遭遇生命危险的每一个人，即使是敌人，只要对其船舶、船员和旅客不致造成严重危险，每一艘船的船长都必须施救。"②英国《1911 年海事公约法》规定："……如果船长不提供救助，他应当对不作为负法律责任。"美国《商法典航运卷》第 728 条亦规定："如果船长违反救助义务，他将被处以不超过 1000 美元的罚款或被处以二年以下的监禁或二者并处。"③当然，这是基于人道的救助，属于广义上的海难救助。

其三，根据现代海难救助制度的规定，遇险船的船员救助本船、遇险船上的旅客救助本船、基于职务上的义务实施的救助都是基于义务实施的救助行为。船舶发生碰撞，当事船舶的船长在不严重危及本船和船上人员安全的情况下，对于相碰的船舶和船上人员必须尽力施救。④

上述义务主体之外的社会力量，对船难财物并没有救助的义务，是否实施救助完全是基于自愿。除人命救助、国家主管机关实施的救助是一种公法义务之外，现代海难救助以合同救助为主。

（3）救助性质的不同。清代海难救助是一种社会公益事务，而在西方，海难救助是一种商业救助，纯粹的人命救助则是一种人道主义的行为。清朝公权力机关对遭难船舶进行救助，是基于法律规定的义务行为，如果不救助将承担行政或刑事责任，在这一点上，与现代强制救助形式类似。公权力机关实施的救助和民间救助一般是救助人自行实施救助的行为，事先根本不会与被救助人签订合同，遇难方的请求并不是救助行为发生和成立的前提条件，这类似于现代的纯救助形式。⑤但与现代救助不同的是，清代法律一般不认可救助报酬权，不管公权力机关的救助行为，还是民间救助行为，不管是纯粹的人命救助还是财产救助，救助者均不得向被救助者索取报酬（当然，民间救助中被救助方为了生命和财产安全主动提出给予报酬除外），否则，可能被认定为勒索而受到惩处。难民获救后，政府机关基于法律规定向确有困难者提供日常生活所需，并资助其回原籍或将之遣返归国，救助行为中所有的费用，均由政府财政负担（晚清另有

---

① 张帆：《英国海事监管特点及对我国海事管理的启示》，《中国水运》2014 年第 8 期。
② 王千华、白越先主编：《海商法》，第 211 页。
③ 王千华、白越先主编：《海商法》，第 205 页。
④ 傅廷中：《海难救助行为的构成要件》，《世界海运》2002 年第 2 期。
⑤ 司玉琢著：《海商法专论》（第四版），中国人民大学出版社，2018 年，第 283 页。

规定）。民间基于道义为难民提供的资助由民众个人或慈善机构承担，晚清时期，政府才认可部分民间救助行为的救助报酬权。所以，清代公权力机关对于中国船只的救助属于清政府社会保障制度的组成部分，外籍船难救助则属于"保息"之政的范畴，社会力量实施的救助则主要是一种慈善行为。

而西方海难救助中，纯粹人命救助是一种人道主义行为，救助者不得因此索取报酬，但对物的救助则是一种商业行为，实施救助的独立第三人可以因自己的救助行为索取报酬。[①]救助报酬是西方海难救助久远的传统。最古老的成文海商法之一《罗德法》（Rhodian Law）中有这样的描述："为了拯救一艘船舶而需要支付费用，这些费用应由船的整体来负责。"该法第64条规定："船舶在远海颠覆或毁坏，从船上把任何物品安全救到陆地上的人可得到获救财产价值1/5的报酬。"[②]现代海难救助制度，除了纯粹的人命救助仍然不产生救助报酬外，对物的救助及与被救助财产有牵连的人命进行救助，救助方都有权索取救助报酬，即使国家机关实施强制救助产生的救助费，也具有强制救助费用请求权。如我国《海商法》第192条规定："国家有关主权机关从事或者控制的救助作业，救助方有权享受本章规定的关于救助作业的权利和补偿。"

另外，西方的海难救助从罗马时代开始就广泛采用纯救助的形式，但因不签合同，双方当事人常常为救助报酬等发生争议，故到近现代时期，多采用签订书面合同（也有口头约定）的合同救助形式。[③]

（4）海难救助制度具体内容上的差别。清代海难救助与管理制度在具体内容上，表现出重管理、轻救助的特征。这主要表现在以下几点。其一，清代前期海难救助制度主要关注的是对救助过程的监管，如明确各衙门和军队的救助义务、救助机构设施的设置与修造、抚恤遣返难民的程序、对救助义务主体消极履行救助义务或履行义务不到位的处罚、对船难发生后民众违法行为的处罚等，而难民的抚恤遣返等相对不受重视，故整个法律制度，除了对外籍难民的照顾抚恤有较详细的规定外，对于中国难民如何抚恤照顾很少涉及。其二，难民人身及财物处理受到诸多的限制。

---

① 根据现代海难救助法律制度规定，遇险船的船员救助本船、遇险船上的旅客救助本船、基于职务上的义务实施的救助、基于法律规定的义务实施的救助都不属于海难救助法意义上的海难救助，即使获得成功，也不能向被救助者要求救助报酬。见傅廷中：《海难救助行为的构成要件》，《世界海运》2002 年第 2 期。

② 司玉琢著：《海商法专论》（第四版），第 282 页。

③ 司玉琢著：《海商法专论》（第四版），第 284 页。

如清代前期的外籍船难救助中，难民被救之后，其在中国的活动受到严格的限制，不准自由流动，不准自行归国；海外中国漂流民的财产处理权也受到严格管控，他们归国时，必须接受政府严格的审查。其三，清代前期法律对海难发生后社会力量如何救助、救助中平等民事主体之间可能产生的权利义务关系、社会力量实施救助后纠纷的解决等全无规定，或虽有规定，但多为禁止性条款；晚清时期立法虽有所改善，但重点仍不在正面保证难民的人身和财产安全，也不在于规范纠纷解决的程序设计，而在于规范救助行为以防止抢夺、防范因救助而产生纠纷。所以，清代海难救助制度所调整的主要是公权力机关如何去实施和组织救助的海事行政关系，按照现代法学理论，这种法律与其说是海商法，不如说是海洋行政管理法，也反映出清代海难救助的法律制度在性质上是公法关系。

而西方和现代海难救助制度规范的主要是救助人与被救助人之间存在的权利与义务关系，尤其是平等民事主体之间因海难救助而产生的法律关系，包括规定救助的标的、救助的危险、可以获取救助报酬的条件、救助报酬数额的确定、救助报酬的给付等，建基于此种法律制度之上的海难救助在法律性质上是一种私法行为。

此外，在海难救助制度的建设上，清政府重视内河救生体系，相对忽略了沿海救生体系的建设，晚清时期即使在法律上突出了沿海救生点的规范设置，但实际中并没有真正落实。可见清朝统治者虽然有一定的"外向型"国家的治理思想，但仍然没有突破"重内轻外"的传统。在具体的海难救助制度上，还表现出侧重于难民获救后的安置抚恤，而轻水上搜救工作，这不利于失事船只得到及时的救助。

三、清代海难救助制度的绩效评估与现代启示

1. 有利于加强对海疆秩序的管控和消减中外冲突

"明清时期海疆政治地理的焦点问题之一，是流动社会的安全和秩序。"[①] 而为了实现对沿海地区和渔民等高流动性人群的有效管理，清朝开海之后，抓住滨海人群最重要的生活、生产工具——船只这一关键，通过以船只或港澳为中心编制保甲进行管控，这成为清王朝对濒海人群和海洋管理的基本策略。[②] 然而，船只航行海上，或因不可抗力，或因遇到不

① 谢湜：《山海故人：明清浙江的海疆历史与海岛社会》，第273页。
② 杨培娜：《从"籍民入所"到"以舟系人"：明清华南沿海渔民管理机制的演变》，《历史研究》2019年第3期。

可预见之意外而发生海难，或偏离航道，或逾越期限，或发生覆溺，存在交通中外、透漏出海的潜在风险，进而威胁到海疆的秩序和安全，都必然影响清政府对船只、人员的稽查管理。而清政府加强对海难进行救助与遭难后的船只、人员的管理，在一定程度上可以将发生意外的船只、人员重新纳入监控之下，减少可能出现的威胁。如清廷建立的外国政府"牧养解送"中国漂流民归国的机制、允许海外漂流民自己附船回国，有利于避免海外反清势力的壮大。清政府在修德安民的治边思想指导下，对近海失事民船实施救助并变通稽察管理制度，为民众出海提供了一定的安全保障，有力地保证了沿海居民的生存和生产活动。修德安民则本固邦宁。有清一代，虽也曾有沿海地区动荡的情形，但并没有出现明朝时期倭寇横行的局面，自是清政府实施的包括海难救助在内的一系列举措带来的良好结果。而救助外国难民，在宣示上国怀柔远人之恩义的同时，实际上也是将私越中国国境的外国人置于监管控制之下，可以防止其做出有害清朝利益的事情。所以，从这个角度来看，清代海难救助制度可以视作清王朝海洋管理政策制度与社会保障制度的组成部分，反映出清代国家权力对民众及疆域的控制向海洋的延伸，也是清廷将内陆社会保障制度推广于海洋、内陆治理思维施诸海疆，使海洋社会"最终走向内地化治理的政治地理过程"①。

另外，清代海难救助制度也有利于清王朝维护国际关系，减少国际冲突。清代前期，救助外籍难船难民和朝贡国解送海外中国漂流民归国的机制，使天朝上国怀柔远人的恩赐和朝贡之国的谦卑尊敬在仪式上得到循环往复的展示和演出，有力地维系和巩固着宗藩关系，清王朝也因此把自己的影响和管控的触角延伸到海外诸国。晚清时期，当清朝面临不利的国际局势时，西方列强对中国虎视眈眈，海难事故不时成为他们实现侵略野心的借口。清政府移植西方海难救助制度，与国际规则接轨，有利于减少因救助法律制度的差异引发的冲突，且清政府在面对中外海事纠纷时，可以依据国际规则据理力争，尽可能使船难事故局限在法律论争的领域，而不致升级为外交事件或引起西方国家武力入侵。

2. 为航运活动提供了一定安全保障

关于清代海难救助的实际社会效果，需要说明的是，虽然清代和民国的方志、官书、族谱、个人著作等资料中都有许多关于中国内河与沿海地区船难救生的记载，但水上尤其是海上航行风险莫测，可以肯定有许多船只失吉事件并没有进入文字记录，甚至可以说，史料记录下来的只是内河

---

① 谢湜：《山海故人：明清浙江的海疆历史与海岛社会》，第 271 页。

与海洋船难的冰山一角。而就算是有记载的船难，其文字也大多是描述性
的，缺乏具体细节，如某次船难几人落水、几人被救、几人死亡，这些都
不清楚。只有内河救生，因为为了防备救生船水手及基层胥吏虚报救生人
数冒领奖赏，所以有一些具体救助个案资料，如巴县档案中就有一些专门
的救生清册，而海洋船难救助很少有此类细致资料留下，想要全面准确了
解清代海难救助效果，如海难发生与获得救助总体上的比例、具体海难事
件中的难民与货物的获救率等，几乎是不可能的。不过，从宏观描述和表
象层面来看，清代前期海难救助制度应该获得了相当好的社会效果，这从
人们对其广泛的、高度的赞誉就能看出来。以清代对外籍难船难民的救助
为例，各国政府和民众对于清政府救助遣返本国漂流民之举，表达了相当
的感谢。如朝鲜在谢表中经常有表达感谢的词句："敝邦小民漂到上国地
方，辄蒙拯活，因便带回者，固非一二，敝邦感戴天恩，恒切于中。"① 不
但朝贡国对清朝给予其国民的救助感激不已，② 西方媒体对清王朝海难救
助的行为评价也很高。1832 年由西方传教士裨治文创办于广州的《中国丛
报》，在 1834 年 3 月刊文介绍了清朝外籍船难救助的规定，③ 后来清政府对
遭难的英国"仙女号"双桅船进行了救助，该报称："在这件事上，中国官
员的操守令人尊敬。他们对于难民的照料，展现出相当的仁爱。"④ 1833 年
普鲁士传教士郭士立在广州创办《东西洋考每月统记传》，1837 年该报刊
文介绍《大清救难民例》，并赞曰："此等律例，真可谓美也。"⑤ 晚清时期，
外国人对中国的内河救生船也是赞誉有加，对此，蓝勇、刘静生《晚清海
关〈中国救生船〉与东西洋红船情结》一文列举了晚清时期多位外国人对
长江救生红船的描述、赞扬以及资助。⑥ 不可否认，或是为了获得宗主国
的认可，或是出于切身安全考虑，或是出于道德赞赏，以上评价对清代海
难救助社会效果的肯定和统计有浮夸矫饰之处，但也反映出清代的海难救

① 赵兴元等选编：《〈同文汇考〉中朝史料》（二），第 358 页。
② 关于朝贡国对于清朝救助其难民的感谢之辞，史料记载可谓不绝如缕。见赵兴元等
　 选编：《〈同文汇考〉中朝史料》;《历代宝案》;中国第一历史档案馆编：《清代中琉关
　 系档案选编》。
③ *Chinese Repository*，Vol. Ⅱ（Mar.1834），p.512.
④ *Chinese Repository*，Vol.Ⅵ，No.4（Aug.1837），p.207. 译文参考了郭嘉辉：《清道光前
　 期（1821—1839）广东对海难救助之研究——以欧洲船只、船员为例》，李庆新主
　 编：《海洋史研究（第 8 辑）》，第 170 页。
⑤ 爱汉者等编，黄时鉴整理：《东西洋考每月统记传》，第 255 页。
⑥ 蓝勇、刘静生：《晚清海关〈中国救生船〉与东西洋红船情结》，《学术研究》2016 年第
　 4 期。

助确实在救民于危难上起到了作用。

另外，由于资料缺乏，我们不能全面准确地评定清代海难救助制度的社会效果，但从学界已有的相关研究成果来看，清代的海难救助还是取得了良好的业绩。比如，据赖正维的考察和统计，康熙十三年（1674）至康熙五十九年，琉球船遭遇海难漂至中国沿海后被救助遣返的事件有 71 起，获救难民 233 人；康熙五十九年至光绪二十年（1894），琉球船遭难漂流至台湾后被救助遣返的事件有 64 起，救助人数达 996 人；康熙三十六年至康熙五十六年，琉球国救助并遣返中国或朝鲜海难难民事件有 6 起，人数118 人。[①]据孟繁业统计，乾隆年间，中国救助琉球难船事件有82 起。[②]孙宏年的研究表明，1644—1885 年，中越两国互相救助漂风难民事件共 62 起，其中清朝方面救助越南漂流民事件 27 起，越南方面救助中国漂流民事件 35 起。[③]汤熙勇的统计显示，顺治朝至乾隆朝，中国救助朝鲜难船事件83 起。[④]而相较于海洋船难救助，中国内河救生船成效更加显著。[⑤]即使到鸦片战争以后，清朝的海难救助制度依然发挥着效能，《申报》就大量登载有官方和民间力量成功实施船难救助的事例。

3. 清代海难救助制度具有世界意义

清政府推动了近代以前东亚海域海难救助机制的建立。清朝统一中国后，中国重新成为东亚世界的中心，在宗藩关系之下，基于"字大事小"理念，清廷一方面令朝鲜、琉球等朝贡国将境内的中国漂流民救助遣返；另一方面也对朝贡国的难船难民开展救助，形成了清王朝与各朝贡国之间免费对外籍船只在本国海域内的海难实施救助并依宗藩体制送还难民的机制。中国之外的东亚各国之间海难救助的方式也因清朝的崛起而发生改变。如 1609 年，日本萨摩藩入侵琉球，朝鲜、琉球间的直接往来中断，此后琉球将朝鲜漂流民送归本国多经由日本中转。清朝重建东亚朝贡体系后，朝鲜、琉球都成为清朝的朝贡国，清廷昭告滨海外国王等，凡有船只漂至者，令牧养解送。虽然，清廷之本意是令其牧养解送中国漂流民，但

---

① 赖正维：《近代东北亚海域海难救助机制的特点及其意义》，南开大学世界近现代史研究中心编：《世界近现代史研究（第六辑）》。

② 孟繁业：《清乾隆朝中琉漂风海难救助研究》，第 73 页。

③ 孙宏年：《清代中越海难互助及其影响略论》，《南洋问题研究》2001 年第 2 期。

④ 汤熙勇：《清顺治至乾隆时期中国救助朝鲜海难船及漂流民的方法》，朱德兰主编：《中国海洋发展史论文集（第 8 辑）》，第 160—166 页。

⑤ 关于内河救生船救助的社会效果，蓝勇有一定的统计，详见蓝勇：《清代长江红船救生的地位和效果研究》，《中国社会经济史研究》2012 年第 3 期。

朝鲜、琉球出于属国之间无邦交的考虑，不但将其境内的中国漂流民遣返，而且还将其境内的非中国籍难民都转送至清，再由清朝抚恤遣返。如康熙三十七年（1698），琉球将漂至其境内的朝鲜难民萨厄等十八人送至北京，由清廷安排转送回国。① 康熙五十五年，琉球国入贡，贡船附搭漂风遇难之朝鲜国人金瑞等九人，清廷按例将其遣返归国。② 对于通市之国日本的漂流民，清廷也一视同仁进行抚恤救济，通过商船遣返。中日双方通过商船遣返难民不可避免导致官方的接触，1751—1767年中日双方咨文的往来计有六次。③ 清朝政府的举措既为漂流至日本的中国漂流民营造了一个相对良好的氛围，也对日本的中国漂流民救助政策产生了一定的良好影响。④

可见，在清王朝的谕令和引导之下，一个以宗藩关系为基础，以中国为中心，涉及朝贡国和通市之国的具有东方特色的东亚海难救助机制建立起来了。

此外，清代海难救助制度中所蕴含的人文价值，对于现代海难救助制度的完善和海洋开发利用依然具有启迪作用。现代针对船舶、属具、货物等财产的海难救助制度已经相当完备，但救助海上遇险人员的制度存在一些漏洞，或者说与实际不相适应之处。如基于人道主义的考虑，国际上现行的海难救助制度都只是将救助遇险人员规定为一种公法上的义务，即单纯的海上人命救助，救助者没有报酬请求权，这造成现实中"见死不救"的情况常有发生。⑤ 为了确保将来的海难救助中人命能够得到切实有效的救援，对现代海难救助中的人命救助制度进行修改势在必行，但改革的路径取向在学界则见仁见智。而清代海难救助制度中的某些内容，在这方面不无借鉴和启示意义。如清朝规定救助方不许向被救助方索取报酬，但又规定救得人命可以获得政府给予的赏金，这既体现了人道主义，保护了被

---

① 《清文献通考》卷294《四裔考二·朝鲜二》。参见赵兴元等选编：《〈同文汇考〉中朝史料》（二），第329页。

② 赵兴元等选编：《〈同文汇考〉中朝史料》（二），第331页。

③ 赖正维：《近代东北亚海域海难救助机制的特点及其意义》，南开大学世界近现代史研究中心编：《世界近现代史研究（第六辑）》，第186—187页。

④ 汤熙勇认为，清朝对日本海难民的照顾与遣返，可能对日本救助中国难船有一定的影响。见汤熙勇：《清顺治至乾隆时期中国救助朝鲜海难船及漂流民的方法》，朱德兰主编：《中国海洋发展史论文集（第8辑）》，第113页。

⑤ 袁曾：《海难救助制度下的人命救助法律问题研究》，大连海事大学博士学位论文，2017年，第2页。

救助人的利益，又有利于激劝人命救助行为。再如，《大清律例》规定，沿海营汛在遭遇船难时，禁止捞抢财物而置遇险人员于不顾，违者处罚，不少内河救生船章程也明确规定，救生船发现船难时，应先救人后救物，这实际上是确立了海难救助中的人命优位制度。这也仍然是现代海难救助应坚持的价值取向。

在文化层面上，随着近代西方文明的扩张，西方海洋文明成为当下世界海洋文化话语体系的中心和标准，因而不免使当下世界主流的海洋文化带有西方早期殖民者的贪婪掠夺的烙印。在这种文化理念驱使下，当代一些国家在海洋开发利用中造成了一系列灾难性后果。而清代海难救助制度蕴含着中华民族爱好和平、崇尚和谐、以诚待人的海洋文明和价值理念，对它的发掘和发扬，可以为世界海洋文明的多元化发展、促成人海和谐提供中国文化因子。

附录一　主要参考文献

一、基础史料典籍类

（宋）李焘：《续资治通鉴长编》，中华书局，2004年。

（清）徐松辑：《宋会要辑稿》，中华书局，1957年。

（元）脱脱等撰：《宋史》，中华书局，1997年。

（明）宋濂等修：《元史》，中华书局，1976年。

（明）毛纪等纂修：《明孝宗实录》，台北"中研院"历史语言研究所，1962年。

《清实录》，中华书局，1985—1986年。

《清文献通考》，清文渊阁《四库全书》本。

赵尔巽等撰：《清史稿》，中华书局，1998年。

（清）王先谦：《东华绪录（道光朝）》，清光绪十年长沙王氏刻本。

张本政主编：《〈清实录〉台湾史资料专辑》，福建人民出版社，1993年。

吴晗辑：《朝鲜李朝实录中的中国史料》，中华书局，1980年。

（清）伊桑阿等纂修：《大清会典（康熙朝）》，沈云龙主编：《近代中国史料丛刊三编》第72辑，文海出版社，1992年。

（清）允禄等监修：《钦定大清会典（雍正朝）》，沈云龙主编：《近代中国史料丛刊三编》第77辑，文海出版社，1994年。

（清）允祹撰：《钦定大清会典（乾隆朝）》，清文渊阁《四库全书》本。

《钦定大清会典则例（乾隆朝）》，清文渊阁《四库全书》本。

（清）托津等修纂：《钦定大清会典（嘉庆朝）》，沈云龙主编：《近代中国史料丛刊三编》第64辑，文海出版社，1991年。

（清）托津等修纂：《钦定大清会典事例（嘉庆朝）》，沈云龙主编：《近代中国史料丛刊三编》第67辑，文海出版社，1992年。

（清）昆冈、李鸿章修纂：《钦定大清会典事例（光绪朝）》，清光绪二十五年重修本。

故宫博物院编：《钦定户部则例（乾隆朝）》，海南出版社，2000年。

（清）惠祥等纂：《钦定户部则例（同治朝）》，清同治十三年刻本。

（清）文孚纂修：《钦定六部处分则例（光绪朝）》，沈云龙主编：《近代中国史料丛刊》第 34 辑，文海出版社，1969 年。

群众出版社编：《历代刑法志》，群众出版社，1988 年。

薛梅卿点校：《宋刑统》，法律出版社，1999 年。

郭成伟点校：《大元通制条格》，法律出版社，1999 年。

怀效锋点校：《大明律》，法律出版社，1999 年。

（清）薛允升著，胡星桥、邓又天主编：《〈读例存疑〉点注》，中国人民公安大学出版社，1994 年。

田涛、郑秦点校：《大清律例》，法律出版社，1999 年。

故宫博物院编：《钦定大清现行刑律》，海南出版社，2000 年。

郭成伟主编：《大清律例根原》，上海辞书出版社，2012 年。

（清）朱轼、常鼐等纂修：《大清律集解附例》，清雍正三年内府刻本，四库未收书辑刊编纂委员会编：《四库未收书辑刊》第 1 辑第 26 册，北京出版社，2000 年。

怀效锋主编：《清末法制变革史料》，中国政法大学出版社，2010 年。

徐百齐编：《中华民国法规大全》，商务印书馆，1936 年。

孔昭明：《台湾私法商事编（全）》，《台湾文献史料丛刊》第 9 辑 167 册，大通书局，1987 年。

台湾银行经济研究室编：《福建省例》，《台湾文献丛刊》第 199 种，台湾银行，1964 年。

台湾银行经济研究室编：《台湾对外关系史料·清末台湾洋务史料》，沈云龙主编：《近代中国史料丛刊续编》第 51 辑，文海出版社，1978 年。

中国第一历史档案馆、中国社会科学院历史研究所译注：《满文老档》，中华书局，1990 年。

中国第一历史档案馆、海峡两岸出版交流中心编：《明清宫藏台湾档案汇编》，九州出版社，2009 年。

台湾“中研院”历史语言研究所：《明清史料己编》，中华书局，1987 年。

中国第一历史档案馆编：《清代中朝关系档案史料汇编》，国际文化出版公司，1996 年。

中国第一历史档案馆编：《清代中朝关系档案史料续编》，中国档案出版社，1998 年。

《历代宝案》，台湾大学 1951 年影印。

中国第一历史档案馆编：《清代中琉关系档案选编》，中华书局，

1993 年。

中国第一历史档案馆编：《清代中琉关系档案续编》，中华书局，1994 年。

中国第一历史档案馆编：《清代中琉关系档案三编》，中华书局，1996 年。

中国第一历史档案馆编：《清代中琉关系档案四编》，中华书局，2000 年。

中国第一历史档案馆编：《清代中琉关系档案五编》，中国档案出版社，2002 年。

中国第一历史档案馆编：《清代中琉关系档案六编》，中国档案出版社，2005 年。

中国第一历史档案馆编：《清代中琉关系档案七编》，中国档案出版社，2009 年。

《福建沿海航务档案（嘉庆朝）》，陈支平主编：《台湾文献汇刊》第 5 辑第 10 册，九州出版社、厦门大学出版社，2004 年。

中山市档案局（馆）、中国第一历史档案馆：《香山明清档案辑录》，上海古籍出版社，2006 年。

王铁崖编：《中外旧约章汇编》，生活·读书·新知三联书店，1957 年。

王彦威、王亮编：《清季外交史料》，沈云龙主编：《近代中国史料丛刊三编》第 2 辑，文海出版社，1985 年。

徐宗亮等编：《通商约章类纂》，沈云龙主编：《近代中国史料丛刊续编》第 47 辑，文海出版社，1977 年。

蔡乃煌总纂：《约章分类辑要》，沈云龙主编：《近代中国史料丛刊三编》第 12 辑，文海出版社，1986 年。

（清）颜世清：《约章成案汇览》乙篇卷五上《章程》，清光绪上海点石斋石印本。

交通铁道部交通史编纂委员会编：《交通史航政编》，交通铁道部交通史编纂委员会，1931 年。

交通部交通史编纂委员会、铁道部交通史编纂委员会编纂：《近代交通史全编》，国家图书馆出版社，2009 年。

聂宝璋编：《中国近代航运史资料（1840—1895）》（第 1 辑），上海人民出版社，1983 年。

聂宝璋、朱荫贵编：《中国近代航运史资料（1895—1927）》（第 2

辑），中国社会科学出版社，2002年。

天津市档案馆编：《三口通商大臣致津海关税务司札文选编》，天津人民出版社，1992年。

水力电力部水管司等：《清代辽河松花江黑龙江流域洪涝档案史料·清代浙闽台地区诸流域洪涝档案史料》，中华书局，1998年。

赵兴元等选编：《〈同文汇考〉中朝史料》，吉林文史出版社，2003年。

中华妈祖文化交流协会等编：《妈祖文献史料汇编》（第1辑），中国档案出版社，2007年。

（宋）吴潜，（宋）董杰：《许国公奏议·五城奏疏》，中华书局，1985年。

（宋）曾巩：《元丰类稿》，《四部丛刊》景元本。

（清）周煌：《琉球国志略》，清乾隆二十四年漱润堂刻本。

（清）夏燮：《中西纪事》，清同治刻本。

（清）余治：《得一录》，清同治八年刻本。

（清）孙宝瑄：《忘山庐日记》，钞本。

（清）葛士濬：《清经世文续编》，清光绪石印本。

（清）王之春：《防海纪略》，清光绪六年上洋文艺斋刻本。

（清）江藩：（道光）《肇庆府志》，清光绪重刻道光本。

光绪《巫山县志》，光绪十九年刻本。

（清）易顺鼎：《盾墨拾余》，清光绪二十二年刻哭盦丛书本。

（清）钱泳：《履园丛话》，张伟点校，中华书局，2006年。

（清）包世臣：《安吴四种》，沈云龙主编：《近代中国史料丛刊》第30辑，文海出版社，1968年。

（清）王元穉辑：《甲戌公牍钞存》，沈云龙主编：《近代中国史料丛刊续编》第51辑，文海出版社，1978年。

赵春晨编：《丁日昌集》，上海古籍出版社，2010年。

（清）印光任、张汝霖纂：《澳门记略》，《续修四库全书》编纂委员会：《续修四库全书》第676册，上海古籍出版社，2002年。

陈国英等：《台湾采访册》，《台湾文献史料丛刊》第2辑第35册，大通书局，1984年。

台湾省文献委员会编：《台湾省通志》卷3《政事志·军事篇》，台湾省文献委员会，1969年。

台湾省文献委员会编：《台湾省通志》卷5《教育志·制度沿革篇》，台湾省文献委员会，1969年。

《光绪甲午新修台湾澎湖志》,《中国地方志集成·台湾府县志辑》(5),上海书店出版社, 1999 年。

(清)黄逢昶:《台湾生熟番纪事》附录吴光亮《化番俚言》,《台湾文献史料丛刊》第 51 种, 大通书局, 1984 年。

(清)周凯:《厦门志》,《中国方志丛书》第 80 号, 成文出版社, 1967 年。

(清)史致驯、黄以周等编纂, 柳和勇、詹亚园校点,《定海厅志》, 上海古籍出版社, 2011 年。

(宋)梅应发等:《开庆四明续志》, 中华书局, 1990 年。

福建师范大学历史系、福建地方史研究室编:《鸦片战争在闽、台史料选编》, 福建人民出版社, 1982 年。

张西平主编:《中国丛报》(*Chinese Repository*), 广西师范大学出版社 2008 年影印。

上海申报馆:《申报》, 上海书店 1982 年影印。

宁波市档案馆编:《〈申报〉宁波史料集》, 宁波出版社, 2013 年。

爱汉者等编, 黄时鉴整理:《东西洋考每月统记传》, 中华书局 1997 年影印。

齐思和等整理:《筹办夷物始末(道光朝)》, 中华书局, 1964 年。

《筹办夷物始末(同治朝)》, 沈云龙主编:《近代中国史料丛刊》第 62 辑, 文海出版社, 1971 年。

台北"中研院"近代史研究所编:《近代中国对西方及列强认识资料汇编》第 1 辑第 1 分册, 台北"中研院"近代史研究所, 1972 年。

二、相关研究著述类

于运全:《海洋天灾 —— 中国历史时期的海洋灾害与沿海社会经济》, 江西高校出版社, 2005 年。

刘刚仿:《海难救助法初论》, 对外经济贸易大学出版社, 2014 年。

蔡晓荣:《晚清华洋商事纠纷研究》, 中华书局, 2013 年。

王效文:《中国海商法论》, 上海法学编译社, 1946 年。

王孝通:《中国海商法论》, 世界法政学社, 1933 年。

李浦述:《海船法》, 王帅一点校:《朝阳法科讲义》第 5 卷, 上海人民出版社, 2013 年。

郭元觉辑校:《中华民国海商法》, 上海法学编译社, 1931 年。

桂裕编:《海商法新论》, 正中书局, 1974 年。

李建江:《中国近代海商法》,中国政法大学出版社,2015年。

尹章华、徐国勇:《海商法》,元照出版公司,2002年。

司玉琢:《海商法专论》(第四版),中国人民大学出版社,2018年。

王千华、白越先主编:《海商法》,中山大学出版社,2003年。

胡正良、韩立新:《海事法》(第三版),北京大学出版社,2016年。

杨幼炯:《近代中国立法史》,商务印书馆,1936年。

谢振民编著:《中华民国立法史》,中国政法大学出版社,2000年。

李甲孚:《中国法制史》,联经出版事业公司,1988年。

王日根:《明清海疆政策与中国社会发展》,福建人民出版社,2006年。

安京:《中国古代海疆史纲》,黑龙江教育出版社,2004年。

张炜、方坤主编:《中国海疆通史》,中州古籍出版社,2003年。

马汝珩、马大正主编:《清代的边疆政策》,中国社会科学出版社,1994年。

马大正主编:《清代中国边疆治理研究》,中国社会科学出版社,2022年。

卢建一:《明清海疆政策与东南海岛研究》,福建人民出版社,2011年。

万明:《中国融入世界的步履:明与清前期海外政策比较研究》,社会科学文献出版社,2000年。

孔庆荣等编:《霞浦文史资料》第27辑《霞浦文物》,政协福建省霞浦县委员会,2010年12月。

连横:《台湾通史》(上),商务印书馆,2017年。

郭寿生:《各国航业政策实况与收回航权问题》,华通书局,1930年。

邓瑞平:《船舶侵权行为法基础理论问题研究》,法律出版社,1999年。

许毓良:《清代台湾的海防》,社会科学文献出版社,2003年。

王宏斌:《清代前期海防:思想与制度》,社会科学文献出版社,2002年。

陈国栋:《东亚海域一千年:历史上的海洋中国与对外贸易》,山东画报出版社,2006年。

王尔敏:《五口通商变局》,广西师范大学出版社,2006年。

王洸:《现代航政问题》,正中书局,1937年。

张心澄:《帝国主义在华航运发展史》,日新与地学社,1930年。

中外关系史学会编：《中外关系史译丛》（第 3 辑），上海译文出版社，1986 年。

吴廷璆主编：《日本史》，南开大学出版社，1994 年。

浙江大学日本文化研究所编：《中日关系史论考》，中华书局，2001 年。

孟晓旭：《漂流事件与清代中日关系》，中国社会科学出版社，2010 年。

付百臣主编：《中朝历代朝贡制度研究》，吉林人民出版社，2008 年。

孙宏年：《清代中越宗藩关系研究》，黑龙江教育出版社，2006 年。

陈文寿：《近世初期日本与华夷秩序研究》，香港社会科学出版社，2002 年。

李育民：《近代中国的条约制度》，湖南人民出版社，2010 年。

李育民：《近代中外条约关系刍论》，湖南人民出版社，2010 年。

汤志钧主编：《近代上海大事记》，上海辞书出版社，1989 年。

上海市航海学会主编，朱仲伦执笔：《中国近代航海大事记》，海洋出版社，1999 年。

江天凤主编：《长江航运史（近代部分）》，人民交通出版社，1992 年。

王洸编著，中华文化复兴与运动推行委员会、"中国之科学与文明"编译委员会编：《中华水运史》，台湾商务印书馆，1982 年。

孙光圻：《中国古代航海史》，海洋出版社，1989 年。

白寿彝：《中国交通史》，团结出版社，2007 年。

吕实强：《中国早期的轮船经营》，台北"中研院"近代史研究所，1962 年。

杨国桢：《闽在海中：追寻福建海洋发展史》，江西高校出版社，1998 年。

杨国桢：《东溟水土：东南中国的海洋环境与经济开发》，江西高校出版社，2003 年。

吴春明：《环中国海沉船》，江西高校出版社，2003 年。

刘序枫：《清代档案中的海难史料目录》，台北"中研院"人文社会科学研究所亚太区域研究专题中心，2004 年。

刘子扬、李鹏年编著：《六部成语》，天津人民出版社，1994 年。

严中平主编：《中国近代经济史（1840—1894）》，人民出版社，2001 年。

曾小萍：《州县官的银两：18 世纪中国的合理化财政改革》，中国人民大学出版社，2005 年。

史志宏：《清代户部银库收支和库存研究》，社会科学文献出版社，2014 年。

庄为玑、郑山玉：《泉州谱牒华侨史料与研究》，中国华侨出版社，1998 年。

［日］金指正三：《近世日本海难救助制度の研究》，吉川弘文馆，1968 年。

［日］伊能嘉矩：《台湾文化志》，台湾省文献委员会编译，1985 年。

［日］松波仁一郎：《日本商法论》，郑钊译，中国政法大学出版社，2004 年。

［日］滨下武志，《近代中国的国际契机》，朱荫贵、欧阳菲译，虞和平校审，中国社会科学出版社，2004 年。

［日］村上卫：《海洋史上的近代中国：福建人的活动与英国、清朝的因应》，王诗伦译，社会科学文献出版社，2016 年。

［日］松浦章：《清代帆船与中日文化交流》，张新艺译，上海科学技术文献出版社，2012 年。

［日］松浦章：《中国的海贼》，谢跃译，商务印书馆，2020 年。

［日］松浦章：《清代内河水运史研究》，黄科译，江苏人民出版社，2021 年。

［美］马士：《中华帝国对外关系史》，上海书店出版社，2006 年。

［美］亨特：《广州番鬼录·旧中国杂记》，冯树铁、沈正邦译，广东人民出版社，2009 年。

三、相关研究论文类

（一）相关研究期刊论文

中国历史研究院课题组：《明清时期"闭关锁国"问题新探》，《历史研究》2022 年第 3 期。

傅廷中：《国际视野内的中国海难救助立法》，《国际法研究》2022 年第 3 期。

李超：《清代琉球漂风难民物品处置考》，《清史研究》2020 年第 3 期。

杨一凡：《论事例在完善明代典例法律体系中的功能》，《暨南学报》（哲学社会科学版）2019 年第 4 期。

杨培娜：《从"籍民入所"到"以舟系人"：明清华南沿海渔民管理机制

的演变》,《历史研究》2019 年第 3 期。

李育民:《晚清中外条约关系与朝贡关系的主要区别》,《历史研究》2018 年第 5 期。

屈广燕:《朝鲜西海域清朝海难船情况初探（1684—1881）》,《清史研究》2018 年第 2 期。

冷东、邢思琳:《清代前期广州口岸海难救助》,《广州城市职业学院学报》2018 年第 1 期。

李智君:《无远弗届与生番地界——清代台湾外国漂流民的政府救助与外洋国土理念的转变》,《海交史研究》2017 年第 2 期。

陆臻杰、金鑫:《乾隆"难夷抚恤令"及其对浙江的影响》,《绍兴文理学院学报》2017 年第 4 期。

李善洪:《清与朝鲜间"漂民"救助问题管窥——以〈同文汇考〉中"漂民"文书为中心》,《吉林大学社会科学学报》2015 年第 3 期。

特木勒:《康熙六十一年琉球贡使海难事件重构》,《海交史研究》2015 年第 2 期。

周国瑞:《朝鲜对清、日海难漂流民态度比较研究（1882—1894）》,《山西档案》2015 年第 4 期。

高志超:《汉人漂流民与中朝、日朝间交涉（1641—1689）》,《东北史地》2014 年第 5 期。

张帆:《英国海事监管特点及对我国海事管理的启示》,《中国水运》2014 年第 8 期。

周国瑞、陈尚胜:《清光绪年间中朝海事交涉研究（1892—1894）》,《甘肃社会科学》2014 年第 1 期。

修斌、臧文文:《清代山东对琉球飘风难民的救助和抚恤》,《中国海洋大学学报》（社会科学版）2012 年第 1 期。

岑玲:《清代档案所见之琉球漂流船的海难救助》,《近代中国的社会保障与区域社会》,社会科学文献出版社,2011 年。

史伟:《清代东南中国海上失事民船的救助与管理》,《河南师范大学学报》（哲学社会科学版）2010 年第 2 期。

刘斐、刘恒武:《清代浙江沿海对日本漂流民的救助与遣返》,张伟主编:《浙江海洋文化与经济（第 3 辑）》,海洋出版社,2009 年。

赖正维:《近代东北亚海域海难救助机制的特点及其意义》,《世界近现代史研究（第 6 辑）》,中国社会科学出版社,2009 年。

蔡晓荣:《华洋商事诉讼与晚清法律变革》,《上海交通大学学报》2009

年第 5 期。

孙卫国：《义理与现实的冲突 —— 从丁未漂流人事件看朝鲜王朝之尊明贬清文化心态》，《汉学研究》2007 年第 2 期。

蔡晓荣：《晚清中外船碰问题探论》，《安徽史学》2004 年第 3 期。

赖正维：《清代琉球船漂风台湾考》，《台湾研究》2003 年第 4 期。

徐恭生：《清代海上漂风难民拯济制度的建立和演变》，《第八回琉中历史关系国际学术会议论文集》，琉中历史关系国际学术会，2001 年。

徐斌：《从〈历代宝案〉看泉州与琉球的友好关系》，中国航海学会、泉州市人民政府编著：《泉州港与海上丝绸之路》（二），中国社会科学出版社，2003 年。

杨彦杰：《台湾历史上的琉球难民遭风案》，《福建论坛》2001 年第 3 期。

刘迎胜：《清乾隆年对朝鲜漂海人与跨境海难事件的政策 —— 宗藩框架下的国民救助体系》，刘迎胜主编：《中韩历史文化交流论文集（第 3 辑）》，延边人民出版社，2007 年。

孙宏年：《清代中越海难互助及其影响略论》，《南洋问题研究》2001 年第 2 期。

柳岳武：《清代中期以前中朝宗藩关系下的司法运作之研究》，《福建师范大学学报》（哲学社会科学版）2007 年第 2 期。

孟晓旭：《1644 年日本越前国人的"鞑靼漂流"与清初中日关系》，《历史教学》（高校版）2008 年第 1 期。

孟晓旭：《江户时代日本对中国人漂流事件之处理与中日关系》，《西藏大学学报》（社会科学版）2010 年第 2 期。

孟晓旭：《咨文与龙牌：日本漂流民与清代中日关系》，《暨南学报》（哲学社会科学版）2015 年第 10 期。

荆晓燕：《清顺治十二年前的对日海外贸易政策》，《史学月刊》2007 年第 1 期。

李国荣：《从历史档案看雍正朝中琉难船互救关系》，《中国边疆史地研究》1999 年第 4 期。

杨国桢：《关于中国海洋社会经济史的思考》，《中国社会经济史研究》1996 年第 2 期。

郭蕴静：《清代对外贸易政策的变化 —— 兼谈清代是否闭关锁国》，《天津社会科学》1982 年第 3 期。

陈尚胜：《礼义观与现实冲突 —— 李朝政府对清初漂流海商政策波动

的研究》，北京大学韩国学研究中心编：《韩国学论文集（第四辑）》，社会科学文献出版社，1995 年。

陈尚胜：《礼仪观与现实冲突 —— 朝鲜王朝对清初漂流汉商政策波动的研究》，陈尚胜主编：《中韩关系史论》，齐鲁书社，1997 年。

聂宝璋：《十九世纪中叶中国领水主权的破坏及外国在华航运势力的扩张》，《中国经济史研究》1987 年第 1 期。

俞玉储：《再论清代中国和琉球的贸易 —— 兼论中琉互救飘风难船的活动》，《历史档案》1995 年第 1 期。

徐艺圃：《乾隆年间白氏飘琉获救叙事述论》，《历史档案》1994 年第 1 期。

李少雄：《清代中国对琉球遭风财贸船只的抚恤制度及特点》，《海交史研究》1993 年第 1 期。

张先清、谢必震：《清代台湾与琉球关系考》，《中国社会经济史研究》1998 年第 1 期。

蓝勇、刘静生：《晚清海关〈中国救生船〉与东西洋红船情结》，《学术研究》2016 年第 4 期。

蓝勇：《清代长江救生红船的公益性与官办体系的衰败》，《学术研究》2013 年第 2 期。

第一历史档案馆：《乾隆朝整饬江河救生船档案》，《历史档案》2013 年第 1 期。

蓝勇：《清代长江上游救生红船制初探》，《中国社会经济史研究》1995 年第 4 期。

蓝勇：《清代长江上游救生红船制续考》，《中国社会经济史研究》2005 年第 3 期。

蓝勇：《清代长江红船救生的地位和效果研究》，《中国社会经济史研究》2012 年第 3 期。

蓝勇、张铭：《清代浮尸收瘗中的人文关怀》，《学术研究》2018 年第 2 期。

顾川洋：《乾隆年间官办救生船浅述》，《历史档案》2010 年第 4 期。

杨国安：《救生船局与清代两湖水上救生事业》，《武汉大学学报》（人文科学版）2006 年第 1 期。

杨斌、邓子纲：《清代洞庭湖水上救助事业与社会成效研究 —— 以岳州救生局为中心》，《社会保障研究》2015 年第 4 期。

吴琦、鲜健鹰：《一项社会公益事业的考察：清代湖北的救生红船》，

《中南民族大学学报》（人文社会科学版）2007 年第 4 期。

唐春生、李鹏鑫：《清代至民国初期三峡地区救生船之制度安排》，《三峡大学学报》（人文社会科学版）2018 年第 2 期。

王毓伟、胡忆红：《清代地方财政与水域救生事业的转型——以岳州救生局为例》，《社科纵横》2020 年第 1 期。

李鹏鑫：《清代皖江救生组织与基层社会控制》，《宁夏大学学报》（人文社会科学版）2021 年第 6 期。

胡梦飞：《清代江苏水上救生慈善机构的历史考察——以救生船局为中心》，《山东青年政治学院学报》2015 年第 1 期。

何瑜：《清代海疆政策的思想探源》，《清史研究》1998 年第 2 期。

黄启臣：《清代前期海外贸易的发展》，《历史研究》1986 年第 4 期。

郭蕴静：《试论清代并非闭关锁国》，中外关系史学会编：《中外关系史论丛（第 3 辑）》，世界知识出版社，1987 年。

朱德兰：《从〈历代宝案〉与〈清代中琉关系档案〉看乾隆时期（1736—1795）中琉之间的海难事件》，《人文及社会科学集刊》1999 年第 2 期。

汤熙勇：《清代台湾的外籍船难与救助》，汤熙勇主编：《中国海洋发展史论文集（第 7 辑）》，台北"中研院"人文社会科学研究中心，1999 年。

汤熙勇：《近世环中国海的海难资料集介绍》，《汉学研究通讯》第 19 卷第 1 期，2000 年。

汤熙勇：《清顺治至乾隆时期中国救助朝鲜海难船及漂流民的方法》，朱德兰主编：《中国海洋发展史论文集（第 8 辑）》，台北"中研院"人文社会科学研究中心，2002 年。

刘序枫：《试论清朝对日本海难难民的救助与遣返制度之形成》，浙江大学日本文化研究所编：《中日关系史论考》，中华书局，2001 年。

刘序枫：《清代环中国海域的海难事件研究——以清日两国间对外国难民的救助及其遣返制度为中心（1644—1861）》，朱德兰主编：《中国海洋发展史论文集（第 8 辑）》，台北"中研院"人文社会科学研究中心，2002 年。

刘序枫：《清政府对出洋船只的管理政策（1684—1842）》，刘序枫主编：《中国海洋发展史论文集（第 9 辑）》，台北"中研院"人文社会科学研究中心，2005 年。

刘序枫：《清末东亚变局与琉中日关系——以漂流民的遣返问题为中心》，《第十一届中琉历史关系国际学术会议论文集》，琉球中国历史关系国际学术会议，2008 年。

朱德兰：《清初迁界令时郑商船之研究》，《史联杂志》第 7 期，台湾史迹研究中心，1985 年。

朱德兰：《清初迁界令时中国船海上贸易之研究》，《中国海洋发展史论文集（二）》，台北"中研院"三民主义研究所，1986 年 12 月。

郭嘉辉：《清道光前期（1821—1839）广东对海难救助之研究》，李庆新主编：《海洋史研究（第 8 辑）》，社会科学文献出版社，2015 年。

叶丹：《清代中央与地方财政分配关系的研究与借鉴》，《石家庄经济学院学报》2007 年第 1 期。

薛瑞录：《清代养廉银制度简论》，《清史论丛（第 5 辑）》，中华书局，1984 年。

倪玉平：《"福星号海难"与中英交涉》，《江苏社会科学》2010 年第 2 期。

何勤华：《清代法律渊源考》，《中国社会科学》2001 年第 2 期。

王志强：《清代成案的竞争力和其运用中的论证方式 —— 以〈刑案汇览〉为中心》，《法学研究》2003 年第 6 期。

黄纯艳：《宋代的海难与海难救助》，《云南社会科学》2016 年第 2 期。

顾荣新：《清末〈海船法草案〉述评》，《中国海商法研究》2017 年第 1 期。

杨国桢、王小东：《"一带一路"倡议的认识误区与理论探索》，《太平洋学报》2018 年第 1 期。

钱锦宇：《清代司法过程的制度悖论》，《光明日报》2010 年 9 月 14 日第 12 版。

余晓杰：《从"计赃论罚"到"罚当其罪"》，《检察日报》2019 年 7 月 10 日。

［日］松浦章：《漂流到琉球的江南商船：以〈白姓官话〉为中心》，《中国史研究动态》1983 年第 11 期。

［日］松浦章：《海难难民与当地官民的语言接触 —— 从嘉庆年间漂到朝鲜、中国的海难事例看周边文化交涉的多重性》，《中华文史论丛》2008 年第 2 期。

［日］松浦章：《清国帆船救济漂流至日本的越南人之史实考略》，《福建论坛》（人文社会科学版）2011 年第 11 期。

（二）相关研究学位论文

叶剑琳：《近代广东水上救生事业研究（1859—1925）》，湖南师范大学硕士学位论文，2020 年。

　　赵先昌：《民国轮船航运事故研究》，山东师范大学硕士学位论文，2019 年。

　　李超：《清代琉球来华漂风难民救助制度之研究》，福建师范大学硕士学位论文，2018 年。

　　王丹丹：《论清朝与朝鲜两国的漂流民救助与送还》，延边大学硕士学位论文，2018 年。

　　翁敏：《晚清华洋船碰纠纷研究》，湖南师范大学硕士学位论文，2017 年。

　　刘家兴：《漂流人与中外关系研究（5—14 世纪）》，暨南大学硕士学位论文，2017 年。

　　周国瑞：《清朝与朝鲜司法合作和交涉研究——以 1882 至 1894 年在朝华商相关案件为中心》，山东大学博士学位论文，2016 年。

　　邹然：《〈备边司誊录〉与中国漂流民：以"问情别单"为主要史料》，浙江工商大学硕士学位论文，2015 年。

　　魏姣：《1927—1937 中国轮船航运事故研究》，南京师范大学硕士学位论文，2014 年。

　　于杰：《国家主管机关海难救助法律问题研究》，大连海事大学博士论文，2013 年。

　　李培娟：《晚清宝星制度研究》，暨南大学硕士学位论文，2013 年。

　　于蓉：《海难救助法律问题研究》，中国海洋大学硕士学位论文，2013 年。

　　吕俊昌：《清代厦防同知研究（1686—1911）》，厦门大学硕士学位论文，2012 年。

　　吴静：《国家主管机关海难救助若干法律问题研究》，大连海事大学硕士学位论文，2009 年。

　　朱思斯：《船难救助与纷争——对中国水域的西籍船难事件的考察（1872—1879）》，华东师范大学硕士学位论文，2008 年。

　　孟繁业：《清乾隆朝中琉漂风海难救助研究》，暨南大学硕士学位论文，2008 年。

　　孙晟：《两朝之间：清初迁界与社会变迁——以福建兴化地区为中心的研究》，厦门大学博士学位论文，2006 年。

　　叶士东：《晚清交通立法研究》，中国政法大学博士学位论文，2005 年。

眭红明：《清末民初民商事习惯调查之研究》，南京师范大学博士学位论文，2004年。

杨佳丽：《清代中琉漂风难民问题之研究》，福建师范大学硕士学位论文，2000年。

附录二　清代前期海难救助立法简表

时间	内容	确立制度
天聪元年（1627）	满洲俘获剃发之人等，逃至朝鲜，容留不给还……则告诸天地知，征伐朝鲜国，天地谴责朝鲜王，殃及其身。①	确立在"刷还逃人"机制下送返中国漂民
崇德二年（1637）	凡内地人民驾船被风飘至朝鲜境内者，令该国人解送。②	确立朝鲜解送漂到中国人给清的义务
顺治三年（1646）	若因失火及行船遭风着浅而乘时抢夺人财物，及拆毁船只者，罪亦如之。	确立以抢夺罪惩罚乘危抢捞的行为
康熙二十三年（1684）	滨海外国王等，各饬该管地方，凡有船只漂至者，令收养解送。外国有解到漂失人口者，均照此例赏给，其彼处收养漂失人口之人，行令该国王奖赏。③	确立朝贡国解送漂到中国人回国的义务和相应奖励制度
康熙二十八年（1689）	嗣后凡有内地一应船只至朝鲜者，停其解京。除原禁货物不准发卖外，其余货物听从发卖，令其回籍，仍将姓名、籍贯、人数、货物查明，俟贡使进京之便汇开报部存案。如船只遭风破坏难以回籍，该国王将人口照常解送至京。④	确立漂流到朝鲜的中国人的遣返方式及财物的处理

① 中国第一历史档案馆、中国社会科学院历史研究所译注：《满文老档》，第839页。

② （清）允禄等监修：《大清会典（雍正朝）》卷104《礼部·主客清吏司·朝贡一》，沈云龙主编：《近代中国史料丛刊三编》第78辑，第6958页。（清）托津等修纂：《钦定大清会典事例（嘉庆朝）》卷400《礼部·朝贡·拯救》，沈云龙主编：《近代中国史料丛刊三编》第67辑，第8135页。《钦定大清会典事例（光绪朝）》卷513《礼部·朝贡·拯救》。《钦定大清会典则例（乾隆朝）》卷94《礼部·主客清吏司·朝贡下·拯救》。

③ 《历代宝案》第1册，第226页。（清）伊桑阿等修纂：《大清会典（康熙朝）》卷74《礼部·给赐》，沈云龙主编：《近代中国史料丛刊三编》第72辑，第3793—3794页。（清）允禄等监修：《钦定大清会典（雍正朝）》卷106《礼部·主客清吏司·给赐》，沈云龙主编：《近代中国史料丛刊三编》第78辑，第7102—7103页。《钦定大清会典则例（乾隆朝）》卷94《礼部·主客清吏司·朝贡下·拯救》。（清）托津等修纂：《钦定大清会典事例（嘉庆朝）》卷400《礼部·朝贡·拯救》，沈云龙主编：《近代中国史料丛刊三编》第67辑，第8136页。（清）昆冈、李鸿章修纂：《钦定大清会典事例（光绪朝）》卷513《礼部·朝贡·拯救》。

④ 《钦定大清会典则例（乾隆朝）》卷94《礼部·主客清吏司·朝贡下》。

（续表）

时间	内容	确立制度
康熙三十九年（1700）	给赏发回飘溺民人之谢恩礼物不必收。嗣后此等奏谢，着停其进贡礼物。①	确立免除朝贡国谢礼
康熙四十一年（1702）	琉球国贡使回国，飓风坏船，有柯那什、库多马二人，渔人捞救得存。奉旨，着地方加意赡养，俟便资给发还。此等船只损坏，皆因修船不坚所致，嗣后贡使回国时，该督抚验视船只，务令坚固。②	确立贡船失事救助制度
康熙四十九年（1710）	朝鲜国人七名，往本国海州贸易，被风飘至江宁泰州，渔船救存，该抚照琉球国失风送归事例，给口粮、棉衣，委员护送至京，奉旨，着朝鲜通事一名，该部行文，由驿遣送至朝鲜所属易州地方，由彼转送归籍。③	不以中国为航行目的地的朝鲜船难救助制度
康熙五十二年（1713）	琉球国难彝神山船只载人三十名，飘至闽省地方，着安插柔远驿，按名支给口粮银米，俟同贡使回国。④	不以中国为航行目的地的外国难民救助及琉球普通人员遇难救助制度
康熙五十三年（1714）	官弁驾船巡哨……遭风击碎，免其赔补。⑤	确立官船遭风免赔补制度
康熙五十四年（1715）	琉球国难彝鸠间与人等四十三名口，漂至广东文昌县，递送闽省，给与口粮，附搭贡船回国。⑥	漂到中国相应遣返地之外的难民救助制度

---

① （清）允禄等监修：《钦定大清会典（雍正朝）》卷104《礼部·主客清吏司·朝贡一》，沈云龙主编：《近代中国史料丛刊三编》第78辑，第6965页。

② （清）允禄等监修：《钦定大清会典（雍正朝）》卷104《礼部·主客清吏司·朝贡一》，沈云龙主编：《近代中国史料丛刊三编》第78辑，第6985页。

③ （清）允禄等监修：《钦定大清会典（雍正朝）》卷104《礼部·主客清吏司·朝贡一》，沈云龙主编：《近代中国史料丛刊三编》第78辑，第6967—6968页。

④ （清）允禄等监修：《钦定大清会典（雍正朝）》卷104《礼部·主客清吏司·朝贡一》，沈云龙主编：《近代中国史料丛刊三编》第78辑，第6986页。

⑤ 《钦定大清会典则例（乾隆朝）》卷115《兵部·职方清吏司·诘禁》。

⑥ （清）允禄等监修：《钦定大清会典（雍正朝）》卷104《礼部·主客清吏司·朝贡一》，沈云龙主编：《近代中国史料丛刊三编》第78辑，第6987页。

（续表）

时间	内容	确立制度
康熙六十一年 （1722）	内地人民嗣后或飘风至朝鲜国，若有票文未生事者，仍令照例送回。若有匪类并无票文，私自越境生事者，许该国王缉拿，照伊国之法审拟，咨明礼部，具题请旨，俟命下日，行文该国王，即于伊处完结，仍报部存案。①	确立对漂流朝鲜的中国人区分对待，并赋予朝鲜方面一定的定罪和处罚执行权
雍正三年 （1725）	江洋行劫大盗例②	确立抢劫失事船只的治罪
雍正六年 （1728）	出洋商船，其被风飘往别省者，船户取具彼处地方官印结，赍回呈验，遭风覆溺者，若有余存之人及同行邻船客舵水等，即讯取确供保结，再加地方官印结详报，均于入口册内声明报部，免其讯究。③	确立商船遭风失事处理制度
雍正七年 （1729）	外国船只遭风飘入内地者，着该地方官查明缘由，悉心照料，动支公项，给与口粮，修补船只。④	确立救助外籍难船的立场、流程、经费来源
雍正八年 （1730）	往贩外夷之大洋船，准其携带炮位。……其鸟枪、弓箭、腰刀等项，亦仍准携带。……倘遭风沉失，令船户、客商具结报明所在地方……免其治罪。⑤	确立海外贸易船只携带武器因船只失事的处理，此专为往贩外洋海船携带炮位而设
雍正九年 （1731）	海船有被风飘至近岸，或触礁搁浅者，守口弁兵急出汛船拯救。⑥	确立沿海营汛官兵拯救失事船只之义务以及奖惩制度

---

① （清）允禄等监修：《钦定大清会典（雍正朝）》卷104《礼部·主客清吏司·朝贡一》，沈云龙主编：《近代中国史料丛刊三编》第78辑，第6973—6974页。（清）托津等修纂：《钦定大清会典事例（嘉庆朝）》卷400《礼部·朝贡·拯救》，沈云龙主编：《近代中国史料丛刊三编》第67辑，第8062页。《清文献通考》记载的是康熙六十一年。《大清律例》等都认为是康熙六十一年，《清实录》记载也是六十一年。此处采用会典所载。见《清文献通考》卷197《刑考三·刑制》。或见赵兴元等选编：《〈同文汇考〉中朝史料（二）》，第271页；《钦定大清会典则例（乾隆朝）》卷114《兵部·海禁》。
② 田涛、郑秦点校：《大清律例》，第378页。
③ 《钦定大清会典则例（乾隆朝）》卷114《兵部·海禁》。
④ 《清世宗实录》卷85；或（清）胤禛：《雍正上谕内阁》卷83。
⑤ 郭成伟主编：《大清律例根原》第2册，卷48《兵律关津》"私出外境及违禁下海"条例，第764页。
⑥ （清）允祹：《钦定大清会典（乾隆朝）》卷65《兵部·职方清吏司·海禁》。

（续表）

时间	内容	确立制度
雍正十二年 （1734）	官船失事抚恤细则①	确立官船失事后人员抚恤的内容与标准
乾隆二年 （1737）	沿海一应樵采及内河通海之各色小船……其呈报行船遭风者，验明人伙有无落水受伤，必有实据，方准销号。②	确立沿海小艇失事处理制度
乾隆二年 （1737）	如有似此被风飘泊之人船，着该督抚督率有司，加意抚恤，动用存公银两，赏给衣粮，修理舟楫，并将货物查还，遣归本国。③	确立由存公银两开支救助外国难民经费及财物处理
乾隆十五年 （1750）	覆准各省救生船数④	内河官办救生船规范化
乾隆二十一年 （1756）	抚恤番夷事例⑤	确立外国难民抚恤的内容、标准、数量以及遣返等细则
乾隆二十六年 （1761）	大江洋海遇有商船遭风着浅，乘机抢夺者，除有杀伤，仍照定例问拟外，其但经得财并未伤人，罪应杖徒者，将首从人犯各照本律加一等治罪。⑥	确立对江洋行船失事乘危抢夺行为加重处罚
乾隆四十一年 （1776）	地方水灾漂没船只纳入救灾赈济⑦	地方水灾漂没船只人员救助的措施、标准
乾隆六十年 （1795）	行劫外国船只盗犯凌迟处死，传首各海口示众。⑧	行劫外国船只加重处罚

① 《钦定大清会典则例（乾隆朝）》卷115《兵部·职方清吏司·诘禁》。

② 《钦定大清会典则例（乾隆朝）》卷114《兵部·海禁》。郭成伟主编：《大清律例根原》第2册，卷48《兵律关津》"私出外境及违禁下海"条例，第764页。

③ 《清高宗实录》卷52，第889页。

④ 《钦定大清会典则例（乾隆朝）》卷135《工部·都水清吏司·船政》。

⑤ 杨西明编：《灾赈全书》卷3《抚恤难夷事宜》，沈云龙主编：《近代中国史料丛刊三编》第54辑，第51—52页。故宫博物院编：《钦定户部则例（乾隆朝）》第3册，第261—263页。（清）惠祥等纂：《钦定户部则例（同治朝）》卷90《蠲恤八·抚恤番夷事例》。

⑥ 马建石、杨育棠主编：《〈大清律例通考〉校注》卷24《刑律贼盗中》，中国政法大学出版社，1992年，第709页。《清高宗实录》卷640，第184页。

⑦ 故宫博物院编：《钦定户部则例（乾隆朝）》卷110《蠲恤·赈济·坍房修费》，第195—196页。

⑧ 中国第一历史档案馆编：《清代中琉关系档案选编》，第276、341—342页。

附录三 晚清中外条约中的海难救助条款

签订时间	国家	条约名称	关于海难救助的具体内容	出处	备注
道光二十四年（1844）	中—美	《五口贸易章程：海关税则》	合众国贸易船只，若在中国洋面，遭风、触礁、搁浅、遇盗，致有损坏，沿海地方官查知，即应设法拯救，酌加抚恤，俾得驶至本港口修整，一切采买米粮，汲取淡水，均不得稍为禁阻，如该商船在外洋损坏，漂至中国沿海地方者，经官查明，亦应一体抚恤，妥为办理。	《中外旧约章汇编》（第 1 册），第 55—56 页（以下出处同）	1845 年 12 月 31 日在广州交换批准
道光二十四年（1844）	中—法	《五口贸易章程：海关税则》	如有佛兰西船只在中国近洋地方损坏，地方官闻知，即为拯救，给与日用急需，设法打捞货物，不使损坏，随照会附近领事等官，会同地方官，设法着令该商梢人等回国，及为之拯救破船木片，货物等项。	第 63 页	1845 年 8 月 25 日在澳门交换批准
道光二十七年（1847）	中—瑞典、挪威	《五口贸易章程：海关税则》	瑞典国、挪威国等贸易船只，若在中国洋面，遭风、触礁、搁浅、遇盗，致有损坏，沿海地方官查知，即应设法拯救，汲取淡水，均不得驶至本港口修整，一切采买米粮，汲取淡水，酌加抚恤，俾得驶至本港口修整，如该商船在外洋损坏，漂至中国沿海地方者，经官查明，亦应一体抚恤，妥为办理。	第 77 页	

（续表）

签订时间	国家	条约名称	关于海难救助的具体内容	出处	备注
咸丰八年（1858）	中—俄	《天津条约》	俄国兵、商船只如有在中国沿海地方损坏者，地方官立将被难之人及载物船只救护，所救护之人及所有对象，尽力设法送至附近俄国通商海口，或与俄国素好国之领事官所驻扎海口，或顺便咨送到边，其救护之公费，均由俄国赔还。俄国兵、货船只在中国洊海地方，遇有修理损坏及取甜水、买食物者，准进中国际近未开之海口，按市价公平买取，该地方官不可拦阻。	第 87 页	1858 年 6 月 23 日在天津交换批准
咸丰八年（1858）	中—美	《天津条约》	大合众船只在中国洋面遭风触礁搁浅遇盗，致有损坏等害者，该处地方官一经查知，即应设法拯救保护，并加抚恤，俾得驶至最近港口修理，并准采买粮食，汲取淡水。	第 91 页	1859 年 8 月 16 日在直录交换批准
咸丰八年（1858）	中—英	《天津条约》	英国船只，有在中国沿海地方碰坏搁浅，或遭风收口，地方官查知，立即设法妥为照料，护送交到近领事官查收。	第 98 页	1860 年 10 月 24 日在北京交换批准
咸丰八年（1858）	中—法	《天津条约》	如有大法国船只在中国近岸地方损坏，地方官闻知，即为拯救，给与日用急需，设法打捞货物，随照会附近领事等官，会同地方官，设法着令该商梢人等回国，及为之拯救破坏船木片，货物等项。	第 110 页	1860 年 10 月 25 日在北京交换批准
咸丰十一年（1861）	中—德	通商条约	布国及德意志通商税务公会和约各国商船……如该船在中国近岸地方损坏，搁浅，收口，地方官闻知立即设法妥为拯救商梢，保存船只以及打捞货物，不使损坏，所救水手人等，务必妥为照料，设法护送就近领事查收。	第 168 页	1863 年 1 月 14 日在上海交换批准

（续表）

签订时间	国家	条约名称	关于海难救助的具体内容	出处	备注
同治元年（1862）	中—葡	和好贸易条约	大西洋国船只有在大清国沿海地方碰坏搁浅或遭风收口，地方官查知，即设法妥为照料，护送交就近领事官查收。	第190页	未经文换批准
同治二年（1863）	中—丹麦	《天津条约》	丹国船只有在中国沿海各处有碰坏搁浅或遭风收口，约准地方官查知，立即设法妥为照料，船上丹民就近送交领事官查收。	第200页	1864年7月29日在上海交换批准
同治二年（1863）	中—荷	《天津条约》	荷国船只有在中国沿海地方搁浅碰坏，或遭风收口，地方官闻报，即当设法照料，护送交就近领事官。	第210页	1865年7月26日在广州交换批准
同治三年（1864）	中—西班牙	和好贸易条约	日斯巴尼亚国船只有在中国沿海地方碰坏，搁浅或遭风收口，地方官查知，即设法妥为照料，护送交就近领事官查收。	第221页	1867年5月10日在天津交换批准
同治四年（1865）	中—比利时	通商条约	如该船在中国近岸地方损坏，搁浅、收口，地方官闻知，立即设法妥为拯救商稍，保存船只以及打捞货物，不使损坏，所救水手人等，务妥为照料，设法护送就近领事官查收。	第236页	1866年10月27日在上海交换批准
同治五年（1866）	中—意	通商条约	义国船只有在中国沿海各处或碰坏，搁浅以及遭风收口，约准地方官查知，立即又民就近送次领事官查收。	第250页	1867年11月12日在上海交换批准
同治八年（1869）	中—奥地利	通商条约	奥斯马加国船只有在中国沿海地方碰坏，搁浅或遭风收口，地方官查知，立即设法妥为照料，护送交就近领事官查收。	第283页	1871年11月27日在上海交换批准
同治八年（1869）	中—英	《酬赏失事船章程》	关于华民捞救失事英国商船货物酬金事宜	第314页	系福州英国领事所拟，经闽浙总督抄送总理衙门决定引用

（续表）

签订时间	国家	条约名称	关于海难救助的具体内容	出处	备注
同治十年（1871）	中—日	《通商章程：海关税则》	两国商船遭风收口，均由该处地方官照料，送交理事官安置。	第324页	1873年4月30日在天津交换批准
同治十三年（1874）	中—秘鲁	通商条约	中国船只如遇天灾，在秘国沿海地方碰坏搁浅，所有遭风收口，该处海关官员自当设法相帮，以及遭失险之货物，如不欲出售，自应不纳税银。遇险船只，秘国亦与待别国船只一律。至秘国船只遇有天灾，在中国沿海地方，或碰坏搁浅，以及遭风收口，有时将货卸岸，修理船只，概不纳税，亦不给船钞。地方官查知，自当设法妥为照料，船上商民送交领事官查收。	第341页	1875年8月7日在天津交换批准
光绪七年（1881）	中—巴西	和好通商条约	倘两国船只遇有天灾，在彼此沿海地方收口者，该处官员自己自当设法相帮。所有未遭失险之货物，如不欲出售，两国均与待别国船只一律。遇险船只，应不纳税银，两国均与待别国船只一律。	第396页	1882年6月3日在上海交换批准
光绪八年（1882）	中—朝	《商民水陆贸易章程》	倘在彼此海滨遭风，搁浅，可随处收泊。购买天食物，修理船只，一切经费均归船主自备，地方官等妥为照料。如船只破坏，地方官当设法救护，将船内客商水手人等送交就近口岸彼此商务委员转送回国，可省前此互相护送之费。	第405页	
光绪十三年（1887）	中—葡	和好通商条约	大西洋国船只有在大清国沿海地方碰坏，搁浅或遭风等事，该口地方官查知，即设法妥为照料，护送或就近领事官查收。	第525页	1888年4月28日在北京交换批准

（续表）

签订时间	国家	条约名称	关于海难救助的具体内容	出处	备注
光绪十六年（1890）	中—日	《船只遭险拯救章程》	关于中日两国互相救助难民的费用分担、给付等问题	第557—558页	总理衙门与日本公使议定。订立日期未查明
光绪二十二年（1896）	中—日	通商行船条约	凡日本船在中国沿海地方碰坏搁浅，中国官员须立即设法救护搭客及船上一切人等，并照料船货，所救之人当加意看待，并随时察看情形，有须设法护送者，即妥设法送通入海口暂收。如中国商船遇有损坏或别项事故通入日本官员亦照以上所载，一律办理。	第665页	1896年10月20日在北京交换批准
光绪二十四年（1898）	中—日	《归还难船经费公立文凭》	关于中日两国互相救助难民的费用分担、给付等问题	第822页	
光绪二十五年（1899）	中—朝	《通商条约：海关税则》	两国船只，在彼此附近海面，如遇飓风或缺粮食、煤、水，应许其收进口内，避风购粮，修理船只。所有经费，均由船主自备，地方官民应加接助，供其所需。如该船不在通商口岸及禁住处所，私行贸易，不论已行，货物、船只拿获，违犯入官，由地方官一经闻知，即应防令将水手先行救护，地方官一面设法保护船只、货物，并行知照领事官，俾将水手送回本国，并将船货捞起。一切费用，或由船主、或由本国官认还。	第912页	1899年12月24日在汉城交换批准
光绪二十五年（1899）	中—墨西哥	通商条约	两国船只遇有天灾，在彼此沿海地方收口者，该处官员须设法相助，所有未遭失险之货物，如不出售，准免纳税。此项遇险过国船只一律相待。	第936页	一般认为于1899年12月14日交换批准

附录四 晚清海难救助国内立法概况

时间	制定机关	法律名称	出处
约同治三四年 （1864—1865）	上海道台	《示谕救援遭风船只》	《丁日昌集》（上）， 第 302 页
同治四年 （1865）	天津海关	《海河行船泊船章程》	《三口通商大臣致津海关税 务司札文选编》， 第 174—175 页。
同治七年 （1868）	江海关道	《行船防备碰撞条款》	《通商约章类纂》卷 30， 第 3089 页
同治九年 （1869）	广东地方政府	《中外船只遭风遇险救护章程》	《刘坤一奏疏》（一）， 第 443 页
同治十年 （1870）	东海关道	《内河船只防碰章程》	《约章分类辑要》， 第 3271 页
光绪二年 （1876）	九江海关	《内地船只防备轮船碰撞章程》	《约章分类辑要》， 第 3289—3296 页
光绪二年 （1876）	福建	《救护中外船只遇险章程》	《通商约章类纂》卷 19， 第 1988—1992 页
光绪二年 （1876）	广东	《沿海地方保护遇险船只章程》	《刘坤一奏疏》（一）， 第 443—446 页
光绪三年 （1877）	宁绍台道	《浙江宁绍台道瑞告示》	《〈申报〉宁波史料集》（一）， 第 189 页
光绪五年 （1879）	总理衙门	《内港江河行船免碰及救护赔偿审断专章》	《清季外交史料》， 第 368—372 页
光绪十四年 （1888）	山东	《失事船只保护章程》	《台湾私法商事编（全）》， 第 305—308 页
光绪二十三年 （1897）	总理衙门	《航海避碰章程》	《交通史航政编》（五）， 第 2415—2416 页
光绪三十四年 （1908，开始修订）	修订法律馆	《大清新刑律》	《清末法制变革史料》（下）， 第 495—496 页
光绪三十四年 （1908，开始修订）	修订法律馆	《大清商律草案》第五编《海船法草案》	《清末法制变革史料》（下）， 第 848 页

（续表）

时间	制定机关	法律名称	出处
宣统元年 （1909）	川鄂两省	《川江行轮免碰民船章程》	《交通史航政编》（三），第 1250—1251 页
宣统元年 （1909）	川鄂两省	《川江行轮赔偿章程》	《交通史航政编》（三），第 1251—1252 页